roro ro computer
Herausgegeben von Ludwig Moos

Zur Unterstützung des Projektmanagements hat sich MS Project als wirksames Werkzeug erwiesen. Es hilft, unterschiedliche Projekte effizient zu planen und zu steuern und gleichzeitig den Verwaltungsaufwand radikal zu reduzieren. Dieser systematische Einstieg orientiert sich an praxisnahen Beispielen und macht Schritt für Schritt vertraut mit der Netzplanung, dem Ressourcen- und Kostenmanagement, der Fortschrittskontrolle und dem Berichtwesen, bis hin zur Mehrprojektbearbeitung und der Anwendung im Internet/Intranet.

Ernst Tiemeyer ist als Diplomhandelslehrer in der Aus- und Fortbildung tätig und dabei auf die Anwendung von Computerlösungen in Office-Umgebungen spezialisiert. Weitere Grundkursbände sind von ihm zu PowerPoint und Excel erschienen.

Ernst Tiemeyer

MS Project

Projekte erfolgreich planen und managen

Grundkurs
Computerpraxis

Rowohlt Taschenbuch Verlag

Originalausgabe
Veröffentlicht im Rowohlt
Taschenbuch Verlag GmbH,
Reinbek bei Hamburg, Juli 1999
Copyright © 1999 by
Rowohlt Taschenbuch Verlag GmbH,
Reinbek bei Hamburg
Umschlaggestaltung Walter Werner
Grafiken Ernst Tiemeyer
Satz Stone Serif und Stone Sans, PostScript,
QuarkXPress 3.32 bei UNDER/COVER, Hamburg
Druck und Bindung Clausen & Bosse, Leck
Printed in Germany
ISBN 3 499 60065 X

Inhalt

Editorial 9

Vorwort 10

1 Grundlagen und Rahmenbedingungen zur Arbeit mit MS Project 12

1.1 Ohne Projektmanagement ist erfolgreiche Projektarbeit undenkbar 12
1.2 Warum computergestütztes Projektmanagement? 16
1.3 Leistungsspektrum von MS Project 22
1.4 MS Project installieren und anwenden – Varianten 25
1.5 Das Beispielprojekt «Software-Einführung» 27
1.6 Projektstartinformationen erfassen und verwalten 28
1.7 Projektkalender einstellen 35
1.8 Übungsbeispiel: Projekt «Bau einer Lagerhalle» 39

2 Projektstrukturplan erstellen und Zeiten planen 41

2.1 Projektstrukturierung mit einem Projektstrukturplan 41
2.2 Projektstruktur und Zeiten erfassen 45
2.2.1 Vorgangsbezeichnungen und Zeiten eingeben 47
2.2.2 Vorgangsbeziehungen erfassen 57
2.2.3 Weitere Informationen zu den Vorgängen erfassen 62
2.3 Projekt mit Sammelvorgängen 65
2.4 Meilensteintermine eintragen 69
2.5 Balkendiagrammanzeige (Gantt-Darstellung) 71
2.5.1 Balkendiagrammanzeige formatieren 71
2.5.2 Vorgänge im Balkendiagramm sortieren 72
2.6 Netzplandarstellung 75
2.7 Analysen zur Vorgangs- und Zeitplanung 78
2.8 Druckausgaben 81

2.9	Übungsbeispiel: Projektstruktur- und Zeitplanung für das Projekt «Bau einer Lagerhalle» 82

3 Ressourcen planen 85

3.1	Ausgangssituation und Ressourcenbedarfsermittlung 85
3.2	Ressourcen erfassen 88
3.3	Arbeitszeiten den Ressourcen zuordnen 94
3.4	Ressourcen den einzelnen Vorgängen zuordnen 101
3.5	Ressourcenauswertungen 107
3.5.1	Ressourceneinsatz anzeigen 108
3.5.2	Ressourcenbezogene Auslastung anzeigen 109
3.6	Variante «leistungsgesteuerte Termin- und Ressourcenplanung» 113
3.7	Übungsbeispiel: Ressourcenplanung für das Projekt «Bau einer Lagerhalle» 116

4 Projektkosten planen 117

4.1	Ausgangssituation und Kostenermittlung 118
4.2	Standardeinstellungen für das Kostenmanagement 120
4.3	Kosten für Ressourcen angeben 123
4.3.1	Kostendaten für einzelne Ressourcen erfassen 124
4.3.2	Vorgaben für Standardsätze/Überstundensätze festlegen 127
4.3.3	Variierende Kostensätze einer Ressource zuweisen 128
4.3.4	Fälligkeiten für Kostendaten angeben 130
4.4	Feste Kosten für einen Vorgang eingeben 131
4.5	Kostenauswertungen 132
4.5.1	Vorgangs- und Ressourcenkosten anzeigen 132
4.5.2	Projekt-Gesamtkosten anzeigen 137
4.6	Übungsbeispiel: Kostenplanung für das Projekt «Bau einer Lagerhalle» 138

5 Plandaten analysieren und aktualisieren 139

5.1	Terminpläne prüfen und anpassen 140
5.1.1	Einzelne Projekttermine fix vergeben 140
5.1.2	Endtermin für das Projekt festlegen 143
5.2	Analysefunktionen 146
5.2.1	Zeitanalysen 146

5.2.2	Auslastungsanalysen 154	
5.2.3	Kostenanalysen 163	
5.3	Verabschiedung des Projektplans 167	
5.3.1	Funktionen eines Basisplans 168	
5.3.2	Vorgehensweise zum Einrichten eines Basisplans 168	
5.3.3	Vergleich von Basisplan und aktueller Planung 170	

6 Projektsteuerung und Projektkontrolle 172

6.1	Aktivitäten von Projektleitung und Projektteam 172
6.1.1	Laufende Erfassung der Projektfortschritte 172
6.1.2	Fortschreibung der Daten 174
6.1.3	Soll-Ist-Vergleiche zur Projektsteuerung 174
6.2	Nutzen fortlaufender Projektüberwachung 175
6.3	Projektfortschritt überwachen 176
6.3.1	Projektverfolgungsdiagramm anzeigen 176
6.3.2	Statuserfassung für Projektvorgänge 178
6.4	Ressourcenmanagement 185
6.5	Kostenmanagement 185
6.6	Soll-Ist-Vergleiche 186

7 Berichtswesen und Projektdokumentation 191

7.1	Zielgruppen für das Projekt-Berichtswesen 192
7.2	Ansichten drucken – eine Variante des Berichtswesens 193
7.3	Standardberichte erzeugen 196
7.3.1	Übersichtsberichte 199
7.3.2	Vorgangsstatus-Übersichten 201
7.3.3	Bericht zum Kostenrahmen 202
7.3.4	Ressourcenbericht 204
7.4	Eigenen Bericht entwerfen 206

8 Datenaustausch mit anderen Programmen 210

8.1	Möglichkeiten des Datenaustausches 211
8.2	Datenexport zu anderen Office-Programmen 213
8.2.1	Projektdaten nach Excel exportieren 215
8.2.2	Projektdaten in eine Access-Datenbank exportieren 219
8.2.3	Eigenes Datenbank-Dateiformat für das Speichern mehrerer Projekte 221

8.2.4 OLE-Verknüpfung 222
8.2.5 Project-Bilder in andere Programme übertragen 224
8.3 Datenimport 226
8.3.1 Projektdaten aus einer Excel-Arbeitsmappe importieren 226
8.3.2 Projektdaten aus einer Access-Datenbank importieren 228
8.4 Internet- bzw. Intranet-Verknüpfungen 229
8.5 Zusammenarbeit im Team und Überwachung 231

9 Management mehrerer Projekte 233

9.1 Anlässe und Funktionen für das Multiprojektmanagement 233
9.2 Mehrere Projektdateien in einer zusammengeführten Datei verwalten 236
9.3 Ressourcen für mehrere Projekte gemeinsam nutzen 243

10 Anhang 247

10.1 Literaturverzeichnis 247
10.2 Sachwortregister 248

Editorial

Das Zusammenleben der Menschen wird immer stärker von informationsverarbeitenden Maschinen geprägt. Die meisten von uns werden direkt oder indirekt mit Computern zu tun haben. Eine besondere Rolle spielt dabei der millionenfach verbreitete Personal Computer (PC). Schüler, Studenten und Angehörige aller Berufsgruppen spielen oder arbeiten schon heute mit diesem Gerät.

Der Einsatz des persönlichen Computers wird weniger von der Fähigkeit des Benutzers bestimmt, das Gerät in seiner Technizität (Hardware) zu verstehen, als vielmehr davon, es mit Hilfe der Computerprogramme (Software) zu bedienen.

Der «Grundkurs Computerpraxis» erklärt Informationsverarbeitung sehr konkret und auf einfache Weise. Dabei steht das, was den Computer im eigentlichen Sinne funktionieren läßt, im Vordergrund: die Software. Sie umfaßt

- Betriebssysteme,
- Anwenderprogramme,
- Programmiersprachen.

Ausgewählt werden Programme, die sich hunderttausendfach bewährt und einen Standard gesetzt haben, der Gefahr des Veraltens also nur in geringem Maße unterliegen.

Im «Grundkurs Computerpraxis» wird das praktische Computerwissen übersichtlich gegliedert, auf das Wesentliche begrenzt und mit Grafiken, Beispielen und Übungen optimal zugänglich gemacht.

Dem «Grundkurs Computerpraxis» liegt ein didaktisches Konzept zugrunde, das von Dipl.-Hdl. Rudolf Hambusch, Referatsleiter im Landesinstitut für Schule und Weiterbildung Soest, entwickelt wurde. Es will das Computerwissen für jedermann verständlich machen. Die Autoren sind erfahrene Berufspädagogen, Praktiker oder Mitarbeiter in Weiterbildungsprojekten.

Vorwort

MS Project – Projekte erfolgreich planen und managen

Das Arbeiten in Projekten ist weit verbreitet. Beispiele sind DV-Projekte, Organisationsprojekte, Bauprojekte, Produkteinführungen sowie Forschungs- und Entwicklungsprojekte. Projekte dieser Art können nur dann erfolgreich abgewickelt werden, wenn ein entsprechendes Projektmanagement vorhanden ist.

Zur Unterstützung des Projektmanagement ist **MS Project** zu einem unentbehrlichen Werkzeug geworden. Es bietet die Chance, Projekte verschiedener Art effizient zu planen und die Durchführung gezielt zu steuern. Gleichzeitig kann der Projekt-Verwaltungsaufwand radikal reduziert und ein umfassendes Berichtswesen aufgebaut werden.

Mit diesem Buch gelingt Ihnen in kurzer Zeit ein systematischer Einstieg in alle Möglichkeiten, die **MS Project** bietet. Dies umfaßt das Aufstellen von Projektplänen (Projektstrukturpläne, Zeitpläne, Kostenpläne, Ressourcenpläne), das Erzeugen von ansprechenden Balkendiagrammen und Netzplänen sowie ein umfassendes Ressourcen- und Kostenmanagement. Weitere Möglichkeiten, die in dem Buch erläutert werden, sind

- die Projektsteuerung und Fortschrittskontrolle,
- das Erzeugen individueller Berichte,
- der Datenaustausch mit anderen Office-Programmen sowie
- das Arbeiten in integrierten Umgebungen (Mehrprojektbearbeitung, Projekt-Anwendungen im Internet/Intranet).

Ausgehend von einem praxisnahen Anwendungsbeispiel wird Ihnen so anschaulich und Schritt für Schritt gezeigt, wie Sie **MS Project** effizient nutzen können.

Das Buch eignet sich sowohl zum Selbststudium als auch als begleitende Unterlage für Schulungen. Wenn notwendig, werden die Anwendungen durch Bildschirm-Hardcopies illustriert, wichtige Abläufe sind in leicht nachvollziehbaren Checklisten zusammengefaßt. Zahlreiche Übersichten machen das Buch außerdem zu einem nützlichen Nachschlagewerk.

Das Buch ist so konzipiert, daß die Beispiele direkt am Computer nachvollzogen werden können. Alle Beispiele wurden auf einem Personal Computer mit einem Pentium-MMX-Prozessor entwickelt und nachgeprüft.

Um Ihnen die Orientierung bei der Arbeit mit dem Buch zu erleichtern, wurden folgende Festlegungen getroffen:

- Menübezeichnungen und Befehlswörter werden durch **Fettschrift** hervorgehoben.
- Feldnamen und Bezeichnungen für Dialogfelder werden in *Kursivschrift* dargestellt.
- Tasten und Schaltflächen werden grundsätzlich in gerahmten Kästchen dargestellt.
- Die Angaben zur Tastaturbelegung beziehen sich auf die übliche PC-Multifunktionstastatur.

Ernst Tiemeyer

Mittels Internetzugang können Sie an Beispieldateien zu dem Buch gelangen, indem Sie die folgende Internetadresse wählen:

http://www.rowohlt.de/rowohlt/rororo/comalle/download.htm

1 Grundlagen und Rahmenbedingungen zur Arbeit mit MS Project

Um *MS Project* effizient nutzen zu können, sollten Sie sich zunächst mit dem grundlegenden Programmkonzept vertraut machen. Dazu gehören Informationen über
- die Einsatzmöglichkeiten von Projektmanagementprogrammen,
- die wesentlichen Leistungsmerkmale des Programms,
- die Festlegung der Grundeinstellungen für das Arbeiten (etwa Optionen für die Bildschirmanzeige) sowie
- die Vorgabe von Rahmenbedingungen für die Projektarbeit (Definition der Projektziele, Einrichten des Projekt-Kalenders).

Die zuvor genannten Fragenkreise sollen im folgenden Kapitel anhand eines Anwendungsbeispiels erläutert werden.

1.1 Ohne Projektmanagement ist erfolgreiche Projektarbeit undenkbar

Für viele Anwendungen der betrieblichen Praxis ist das Arbeiten in Projekten typisch. Um die Möglichkeiten und die Arbeitsweise des Programms *MS Project* richtig einschätzen zu können, sollten Sie sich vergegenwärtigen, durch welche Merkmale Projekte gekennzeichnet und welche Ziele im Rahmen des Projektmanagements von Bedeutung sind. Außerdem ist es hilfreich, wenn Ihnen die im Projektmanagement bewährten Methoden und Techniken bekannt sind; beispielsweise Balkendiagramm- und Netzplantechnik. Hinzu kommt: Erfolgreiche Projektarbeit setzt organisatorische Vorüberlegungen und Entscheidungen voraus. Erst auf der Basis von abgestimmten Planungsdaten können Sie mit *MS Project* erfolgreiche Projektarbeit sicherstellen.

Zunächst zum **Begriff «Projekt»**. Betrachten wir einmal typische Projekte der Wirtschaftspraxis, die mit *MS Project* geplant, gesteuert und dokumentiert werden können. **Anwendungen für Projekte** finden sich

- in der Vertriebsplanung und im Marketing (etwa bei der Einführung neuer Produkte oder für Werbekampagnen),
- für die Produkt- und Produktionsplanung (Entwicklung neuer Produkte, Standortplanung),
- im Bereich «Forschung und Entwicklung» sowie
- in der Organisation und Datenverarbeitung (beispielsweise Projekte zur Softwareentwicklung, Auswahl und Einführung von Standardsoftware sowie zur Einführung einer Geschäftsprozeßorganisation).

Darüber hinaus gibt es Branchen, in denen überwiegend in Projekten gearbeitet wird; Beispiele sind
- Maschinenbau,
- Hoch- und Tiefbau,
- Beratungsunternehmen,
- Softwarehäuser,
- Werbeagenturen und
- Wartungsfirmen.

Produkte und Dienstleistungen dieser Firmen sind in der Regel das Ergebnis von Projekten.
Für alle genannten Projekttypen und Anwendungsfelder kommt der Einsatz eines Projektmanagementprogramms wie *MS Project* in Betracht. Vielfach ist eine Anwendung eines Projektmanagementprogramms sogar unerläßlich, um erfolgreiche Projektarbeit zu leisten.

Unabhängig vom Projekttyp sollten folgende **Merkmale für ein Projekt** gegeben sein:
- **Ein Projekt ist eine umfassende Aufgabenstellung mit zeitlicher Befristung:** Es besitzt einen definierten Umfang, wobei zwischen definiertem Anfangs- und Endzeitpunkt ein relativ großer Abstand besteht. Dies können mehrere Monate, aber auch mehrere Jahre sein.
- **Projektziele:** Unabhängig vom zu erreichenden Gesamtergebnis (etwa die Entwicklung eines Produktes) existiert eine Gruppe von Projektzielen. Dies können Umsatzziele, Kostenziele oder Qualitätsziele sein.
- **Einmaliger Charakter:** Bei einem Projekt handelt es sich um eine Aufgabe von relativer Neuartigkeit (gewisser Einmaligkeitscharakter, keine Routineaufgabe). Damit verbunden ist ein nicht zu unterschätzendes Risiko hinsichtlich der Zielerreichung.

- **Finanzieller Rahmen:** Für die im Zusammenhang mit der Projektbearbeitung anfallenden Kosten und Investitionen wird ein Projektbudget aufgestellt. Dieser Kostenrahmen sollte möglichst nicht überschritten werden und führt gleichzeitig dazu, daß mit begrenzten Arbeitsmitteln gewirtschaftet werden muß.
- **Interdisziplinärer Charakter:** Aufgabenstellungen im Projekt können im Regelfall nur fach- und bereichsübergreifend gelöst werden. Die Durchführung von Projekten erfordert deshalb eine besondere, über die Sichtweise eines speziellen Tätigkeitsbereichs hinausgreifende Koordination. Projektarbeit ist also typischerweise Teamarbeit.

Wie beginnen viele Projekte in der Wirtschaftspraxis? Erkannte Probleme, neue Technologien (Einführung von «Electronic Commerce») oder besondere wirtschaftliche und rechtliche Herausforderungen (Stichworte «Globalisierung», «Euro-Einführung») führen häufig dazu, daß Projekte in Angriff genommen werden. Konkreter Auslöser für Projekte sind meistens Ideen aus den Fachbereichen oder Anregungen seitens der Geschäftsführung.

Bereits in der Auslösephase für ein Projekt werden wesentliche Voraussetzungen für den späteren Projekterfolg gelegt. Dabei können die folgenden Fragestellungen weiterhelfen:

- Werden klare Projektziele formuliert?
- Ist die Abgrenzung des Projektes (= Projektdefinition) präzise?
- Steht deutlich fest, wer am Projekt beteiligt werden soll?

Erfahrungen der Praxis zeigen jedenfalls deutlich: Für die erfolgreiche Abwicklung von Projekten ist es unumgänglich, daß klare Vereinbarungen zwischen Auftraggeber (beispielsweise der Unternehmensführung) und Auftragnehmer (dem Projektteam) über

- Aufgaben,
- Kompetenzen und
- Verantwortung

getroffen werden. Um Mißverständnisse von vornherein auszuschließen, empfiehlt es sich, die angestrebten Projektziele und die anfallenden Aktivitäten in einem Schriftstück festzuhalten, dem sogenannten **Projektauftrag**. Er ist das Bindeglied zwischen Auftraggeber und Auftragnehmer und dient als Legitimationsbasis für das weitere Vorgehen.

> **Merke:** Die Ausgestaltung des Projektauftrages gehört zu den wichtigsten Aufgaben des Projektleiters in Zusammenarbeit mit seinem Projektteam. Hier kann nicht gründlich genug vorgegangen werden.

Wozu Projektmanagement? Eine These vorweg: Erfolgreiche Projekte sind ohne ein effizientes Projektmanagement undenkbar. Nur so sind die für die Projektabwicklung anfallenden Teilaufgaben überschaubar und lassen sich Problemsituationen rechtzeitig erkennen. Außerdem wird es den Mitarbeitern im Projekt dann weniger schwerfallen, zielorientiert zu handeln. Zunächst eine Definition:

> Als **Projektmanagement** wird die Gesamtheit von Führungsaufgaben, -organisation, -techniken und -mitteln für die Abwicklung eines Projekts verstanden (DIN 69901).

Der Prozentsatz von Projekten, die beendet werden, ohne daß der festgesetzte Zeitpunkt oder der Kostenrahmen überschritten wird, ist immer noch gering. Die Gründe liegen meist in dem mangelnden oder fehlenden Projektmanagement.

Wichtig ist zu Beginn eine klare Projektabgrenzung. Danach läßt sich jedes Projekt – egal, ob es sich um ein Bauprojekt, ein Organisationsprojekt oder ein Softwareentwicklungsprojekt handelt – in verschiedene Teilaktivitäten untergliedern. Dabei muß den logischen Beziehungen zwischen diesen Tätigkeiten sowie den dazu benötigten Zeiten besondere Beachtung geschenkt werden. Ergänzend sind Fragen des Ressourceneinsatzes (Personal, Maschinen) sowie der anfallenden Kosten von zentraler Bedeutung.

Nehmen die anfallenden Projekte einen gewissen Umfang an, dann empfiehlt sich fast immer eine vorherige detaillierte Planung sowie eine fortlaufende Überwachung und Steuerung des Projektes. Bloßes «Draufloswerkeln» birgt nämlich erhebliche Gefahren und Nachteile in sich, die vielen Projektleitern und Mitarbeitern in Projekten sicherlich bekannt sind: Zeitverzögerungen, unnötige Kostensteigerungen sowie Leerlauf durch fehlende Verfügbarkeit der notwendigen Personen und Maschinen.

Um derartige Probleme zu reduzieren, wurden verschiedene **Methoden**

zur Planung, Steuerung und Kontrolle von Projekten entwickelt, die bereits vielfach mit großem Erfolg eingesetzt werden: z. B.
- Gantt-Diagrammtechnik und
- Netzplantechnik.

In beiden Fällen wird über ein grafisches Darstellungsinstrument der Zusammenhang zwischen den einzelnen Aktivitäten im Projekt veranschaulicht. Diese Diagramme bilden in Verbindung mit einer Vorgangsliste die Basis für Berechnungen zu Zeiten, Kosten und Ressourcen.

Der Aufwand, den ein derartig systematisches Projektmanagement verursacht, ist zwar nicht gering, zahlt sich häufig aber schnell aus. Dazu eine kleine Beispielrechnung: Untersuchungen zeigen, daß die Kosten für die Planung von Projekten durchschnittlich ca. 2 % der gesamten Projektkosten ausmachen.

Andererseits zeigen Erfahrungswerte, daß durch genaue Projektplanung ca. 22 % Zeitersparnis und 15 % Kostenersparnis erreichbar sind. Diese Werte können natürlich nur eine grobe Abschätzung liefern und sind in der Praxis von Projekt zu Projekt sehr unterschiedlich. Dennoch: Sie zeigen, daß Projektplanung aus betriebswirtschaftlicher Sicht sehr vorteilhaft sein kann.

> **Bedenken Sie:** Erst wenn die organisatorischen Grundlagen für die Projektarbeit festliegen, macht der Einsatz eines Computerprogramms wie *MS Project* Sinn.

1.2 Warum computergestütztes Projektmanagement?

Der Aufwand, den ein systematisches Projektmanagement verursacht, zahlt sich – wie zuvor erläutert und wie die Erfahrungen der Praxis zeigen – meist schnell aus. Dennoch ist der Arbeitsaufwand nicht zu unterschätzen, insbesondere wenn an das Projektergebnis hohe Qualitätsansprüche gestellt werden. Deshalb liegt es auch nahe, alle Möglichkeiten zu prüfen, wie

- einerseits der **Projektverwaltungsaufwand reduziert** werden kann und
- andererseits **Informationen über den Stand des jeweiligen Projektes verbessert** und schneller zur Verfügung stehen können.

Zur Unterstützung des Projektmanagements ist der Computer immer mehr zu einem unentbehrlichen Werkzeug geworden. Mit einem geeigneten Projektmanagementprogramm wie *MS Project* bietet sich für viele Projektleiter die Chance, eine effizientere Planung und Steuerung der zu betreuenden Projekte zu realisieren. Auch Projektmitarbeiter profitieren davon, indem klar orientierende und motivierende Zielvorgaben erstellt und damit gleichzeitig die Rahmenbedingungen für eine positive Teamarbeit geschaffen werden.

Die generellen Möglichkeiten von Projektmanagement-Software zeigt im Überblick die folgende Abbildung:

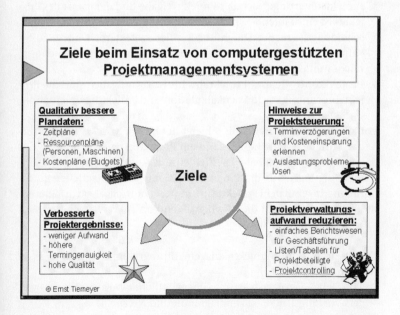

Projektarbeit vollzieht sich sinnvollerweise in Stufen. Es hat sich bewährt, die Phasen der Projektarbeit analog zu den Stufen eines Entscheidungsprozesses festzulegen: Planung, Realisierung (Durchführung) und Kontrolle (Abschlußphase). Daran anknüpfend verfügt heute nahezu jedes größere Anwenderunternehmen sowie jedes Beratungsunternehmen über ein eigenes Phasenkonzept, das die Teilaufgaben im Rahmen der Projektarbeit festlegt. Auch in der Wissenschaft gibt es keine einheitliche Begriffssystematik für die in Angriff zu nehmenden Projektphasen.

Unabhängig von dem gewählten Phasenkonzept können folgende Schritte bei der Abwicklung eines Projektes unterschieden werden:

1. **Projektdefinition:** Mit einer klaren Projektdefinition wird die erste Voraussetzung für eine erfolgreiche Projektdurchführung geschaffen. Festgelegt werden dabei die Projektziele sowie der Handlungsrahmen für die Projektarbeit.
2. **Projektplanung:** Ausgehend von der Projektdefinition kann eine konkrete Planung von Zeiten, Ressourcen und Kosten in Angriff genommen werden.
3. **Projektsteuerung:** Nach der Projektfreigabe und dem Start des Projektes ist eine laufende Überwachung der Projektaktivitäten mit entscheidungsgestützter Durchführung der Projektarbeit nützlich. So kann sichergestellt werden, daß die festgelegten Ziele weitgehend erreicht werden.
4. **Projektkontrolle und Projektabschluß.** Teilaufgaben sind die Projektabrechnung sowie Nachkalkulation und Projektdokumentation.

Vor allem in den Phasen 2 bis 4 bietet der Einsatz von *MS Project* zahlreiche Vorteile. Wenig helfen kann ein Projektmanagementprogramm dagegen in der ersten Phase. Die Zieldefinition und die Analyse der Rahmenbedingungen für die Projektarbeit muß der Projektleiter in Zusammenarbeit mit dem Projektteam und dem Auftraggeber vornehmen. Betrachten wir einmal die Möglichkeiten von *Project* in den drei Einsatzphasen etwas genauer!

Durch Einsatz eines Projektmanagementprogramms wie *MS Project* in der **Planungsphase**
- läßt sich die Projektstruktur in übersichtlicher Weise aufzeigen (mittels Vorgangslisten, Balkendiagramm und Netzplan),
- kann automatisch eine Vielzahl wichtiger Plan- und Kontrolltermine ermittelt werden,
- werden wichtige Daten zur Budget- und Ressourcenplanung zur Verfügung gestellt,

- können auftretende Planänderungen schnell ohne großen Aufwand im Projektplan berücksichtigt werden,
- können im Planungsstadium verschiedene Möglichkeiten (etwa unterschiedlicher Personaleinsatz) durchgespielt werden, um herauszufinden, welche Auswirkungen diese auf das Gesamtprojekt haben (What-if-Analysen).

In der **Realisierungsphase** liefert das Programm wichtige Steuerungsinformationen:
- Tatsächlich realisierte Werte (Zeiten, Ressourceneinsatz, Kosten) können für die einzelnen Arbeitspakete erfaßt werden.
- Es sind permanente Soll-Ist-Vergleiche möglich. Diese liefern wertvolle Informationen für die Steuerung der Projektarbeit.

In der **Abschlußphase** können vom Projektmanagementprogramm automatisch zahlreiche Berichte für Kontrollzwecke bereitgestellt werden. Damit wird gleichzeitig ein Beitrag zur Projektdokumentation geliefert. Auch Abrechnungsinformationen können per Knopfdruck ausgegeben werden.

- **Typische Arbeitsweise von Computerprogrammen für das Projektmanagement**

Vergegenwärtigen wir uns auf der Basis der Einsatzmöglichkeiten in den verschiedenen Phasen eines Projekts die Arbeitsweise eines Projektmanagementprogramms noch etwas genauer.

Ausgangspunkt für den Einsatz von *MS Project* sind **Vorüberlegungen zur Projektstruktur**. Nach Definition des Projektziels und Abgrenzung der Projektaufgabe können die zur Lösung des Projektes erforderlichen Teilaktivitäten festgelegt sowie die Abhängigkeiten zwischen den verschiedenen Teilaktivitäten bestimmt werden. Anschließend kann die Arbeit am Computer beginnen.

In einem ersten Schritt wird eine **programmgestützte Projektplanung** realisiert. Dazu sind folgende Aktivitäten nötig:

1. **Projektstartinformationen eingeben:** Beispiele sind die Angabe des Projektstartpunktes sowie allgemeiner Projektinformationen (Projektleitung etc.).
2. **Projektkalender definieren oder auswählen:** Diese Aufgabe umfaßt unter anderem die Angabe der generellen Arbeitszeiten sowie der arbeitsfreien Tage für den Projektzeitraum.

3. **Vorgangsdaten eingeben:** Hierzu rechnen die Benennung der anfallenden Vorgänge, die zur Aufgabenerledigung geschätzten Zeiten (= Eingabe der Vorgangsdauer) sowie die Abhängigkeit der Vorgänge untereinander.
4. **Erfassung und Verwaltung der zur Verfügung stehenden Ressourcen und Kosten:** Einzugeben sind zunächst einmal die zur Verfügung stehenden Personen und Betriebsmittel. Für diese Ressourcen sind für Zwecke der Kostenplanung ergänzend die jeweils durch sie entstehenden Kosten anzugeben. Meist müssen auch noch fixe Kosten für einen Vorgang erfaßt werden.
5. **Zuweisung von Personal und Betriebsmitteln zu den Vorgängen.** Anzugeben sind für jeden Vorgang die Art und Menge der einzusetzenden Personen, Maschinen und Materialien.

Aus den Eingaben lassen sich konkrete Planungswerte für ein Projekt ableiten. Das Programm errechnet Planzeiten, die wahrscheinlich anfallenden Kosten (insgesamt, auf einzelne Vorgänge und Ressourcen bezogen) sowie die Einsatzzeiten für die Ressourcen. Alle späteren Projektphasen beruhen auf diesem Projektplan.

Nach Abschluß der Planungsphase steht in der Regel zunächst einmal die **Projektgenehmigung** zur Diskussion. Werden nach einer Präsentation des Projektplans in den zuständigen Gremien Änderungen beschlossen, können diese mit einem Computerprogramm wie *Project* schnell berücksichtigt werden. Ergänzend lassen sich verschiedene Planvarianten einfach durchspielen. Letztlich müssen auch die Projektleitung und das Projektteam selbst nach Möglichkeiten zur Optimierung des erstellten Projektplans suchen.

Nach dem Projektstart verlagert sich der Aufgabenbereich des Projektleiters auf die **Kontrolle und Steuerung des Projektes.** Zu diesem Zweck müssen die jeweiligen Projektfortschritte erfaßt werden. Dies sind:

- die benötigten Ist-Zeiten,
- der tatsächliche Ressourcenverbrauch sowie
- die tatsächlich angefallenen Kosten.

Diese Daten müssen kontinuierlich oder in regelmäßigen Abständen (wöchentlich oder monatlich) erfaßt werden.

Nach Eingabe von Ist-Terminen, tatsächlicher Ressourcennutzung und der Ist-Kosten lassen sich verschiedene **Soll-Ist-Vergleiche** anstellen.

Beispiele sind:
- Projektstatus-Übersichten
- Soll-Ist-Vergleichslisten zu Terminen und Ressourceneinsatz
- Kostenentwicklungsübersichten
- Ressourcen-Auslastung-Diagramme

Aus diesen Werten, die wertvolle Projektkontrollhilfen bieten, kann eine fortlaufende Fortschreibung der Anfangs- und Endtermine vorgenommen werden. Außerdem geben sie Anregungen, ob bei Abweichungen Maßnahmen zur Gegensteuerung ergriffen werden müssen. Ein integrierter Nutzen der laufenden Erfassung der Ist-Daten: Damit wird gleichzeitig ein einheitliches Berichtswesen bzw. eine umfangreiche Projektdokumentation erreicht. Die Projektdokumentation sollte nicht unterschätzt werden. Sie ist mit Abschluß des Projektes zu «vervollkommnen». Dies ist nicht nur für Nachweiszwecke über eine erfolgreiche Projektarbeit nützlich, gleichzeitig können damit Anregungen für künftige Projekte gewonnen werden.

Den Zusammenhang verdeutlicht das folgende Schaubild:

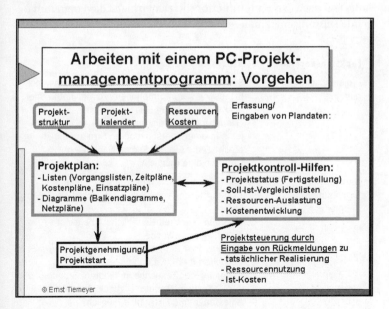

> **Merke:**
> Programme zur Projektplanung und -steuerung ersetzen heute weitgehend das rein manuelle Vorgehen zur Berechnung von Terminen und Kosten. Außerdem kann der Einsatz der benötigten Ressourcen (wie Personen oder Sachmittel) geplant und professioneller organisiert werden. Der Vorteil eines Projektmanagementprogramms liegt vor allem in der Übersichtlichkeit und Schnelligkeit bei der Planung und Steuerung. Eines macht der Computereinsatz jedoch nicht überflüssig: die detaillierten Vorüberlegungen durch den Projektverantwortlichen und das Projektteam.

1.3 Leistungsspektrum von MS Project

Für die Projektarbeit hat sich – wie vorstehend bereits skizziert – ein phasenweises Vorgehen bewährt. In allen genannten Projektphasen kann *MS Project* mehr oder weniger nutzbringend eingesetzt werden. Aufgeteilt nach den Hauptfunktionsbereichen bietet das Programm folgende Leistungsmerkmale:

Funktionsbereich	Leistungsmerkmale
Projektstrukturplanung:	▪ Sammlung der Aktivitäten in einer Vorgangsliste ▪ Erfassung der Informationen pro Aktivität in über 100 verschiedenen Feldern möglich ▪ Gliederungsfunktion, um Einzelheiten eines Projekts in einer überschaubaren Struktur darzustellen (Arbeiten mit Sammelvorgängen) ▪ Unterprojekte möglich
Kalenderorganisation/ Zeitplanung	▪ Kalender lassen sich individuell konfigurieren ▪ Differenzierung von Werktagen und arbeitsfreien Tage ▪ Einstellmöglichkeit für tägliche Arbeitszeit, Arbeitszeit pro Woche ▪ Eingabe oder Berechnung von Anfangs- und Endzeiten für Aktivitäten ▪ Einteilung der Zeitachse in Minuten, Stunden, Tage, Wochen, Monate, Quartale oder Jahre ▪ Milestones und Fixtermine möglich

Leistungsspektrum von MS Project 23

Einsatzmittel/ Ressourcen zuordnen und einteilen	- mehrere tausend Ressourcen je Projekt verwaltbar - max. Ressourcen je Aktivität: 100 - Bildung von Ressourcengruppen (Ressourcenpools) - Kalender für einzelne Ressourcen oder für Ressourcengruppen - Zuordnung von Anfangs- und Endterminen für den Ressourceneinsatz - Ressourcen- und Kapazitätsabgleich (auch innerhalb eines bestimmten Zeitraums) - leistungsgesteuerte Terminplanung
Kosten erfassen und Kostenberechnungen	- Kostenzuordnung je Aktivität bzw. je Ressource möglich - Kostendifferenzierung möglich, z. B. Projektfixkosten, Aktivitätenfixkosten, variable Kosten - Management variabler Kostensätze (ermöglicht beispielsweise die Berücksichtigung von Gehaltsänderungen während der Projektlaufzeit) - Zuordnung von mehreren Kostensätzen zu einer Ressource - Berechnungen von geplanten Projektgesamtkosten, max. Kosten, min. Kosten, Kosten pro Periode, Kosten pro Aktivität, Kosten pro Ressource
Planberechnungen, Ergebnisdarstellungen und Ergebnisanalysen	- Berechnungen in Form einer Vorwärtsrechnung oder Rückwärtsrechnung - Ermittlung von Start/Ende, kritischem Weg und Pufferzeiten - Darstellung der Planwerte in Tabellenform - Terminplanung mit fester Vorgangsdauer oder optional leistungsgesteuerte Terminplanung (je mehr Ressourcen für einen Vorgang, je kürzer die Dauer) - Gantt-Diagramm mit variierbarer Zeitskala und unterschiedlich sortierbaren Daten - Netzplandiagramm; auch interaktiv durch einfaches Mausklicken auf dem Bildschirm konstruierbar - Projektstrukturplan als Gliederung darstellbar - Filter erlauben, eine Auswahl von Vorgängen anzusehen, wie Projektmeilensteine oder Vorgänge, mit denen eine bestimmte Person betraut ist - Basisplandiagramm ermöglicht, den aktuellen Terminplan mit dem ursprünglichen Plan zu vergleichen

24 Grundlagen und Rahmenbedingungen zur Arbeit mit MS Project

Projektsteuerung und Projektkontrolle	▪ Eingabe von Ist-Werten; beispielsweise von Ist-Terminen und Fertigstellungsgrad ▪ zahlreiche zeitliche Auswertungen; beispielsweise Statusanzeige, Meldung von Terminüberschreitung ▪ Fortschrittslinien zur Anzeige des aktuellen Projektstatus ▪ Ressourcenauswertungen: Auslastungen, automatischer Einsatzabgleich ▪ Kostenkontrollen: Soll-Ist-Vergleich, aktueller Wert ▪ PERT-Analyse, bei der die Plandauer von Vorgängen mit Unsicherheitsfaktoren belegt wird ▪ Ertragswertanalysen zur Bewertung von Arbeitsfortschritten
Berichtswesen und Projektdokumentation	▪ Ausdruck von unterschiedlichen Ansichten ▪ 30 Standardberichte in unterschiedlichen Kategorien ▪ zahlreiche vordefinierte Reports: Strukturpläne, Belastungsdiagramm, Kostenverteilung ▪ Reportinhalte frei definierbar
Teamfunktionalität	▪ auf E-Mail basierende Arbeitsgruppenfunktionen (aus der E-Mail-Adressenliste läßt sich ein Ressourcenpool erstellen) ▪ auf dem Internet basierende Arbeitsgruppenfunktionen ▪ Publizieren im Internet (Speichern von Berichten im HTML-Format) ▪ Unterstützung von Hyperlinks auf Dokumente und Web-Sites ▪ in Kombination mit Outlook können Erinnerungen direkt an *Project* gesandt werden ▪ Ablage in *Microsoft-Exchange*-Ordnern
Datenaustausch	▪ zahlreiche Importfilter zur Übernahme von Daten aus Textverarbeitungen, Datenbanken oder Tabellenkalkulationen; beispielsweise TXT-, DBF-, MDB und XLS-Files ▪ Datenaustausch und Verknüpfungen nach dem OLE-Prinzip möglich ▪ *OfficeLinks:* Daten können einfach zwischen Arbeitsblättern, Präsentationen, Berichten und anderen Dokumenten, die mit einem Programm der *Microsoft-Office*-Produktfamilie erstellt wurden, verknüpft werden ▪ *Daten in einer Datenbank speichern:* Daten können direkt in einer Datenbank in *Microsoft*

	Access, Microsoft BackOffice und anderen Datenbanken, die dem ODBC-Standard (ODBC – Open Database Connectivity) entsprechen, abgespeichert werden ▪ Unterstützung von SQL und Oracle
Multiprojektmanagement	▪ Zusammenführung mehrerer Projekte (bis zu 1000 Projekte können zusammengeführt werden) ▪ Möglichkeit projektübergreifender Anordnungsbeziehungen
Benutzerdefinierte Lösungen	▪ benutzerdefinierbare Textfelder, numerische Felder, Menüs und Symbolleisten ▪ Möglichkeit der Makroaufzeichnung ▪ Visual Basic für Applikationen (mit eigenem Objektmodell) ▪ OLE-Objekttechnologie ▪ zahlreiche Zusatzprodukte von Fremdherstellern sind für *Project* verfügbar

1.4 MS Project installieren und anwenden – Varianten

MS Project gibt es in unterschiedlichen Versionen. Diesem Buch liegt die aktuelle Version *Project 98* (das fünfte Windows-basierte Release von *MS Project*) zugrunde. Die installierte Basis für dieses Programm, die heute mehr als zwei Millionen Benutzer auf der ganzen Welt umfaßt, besteht aus einer Vielzahl unterschiedlicher Benutzertypen: sowohl Experten im Projektmanagement als auch Mitarbeiter in Projekten zählen zu den Anwendern.

Um *Project 98* einsetzen zu können, sind bestimmte Anforderungen an die Hard- und Software zu stellen.

Hardwarevoraussetzungen:

Rechner:	PC mit INTEL-Prozessor (mindestens 80486 DX), VGA-Monitor oder besser (SVGA 256-Farben empfohlen). Optional können Audiokarte und Modem genutzt werden.
Notwendige Hauptspeicherkapazität:	8 MB (16 MB und mehr empfohlen)
Erforderliche Festplattenkapazität:	11 MB minimal; 22 MB Standard; 28 MB benutzerdefiniert (Maximum)

Softwarevoraussetzungen:

Client-Nutzung:	Betriebssystem *Windows 95/98* oder *Microsoft Windows NT Workstation* Version 3.51 oder neuer (*Project 98* ist unter älteren Windows-Versionen nicht lauffähig); für ältere 16-Bit-Versionen von *Project* DOS und Windows 3.x.
Nutzung im Netzwerk	*Microsoft Windows NT Server* (Version 3.5 oder 4), unter Windows 95/98 betriebene Netzwerke, LAN Manager und andere NetBIOS-kompatible Netzwerke, einschließlich Novell® NetWare® und LANtastic.

Bevor Sie mit dem Programm *Project 98* auf Ihrem Computer arbeiten können, muß es installiert sein. Auf diese Weise erreichen Sie, daß das Programm verfügbar ist und den Erfordernissen der von Ihnen verwendeten Hardware entspricht. Möglich ist eine reine Client-Installation oder eine Netzwerkinstallation.

Installation auf einem Client-Computer (lokaler PC)

Typischerweise werden Sie *Project* mittels der mitgelieferten CD-ROM installieren, die Sie in das CD-ROM-Laufwerk einlegen. Gehen Sie in folgender Weise vor:

1. Aktivieren Sie die Schaltfläche [Installieren].
2. Wählen Sie danach den Ordner, der die *MS Project 98*-Dateien enthält.
3. Klicken Sie doppelt auf *Setup*.

4. Geben Sie in dem angezeigten Dialogfeld den Benutzernamen ein, und aktivieren Sie [OK] zur Verifikation der Benutzer-ID.
5. Geben Sie den Ordner für das Ziel der Installation der Project-Dateien ein.
6. Bestimmen Sie die Art der Installation (benutzerdefiniert, Standard), und folgen Sie den weiteren Anweisungen auf dem Bildschirm.

Installation auf Server-Computer

Möchten Sie *MS Project* in einer Netzwerkumgebung einsetzen und installieren, dann empfiehlt sich zunächst das Lesen der Datei SETUP.WIR, die im Lieferumfang von Windows enthalten ist. Um eine Server-Installation zu realisieren, werden Sie die Installation von *MS Project* von einem Netzwerkdateiserver aus durchführen. Starten Sie von dieser Version aus das Setup-Programm in folgender Weise:

1. Schließen Sie alle Programme.
2. Klicken Sie auf die Windows-Schaltfläche [Start], zeigen Sie auf **Einstellungen**, und wählen Sie **Systemsteuerung**.
3. Doppelklicken Sie auf das Symbol *Software*.
4. Klicken Sie im Register *Installieren/Deinstallieren* auf *Microsoft Project* und dann auf **Hinzufügen/Entfernen**.
5. Folgen Sie den Anweisungen auf dem Bildschirm.

Sobald die Installation des Programms abgeschlossen ist, können Sie unmittelbar die Arbeit mit dem Programm aufnehmen.

1.5 Das Beispielprojekt «Software-Einführung»

Fall/Situationsaufgabe: Projekt «DV2000»

> Die Firma **Euromedia GmbH** ist ein Warenhaus-Unternehmen, das überregional tätig ist und in Düsseldorf die Zentrale hat. In den letzten Jahren hat sich das Geschäft bei fast allen Produktgruppen sehr positiv entwickelt. So konnten teilweise enorme Umsatzzuwächse erzielt werden.
>
> Um den neuen Herausforderungen gewachsen zu sein, beschließt die Unternehmensleitung das Auflegen eines Projektes zur Moder-

nisierung der DV-Lösungen. Ziel ist die Einführung einer neuen Standardsoftware für die Bereiche
- Finanz- und Rechnungswesen,
- Controlling,
- Personalwirtschaft und
- Warenwirtschaft.

Zur Planung dieses Projektes beschließt der Projektleiter, das Projektmanagementprogramm *MS Project* zu nutzen.

1.6 Projektstartinformationen erfassen und verwalten

Nach dem Start des Programms *Project 98* erscheint zunächst das Dialogfeld *Willkommen zu Microsoft Project*. Schließen Sie das Dialogfeld, um eine neue Projektdatei zu erstellen oder mit einer vorhandenen Projektdatei zu arbeiten. Ergebnis ist die im folgenden wiedergegebene Bildschirmanzeige:

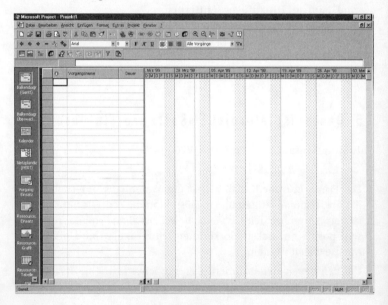

Es wird ein neues Projekt mit dem Titel «Projekt1» angelegt (vgl. Titelleiste).

Neben dem Menübereich im oberen Teil umfaßt der Ausgangsbildschirm folgende Teilbereiche:

- Im Kernbereich ist die Erfassung einer Vorgangsliste vorgesehen, die dann unmittelbar in ein Balkendiagramm umgesetzt wird. Unterhalb des Menüs befindet sich die Eingabezeile.
- Im linken Teil können Sie eine bestimmte Ansicht einstellen. Dazu ist das entsprechende Symbol anzuklicken. So sind abweichend vom Balkendiagramm auch vollkommen andere Bildschirmansichten denkbar, beispielsweise als Netzplandiagramm oder zur Anzeige der Ressourcendaten sowie der Ressourcenauslastung.

Von dem Startbildschirm ausgehend können Sie unmittelbar mit der Erfassung der Daten für die Projektplanung beginnen. Dazu wird **eine Projektdatei** angelegt, in der verschiedene Daten zur Planung und Verwaltung eines Projekts zusammengefaßt sind:

- Daten in Form einer **Vorgangsliste**,
- Namen aller **Ressourcen**,
- **Arbeitskalender** für einzelne Personen oder Personengruppen,
- und vieles andere mehr.

Beachten Sie: Alle Informationen, die zum Erstellen, Verwalten und Überwachen eines Projektes nötig sind, werden bei *Project* in einer einzigen Datei mit der Erweiterung MPP abgelegt.

Tip: Am besten nehmen Sie bereits am Anfang eine Speicherung der noch «leeren» Datei vor. Vergeben Sie beispielsweise den Namen «Euro1.MPP».

Dazu ist in folgender Weise vorzugehen:
1. Wählen Sie aus dem Menü **Datei** den Befehl **Speichern unter**.
2. Füllen Sie das Dialogfeld in der folgenden Weise aus, indem Sie nach Wahl des Ordners den gewünschten Dateinamen im Feld *Dateiname* eingeben:

30 Grundlagen und Rahmenbedingungen zur Arbeit mit MS Project

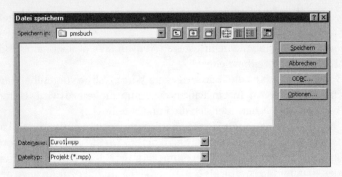

3. Führen Sie den Befehl durch Klicken auf [Speichern] aus.

Ergebnis: Die Datei wird in dem gewählten Ordner angelegt. Der Dateiname erscheint in der Titelleiste.

Hinweis: Beachten Sie, daß auch eine Speicherung der Datei mit einem Sicherungskennwort möglich ist. Dazu wählen Sie im zuvor abgebildeten Dialogfeld *Datei speichern* die Schaltfläche [Optionen]. Ergebnis ist das folgende Dialogfeld, das Sie nach Ihren Wünschen ausfüllen können:

Projektstartinformationen eingeben

Um einen neuen Projektplan mit *Project 98* zu erstellen, sollten Sie in der neuen Datei zunächst bestimmte Grundinformationen angeben (beispielsweise den Anfangs- oder Endtermin des Projekts):

- Einen Starttermin legen Sie fest, wenn das Programm davon ausgehend die weiteren Plantermine ermitteln soll.

- Muß das Projekt zu einem bestimmten Endtermin fertiggestellt werden, können Sie den gewünschten Termin dem Programm vorgeben. Das Programm ermittelt dann auf dieser Basis die Plantermine für die einzelnen Vorgänge.
- Die Berechnung der Termine kann nach verschiedenen Methoden erfolgen. Grundsätzlich beginnen alle Vorgänge so früh wie möglich.
- Unter Umständen möchten Sie einen speziellen Kalender dem Projekt zuordnen (bzw. die Kalenderdaten in bezug auf das Projekt einstellen). Dann müssen Sie einen bestimmten Kalender für das Projekt festlegen.

Angabe des Projektstartpunktes:

> **Beispiel:** In der Beispielfirma *Euromedia GmbH* werden aufgrund der Ergebnisse einer Vorstudie für das Projekt «DV 2000», mit dem die Einführung einer neuen DV-Lösung in Angriff genommen werden soll, folgende Rahmenentscheidungen getroffen:
> - Das Projekt soll zu einem festen Termin beginnen, und zwar am 01.10.1999.
> - Alle Vorgänge im Projekt sollen so früh wie möglich beginnen.

Gehen Sie in folgender Weise vor:
1. Wählen Sie aus dem Menü **Projekt** den Befehl **Projekt-Info** (oder aktivieren Sie aus dem Menü **Datei** den Befehl **Neu**)
2. Geben Sie den gewünschten Anfangstermin für das Projekt ein, im Beispielfall den 1.10.1999.
3. Stellen Sie sicher, daß im Feld *Berechnung vom* die Variante *Projektanfangstermin* eingestellt ist.

Gewünschte Eingaben:

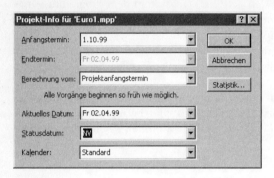

Folgende Regeln sind bei der Eingabe in dem Dialogfeld *Projekt-Info* zu beachten:

- Um einen Anfangstermin für ein Projekt festzulegen, geben Sie im Feld *Anfangstermin* den gewünschten Beginn des Projekts ein.
- Um einen Endtermin für ein Projekt festzulegen, klicken Sie im Feld *Berechnung vom* auf *Projektendtermin*. Anschließend geben Sie im Feld *Endtermin* einen Endtermin ein, von dem aus Sie die Terminplanung des Projekts vornehmen möchten.

Gewünschtes Ergebnis:

Mit der Befehlsausführung wird eine leere Projektdatei angelegt, wobei standardmäßig die Ansicht *Balkendiagramm (Gantt)* angezeigt wird.

- Der geplante Starttermin wird am Bildschirm im Grafikteil für die Anzeige des Balkendiagramms deutlich, sobald Sie Aktivitäten und Zeiten erfassen.
- Die Festlegung eines Projektanfangstermins hat außerdem zur Folge, daß beim Eingeben von Vorgängen *Project* standardmäßig den Projektanfangstermin als Anfangstermin der Vorgänge festlegt.

Hinweise:

- Wenn Sie keinen Anfangs- oder Endtermin für das Projekt eingeben, verwendet *Project* automatisch das aktuelle Datum als Anfangstermin.
- Wenn sich Ihre Terminplanung einmal ändern sollte, können Sie die Projektinformationen jederzeit neu festlegen, indem Sie im Menü

Projekt auf **Projekt-Info** klicken. Verschiebt sich beispielsweise der Anfangstermin des Projekts, weil eine neue Stelle für die Projektleitung zu besetzen ist, kann der Anfangstermin entsprechend geändert werden. Das Programm berechnet dann die Anfangstermine von Vorgängen neu, die nicht von anderen Vorgängen abhängen oder auf einen bestimmten Termin eingeschränkt sind.

Nehmen Sie nun erneut eine Speicherung der Datei vor.
Betrachten Sie außerdem die Grundeinstellungen für das Arbeiten. Rufen Sie dazu aus dem Menü **Extras** den Befehl **Optionen** auf:

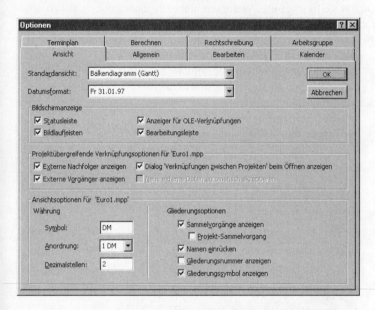

Projektziele und Projektannahmen verwalten

Für die weitere Projektarbeit ist die Beschreibung und Fixierung der **Ausgangslage** des Projektes (= Problemdarstellung) sowie der **Projektziele** nützlich. Dabei muß genau festgelegt werden, welche Leistungen das zukünftige DV-System bezüglich der neu definierten Aufgaben und Arbeitsabläufe erbringen soll.

> **Beispiel:** In der Beispielfirma *Euromedia GmbH* werden für das Projekt «DV 2000» folgende Globalziele formuliert:
> - Erhöhung der Informationsqualität,
> - kürzere Durchlauf- und Bearbeitungszeiten,
> - Qualitäts- und Flexibilitätsförderung,
> - Vereinheitlichung der Software-Plattform im Unternehmen.
>
> Als Projektleiter wird Herr Schlaumeier bestimmt.

Gehen Sie in folgender Weise vor, um diese Daten mit *Project* zu erfassen:
1. Wählen Sie aus dem Menü **Datei** den Befehl **Eigenschaften**.
2. Aktivieren Sie das Register *Datei-Info*.
3. Geben Sie die Projektbezeichnung im Feld *Thema* ein.
4. Tragen Sie den Namen des Projektleiters im Feld *Manager* ein.
5. Geben Sie die Projektziele im Feld *Kommentar* ein. Ergebnis kann die folgende Eintragung sein:

6. Führen Sie den Befehl durch Klicken auf OK aus.

1.7 Projektkalender einstellen

Um konkrete Plantermine berechnen zu können, liegt einem Projektmanagementprogramm ein spezifischer Kalender zugrunde. Hier sind die standardmäßig gültigen Arbeitstage und Arbeitszeiten angegeben. Darüber hinaus können die aktuellen Ausfallzeiten eingetragen werden (z. B. Urlaubs-, Brauchtums- und Feiertage). Des weiteren ist es möglich, exakt die für einen Tag jeweils definierten Arbeitszeiten/Pausen festzulegen.

Um die Standardangaben zu den Arbeitstagen und den Arbeitszeiten einzustellen sowie für spezielle Angaben zu den arbeitsfreien Tagen stellt *Project* einen entsprechenden Erfassungsbildschirm zur Verfügung. In diesem kann dann angegeben werden,
- an welchen Tagen im Projekt gearbeitet wird,
- welche Feiertage und Urlaubstage auszuschließen sind,
- welche üblichen Arbeitszeiten/Pausen gelten.

Situation: «Einrichtung eines Kalenders»

Für das zu realisierende Projekt sollen folgende Kalenderangaben berücksichtigt werden:
Es soll die 5-Tage-Woche gelten (Samstag und Sonntag sind arbeitsfrei).
Pro Tag wird 8 Stunden gearbeitet. Die Arbeitszeiten sind von 8.00 – 17.00.
Das Projekt soll im Oktober 1999 gestartet werden. Folgende Tage sind als arbeitsfrei zu deklarieren:
- 01.11.1999 (Allerheiligen)
- 24.12.1999 (Heiligabend)
- 31.12.1999 (Silvester)
- 21.04.2000 (Karfreitag)
- 24.04.2000 (Ostermontag)
- 01.05.2000 (Maifeiertag)
- 01.06.2000 (Himmelfahrt)
- 12.06.2000 (Pfingstmontag)
- 22.06.2000 (Fronleichnam)

Anzeige und Änderung der normalen Arbeitszeit

Gehen Sie in folgender Weise vor:
1. Aktivieren Sie das Menü **Extras**.
2. Wählen Sie den Befehl **Arbeitszeit ändern**.
3. Es wird ein Dialogfeld zur Veränderung der Kalender-Einstellungen angezeigt. Hier können nun spezifische Angaben zu den Arbeitszeiten erfolgen.
4. Klicken Sie auf die Schaltfläche [Optionen]. Ergebnis:

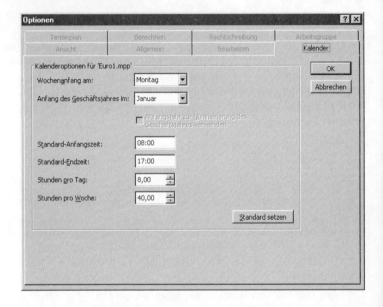

Sie sehen also, daß die Grundangaben bestehen bleiben können, denn die Standard-Arbeitszeit entspricht den Vorgaben im Beispielfall.

Die Einstellungen in dem zuletzt geöffneten Dialogfeld haben zur Folge, daß bei Eingabe von Zeiten für einzelne Vorgänge bei jedem Vorgang die Standardanfangs- und Standardendzeit für einen Arbeitstag verwendet wird. Ausnahme: Sie geben eine andere Anfangs- und Endzeit ein. Beispiel: Sie geben für einen Vorgang den Endtermin 15.10.1999 ein, aber keine Endzeit. In diesem Fall verwendet *MS-Project* die Standardendzeit.

Arbeitszeiten für ausgewählte Tage ändern

Wenn der Arbeitstag vor oder nach den Standardzeiten beginnt oder endet, müssen Sie die Werte ändern. Nach der Änderung der Angaben ist die Schaltfläche `Standard setzen` anzuklicken.

Um die Anfangs- und Endzeiten für alle neuen und bereits vorhandenen Vorgänge in einem existierenden Projekt zu ändern, müssen Sie die Arbeitszeit ebenfalls ändern und dazu in folgender Weise vorgehen:

1. Klicken Sie im Menü **Extras** auf **Arbeitszeit ändern**.
2. Wählen Sie die Tage aus, die Sie ändern möchten. Um mehrere Tage nacheinander zu markieren, betätigen Sie die Taste `Strg`.
3. Geben Sie in den Feldern *Von* und *Bis* die neuen Anfangs- und Endzeiten ein.
4. Führen Sie den Befehl aus.

Hinweis: Um einen Wochentag für den gesamten Kalender zu ändern, wählen Sie den Tag am oberen Kalenderrand aus. Sie sehen dann, daß eine Spalte markiert ist.

Arbeitsfreie Tage angeben

In der Aufgabenstellung für das Projektbeispiel wurden verschiedene Tage des Jahres 1999 und des Jahres 2000 angegeben, die als arbeitsfrei deklariert werden müssen. In folgender Weise können Sie dies realisieren:

1. Aktivieren Sie erneut das Menü **Extras**.
2. Wählen Sie den Befehl **Arbeitszeit ändern**.
3. Optieren Sie dann die Reihe für die Feiertage. Wählen Sie beispielsweise per Mausklick den 1. November 99, und klicken Sie dann auf die Option *Arbeitsfreie Zeit*.

38 Grundlagen und Rahmenbedingungen zur Arbeit mit MS Project

Gewünschtes Ergebnis (für den November 99):

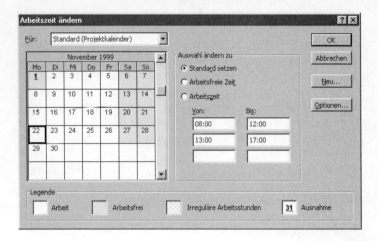

Das abgebildete Dialogfeld macht deutlich, welche **Arbeitstage** und welche **Arbeitszeiten** gelten:
- Im Beispielfall wird am Samstag und Sonntag nicht gearbeitet. Deshalb werden nur die Tage Samstag und Sonntag schattiert gekennzeichnet. Diese Standardeinstellung gilt dann auch für alle Folgemonate. Alle anderen Wochentage werden als Arbeitstage gekennzeichnet.
- Arbeitsfreie Tage werden schattiert dargestellt.
- Nach Beendigung der Änderungen ist die Schaltfläche OK zu wählen.

Fazit: Standardmäßig sind in den Kalendern die Wochenenden als arbeitsfreie Zeit markiert. Wenn Sie andere Arbeitstage bzw. besondere arbeitsfreie Tage wünschen, muß der Projektkalender entsprechend angepaßt werden. Dies ist auch nötig, wenn Sie einen nationalen oder regionalen Feiertag eingeben möchten. Sie können die Kalender außerdem verwenden, um für jeden Tag spezielle Arbeitsstunden anzugeben.

Kalenderinformationen speichern
Sind sämtliche Einstellungen zum Kalender vorgenommen, kann der Kalender in einer besonderen Datei gespeichert werden. Dazu ist ein

neuer Kalender zu erstellen, indem im Dialogfeld *Arbeitszeit ändern* auf die Schaltfläche [Neu] geklickt wird:

Der so angelegte Kalender kann auch bei anderen Projekten eingesetzt werden.

Beachten Sie die Kalenderarten, die in *Project 98* unterschieden werden:
- Im **Projektkalender** werden die Arbeitszeiten festgelegt, die für das gesamte Projekt gelten.
- In **Ressourcenkalendern**, die in späteren Kapiteln des Buches noch erläutert werden, sind die Arbeitszeiten und die arbeitsfreien Zeiten (beispielweise Urlaubszeiten) der einzelnen Ressourcen festgelegt.
- In **Basiskalendern** sind die Arbeitszeiten und arbeitsfreien Zeiten von Ressourcengruppen festgelegt.

1.8 Übungsbeispiel: Projekt «Bau einer Lagerhalle»

Das überregional tätige Warenhausunternehmen **Euromedia GmbH** möchte die Lagerung neu organisieren und dezentralere Lagerstätten aufbauen. Nachdem die Geschäftsführung den Bau einer neuen Lagerhalle in Berlin genehmigt hat, möchte der Projektleiter die Vorgänge und Aktivitäten mit *MS Project* koordinieren.

Erfassen Sie folgende Rahmenbedingungen zu dem Projekt, und speichern Sie die Datei unter dem Namen LAGER1.MPP:
- Der Beginn des Projektes ist für den 1.9.99 vorgesehen.
- Es soll die 5-Tage-Woche gelten (Samstag und Sonntag sind arbeitsfrei).
- Pro Tag wird 7,5 Stunden gearbeitet. Es gilt die 37,5-Stunden-Woche.

- Die Arbeitszeiten sind von 7.30 – 16.00.
- Folgende Tage sind als arbeitsfrei zu deklarieren:
  01.11.1999 (Allerheiligen)
  24.12.1999 (Heiligabend)
  31.12.1999 (Silvester)
  21.04.2000 (Karfreitag)
  24.04.2000 (Ostermontag)
  01.05.2000 (Maifeiertag)
  01.06.2000 (Himmelfahrt)
  12.06.2000 (Pfingstmontag)
  22.06.2000 (Fronleichnam)

2 Projektstrukturplan erstellen und Zeiten planen

Haben Sie die Rahmenbedingungen für das Projekt definiert und die Überlegungen zur Projektstruktur abgeschlossen? Dann können Sie die vorgesehenen Projektaktivitäten erfassen und so erste Plandaten ermitteln. Im Mittelpunkt dieses Kapitels steht die Erläuterung, wie Sie ausgehend von einer Vorgangsliste

- die vorgesehenen Aktivitäten mit ihren geschätzten Zeiten erfassen,
- dem Programm *Project* die Aufeinanderfolge der Projektaktivitäten «mitteilen»,
- besondere Strukturierungen für die Projektplanung vornehmen können (etwa durch die Definition von Sammelvorgängen oder das Einfügen von Meilensteinen) und
- Balkendiagramme und Netzpläne einfach erstellen und gestalten können.

2.1 Projektstrukturierung mit einem Projektstrukturplan

Wie können Sie ein Projekt in überschaubare und abgrenzbare Aufgaben zerlegen, um eine Übersicht aller Aktivitäten zu erhalten? Erfahrungen zeigen, daß eine Ordnung sämtlicher zur Projektabwicklung nötigen Aktivitäten in einer hierarchischen Form hilfreich ist. Ergebnis dieser Gliederung sollte ein **Projektstrukturplan** sein, der zweckmäßigerweise in einer grafischen Form erstellt wird. Dieser Plan – auch als Aufgabenstrukturplan bezeichnet – gibt einen Überblick über die bei der Projektabwicklung zu erledigenden Aufgaben.

Im folgenden wollen wir das Projektbeispiel «Einführung und Anpassung einer Standardsoftware» näher betrachten. Dazu werden fünf Hauptarbeitspakete mit zahlreichen Teilaktivitäten unterschieden:

- Projektvorbereitung (Ist-Analyse und Pflichtenheft-Erstellung),

42 Projektstrukturplan erstellen und Zeiten planen

- Soll-Konzept (Entwicklung des Fach- und DV-Konzeptes),
- programmtechnische Anpassungen (Customizing),
- systemtechnische Implementierung (Roll Out),
- Projektmanagement und Personalfragen.

Den zugehörigen Projektstrukturplan zeigt die folgende Abbildung:

Merke: Mit einem Projektstrukturplan wird das Gesamtprojekt in einzelne überschaubare Arbeitspakete aufgeteilt, die ihrerseits weiter in Arbeitseinheiten untergliedert werden können. Es handelt sich letztlich um eine Gliederung der anfallenden Haupt- und Teilaktivitäten und ihre Zusammenfassung zu Arbeitspaketen.

Welchen Nutzen hat der Projektstrukturplan?

- Mit der hierarchischen Darstellung aller Einzelaktivitäten eines Projektes ist es leichter zu erkennen, ob alle Einzelschritte für das Erreichen des angestrebten Projektergebnisses erfaßt sind.

- Der Projektstrukturplan fördert den Teamentwicklungsprozeß zu Beginn eines Projektes. Im Rahmen eines neuen Projektes stellt er meist das erste gemeinsam erarbeitete Ergebnis dar. Hinzu kommt, daß das gesamtheitliche Denken unterstützt wird, da hier immer das gesamte Projekt abgebildet ist – selbst wenn weiter entfernte Projektphasen zunächst erst relativ grob geplant wurden.
- Da der Projektstrukturplan einfach zu verstehen ist, eignet er sich sehr gut für Präsentationen (etwa gegenüber der Unternehmensführung oder bei Projektmeetings). Er ist ein hervorragendes Kommunikationsmittel, da jedes Projektmitglied sofort seinen Beitrag zum Gesamtprojekt erkennen kann. Auch Fachleute, die bei der Planung selbst nicht mit dabei waren, gewinnen sofort einen Überblick.
- Weiterhin hilft der Projektstrukturplan, sachliche und zeitliche Koordinationsprobleme zu meistern. Der Plan führt zu einer Unterteilung des Gesamtprojektes in kleinere, leichter überschaubare Aktivitäten und hilft somit, die Komplexität zu reduzieren und in den Griff zu bekommen.
- Anhand des Projektstrukturplans können während der Planung interessante Verdichtungen bezüglich der Kosten, Aufwände und Termine vorgenommen werden.

Wie gelangt man in der Praxis zu einem Projektstrukturplan (kurz PSP)?

Es gibt grundsätzlich zwei Wege:
- die Orientierung am Projektziel (Objekt, Produkt) oder
- die Orientierung an Projektphasen (= Projektfunktionen).

(1) objektorientierte Erstellung eines PSP (produktorientiert)	(2) prozeßorientierte Erstellung eines PSP (funktionsorientiert, phasenorientiert)
Erläuterung:	**Erläuterung:**
Das vereinbarte Projektziel (das Produkt), also die neue Software, wird in wesentliche Bestandteile zerlegt.	Es wird der Weg, der zum Erreichen des Projektziels zurückgelegt werden muß, in kleinere, meist auch chronologisch geordnete Teilziele zerlegt.
Beispiel: Das **Projektziel «Standardsoftware einführen»** führt in der 2. Ebene zu den folgenden Einheiten: - Finanzen - Controlling - Personalwesen - Materialwirtschaft	**Beispiel:** Das **Projektziel «Standardsoftware einführen»** führt in der 2. Ebene zu den folgenden Einheiten: - Projektvorbereitung und Analyse - Soll-Konzept entwickeln - Programmanpassungen (Customizing) - systemtechnische Implementierung (Roll Out)

In der Regel werden in einem Projektstrukturplan immer beide Gliederungsprinzipien vorkommen (sogenannter gemischtorientierter Projektstrukturplan). Dies gilt auch für das vorgestellte Beispielergebnis.

> **Hinweis:** Der Projektstrukturplan sollte – sofern möglich – von allen Mitgliedern des Projektteams gemeinsam erarbeitet werden. Neben den Aktivitäten können im Projektstrukturplan auch die Namen der Verantwortlichen für deren Durchführung eingetragen werden.

Beachten Sie folgende **Grundsätze für das Erarbeiten eines Projektstrukturplans:**
- Hauptziel des Projektstrukturplans ist die systematische und voll-

ständige Erfassung der erforderlichen Projektaktivitäten. Dabei ist insbesondere darauf zu achten, daß alle Aktivitäten klar voneinander abgegrenzt und Überschneidungen vermieden werden. Ziel eines Projektstrukturplans ist es nicht, eine Reihenfolge von Aktivitäten darzustellen, sondern ausschließlich, eine inhaltliche Zergliederung des Projektziels vorzunehmen.

- Versuchen Sie, den Projektstrukturplan nach einem einheitlichen Prinzip zu detaillieren! Dies erleichtert die Überprüfung auf Vollständigkeit erheblich.
- Der Projektstrukturplan sollte so weit detailliert werden, bis allen Aktivitäten der untersten Ebene (= Arbeitspaket) genau ein Verantwortlicher zugeordnet werden kann.

Hinweis: Für eine grafische Darstellung des Projektstrukturplans steht Ihnen das Add-On zu *MS Office*, das *MS-Organisationsdiagramm,* zur Verfügung. In *Project* selbst kann dies leider nicht unmittelbar erzeugt und anschließend in weiteren Projektplanungselementen verwendet werden.

2.2 Projektstruktur und Zeiten erfassen

Um die Projektstruktur und die sich daraus ergebenden Planungsdaten dem Programm *MS-Project* mitzuteilen, stehen besondere **Erfassungsfunktionen** zur Verfügung, die nachfolgend kurz skizziert werden:

- *Vorgangsliste*: Die im Rahmen der Projektarbeit zu erledigenden Arbeitspakete und Aufgaben werden in Vorgänge untergliedert, die dann in einer Vorgangsliste aufgeführt sind. Unter Vorgang wird dabei eine in sich abgeschlossene identifizierbare Aktivität verstanden, die innerhalb einer angemessenen Zeitdauer durchgeführt werden kann. Für jeden Vorgang können in einer Tabelle die notwendigen Informationen erfaßt werden:
  - Name des Vorgangs,
  - erforderliche Zeitdauer zur Erledigung des Vorganges,
  - Zusammenhänge mit anderen Vorgängen des Projektes.
- *Gliederung:* Mit der in *Project* vorhandenen Gliederungsfunktion lassen sich die Einzelheiten eines Projekts in einer überschaubaren Struktur darstellen. Vorgänge können einfach höher bzw. tiefer eingestuft werden, um die Projektstruktur abzubilden. Die Darstellung

ist ähnlich dem Verzeichnisbaum im *Windows Explorer* und gestattet das Ein- und Ausblenden ganzer Vorgangsebenen.

- *Festlegung von Milestones:* Um wichtige Aufgaben und Termine (reviews) herauszuheben, können sogenannte Meilensteine (milestones) definiert und gesondert dargestellt werden. Es handelt sich dabei um markante Zeitpunkte im Projektablauf, die üblicherweise keine Dauer besitzen. Durch Überprüfen der Meilensteine erhält der Projektleiter rasch einen Überblick über die zeitliche Abstimmung der einzelnen Phasen des gesamten Projektes.
- *Planungs-Assistenten:* Angeboten wird ein Assistent, der dabei hilft, frühzeitig zu erkennen, was getan werden muß, wann dies geschehen sollte und wer es tun sollte. Ergänzend können weitere Kernelemente eines Projektplans festgelegt werden.
- *Vorlagen:* Jeder Plan kann als Vorlage wiederverwendet werden. Damit ist die Möglichkeit gegeben, künftige Projektplanungen nach einem einheitlichen Schema vorzunehmen.

Neben den Erfassungsfunktionen werden in *Project* **Funktionen zur Bearbeitung** bereitgestellt:

- *Daten per Drag & Drop bearbeiten:* Per Maussteuerung lassen sich Vorgänge und Termine einfach auswählen, Ressourcen gezielt zuweisen sowie Vorgänge verknüpfen.
- *AutoKorrektur:* Die Einstellung dieser Funktion bietet sich an, wenn Sie Rechtschreib- und Tippfehler automatisch beim Schreiben erkennen und korrigieren wollen. Sie können auch eine individuelle Liste mit Abkürzungen erstellen, die automatisch durch den abgekürzten Begriff ersetzt werden.

Verschiedene **Analysefunktionen** erlauben eine genaue Untersuchung der Planungsergebnisse. Herauszuheben sind folgende Möglichkeiten:

- *Kritischer Weg:* Mit dieser Methode können Sie die Vorgänge ermitteln, deren Termineinhaltung für den Erfolg Ihres Projekts entscheidend sind. Erhöht sich die Dauer eines Vorgangs, der auf dem kritischen Weg liegt, so verschiebt sich auch das geplante Projektende.
- *Filtertechnik:* In *Project* steht eine Filtertechnik zur Verfügung, die es erlaubt, eine bestimmte Auswahl von Vorgängen anzusehen. Mögliche Filterkriterien sind kritische Vorgänge, Projektmeilensteine oder Vorgänge, mit denen eine bestimmte Person betraut ist.
- *Basisplan-Diagramm:* Sie können den aktuellen Terminplan mit

Ihrem ursprünglichen Plan vergleichen, indem Sie nach Abschluß der Planungen das Projekt als Basisplan speichern.

> **Hinweis:** Müssen komplexe Projekte geplant und durchgeführt werden, können Sie Haupt- und Unterprojekte definieren und diese miteinander verbinden. Durch diese Aufteilung lassen sich mit *MS Project* auch sehr große Projekte bearbeiten. Da gleichzeitig mehrere Projekte im Speicher gehalten werden, kann zwischen einzelnen Projekten blitzschnell hin- und hergeschaltet werden. Dazu mehr in Kapitel 9 dieses Buches.

2.2.1 Vorgangsbezeichnungen und Zeiten eingeben

Das Erfassen der Aktivitäten erfolgt im Projektmanagementprogramm *MS-Project* auf der Basis des Projektstrukturplans und der daraus entwickelten **Vorgangsliste**. Nach Aufruf des Programms steht standardmäßig der Erfassungsbildschirm zur Verfügung; alternativ müssen Sie die Ansicht *Balkendiagramm (Gantt)* aktivieren. In den sechs verschiedenen Spalten sind Eintragungen möglich:

ⓘ	Vorgangsname	Dauer	Anfang	Ende	Vorgänger	Ressourcennamen

Beachten Sie folgende Regeln für die Vornahme der Eintragungen:
- In der bereitgestellten Vorgangsliste erhält jeder Vorgang neben der Vorgangsbezeichnung automatisch eine laufende Nummer, die in der ersten Spalte von links angezeigt wird. Dies wird deutlich, nachdem Sie den ersten Eintrag eines Vorgangsnamens bestätigt haben.
- Einzelnen Vorgängen können **Zeitwerte** (in der Spalte *Dauer*) und **Ressourcen** (in der Spalte *Ressourcennamen*) zugeordnet werden.
- Ergänzend zum Projektstrukturplan wird in der Vorgangsliste den logischen Beziehungen zwischen den Aktivitäten (Vorgängen) Beachtung geschenkt. Um die Aufeinanderfolge von Projektvorgängen

zu kennzeichnen, erhält jeder Vorgang neben einer Vorgangsnummer und der Vorgangsbezeichnung in der Spalte *Vorgänger* die Angabe der jeweils damit verbundenen Vorgänge (Nummern der sogenannten unmittelbaren Vorgänger).

- Sie können außerdem konkrete Termine berücksichtigen, indem Sie Eintragungen in den Spalten *Anfang* und *Ende* vornehmen. So kann die Definition bestimmter Startzeitpunkte erforderlich sein.

Beispiel: «Projektstruktur und Zeiten eingeben»

Aus dem Projektstrukturplan für das Projekt «DV 2000» wurde die folgende Vorgangsliste erstellt:

Nr.	Vorgangsbezeichnung	Dauer in Wochen	Vorgänger
1	Grobe Vorstudie	1	–
2	Ist-Analyse	4	1
3	Pflichtenhefterstellung	2	2
4	Auftragserteilung	3	3
5	Entwurf «Geschäftsprozesse»	7	4
6	Datenmodellierung	3	5
7	Entwurf «Organisationsstruktur»	2	5
8	Entwurf «Schnittstellen»	3	5
9	Infrastruktur-Planung	4	6
10	Entscheidungssitzung	1 Tag	9; 8; 7
11	Anpassung «Finanzwesen»	6	10
12	Anpassung «Controlling»	8	10
13	Anpassung «Personalwirtschaft»	6	10
14	Anpassung «Materialwirtschaft»	10	10
15	Anlageninstallation	3	11; 12; 13; 14
16	Datenübernahmen	3	15
17	Vorbereitung RZ-Betrieb	2	16
18	Programminstallation und Abnahme	2	17; 14
19	Personalausbildung	4	14
20	Personaleinweisung	1	19; 18
21	Produktivstart	1	20; 18

> Die Projektplanung soll mit *MS-Project* vorgenommen werden. Dazu sind anhand der Vorgangsliste
> - die Planwerte zu ermitteln,
> - ein Balkendiagramm zu erzeugen sowie
> - ergänzend ein Netzplan zu erstellen.

Beachten Sie folgende Hinweise für das Entwickeln einer Vorgangsliste aus einem vorhandenen Projektstrukturplan:
- Tragen Sie die Vorgänge möglichst in der zeitlichen Reihenfolge der Abarbeitung ein!
- Manchmal ist es natürlich schwierig, eine genaue Aufgliederung von Vorgängen vorzunehmen. Grundsätzlich sollte ein einzugebender Vorgang umfangreich genug sein, um ihn als wesentliches «Arbeitspaket» definieren zu können. Andererseits sollte er aber auch klein genug sein, um sein Voranschreiten regelmäßig überwachen und Probleme frühzeitig erkennen zu können.
- Bedenken Sie, daß durch eine sorgfältige Planung ein später notwendiger Korrekturaufwand reduziert werden kann!

Zeitachse einstellen

Sie erleichtern sich das Erfassen der Vorgangsdaten, wenn Sie zunächst eine passende Ansicht im Programm einstellen:
- Wählen Sie die Ansicht *Balkendiagramm (Gantt)*. Sie zeigt grundlegende Informationen zu Vorgängen in Spalten und in Form einer Balkengrafik an. Da in einem Balkendiagramm die Termine zu den Vorgängen leicht zu überschauen sind, wird meist diese Ansicht verwendet. So können Sie
  - einen ersten Projektplan erstellen,
  - den Terminplan in einer groben Übersicht ansehen und
  - den Projektplan neuen Gegebenheiten anpassen.
- Außerdem empfiehlt es sich, abhängig von der gewählten Zeiteinheit und der gesamten Projektdauer die Zeitskala zu variieren. Dazu dient im Menü **Format** der Befehl **Zeitskala**.

> **Aufgabe:** Aktivieren Sie die bisher erzeugte Datei «Euro1.MPP», und stellen Sie für das weitere Arbeiten die obere Zeitskala auf Monate und die untere Zeitskala auf Wochen ein.

50 Projektstrukturplan erstellen und Zeiten planen

Handlungsanweisung «**Zeitskala ändern**»:
1. Aktivieren Sie das Menü **Format**.
2. Wählen Sie den Befehl **Zeitskala**.
3. Es wird ein Dialogfeld mit dem Namen *Zeitskala* angezeigt, in dem die gewünschten Änderungen eingestellt werden können.
4. Im Beispielfall soll sich nach Vornahme der Änderungen die folgende Bildschirmanzeige ergeben:

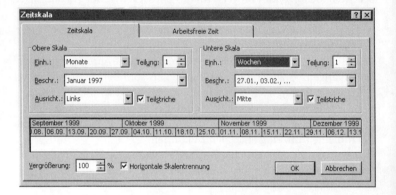

- **Eingabe der Projektaktivitäten (Vorgangsbezeichnungen)**

In einem nächsten Schritt werden für die Projektplanung die Angaben zu den Arbeitspaketen (= Aktivitäten, Vorgängen) benötigt. Die eigentliche Eingabe der Projektaktivitäten am Bildschirm erfolgt bei *Project 98* entweder in einer Liste (listenorientierte Eingabe) oder in einem Dialogfeld (dialogfeldorientierte Eingabe).

> **Aufgabe:** Die in der Vorgangsliste vorgegebenen Aufgaben/Aktivitäten (Aufgabenpakete) sind
> - in Listenform bzw.
> - dialogfeldorientiert zu erfassen.

Ein Projekt besteht – wie bereits erläutert – aus einer Reihe von zusammenhängenden Vorgängen, die das Grundgerüst des Terminplans bilden. Geben Sie zunächst alle wichtigen Vorgänge des Projekts in der ungefähren Reihenfolge ein, in der diese voraussichtlich zu bearbeiten sind. Gehen Sie dazu in folgender Weise vor:

1. Klicken Sie in der Ansichtsleiste auf *Balkendiagramm (Gantt)*.
2. Geben Sie die Bezeichnung des Vorgangs im Feld *Vorgangsname* ein.
3. Bestätigen Sie die Eingabe durch Drücken der Eingabetaste.

Mögliches Ergebnis:

	❶	Vorgangsname	Dauer	September 1999				Oktober 1999			
				30.08.	06.09.	13.09.	20.09.	27.09.	04.10.	11.10.	18.10.	25.10.
1		Grobe Vorstudie	1 Tag					▪				

Beachten Sie folgende Hinweise zum Eingeben von Vorgangsdaten in der Ansicht *Balkendiagramm (Gantt):*
- Nach der Eingabe werden die Angaben zur Vorgangsbezeichnung automatisch in die Vorgangsliste übernommen.
- In das Feld *Dauer* wird zunächst ein Standardwert eingetragen. Im Beispielfall *1 Tag*.
- Der Scroll-Balken am rechten Rand der Ansicht erlaubt ein Vorwärtsblättern auf die weiteren Vorgänge (wenn hier weitere Vorgänge eingetragen sind).

Geben Sie der Reihe nach alle Vorgangsbezeichnungen ein, und speichern Sie das Ergebnis als «Euro2.MPP». Ergebnis siehe Abbildung auf der nächsten Seite.

Sie sehen also: Wenn Sie einen Vorgang eingeben, ordnet ihm *MS Project* automatisch eine Dauer von einem Tag zu.

52 Projektstrukturplan erstellen und Zeiten planen

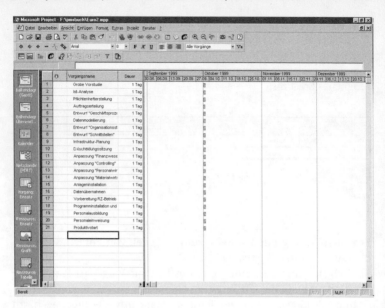

Zeiten für einzelne Vorgänge erfassen

Neben der Angabe der Vorgangsbezeichnung wurde für jeden Vorgang in der Vorgangsliste des Anwendungsbeispiels ein konkreter Zeitschätzwert angegeben. Die am häufigsten verwendete Zeiteinheit sowie weitere Optionen für die Terminplanung können Sie angeben, wenn Sie aus dem Menü **Extras** den Befehl **Optionen** wählen und hier das Register *Terminplan* aktivieren. Die Standardeinstellungen zeigt die folgende Übersicht (siehe Abbildung auf der nächsten Seite).

Bevor das Fallbeispiel weiterverfolgt wird, zunächst eine Erläuterung der Optionseinstellungen im Überblick. Im weiteren Verlauf der Arbeit mit dem Anwendungsbeispiel wird die Bedeutung dann sicher noch deutlicher werden:

Projektstruktur und Zeiten erfassen 53

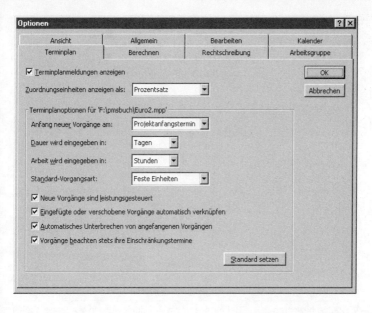

Feldbezeichnung	Bedeutung
Terminplanmeldungen anzeigen	Bei einer Aktivierung des Optionsfeldes können Widersprüchlichkeiten im Terminplan aufgezeigt werden; etwa wenn ein spätester Endtermin vor einem berechneten Termin liegt.
Zuordnungseinheiten anzeigen als:	Statt *Prozentsatz* kann ein *Dezimalwert* als Zuordnungseinheit für Ressourcen angezeigt werden.
Anfang neuer Vorgänge am:	Die getroffene Auswahl aus dem Listenfeld legt den Anfangstermin für neu eingegebene Vorgänge fest. Statt der Standardvorgabe *Projektanfangstermin* kann auch das aktuelle Datum gewählt werden.
Dauer wird eingegeben in:	Die Maßeinheit (hier in Tagen) wird vom Programm benutzt, wenn Sie für die Zeitdauer keine Maßeinheit mit angeben. Alternativ können Minuten, Stunden, Tage oder Wochen angegeben werden.
Arbeit wird eingegeben in:	Die Maßeinheit wird vom Programm benutzt, wenn Arbeitswerte angezeigt werden.

Feldbezeichnung	Bedeutung
Standard-Vorgangsart	Statt *feste Einheiten* gibt es die Möglichkeiten *feste Dauer* und *feste Arbeit*. Nähere Erläuterungen beim Ressourcenmanagement.
Neue Vorgänge sind leistungsgesteuert	Eine Aktivierung des Optionsfeldes hat zur Folge, daß sich durch das Zuordnen weiterer Ressourcen die Dauer eines Vorganges automatisch verkürzt. Umgekehrt hat das Entfernen von Ressourcen eine längere Dauer zur Folge. Bei einer Deaktivierung ergibt sich keine Auswirkung für die eingetragene Vorgangsdauer.
Eingefügte oder verschobene Vorgänge automatisch verknüpfen	Eine Aktivierung hat zur Folge, daß nach Ausschneiden, Hinzufügen oder Verschieben eines Vorganges automatisch eine neue Verknüpfung hergestellt wird. Bei einer Deaktivierung werden keine neuen Anordnungsbeziehungen hergestellt.
Automatisches Unterbrechen von angefangenen Vorgängen	Bei einer Aktivierung wird eine Neuberechnung von verbleibender Dauer und Arbeit erlaubt, wenn sich ein Vorgang verzögert.
Vorgänge beachten stets ihre Einschränkungstermine	Bei Aktivierung des Feldes werden Vorgänge auch bei negativen Pufferzeiten immer entsprechend den Einschränkungsterminen berechnet.

Welche Einstellungen Sie vornehmen, hängt im wesentlichen davon ab, welche «Projektphilosophie» Sie verfolgen. Wir empfehlen zunächst eine **Deaktivierung**

- des Feldes *Neue Vorgänge sind leistungsgesteuert* sowie
- des Feldes *Eingefügte oder verschobene Vorgänge automatisch verknüpfen*.

Dadurch lassen sich Verwirrungen aufgrund von plötzlich vollkommen veränderten Berechnungen vermeiden.

Eine Besonderheit sind – wie die letzte Übersicht gezeigt hat – auch die Angaben der Zeiteinheiten. *Project* läßt die Zeitstufen Wochen, Tage, Stunden, Minuten oder auch Schichten zu. Verwenden Sie die Zeiteinheiten in Abhängigkeit vom gewünschten Detaillierungsgrad bzw. der Art des zu planenden Projektes.

Projektstruktur und Zeiten erfassen 55

> **Merke:** Bei den angegebenen Zeiten handelt es sich um Schätzwerte, die unter normalen Umständen anzusetzen sind.

Handlungsanweisung «Zeiten zu Vorgängen erfassen»:
Sie haben die Möglichkeit, den standardmäßig eingetragenen Wert für die Dauer eines Vorgangs zu ändern und ihn der tatsächlich zu erwartenden Dauer anzugleichen.

1. Klicken Sie – falls die Ansicht noch nicht eingestellt ist – in der Ansichtsleiste auf *Balkendiagramm (Gantt)*.
2. Geben Sie in der angezeigten Vorgangsliste die erwartete Dauer des jeweiligen Vorgangs im Feld *Dauer* ein.
3. Drücken Sie die Eingabetaste, um in die nächste Zeile zu gelangen.

Für die Eingabe der geschätzten Vorgangsdauer sind folgende formale Regeln zu beachten:

- Grundsätzlich wird jede Dauer als Zahl gefolgt von einer Abkürzung für die verwendete Einheit der Dauer eingegeben; beispielsweise 3t für drei Tage.
- Als Einheiten gelten:
  t für Tage
  w für Wochen
  h für Stunden
  m für Minuten
  fm für fortlaufende Minuten
  fh für fortlaufende Stunden
  ft für fortlaufende Tage
  fw für fortlaufende Wochen

Wichtig: Die einzelnen Vorgänge lassen sich am effektivsten planen, wenn Sie für jeden Vorgang eine bestimmte Dauer eingeben und von *Project* die jeweiligen Anfangs- und Endtermine berechnen lassen.

Gewünschtes Ergebnis: Sind die Daten der Vorgangsliste mit den Vorgängen bzw. den Zeiten vollständig eingegeben, wird ein Balkendiagramm automatisch erzeugt. Es hat im Beispielfall das folgende Aussehen:

56 Projektstrukturplan erstellen und Zeiten planen

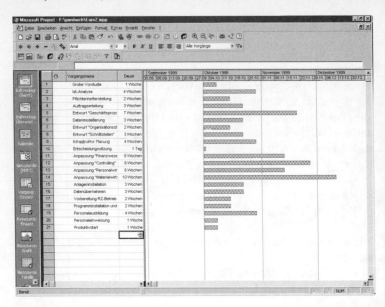

Wenn Sie erneut speichern, erscheint das folgende Dialogfeld:

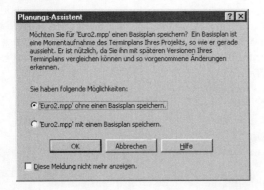

Klicken Sie auf OK, ohne zunächst einen Basisplan anzulegen.

Vorgänge und Zeiten parallel erfassen

Bisher wurde in der Beispielanwendung vorgeschlagen, alle Vorgänge in einem ersten Schritt mit ihren Bezeichnungen zu erfassen und anschließend die Zeiten der Reihe nach zuzuordnen. Alternativ können Sie nach Erfassung eines Vorgangsnamens auch direkt die Zeitwerte zuordnen. Dazu ist in folgender Weise vorzugehen:

1. Geben Sie zunächst in der Spalte «Vorgangsname» die jeweilige Vorgangsbezeichnung ein.
2. Steuern Sie die Spalte «Dauer» an (per → oder Mausklick), und geben Sie die Dauer ein; beispielsweise 1w. Eingegebene Informationen erscheinen zunächst in der Eingabezeile unterhalb der Menübefehle.

Hinweise:

- Beachten Sie unbedingt, daß das Programm die Dauer eines Vorgangs automatisch an die Zahl der dem Vorgang zugeordneten Ressourcen anpassen kann. Wenn Sie beispielsweise später Ressourcen zugeordnet haben und die Zahl der dem Vorgang zugeordneten Ressourcen oder das Arbeitspensum der Ressourcen ändern, können Sie dies testen. Ein Beispiel: Wenn Sie einem Vorgang weitere Ressourcen hinzufügen, reduziert Project automatisch die Dauer des Vorganges.
- Wenn Sie keine automatische Anpassung der Zeiten entsprechend den eingesetzten Ressourcen wünschen, müssen Sie die Voreinstellung «leistungsgesteuerte Terminplanung» deaktivieren. Beachten Sie dazu die bereits zuvor gemachten Ausführungen zu den Optionseinstellungen. Es wird vorgeschlagen, zunächst diese Deaktivierung vorzunehmen.
- Wenn Sie das Balkendiagramm an firmenspezifische Vorgaben anpassen müssen oder bestimmte Informationen hervorheben möchten, können Sie dies mit dem Balkenplan-Assistenten schnell erledigen.

2.2.2 Vorgangsbeziehungen erfassen

Die notwendigen Vorgänge zur Projektabwicklung müssen üblicherweise in einer bestimmten Reihenfolge erledigt werden. Dabei kommt aber nicht nur eine sequentielle Aufeinanderfolge vor. Es muß vielmehr auch möglich sein, daß ein Teil der Vorgänge parallel abgewickelt werden kann.

Zur Ermittlung der konkreten Plantermine müssen Sie somit noch die richtige Verknüpfung der einzelnen Vorgänge «einstellen». Die Lösung mit *Project* ist recht einfach: Sie müssen lediglich für jeden Vorgang die Abhängigkeitsstruktur zu den anderen erfaßten Vorgängen angeben. Aufgrund dieser Angaben kann das Programm dann den kritischen Weg errechnen, der alle Vorgänge aufzeigt, die zeitlich keine Verzögerung erlauben, ohne den Projekt-Endtermin zu gefährden.

> **Aufgabe: Vorgänge verknüpfen**
> Nehmen Sie die Vorgangsliste zur Hand, und stellen Sie die logische Verknüpfung zwischen den Vorgängen her.

Um eine bestimmte Reihenfolge festzulegen, verknüpfen Sie voneinander abhängige Vorgänge miteinander. Dazu teilen Sie dem Programm mit, in welcher Weise die Vorgänge zusammenhängen. Praktisch gibt es für das Herstellen dieser Verknüpfungen mit *Project* **zwei Varianten:**

Variante A: Sie erfassen für jeden Vorgang die jeweiligen Vorgänger in einer besonderen Spalte der Vorgangsliste:
- Als Vorgänger ist die Nummer des Vorganges einzugeben, der für das Beginnen des Vorgangs erledigt sein muß.
- Sofern einem Vorgang mehrere unmittelbare Vorgänger zuzuordnen sind, werden diese durch ein Semikolon getrennt.

Variante B: Um den Eingabeaufwand zu reduzieren, können Sie zunächst eine Globalverknüpfung herstellen. Gehen Sie dazu in folgender Weise vor:
1. Alle Vorgangsbezeichnungen markieren.
2. Wählen Sie aus dem Menü **Bearbeiten** den Befehl **Vorgänge verknüpfen**. Ergebnis ist, daß nun jeder Vorgang die Nummer des vorhergehenden Vorganges als Vorgänger zugewiesen bekommt.
3. Passen Sie die Nummern der Vorgänger den Daten der Vorgangsliste an. Dazu empfiehlt es sich, im Menü **Ansicht** den Befehl **Balkendiagramm** einzustellen und die Breite der linken Bildschirmanzeige zu erhöhen.
4. Danach kann die Spalte «Vorgänger» ausgefüllt werden.

Gewünschtes Ergebnis:

	❶	Vorgangsname	Dauer	Anfang	Ende	Vorgänger
1		Grobe Vorstudie	1 Woche	Fr 01.10.99	Do 07.10.99	
2		Ist-Analyse	4 Wochen	Fr 08.10.99	Fr 05.11.99	1
3		Pflichtenhefterstellung	2 Wochen	Mo 08.11.99	Fr 19.11.99	2
4		Auftragserteilung	3 Wochen	Mo 22.11.99	Fr 10.12.99	3
5		Entwurf "Geschäftsprozesse"	7 Wochen	Mo 13.12.99	Di 01.02.00	4
6		Datenmodellierung	3 Wochen	Mi 02.02.00	Di 22.02.00	5
7		Entwurf "Organisationsstruktur"	2 Wochen	Mi 02.02.00	Di 15.02.00	5
8		Entwurf "Schnittstellen"	3 Wochen	Mi 02.02.00	Di 22.02.00	5
9		Infrastruktur-Planung	4 Wochen	Mi 23.02.00	Di 21.03.00	6
10		Entscheidungssitzung	1 Tag	Mi 22.03.00	Mi 22.03.00	9;7;8
11		Anpassung "Finanzwesen"	6 Wochen	Do 23.03.00	Mo 08.05.00	10
12		Anpassung "Controlling"	8 Wochen	Do 23.03.00	Mo 22.05.00	10
13		Anpassung "Personalwirtschaft"	6 Wochen	Do 23.03.00	Mo 08.05.00	10
14		Anpassung "Materialwirtschaft"	10 Wochen	Do 23.03.00	Di 06.06.00	10
15		Anlageninstallation	3 Wochen	Mi 07.06.00	Do 29.06.00	14;11;12;13
16		Datenübernahmen	3 Wochen	Fr 30.06.00	Do 20.07.00	15
17		Vorbereitung RZ-Betrieb	2 Wochen	Fr 21.07.00	Do 03.08.00	16
18		Programminstallation und Abnahme	2 Wochen	Fr 04.08.00	Do 17.08.00	17;14
19		Personalausbildung	4 Wochen	Mi 07.06.00	Do 06.07.00	14
20		Personaleinweisung	1 Woche	Fr 18.08.00	Do 24.08.00	19;18
21		Produktivstart	1 Woche	Fr 25.08.00	Do 31.08.00	20;18

Aus der Darstellung wird deutlich, daß das Programm aufgrund der zugeordneten Beziehungszusammenhänge bereits Berechnungen für die verschiedenen Vorgänge vorgenommen hat. Achten Sie dazu auf die Daten in den Spalten *Anfang* und *Ende*.

Welche Berechnungsregeln gelten?

- Es werden einmal die frühesten Zeitwerte vom ersten bis zum letzten Vorgang ermittelt (progressiver Berechnungsmodus). Dies bedeutet, daß die eingetragenen Vorgänge so früh wie möglich beginnen und auch so früh wie möglich enden.
- Alternativ ist eine Rückwärtsrechnung von der letzten Aktivität bis zum Startvorgang möglich (retrograder Berechnungsmodus), so daß späteste Anfangs- und Endtermine ermittelt werden können.
- Aus der Addition der Einzeldauern aufeinanderfolgender Schritte erhält man außerdem das geplante Projektende. Der Projektendtermin wird durch den kritischen Weg des Projektes bestimmt.

Beachten Sie außerdem: Neben einer Ergebnisausgabe in Form einer Tabelle können die Ergebnisse auch in der grafischen Form von Netzplänen oder Balkendiagrammen angezeigt werden.

Das Balkendiagramm wird deutlich, wenn Sie die Zeitskala verändern; beispielsweise die obere Zeile auf Quartale und die zweite Zeile auf Monate einstellen:

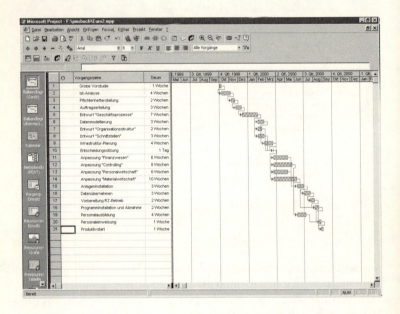

Nach Eingabe aktualisierter Projektdaten (z. B. neuer Aufgaben oder geänderter Zeiten) werden die Termine unmittelbar neu berechnet. Dies erhöht die Übersicht und erleichtert das Aufspüren eventueller Fehler.

Im folgenden sollen die Besonderheiten zu den Verknüpfungen noch detaillierter betrachtet werden. Um einzelne Verknüpfungen vorzunehmen und zu analysieren, gehen Sie in folgender Weise vor:

1. Klicken Sie auf der Ansichtsleiste auf *Balkendiagramm (Gantt)*.
2. Wählen Sie im Feld *Vorgangsname* zwei oder mehr Vorgänge, die Sie miteinander verknüpfen möchten.
3. Klicken Sie auf **Vorgänge verknüpfen**.

Ergebnis: *Project* legt die Daten der Vorgänge fest, indem es die Anfangs- und Endtermine einstellt, die Gantt-Balken versetzt anordnet, um die neuen Termine zu verdeutlichen, und Verbindungslinien (Pfeile) zwischen voneinander abhängigen Vorgängen einfügt.

Um die korrekte zeitliche Abfolge der einzelnen Vorgänge festzulegen, können Sie bei der Verknüpfung der Vorgänge noch die Beziehungsart zwischen den Vorgängen angeben. Klicken Sie dazu doppelt auf eine Beziehung im Balkendiagramm. Ergebnis:

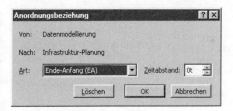

Die Abbildung macht deutlich: Das Programm legt standardmäßig eine Vorgangsverknüpfung der Art «Ende–Anfang (EA)» an, wobei zunächst ein Vorgang abgeschlossen sein muß, bevor der nächste Vorgang beginnen kann.

Eine besondere Bedeutung kommt den Anordnungsbeziehungen dann zu, wenn mehrere parallel ablaufende Vorgänge gleiche Ressourcen nutzen. Speziell bei einem Projekt mit mehreren, parallel abgewickelten Unterprojekten (wird später erläutert) ist eine effiziente Steuerung der Ressourcen notwendig. Aus diesem Grund sollten die Abhängigkeiten einzelner Vorgänge genau geplant werden.

So ist eine einfache Verknüpfung der Art «Ende–Anfang» in manchen Fällen nicht sinnvoll. Sie können daher auch andere Verknüpfungsarten wählen, wie beispielsweise «Anfang–Anfang» oder «Ende–Ende».

Die Varianten werden deutlich, wenn Sie im Dialogfeld *Anordnungsbeziehung* das Listenfeld *Art* aktivieren:

Art der Anordnungsbeziehung	Erläuterung
Ende – Anfang (EA)	Ein Vorgang kann erst dann beginnen, wenn sein Vorgänger beendet ist.
Anfang – Anfang (AA)	Bei Vorgängen, die parallel ablaufen. Der Vorgang beginnt dann zum gleichen Zeitpunkt, an dem sein Vorgänger beginnt.
Ende – Ende (EE)	Bei Vorgängen, die parallel ablaufen. Ein Vorgang endet zum gleichen Zeitpunkt wie sein Vorgänger.

2.2.3 Weitere Informationen zu den Vorgängen erfassen

Neben den notwendigen Standardangaben zu einem Vorgang (wie Bezeichnung und Dauer eines Vorganges) können Sie weitere spezielle Eintragungen für einen Vorgang vornehmen. Per Doppelklick auf die Vorgangsbezeichnung öffnet sich beispielsweise ein Dialogfeld, über das weitere Informationen zu einem Vorgang erfaßt werden können. Testen Sie dies einmal für den Vorgang Nr. 18, so müßte sich die folgende Bildschirmanzeige ergeben:

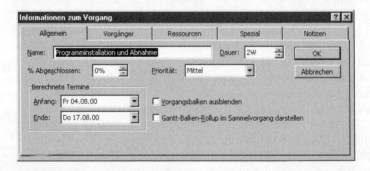

Die Wiedergabe der Bildschirmanzeige macht deutlich:

- Das Register *Allgemein* enthält neben der Vorgangsbezeichnung und der Dauer die berechneten Anfangs- und Endtermine für den Vorgang.
- Im Feld *% Abgeschlossen* kann ein Prozentwert eingegeben werden, der angibt, zu wieviel Prozent die Arbeit an dem Vorgang bereits er-

Projektstruktur und Zeiten erfassen 63

ledigt ist. Eingetragen werden kann hier eine Zahl zwischen 0 und 100. Dies ist natürlich erst bei einer Fortschreibung der Planung bzw. bei einer späteren Projektsteuerung wichtig.
- Im Listenfeld *Priorität* ist grundsätzlich die Option *Mittel* eingestellt. Durch eine Änderung der Priorität können Sie festlegen, mit welcher Priorität ein Vorgang beim Kapazitätsausgleich berücksichtigt wird.
- Die beiden zusätzlichen Kontrollkästchen ermöglichen das Festlegen der Art der Anzeige für den Balken.

Weitere Einstellungen zum Vorgang können Sie durch Klicken auf die Registerkarte *Vorgänger* vornehmen. Ergebnis:

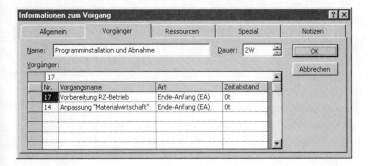

Das Bild macht deutlich, daß der Vorgang Nr. 18 zwei unmittelbare Vorgänger hat. Sie können jetzt noch eine genaue Bestimmung der Vorgangsart vornehmen.

Das nächste Registerblatt erlaubt eine Zuordnung von Ressourcen:

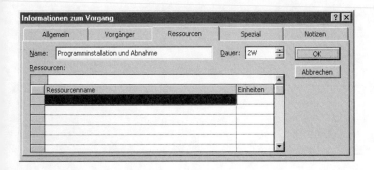

Im Beispielfall sollen Sie hier zunächst noch keine Eintragungen vornehmen. Dazu sei auf das folgende 3. Kapitel dieses Buches verwiesen. Aktivieren Sie zur Orientierung noch die Registerkarte *Spezial*. Ergebnis:

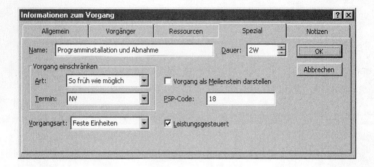

Über die Dialogfelder können Sie
- Einschränkungen zu einem Vorgang vornehmen (z. B. daß ein Vorgang an einem bestimmten Termin anfangen muß),
- einen Vorgang als Meilenstein definieren sowie
- die Art der Berücksichtigung von Ressourcenangaben definieren.

Dazu finden Sie im folgenden Abschnitt einige Beispiele.

Im letzten Register des Dialogfeldes, dem Register *Notizen*, können Sie zu jedem Vorgang Hintergrundinformationen in Textform erfassen:

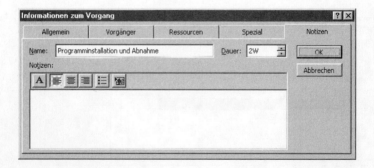

2.3 Projekt mit Sammelvorgängen

Bisher umfaßt unser Beispielprojekt erst 21 Vorgänge. Dennoch kann bereits diese Anzahl schnell unübersichtlich sein. Deshalb macht es gerade bei einer noch größeren Anzahl Sinn, die Vorgänge in Haupt- und Untervorgänge zu gliedern. Auch dies ist mit *Project* möglich.

Um dem Projektplan eine klare Struktur zu geben, können Sie die Vorgangsliste nämlich so gliedern, daß die einzelnen Vorgänge hierarchisch angeordnet und zugehörige Vorgänge zusammengefaßt werden. Diese Gliederung kann sich auf die gesamte oder lediglich einen Teil der Vorgangsliste beziehen.

Das **Gliedern der Vorgänge** eignet sich vor allem für folgende Zwecke:

- Eine lange Vorgangsliste soll besser lesbar und damit überschaubarer gemacht werden.

- Sie möchten das Projekt in unterschiedliche Phasen unterteilen und somit seinen Fortschritt auf einfache Weise überwachen. In der bisherigen Ansicht einer einfachen, undifferenzierten Liste ist nicht erkennbar, welche Vorgänge eine bestimmte Projektphase repräsentieren.

- Sie möchten eine hilfreiche Projektübersicht für den Projektleiter erstellen, mit deren Hilfe er das Projekt besser einschätzen kann.

Um eine Vorgangsgruppe optisch von anderen abzugrenzen, müssen Sie die Vorgangsliste gliedern und Sammelvorgänge hinzufügen. Sie

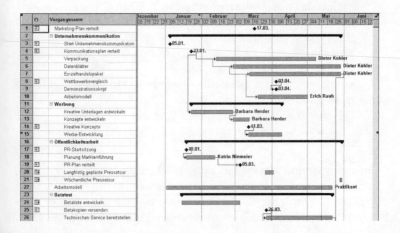

finden ein Projektergebnis abgebildet, das bereits Hauptvorgänge (in *Project* Sammelvorgänge genannt) enthält. Beispiel siehe Abbildung S. 65.

Was ist ein Sammelvorgang? Ein Sammelvorgang ist ein Vorgang, der aus Teilvorgängen besteht und diese zusammenfaßt. Sammelvorgänge können Sie mit Hilfe der Gliederungsfunktion des Programms erstellen. Nach der Festlegung werden dann in *Project* die Kenndaten des Sammelvorgangs (Dauer, Kosten usw.) automatisch aus den zugrundeliegenden Daten für die Teilvorgänge ermittelt.

Wie ist vorzugehen, um solche Sammelvorgänge zu erzeugen? Gehen Sie vom bisherigen Projekt aus, und nehmen Sie die folgende Aufgabenstellung als Orientierung!

> **Aufgabe:**
> Das bereits erstellte Projekt «Euro2.MPP» soll so verändert werden, daß folgende Sammelvorgänge eingefügt werden:
> – Vorbereitung und Analyse (für die bisherigen Vorgänge 1 bis 4),
> – Soll-Konzept (für die bisherigen Vorgänge 5 bis 9),
> – programmtechnische Anpassungen (für die bisherigen Vorgänge 11 bis 14),
> – systemtechnische Implementierung (für die bisherigen Vorgänge 15 bis 18),
> – Personalfragen (für die bisherigen Vorgänge 19 und 20).
> Speichern Sie das Ergebnis als Datei «Euro2b.MPP».

Um einen Sammelvorgang einzufügen, gehen Sie in folgender Weise vor:
1. Fügen Sie zunächst die Bezeichnungen der Sammelvorgänge ein. Wählen Sie dazu an den entsprechenden Einfügestellen jeweils aus

dem Menü **Einfügen** den Befehl **Neuer Vorgang**. Geben Sie dann den Namen des Sammelvorgangs ein.
2. Legen Sie die zu dem Sammelvorgang gehörigen Teilvorgänge fest, indem Sie diese markieren. Dies sind die unterhalb vom Sammelvorgang befindlichen Folgevorgänge der Vorgangsliste.
3. Wählen Sie das Menü **Projekt** und hier den Befehl **Gliederung**. Aktivieren Sie die Option **Tiefer stufen**. Alternativ können Sie auch das Symbol für *Tiefer stufen* in der Symbolleiste anklicken (was natürlich der schnellere Weg ist).

Nach Durchführung sämtlicher Teilschritte 2 bis 4 müßte sich das gewünschte Ergebnis einstellen:

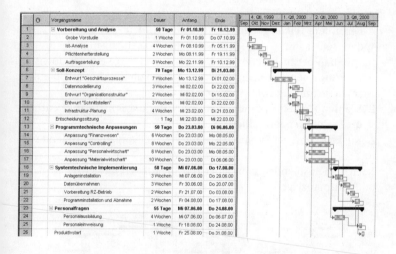

Durch das Gliedern der Vorgänge erhalten Sie eine übersichtliche Struktur für Ihr Projekt, ähnlich einem Inhaltsverzeichnis für ein Buch. Die Gruppen zusammengehöriger Vorgänge werden so auch optisch klar voneinander abgegrenzt: Der jeweilige Sammelvorgang wird in Fettschrift angezeigt, die zugehörigen Teilvorgänge sind darunter eingerückt dargestellt.

So umfaßt der Sammelvorgang «Systemtechnische Implementierung» die Teilvorgänge «Anlageninstallation», «Datenübernahmen», «Vorbereitung RZ-Betrieb» und «Programminstallation und Abnahme». Der für den Sammelvorgang ermittelte Zeitbedarf von 50 Tagen ergibt sich aus den Zeiten der Teilvorgänge.

■ Sammelvorgänge aus-/einblenden

Sammelvorgänge werden standardmäßig angezeigt und können unabhängig von Projekt-Sammelvorgängen angezeigt werden.

Um die Sammelvorgänge auszublenden, gehen Sie in folgender Weise vor:

1. Klicken Sie im Menü **Extras** auf **Optionen** und anschließend auf das Register *Ansicht*.
2. Deaktivieren Sie unter *Gliederungsoptionen* das Kontrollkästchen *Sammelvorgänge anzeigen*.
3. Führen Sie den Befehl aus.

■ Besondere Teilvorgänge ein- und ausblenden

Andererseits kann es auch sinnvoll sein, die Teilvorgänge auszublenden, so daß beispielsweise nur die Sammelvorgänge auf der höchsten Gliederungsebene angezeigt werden. Sie erhalten so einen Überblick über das gesamte Projekt. So gehen Sie vor:

1. Wählen Sie den Sammelvorgang aus, der die Teilvorgänge enthält, die Sie ausblenden wollen.
2. Klicken Sie in der Symbolleiste auf − (Teilvorgänge ausblenden).

Nach dem Ausblenden sämtlicher Teilvorgänge ergibt sich die folgende Bildschirmanzeige:

Durch das Klicken auf «Alle Teilvorgänge einblenden» können Sie den Ausgangszustand wiederherstellen.

2.4 Meilensteintermine eintragen

Für wichtige Ereignisse im Projektverlauf empfiehlt sich die Festlegung sogenannter Meilensteine (Milestones). Dies erleichtert die Orientierung während der Durchführung von Projekten.

Wie werden Meilensteine ausgewählt? Als Meilenstein werden typischerweise wichtige Ereignisse in dem Terminplan gewählt. Dies ist beispielsweise der Abschluß einer umfangreichen Projektphase, der in einer Präsentation oder einer Entscheidungssitzung repräsentiert sein kann.

> **Aufgabe:**
> Im bereits erstellten Projekt «Euro2b.MPP» sollen die folgenden Meilensteine eingefügt werden:
> – Fügen Sie nach dem Vorgang 5 «Auftragserteilung» einen weiteren Vorgang mit der Bezeichnung «Hauptprojektstart» ein, der als Meilenstein mit der Dauer von null Tagen zu deklarieren ist.
> – Der Vorgang «Entscheidungssitzung» soll als Meilenstein ausgewiesen werden.

Meilensteine automatisch erstellen

Da generell Meilensteine durch eine Vorgangsdauer von 0 gekennzeichnet sind, erstellt *Project* automatisch für Vorgänge, für die Sie eine Dauer von null Tagen angeben, einen Meilenstein. Diesem Vorgang wird im Balkendiagramm am Beginn des betreffenden Tages das Meilensteinsymbol zugeordnet.

Gehen Sie in folgender Weise vor:
1. Klicken Sie auf der Ansichtsleiste auf *Balkendiagramm (Gantt)*.
2. Fügen Sie den Vorgang «Hauptprojektstart» nach dem Vorgang «Auftragserteilung» ein. Geben Sie dabei im Feld *Dauer* den Wert 0 ein (0 Tage).
3. Betätigen Sie abschließend die Eingabetaste.

Ergebnis ist, daß das Meilensteinsymbol im Balkendiagramm ebenso eingefügt wird wie das betreffende Datum für den Projektstart.

70 Projektstrukturplan erstellen und Zeiten planen

■ Meilensteine bestimmten Vorgängen zuordnen

Ein Vorgang kann auch als Meilenstein deklariert werden, ohne die Dauer auf null zu setzen. Um dies für den Vorgang «Entscheidungssitzung» zu realisieren, gehen Sie in folgender Weise vor:

1. Klicken Sie doppelt beim Vorgang «Entscheidungssitzung», um das Dialogfeld *Informationen zum Vorgang* zu erhalten.
2. Aktivieren Sie anschließend das Register *Spezial*.
3. Markieren Sie das Kontrollkästchen *Vorgang als Meilenstein darstellen*.

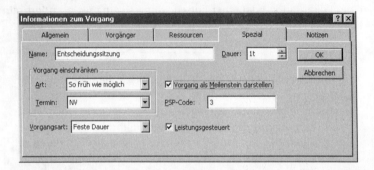

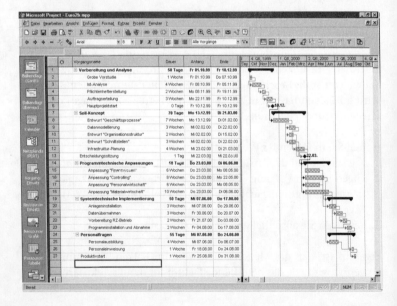

4. Führen Sie den Befehl durch Klicken auf [OK] aus.
Damit ergibt sich folgende Situation für das Projekt (siehe Abbildung S. 70 unten).

2.5 Balkendiagrammanzeige (Gantt-Darstellung)

Grundsätzliche Varianten zur Darstellung der Zusammenhänge eines Projektes sowie der ermittelten Zeiten sind das Balkendiagramm (nach der Gantt-Technik) sowie der Netzplan.

Mit der **Gantt-Darstellung** lassen sich verschiedene Projektaktivitäten innerhalb einer Zeitspanne veranschaulichen und vergleichen. In diesem Fall wird jede Tätigkeit des Projektes durch einen waagerecht verlaufenden Balken dargestellt, dessen Länge die Dauer kennzeichnet. Anhand einer Zeitachse wird dann der zeitliche Ablauf eines Projektes auf einen Blick ersichtlich.

Im einzelnen kann dieser Darstellungsform entnommen werden,
- wie der zeitliche Ablauf eines Projektes geplant ist,
- welche Bedeutung die verschiedenen Aufgaben für die Einhaltung der gesetzten Termine haben (veranschaulicht durch unterschiedliche Farben und Symbole).

2.5.1 Balkendiagrammanzeige formatieren

Die Möglichkeiten zur Veränderung der Balkendiagramm-Darstellung sind vielfältig. Wünschenswert ist z. B. oftmals ein Sortieren nach Ressourcen, Zeiten, Aufgabennamen, Meilensteinen oder kritischen Vorgängen. Für lang andauernde Projekte ist es außerdem vorteilhaft, daß die Zeitskala frei variierbar ist; beispielsweise statt der Anzeige der Tage die der Wochen, Monate oder Jahre.

> **Aufgabe:**
> Lösen Sie folgende Teilaufgabe: Das erstellte Projekt soll so als Gantt-Diagramm angezeigt werden, daß das Balkendiagramm auf der oberen Basis auf Monatsebene und danach auf Drittelteilung eingestellt ist.

72 Projektstrukturplan erstellen und Zeiten planen

Zur Veränderung der Zeitskala gehen Sie in folgender Weise vor:
1. Wählen Sie das Menü **Format**.
2. Aktivieren Sie den Befehl **Zeitskala**.
3. Nehmen Sie die gewünschten Eintragungen vor. Es ist zu unterscheiden zwischen
   - Hauptskala (= obere Skala): Wählen Sie im Beispielfall Monate.
   - Unterskala (= untere Skala), z. B. Monatsdrittel.

Ergebnis ist beispielsweise die folgende Bildschirmanzeige:

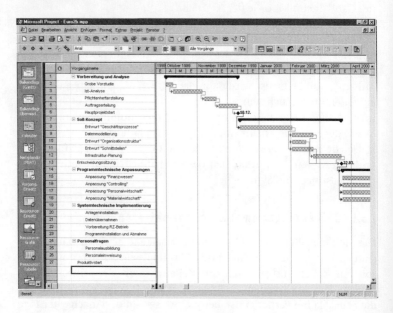

2.5.2 Vorgänge im Balkendiagramm sortieren

Die im Balkendiagramm angezeigten Vorgänge lassen sich auf eine einfache Weise in sehr unterschiedlicher Form sortieren. Dazu dient im Menü **Projekt** der Befehl **Sortieren**.

Neben den grundsätzlichen Vorgaben (die Sie in Ruhe testen können) gibt es die Option *Sortieren nach*. Wenn Sie diese aktivieren, erscheint das folgende Dialogfeld:

Balkendiagrammanzeige (Gantt-Darstellung) 73

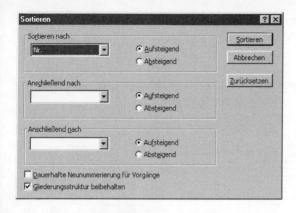

Die Abbildung macht deutlich, daß *Project* bis zu drei Sortierschlüssel zuläßt. Standardmäßig ist als Sortierschlüssel die *Nr.* eines Vorganges im Feld *Sortieren nach* vorgegeben. Beachten Sie: ein erster Sortierschlüssel muß immer angegeben sein.

Es stehen zahlreiche andere Sortiermöglichkeiten zur Wahl. Testen Sie die Optionen einmal. Wählen Sie etwa die Option *Dauer* für das Sortieren. Stellen Sie darüber hinaus die Variante *Absteigend* ein, und sorgen Sie schließlich dafür, daß das Kontrollfeld *Gliederungsstruktur beibehalten* deaktiviert ist.

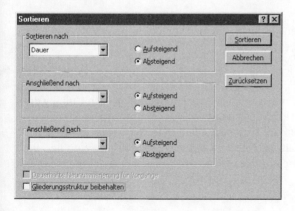

74 Projektstrukturplan erstellen und Zeiten planen

Nach der Ausführung des Befehls durch Klicken auf die Schaltfläche Sortieren wird die Sortierung sofort und schnell realisiert. Beispielergebnis:

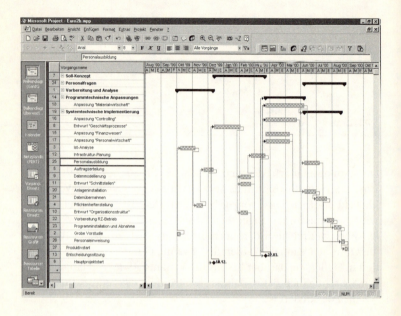

Hinweis: Wählen Sie danach wieder das Sortieren nach *Nr.*, um den Ursprungszustand einzustellen.

> **Merke:** Die **Genauigkeit der Darstellung** muß je nach Umfang des Projektes und abhängig vom gewünschten Informationswert häufig variiert werden. Für lang andauernde Projekte ist es besonders vorteilhaft, daß die **Zeitskala frei variierbar** ist und zum Beispiel statt Tagen eine Anzeige in Wochen, Monaten oder Jahren möglich ist.

2.6 Netzplandarstellung

Eine andere Variante zur Darstellung der Projektdaten ist der Netzplan. Auf diese Weise können die Struktur eines Projektes und der Beziehungszusammenhang noch genauer analysiert werden als beim Balkendiagramm.

Üblich ist als **Netzplantechnik** die PERT-Technik (PERT = Program Evaluation and Review Technique):

- Ein PERT-Chart besteht aus mehreren rechteckigen Kästen, die durch Pfeillinien miteinander verbunden sind, die die Zusammenhänge zwischen den verschiedenen Projektaktivitäten verdeutlichen.
- Die Besonderheit dieser Methode liegt darin, daß keine feste Zeitdauer für die Arbeitsabläufe festgelegt wird. Dies ist sinnvoll, wenn die Zeitdauer zur Erledigung einer Teilaufgabe nicht genau vorherzusagen ist und dennoch die Verarbeitung angenommener Wahrscheinlichkeiten für die Vorgangsdauer zu aussagekräftigen Ergebnissen führen kann.

Methodische Varianten zur PERT-Technik sind MPM (Metra Potential Method) und CPM (Critical Path Method). Je nach verwendeter Netzplanmethode lassen sich unterschiedliche Anordnungsbeziehungen darstellen. Einige Methoden (Programme) erlauben nur Ende-Start-Beziehungen, andere können auch beliebige Überlappungen zwischen den Tätigkeiten darstellen.

> **Aufgabe:**
> - Lassen Sie sich die Ergebnisse der Projektplanung als Netzplan anzeigen. Testen Sie dies zunächst mit der Datei ohne die Sammelvorgänge (EURO2.MPP).
> - Variieren Sie dabei die Größe der Bildschirmanzeige unter Nutzung vorhandener Zoom-Funktionen.
> - Testen Sie danach den Netzplan mit Sammelvorgängen (EURO2b.MPP).

Handlungsanweisung:
1. Öffnen Sie die gewünschte Projektdatei.
2. Aktivieren Sie das Menü **Ansicht**.
3. Wählen Sie den Befehl **Netzplandiagramm (PERT)**.

Gewünschtes Ergebnis:

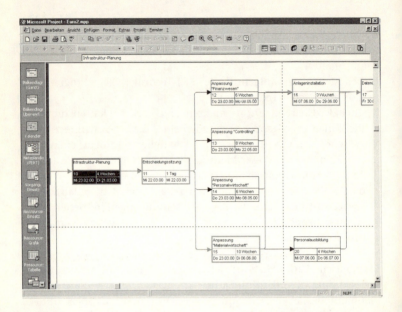

Der Netzplan wird also in Form der Vorgangsknotentechnik dargestellt. Dies bedeutet, daß den einzelnen Vorgängen Kästchen zugeordnet sind, während Linien die Beziehungszusammenhänge zwischen den Vorgängen verdeutlichen. Kästchen, die in roter Farbe dargestellt sind, kennzeichnen kritische Vorgänge. Sie werden untereinander mit Linien verbunden, die in roter Farbe den kritischen Weg kennzeichnen. Besondere Bedeutung kommt also der **Visualisierung** zu. Üblich ist es, die unterschiedliche Bedeutung verschiedener Vorgänge durch **besondere Farben** (z. B. rote Farbe für kritische Vorgänge) oder **besondere Symbole** (beispielsweise für Sammelvorgänge) herauszuheben.

Unterschiedlich sind die Wünsche und Möglichkeiten, die Netzplandarstellung zu verändern. Vorteilhaft ist das Vorhandensein einer **Zoom-Funktion**, so daß durch Verkleinerung der Darstellung auf dem Bildschirm der Benutzer bei größeren und komplexen Netzplänen leicht die Übersicht behalten kann. Auch die Position der Vorgangskästen kann flexibel festgelegt und verändert werden.

Netzplandarstellung 77

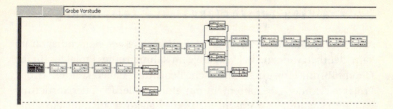

Lösungswege:
1. Wählen Sie aus dem Menü **Ansicht** den Befehl **Zoom**, und nehmen Sie die gewünschte Anzeige vor.
   Oder:
2. Nutzen Sie das Lupensymbol aus der Symbolleiste.

Eine Besonderheit ergibt sich, wenn der Projektplan Meilensteine enthält. Beispielergebnis:

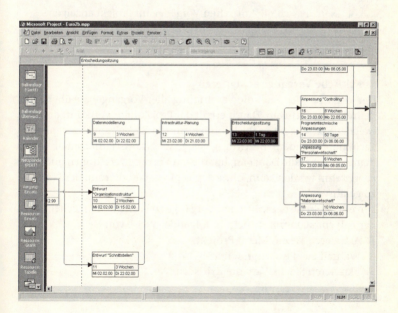

2.7 Analysen zur Vorgangs- und Zeitplanung

Aus der Ergebnisdarstellung eines Projektplans als Balkendiagramm kann deutlich werden, daß Vorgänge im Rahmen eines Projektes für die Durchführung eine unterschiedliche Bedeutung haben können. Große Projekte erfordern deshalb nicht nur eine Gliederung oder Sortierung von Informationen, sondern auch eine selektive Auswahl einzelner Vorgänge.

Mit *Project* können Sie durch das «Herausfiltern» von Vorgängen (oder auch von Ressourcen) eine besondere «Blickweise» auf die Plandaten erhalten. Nach Aktivierung eines Filters werden dann nur noch die Objekte (Vorgänge, Ressourcen) in der Ansicht angezeigt, die einer bestimmten Bedingung entsprechen.

> **Aufgabe:** Testen Sie mit der Datei «Euro2b.MPP» die folgenden Filter:
> - Lassen Sie sich die kritischen Vorgänge im Projekt anzeigen!
> - Filtern Sie aus dem Projekt anschließend die Sammelvorgänge!

▣ Kritische Vorgänge analysieren

Der kritische Weg zeigt die Verbindung aller Vorgänge, die über keine Zeitreserven verfügen. Damit erhält der Projektleiter Auskunft darüber, welchen Aktivitäten er im Hinblick auf die Einhaltung der geplanten Termine besondere Beachtung schenken muß. Pufferzeiten geben demgegenüber die Dauer an, um die ein Vorgang verschoben und/oder ausgedehnt werden kann, ohne den geplanten Endtermin des Projektes zu gefährden.

Um eine Analyse der kritischen Vorgänge zu ermöglichen, gehen Sie in der Balkendiagramm-Ansicht in folgender Weise vor:
1. Aktivieren Sie das Menü **Projekt**.
2. Wählen Sie die Option **Filter**.
3. Aktivieren Sie die Variante **Kritisch**.

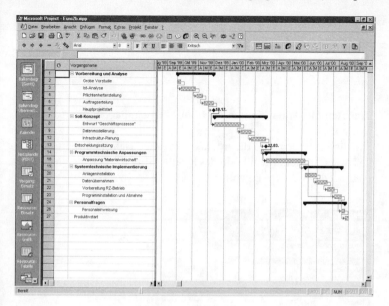

Aus der Betrachtung des Balkendiagramms im Beispielfall wird damit deutlich, daß die Vorgänge 2 bis 9, 12 bis 13, 18 bis 23 sowie 26 und 27 den kritischen Weg bilden. Ihnen muß im Rahmen der Projektsteuerung besondere Aufmerksamkeit gewidmet werden.

Welche Schlußfolgerung läßt sich aus einer solchen grafischen Anzeige ziehen? Ist die errechnete Projektdauer zur Erreichung des angestrebten Zieles zu lang, muß versucht werden, Zeit einzusparen. Dies kann vor allem durch Verkürzung von Tätigkeiten am kritischen Weg geschehen. Eventuell können auch Abhängigkeiten zwischen einzelnen Vorgängen eliminiert oder stärkere Überlappungen eingeplant werden.

Sammelvorgänge filtern

Um eine Analyse der Sammelvorgänge zu ermöglichen, gehen Sie in der Balkendiagramm-Ansicht in folgender Weise vor:
1. Aktivieren Sie das Menü **Projekt**.
2. Wählen Sie die Option **Filter**.
3. Aktivieren Sie die Variante **Sammelvorgänge**.

80 Projektstrukturplan erstellen und Zeiten planen

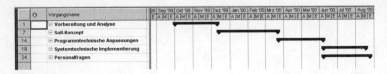

Beachten Sie: Filter können auch im Netzplandiagramm angewendet werden.

Eine Besonderheit sind die interaktiven Filter. Damit können Sie eigene Filter festlegen. Nach Wahl des Befehls **Filter** müssen Sie die Option *Weitere Filter* wählen. Ergebnis:

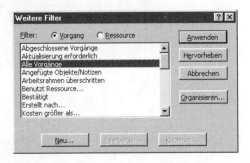

Nach dem Klicken auf Neu ist es möglich, die entsprechenden Filtereinstellungen durchzuführen:

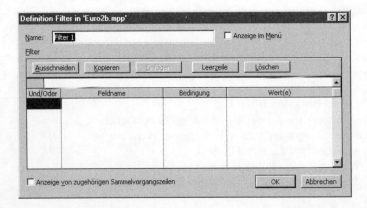

2.8 Druckausgaben

Für das Drucken stehen in *Project* zahlreiche Optionen zur Verfügung. Neben besonders aufbereiteten Berichten (die in einem gesonderten Kapitel erläutert werden) können auch die gerade bearbeiteten Ansichten gedruckt werden.

Ausgangspunkt sei das Balkendiagramm der Datei «Euro2B.MPP». Gehen Sie in folgender Weise vor, um einen Ausdruck vorzunehmen:

1. Aktivieren Sie das Menü **Datei**.
2. Wählen Sie den Befehl **Drucken**. Ergebnis:

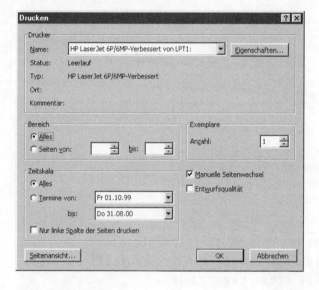

3. Aktivieren Sie danach zu Kontrollzwecken zunächst die Option `Seitenansicht`. Ergebnis:

82 Projektstrukturplan erstellen und Zeiten planen

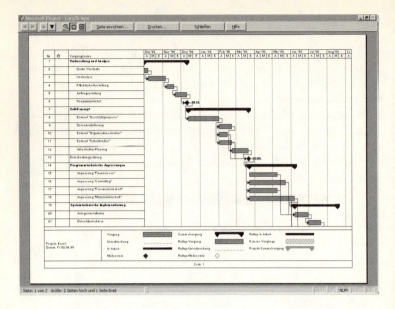

Beenden Sie die Seitenansicht-Anzeige durch Klicken auf Schließen. Für die unmittelbare Druckausgabe aus der Seitenansicht heraus wählen Sie die Schaltfläche Drucken.

2.9 Übungsbeispiel: Projektstruktur- und Zeitplanung für das Projekt «Bau einer Lagerhalle»

Als Projektstruktur für das Projekt «Bau einer Lagerhalle» wurde die folgende Vorgangsliste erstellt:

Nr.	Vorgangsbezeichnung	Dauer (Wochen oder Tage)	Vorgänger
1	Baugrundstück vermessen	2w	–
2	Erdarbeiten	3w	1
3	Bodenplatte betonieren	1,5w	2

4	Stahlgerüst für die Seitenwände setzen	1,5w	3
5	Seitenwände anbringen	2w	4
6	Zwischenwände mauern	10w	4
7	Fenster und Türen einbauen	2w	5; 6
8	Innenstraßen für Vorrichtungen bauen	3w	5
9	Abnahme «Rohbau»	2t	7; 8
10	Elektrizitätsanschlüsse	5t	9
11	Gasanschlüsse	5t	9
12	Wasseranschlüsse	2w	9
13	Heizung einbauen	2w	9
14	Bauabnahme	3t	10;11;12;13

Aufgaben:
1. Die Projektplanung soll mit *MS-Project* auf der Basis der Datei LAGER1.MPP vorgenommen werden. Das Ergebnis der Planungen ist unter dem Namen LAGER2.MPP zu speichern.
2. Erstellen Sie das folgende Balkendiagramm!

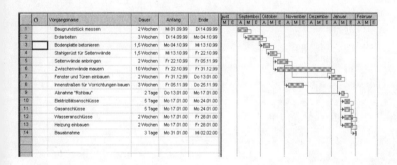

3. Erzeugen Sie einen Netzplan!

84 Projektstrukturplan erstellen und Zeiten planen

Beispielergebnis:

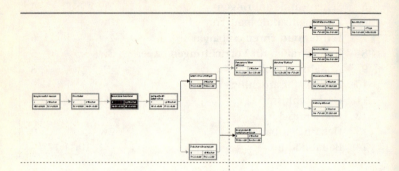

3 Ressourcen planen

Projektplaner begnügen sich in der Praxis zuweilen mit einer Struktur- und Zeitplanung. Eine Berücksichtigung der am Projekt beteiligten Ressourcen findet in vielen Fällen nicht statt. Für das Überwachen von Vorgängen und Terminen mag ein solcher Projektplan ausreichen. Dennoch: In der Regel können Sie erst durch das Hinzufügen von Ressourcen und die Berücksichtigung der Ressourcenkapazitäten die Leistungsfähigkeit eines Projektmanagementprogramms voll nutzen und zu den Plandaten gelangen, die für eine erfolgreiche Projektrealisierung nötig sind.

In diesem Kapitel erfahren Sie,
- welche Vorteile und Möglichkeiten die Berücksichtigung von Ressourcen (Personalbedarf, Maschineneinsatz) für das Projektmanagement bietet,
- wie Sie mit *MS Project* spezifische Informationen zu Ressourcen erfassen können (beispielsweise Kapazitäten, Ressourcenkosten, Arbeitszeiten der Ressourcen),
- wie Sie Ressourcen bestimmten Vorgängen zuordnen können und
- welche Auswertungen mit Ressourcendaten möglich sind.

3.1 Ausgangssituation und Ressourcenbedarfsermittlung

Zunächst stellt sich für einen Projektplaner natürlich die Frage, welche Objekte als Ressourcen behandelt werden sollen. Deshalb zu Anfang eine kurze Erläuterung, was als Ressource bei einem Projekt gelten kann. Demnach sind als **Ressourcen** all die Personen und Sachmittel zu verstehen, die zur Ausführung der Projektvorgänge benötigt werden. Die Definition macht bereits die Differenzierung der Ressourcen in

- **Personen** (als Einzelpersonen oder Personengruppen) und
- **Sachmittel** (Computer, Maschinen, Konferenzräume etc.) deutlich.

Innerhalb dieser beiden Gruppen kann eine weitere Klassifizierung sinnvoll sein, wenn das Ressourcenmanagement sehr viele Ressourcen umfaßt und detaillierte Ergebnisse nötig sind.

Welche Vorteile hat die Berücksichtigung von Ressourcen im Rahmen des Projektmanagements?

- Durch eine Planung der Ressourcen sind eine aussagekräftige **Personalbedarfsschätzung** (Anzahl Projektmitarbeiter, erforderliche Qualifikationen, Zeitdauer ihres Einsatzes) sowie eine umfassende **Sachmittelbedarfsplanung** (mit Informationen über Umfang und Art der benötigten Sachmittel, zum Beispiel Maschinen, Organisationsmittel oder Räume) gegeben. Basis dafür sind die Aufgabenpakete des Projektstrukturplans, die es ermöglichen, den Personen- und Sachmittelbedarf (Ressourcenbedarf) für das Projekt wirklichkeitsnäher zu schätzen.
- Die Berücksichtigung der Ressourcen ermöglicht eine **präzisere Projekt-Zeitplanung**. So beeinflußt die Verfügbarkeit von Ressourcen entscheidend die Dauer der einzelnen Vorgänge. Ein Beispiel: Wenn Sie für Ihr Projekt über zuwenig Ressourcen verfügen, dauert das Projekt entsprechend länger. Umgekehrt kann die Dauer von Vorgängen auch beschleunigt werden, wenn keine Kapazitätsbeschränkungen vorliegen und mehr Ressourcen eingesetzt werden können.
- Die Berücksichtigung der Ressourcen ermöglicht gleichzeitig eine **exaktere Kostenplanung**. Dazu werden Kostensätze für die erfaßten Ressourcen eingegeben und verwaltet. Auf der Basis des Ressourceneinsatzes lassen sich Projektgesamtkosten sowie Kosten für bestimmte Arbeitspakete planen.
- Die Qualifikation der eingesetzten Personen wirkt sich unmittelbar auf die Effektivität und Qualität der Projektarbeit aus. So kann eine **gezielte Personaleinsatzplanung** vorgenommen werden, wenn auch Ressourcen im Projektmanagementprogramm mit verwaltet werden.
- Für ein durchdachtes **Projektcontrolling** ist es unerläßlich, alle Ressourcen in ausreichender Anzahl zu berücksichtigen, die notwendig sind, um die definierten Projektziele zu erreichen.

Wie berücksichtigt die Projektmanagementsoftware *Project 98* die Ressourcen?

1. In einem ersten Schritt werden die Grunddaten der Ressourcen erfaßt. Da Projekte üblicherweise nicht mit einem unbegrenzten Pool an Ressourcen abgewickelt werden können, ist es hilfreich, daß die für ein Projekt verfügbaren Ressourcen gesammelt und zunächst in einer **Ressourcenliste** erfaßt und dort verwaltet werden.
2. Die einzelnen Ressourcen können **Restriktionen** in zeitlicher und kapazitativer Hinsicht aufweisen. Auch dies läßt sich berücksichtigen. Eine Zeitplanung unter der Annahme unbegrenzt verfügbarer **Kapazitäten** wäre in der Praxis ja oft unrealistisch. Es bedarf vielmehr der Einbeziehung zusätzlicher Restriktionen; etwa die Berücksichtigung einer beschränkten Verfügbarkeit von Personal und Einsatzmitteln (Beispiel: Herr X aus der Fachabteilung arbeitet nur zu 30% seiner Arbeitszeit an einem bestimmten DV-Projekt mit). Einschränkungen, die Sie mit *Project* einstellen können, richten sich zum einen auf begrenzt vorhandene kapazitative Einheiten, zum anderen auf eventuelle Prioritäten hinsichtlich ihrer Nutzung.
3. Für jede Ressource kann ein spezieller **Ressourcenkalender** angelegt und bei der Projektplanung berücksichtigt werden. Auf diese Weise ist es beispielsweise möglich, die Urlaubsplanung der einzelnen Mitarbeiter in die Planung einfließen zu lassen.
4. Für jede Ressource lassen sich **Kostendaten** erfassen. Dies können Standardsätze (beispielsweise Stundenlohn oder Monatsgehälter), Überstundensätze oder Kosten pro Einheit sein.
5. Ressourcen, die für das Projekt zur Verfügung stehen, können gezielt einzelnen **Aktivitäten zugeordnet** werden. So benötigen die einzelnen Aktivitäten eines Projektes Ressourcen in irgendeiner Form; seien es Personen, Maschinen oder andere Arbeitsmittel. Damit kann *MS-Project* die zur Projektausführung insgesamt erforderlichen Ressourcen (einzusetzende Arbeitskräfte, benötigte Maschinen) berechnen.
6. Durch die vollständige Zuordnung von Ressourcen kann die **Steuerung des Personaleinsatzes** erfolgreich bewältigt werden. So werden Probleme sofort offensichtlich, die sich durch die Abwesenheit von Personen bzw. durch das Fehlen von Material ergeben.
7. Eine weitere integrierte Funktion ist die **Ermittlung und Überwachung der Ressourcenkosten**. Damit ist ein exakteres Kostencontrolling möglich.

Um eine computergestützte Berücksichtigung von Ressourcendaten zu ermöglichen, sind – ebenso wie bei der Zeitplanung – organisatorische Vorüberlegungen notwendig. So muß vorab eine **Ressourcenbedarfsplanung** durchgeführt werden, bei der unter anderem folgende Fragen im Hinblick auf eine spätere Datenerfassung zu klären sind:

- Wie sieht der gesamte Projektumfang aus (klare Definition der Projektziele)?
- Welche Vorgänge sind zu erledigen, und welche Personen/Sachmittel (mit welcher Qualifikation) werden zur Erledigung benötigt?
- Wie viele Ressourcen werden benötigt, um jeden Vorgang qualitäts- und termingerecht abwickeln zu können?

Beim Schätzen des Bedarfs haben Grenznutzenbetrachtungen eine große Bedeutung. Ein Projektvorgang, für den beispielsweise 24 Arbeitstage Aufwand angesetzt sind, kann von 3 Mitarbeitern in 8 Tagen genauso erfüllt werden, wie von 4 Mitarbeitern in 6 Tagen. 24 Mitarbeiter werden aber kaum mit nur einem Tag auskommen. Sie werden sich vermutlich gegenseitig im Wege stehen, und der Koordinationsaufwand dürfte unangemessen ansteigen.

Ergebnis der Ressourcenplanung sollte eine Übersicht über den Bedarf an Personen und Sachmitteln pro Aufgabenpaket und für das gesamte Projekt sein. In einer Tabelle werden die so ermittelten Mengen den Aufgabenpaketen zugeordnet. Aus ihr kann dann sowohl der Bedarf pro Arbeitspaket wie auch der Gesamtbedarf abgelesen werden. Liegen diese Informationen vor, dann können Sie mit der Erfassung der Daten in *Project* beginnen.

3.2 Ressourcen erfassen

Es erleichtert das Arbeiten im Ressourcenmanagement, wenn die für ein Projekt zur Verfügung stehenden Ressourcen zunächst einmal mit den wesentlichen Daten erfaßt werden. *MS-Project* bietet dafür zwei Möglichkeiten:

- Ein Weg besteht darin, zunächst eine Ressourcenliste zu erstellen und die möglichen/vorhandenen Ressourcen in einer Tabelle zu erfassen. Die spätere Zuordnung von Ressourcen zu den Aktivitäten kann anschließend durch **Auswahl aus diesem Ressourcenverzeichnis** erfolgen. Mitunter ist bei dieser Ressourcenerfassung eine

Aufteilung nach verschiedenen Einzelpositionen sowie eine Unterteilung in Gruppen wünschenswert (z. B. beteiligte Personen nach Abteilungen geordnet). Auch dazu stellt *Project* Möglichkeiten bereit.

Neben dem getrennten Erfassen einer Ressourcenliste können die benötigten Ressourcennamen **unmittelbar im Rahmen der Vorgangsdatenerfassung** eingegeben werden. Für jeden Vorgang können dabei Art und Anzahl der erforderlichen Personen, Maschinen und sonstigen Sachmittel angegeben werden. Dieses Vorgehen bietet sich dann an, wenn nur wenige Ressourcen für ein Projekt benötigt werden (= überschaubare Anzahl an Ressourcen).

Aufgabe: «Eingabe und Planung der Ressourcen»

Im Projekt «DV 2000» möchte der Projektleiter nicht nur die Zeiten, sondern auch die Ressourcendaten berücksichtigen. Dabei sollen zunächst nur Personen als Ressourcen eingeplant werden.

Folgende Daten sind für die Personen einzugeben:

Bezeichnung	Kürzel	Gruppe
Müller Dr., Th.	Mü1	U-Leitung
Meier, K.	Mei1	DV-Leitung
Müller, K.	Mü2	Systemadministrator
Seliger, F.	Sel	Systemadministrator
Chrobber, K.	Chro	DV-Organisator
Mentor, I.	Men	Programmierer
Fix, D.	Fix	Programmierer
Schlau, F.	Schl	Programmierer
Kaufmann, K.	Kau	DV-Trainer
Elektra, X.	Ele	Elektroniker
Installo, K.	Ins	Elektroniker
Meiler, K.	Mei2	DV-Techniker
Bunger, F.	Bun	DV-Techniker
Tieme, E.	Tie	Personalwesen
Mahler, T.	Ma	Finanzabteilung
Schwinning, H.	Schw	Controlling
Heinzje, M.	Hei	Materialwirtschaft

Führen Sie anhand dieser Daten eine Ressourcenerfassung durch.

Ressourcenerfassung in Listenform

Das Arbeiten mit einer Ressourcenliste hat für die spätere Zuordnung der Ressourcen zu den Vorgängen Vorteile:

- Es ist zeitsparender, Ressourcen lediglich aus einer Liste auszuwählen, als jede Ressource einzeln beim Zuordnen eingeben zu müssen.
- Hinzu kommt: Die Fehlergefahr ist kleiner, da ansonsten eventuell dieselben Personendaten doppelt verwaltet werden können.

Öffnen Sie für das beispielhafte Erstellen einer Ressourcenliste die bereits vorhandene Datei «Euro2b.MPP». Gehen Sie danach entsprechend der folgenden Handlungsanweisung vor:

1. Wählen Sie das Menü **Ansicht**.
2. Aktivieren Sie den Befehl **Ressource: Tabelle**.

Ergebnis ist die folgende Bildschirmansicht, bei der Sie in Tabellenform verschiedene Daten zu den Ressourcen erfassen können:

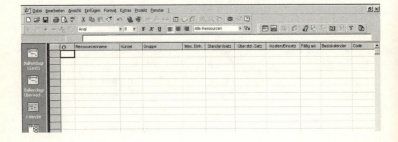

3. Nehmen Sie Ihre Eintragungen vor. Geben Sie beispielsweise in dem leeren Feld der Spalte *Ressourcenname* den Namen für die erste Ressource ein.

Zur Bedeutung der Spalteneintragungen finden Sie nachfolgend einige Erläuterungen:

Spalte	Bedeutung
Ressourcenname	Wichtigste Grundinformation. Hier geben Sie die Bezeichnung für die jeweilige Ressource ein (= Person oder Sachmittel). Das kann ein konkreter Personenname, aber auch eine Stellenbezeichnung oder eine Institution sein.
Kürzel	Die Spalte *Kürzel* ermöglicht die Eintragung einer Abkürzung für die Ressource. Standardmäßig wird der erste Buchstabe des Ressourcennamens vorgeschlagen.
Gruppe	Optional können Sie in der Spalte *Gruppe* eine Gruppenbezeichnung eintragen. Ein möglicher Vorteil: Danach kann später ein vorhandener Projektplan gefiltert oder sortiert werden, so daß sich zusätzliche Auswertungen ergeben.
Max. Einh.	Als Variante zu 100 % kann hier die zur Verfügung stehende Menge für eine Ressource angegeben werden. Sollte eine Ressource mehr Vorgängen zugeordnet sein als hier angegeben, wird sie als überlastet ausgewiesen.
Standardsatz	Preis/Zeiteinheit für normale Arbeitszeiten
Überstd.-Satz	Preis/Zeiteinheit für Überstunden
Kosten/Einsatz	Kosten, die unabhängig von der beanspruchten Arbeitszeit anfallen
Code	Kostenstelle oder sonstiger beliebiger Code. Die Eintragung kann später als Filter verwendet werden.

Im Beispielfall sollen Eintragungen zunächst nur in den drei Spalten *Ressourcenname, Kürzel* und *Gruppe* erfolgen.

Nach der Eingabe sämtlicher Daten sollte die Bildschirmanzeige das folgende Aussehen haben:

92 Ressourcen planen

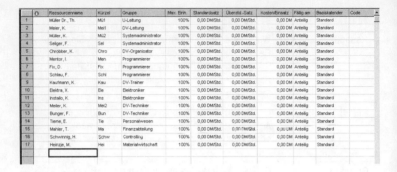

Nehmen Sie jetzt eine Zwischenspeicherung unter dem Dateinamen EURO3.MPP vor.

Ressourcenerfassung über Dialogfelder

Eine Variante zur Eingabe von Ressourcendaten ist der Aufruf des Dialogfeldes *Informationen zur Ressource*. Die Aktivierung des Dialogfeldes ist relativ einfach: Klicken Sie doppelt in der Zeile mit dem Namen der Ressource, für die Sie detailliertere Angaben wünschen.

Ein Beispiel: Klicken Sie doppelt auf den Ressourcennamen *Seliger*, so daß das folgende Dialogfeld angezeigt wird:

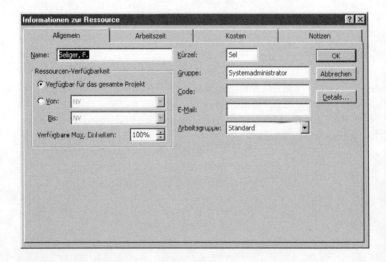

Die Bildschirmwiedergabe macht deutlich, daß neben allgemeinen Informationen die Register *Arbeitszeit* (für das Zuordnen spezieller Arbeitszeiten), *Kosten* sowie *Notizen* zur Verfügung stehen.
Welche Möglichkeiten das Register *Allgemein* noch bietet, sei nun kurz erläutert:

Ressourcenverfügbarkeit einschränken
Grundsätzlich ordnet *Project* eine Ressource so zu, daß sie zu 100% während der gesamten Projektlaufzeit zur Verfügung steht. Das ist jedoch in der Praxis nicht unbedingt der Fall. So werden Mitarbeiter aus der Fachabteilung oft nur zu einem bestimmten Prozentsatz ihrer Tätigkeit für ein DV-Projekt freigestellt, den Rest der Zeit müssen sie weiterhin in der Fachabteilung tätig sein.

Auf zweierlei Weise kann die Ressourcenverfügbarkeit eingeschränkt werden:
- In den Feldern *Von* und *Bis* des Dialogfeldes *Informationen zur Ressource* können Anfangs- und Endtermine eingegeben/ausgewählt werden und damit ein Terminbereich festgelegt werden, in dem die Ressourcen für das Projekt zur Verfügung stehen. Würden Sie später eine Ressource einem Vorgang zuordnen, der zeitlich außerhalb dieses eingeschränkten Terminbereichs liegt, zeigt das Programm eine Überlastung der Ressource an.
- Durch Eingabe eines Prozentsatzes im Feld *Verfügbare max. Einheiten* kann bestimmt werden, in welchem Umfang eine Ressource für das Projekt zur Verfügung steht. Soll eine Person beispielsweise nur 30% ihrer Arbeitszeit dem Projekt zur Verfügung stellen, ist der Wert 30 einzutragen. Andererseits können auch höhere Werte als 100 eingetragen werden, wenn beispielsweise auch Überstunden möglich sein sollen oder eine Ressource in größerer Anzahl zur Verfügung steht.

Arbeitsgruppeninformationen eintragen
Project bietet die Möglichkeit, **Ressourcenuntergruppen** mit einem eigenen Namen zu erstellen. Diese Zusammenfassung ist sinnvoll, wenn
- Fachkräfte gleicher Art am gleichen Vorgang arbeiten oder
- Ressourcen vorhanden sind, die die gleichen Qualifikationen und Eigenschaften haben.

Beispiele in einem DV-Projekt sind Programmierer oder Organisatoren. Diese können dann in einem Schritt einem Vorgang zugeordnet werden (bzw. es können Filterungen oder Berichte für jede Ressourcenuntergruppe erstellt werden).

Um eine Ressourcenuntergruppe anzulegen, wählen Sie für die Tabelle *Eingabe* die Ansicht **Ressource: Tabelle** und gehen dann in folgender Weise vor:

1. Geben Sie den Namen der Ressourcengruppe im Feld *Ressourcenname* ein.
2. Geben Sie im Feld *Max. Einh.* die zutreffende Zahl ein. Dies ist meist ein Vielfaches von 100 Prozent. Für eine Ressourcengruppe, die vier Programmierer umfaßt, könnte etwa im Feld *Max. Einh.* der Wert 400 Prozent eingetragen werden.

Im Feld *Arbeitsgruppe* können Sie außerdem die Kommunikationsart für eine Arbeitsgruppe festlegen. Neben *Standard* stehen die Varianten *E-Mail* und *Web* zur Wahl.

Hinweise:
- Im Beispielfall wird zunächst nicht mit Ressourcengruppen gearbeitet. Dies können Sie aber mit dem Übungsfall am Schluß dieses Kapitels testen.
- Nutzen werden Sie das Arbeiten mit dem zuvor beschriebenen Dialogfeld, wenn Sie detailliertere Informationen zu einer Ressource eingeben oder wenn Sie eine Bearbeitung von Ressourcendaten vornehmen wollen.

3.3 Arbeitszeiten den Ressourcen zuordnen

Mit *Project* lassen sich spezifische Kalenderinformationen für einzelne Ressourcen berücksichtigen. So können Sie über einen Kalender Arbeitstage bzw. Arbeitszeiten für bestimmte Ressourcen eintragen und diese bei der Projektplanung zu berücksichtigen.

Wichtig ist, in diesem Zusammenhang noch einmal darauf hinzuweisen, daß in *Project* drei Arten von Kalendern möglich sind:
- **Standard-Projektkalender:** Der generelle Projektkalender, der bereits im ersten Kapitel des Buches besprochen wurde, nimmt die

grundsätzlichen Arbeitszeiten für alle Projektmitarbeiter sowie die arbeitsfreien Tage (etwa Feiertage, die für alle Personen gelten) auf.

- **Ressourcenkalender:** Diese Kalenderart ermöglicht die Angabe von Arbeitszeiten und Arbeitstagen für eine bestimmte Ressource. Damit können beispielsweise Urlaubskalender einzelner Personen berücksichtigt werden.
- **Spezifische Basiskalender:** Existieren Ressourcengruppen, so können diese einen besonderen Kalender erhalten.

Der **Standardkalender** für ein Projekt ist der Kalender mit der Bezeichnung **Standard**. Er wird beim Erstellen eines Projektplans dem Projekt automatisch zugewiesen. Beachten Sie: Wenn Sie Änderungen an diesem Kalender vornehmen, wirken sich die neuen Angaben automatisch auf die darauf basierenden Ressourcenkalender aus. Dies hat zur Konsequenz, daß Sie am besten den zutreffenden Standardkalender ändern, wenn Sie für alle an einem Projekt beteiligten Ressourcen einen Feiertag als arbeitsfrei kennzeichnen möchten.

Die Möglichkeiten eines **Ressourcenkalenders** werden deutlich, wenn Sie im Dialogfeld *Informationen zur Ressource* die Registerkarte *Arbeitszeit* anklicken:

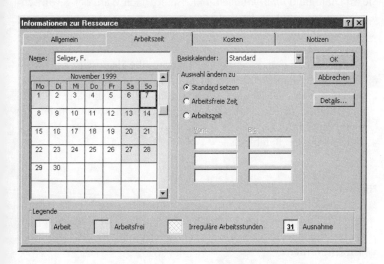

Die Abbildung beweist: Eine neu angelegte Ressource verwendet automatisch den Standardkalender als Standard-Basiskalender für diese Ressource. So wird in dem angezeigten Kalender der Ressource «Seliger» am Montag, den 1.11.1999 bereits – wie standardmäßig festgelegt – ein arbeitsfreier Tag deklariert. Ergänzend könnte es zwei Anlässe geben, um nun einen besonderen Ressourcenkalender für die Ressource «Seliger» anzulegen:

- Weichen die Arbeitspläne der Ressourcen voneinander ab, bietet es sich an, für diese Personen eigene Kalender zu erstellen; beispielsweise die Urlaubsdaten für die jeweilige Ressource festzuhalten.
- Mit zusätzlichen Ressourcenkalendern lassen sich die individuellen Arbeitszeiten (etwa auch Teilzeiten und Schichtdienst) berücksichtigen.

> **Beispielaufgabe:** Sie wollen für die Ressource «Seliger» zusätzlich festlegen, daß dieser Projektmitarbeiter vom 21.02.2000 bis zum 25.02.2000 Urlaub hat.

Um einen Arbeitszeitenkalender für eine Ressource zu ändern, gehen Sie im Dialogfeld *Informationen zur Ressource* nach Wahl der gewünschten Ressource in folgender Weise vor:

1. Aktivieren Sie für die Ressource (hier für den Mitarbeiter «Seliger») das Register *Arbeitszeit*.
2. Wählen Sie in dem Kalender die Tage aus, die Sie ändern wollen.
3. Zur Änderung klicken Sie je nach Bedarf auf die Varianten *Standard setzen*, *Arbeitsfreie Zeit* oder *Arbeitszeit*. Im Beispielfall wählen Sie die Variante *Arbeitsfreie Zeit* für die Woche aus. Gewünschte Einstellung siehe Abbildung Seite 97.
4. Führen Sie den Befehl aus.

Hinweise:
- Der Ressourcenkalender funktioniert ähnlich dem bereits besprochenen Projektkalender. Arbeitszeitänderungen werden nach Markieren des gewünschten Tages und Änderung im Bereich *Arbeitszeit* vorgenommen.
- Testen Sie die Auswirkungen von Angaben in einem speziellen Ressourcenkalender, nachdem Sie die Ressourcen einzelnen Vorgängen

Arbeitszeiten den Ressourcen zuordnen 97

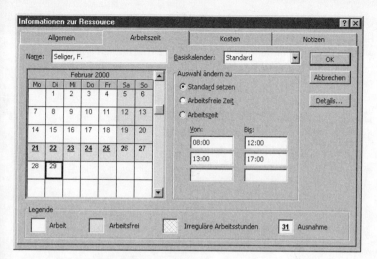

zugeordnet haben. Ein Ressourceneinsatz in der arbeitsfreien Zeit ist dann nicht möglich.

Zugriff auf Adreßbuchinformationen für einzelne Ressourcen:

Sie haben auch die Möglichkeit, auf Adreßbuchinformationen einer Ressource zuzugreifen, die beispielsweise in *Outlook* gespeichert sind. Dazu gehen Sie im Dialogfeld nach Wahl der gewünschten Ressource in folgender Weise vor:

1. Aktivieren Sie das Register *Arbeitszeit*.
2. Klicken Sie auf die Schaltfläche [Details]. Ergebnis:

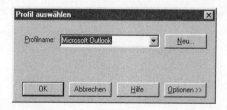

3. Wählen Sie unter Umständen das gewünschte Profil aus.

Um dies einmal genauer zu testen, können Sie (wenn Sie Outlook verfügbar haben) einmal einen neuen Namen erfassen (im Beispielfall wird der eigene Name, hier Tiemeyer, erfaßt). Danach wird im Dialogfeld *Informationen zur Ressource* auf die Schaltfläche [Details] geklickt. Sie sehen nun das folgende Dialogfeld:

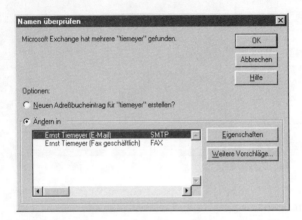

Durch Klicken auf die Schaltfläche [Eigenschaften] haben Sie unmittelbar Zugriff auf die Outlook-Daten, so daß eine vollständige Integration möglich ist:

Notizen den Ressourcen zuordnen

Hintergrundinformationen zu einzelnen Ressourcen stellen für die Projektleitung eine weitere Hilfe dar. Klicken Sie für die Eingabe von Notizen zu ausgewählten Ressourcen auf die entsprechende Registerkarte *Notizen*:

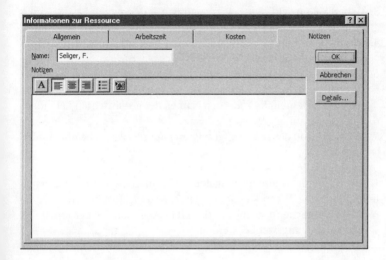

Sie können jetzt unmittelbar einen Notiztext eingeben.

Hinweis: Die Registerkarte *Kosten* wird im nächsten Kapitel bei der Thematik «Kostenmanagement» erläutert.

Basiskalender für eine Gruppe von Ressourcen erstellen

Durch die Zusammenfassung von Ressourcen zu Ressourcengruppen lassen sich Planungen häufig gezielter und zeitsparender vornehmen. So können Sie beispielsweise einen Basiskalender für eine Gruppe von Ressourcen erstellen, die alle die gleichen Arbeitsstunden und freien Tage haben. Gehen Sie in folgender Weise vor:
1. Wählen Sie im Menü **Extras** den Befehl **Arbeitszeit ändern**.
2. Klicken Sie auf die Schaltfläche [Neu]. Ergebnis:

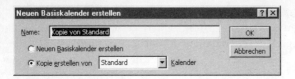

3. Geben Sie im Feld *Name* einen Namen für den neuen Basiskalender ein.
4. Wenn Sie mit einem Standardkalender beginnen möchten, klicken Sie auf das Optionsfeld *Neuen Basiskalender erstellen*.
5. Soll der neue Kalender basierend auf einem vorhandenen Kalender erzeugt werden, klicken Sie auf *Kopie erstellen von*. Wählen Sie danach im Listenfeld *Kalender* den Namen des gewünschten Kalenders.
6. Klicken Sie auf OK.
7. Wählen Sie in dem dann angezeigten Kalender die zu bearbeitenden Tage aus.

Hinweis: Wenn Sie einen Basiskalender für mehrere Ressourcen erstellen, müssen Sie diesen Kalender jeder Ressource einzeln zuweisen, damit die entsprechenden Informationen bei der Planung der Arbeit dieser Ressourcen angewendet werden.

Merke: Bei der Eingabe einer Ressource lassen sich in *Project* folgende Daten berücksichtigen:
- **allgemeine Daten zu den Ressourcen** (wobei es sich um eine Person, eine Gruppe «austauschbarer» Personen, um ein Gerät oder um eine Maschine handeln kann),
- **maximal verfügbare Kapazität** (= die Zeit, für die eine Ressource pro Tag maximal für die Arbeit eingesetzt werden kann),
- **Kosten** (normal, Überstunden, Einsatzkosten).

3.4 Ressourcen den einzelnen Vorgängen zuordnen

Die Einsatzplanung für Ressourcen (beispielsweise die Planung des Personaleinsatzes) ist die Grundlage für die erfolgreiche Durchführung des Projekts. Im Grunde geht es darum, nach geeigneten Personen und einzusetzenden Sachmitteln für die ermittelten Projektaufgaben zu suchen. Ergänzend ist natürlich auch den mittelbaren Aufgaben der Personalführung und der Koordination mit der Stammorganisation Rechnung zu tragen.

Vorteile der Ressourcenzuordnung
Die Vorgänge eines Projektes erfordern Ressourcen zur Erledigung der anfallenden Arbeiten; beispielsweise Personen, die die Arbeiten durchführen, oder Ausrüstungsgegenstande. Sind die Rahmendaten zu den einzelnen Ressourcen erfaßt, können diese den verschiedenen Vorgängen zugeordnet werden. Diese Zuordnung von Ressourcen hat folgende **Vorteile:**

- Die Vorgänge des Projektes lassen sich präziser terminieren. Der Terminplan spiegelt damit die tatsächlichen Gegebenheiten eher wider.
- Durch die Zuordnung von Ressourcen ist erkennbar, wer für einen Vorgang verantwortlich ist.
- Für die Planungsphase können Arbeitsauslastungen beobachtet werden, und die Projektleitung kann daraufhin gezielt reagieren. So läßt sich durch andere Zuteilungen verhindern, daß bestimmte Ressourcen überlastet sind.
- Die Voraussetzungen für eine Kostenüberwachung des Projektes sind nun gegeben. Mit der Zuordnung von Ressourcen können die Vorgangs- und Ressourcenkosten für das Projekt automatisch ermittelt und einfach aktualisiert werden.
- Die Zuordnung von Ressourcen ermöglicht es, Terminvariationen für das gesamte Projekt gezielt zu steuern. So können Beschleunigungen im Projekt durch zusätzliche Zuordnung von Ressourcen erreicht werden. Außerdem lassen sich Leerlaufzeiten ausgleichen, indem Ressourcen aus dem Projekt entfernt und einem anderen Projekt zugeordnet werden.

Mögliche Wirkungen der Ressourcenzuordnung

Wichtig für das Verständnis des Ressourcenmanagements mit *Project* ist die Kenntnis, welche Auswirkungen sich für die Zeitplanung ergeben. Zu unterscheiden sind drei **Säulen der Vorgangsplanung**:

Einflußfaktoren	Erläuterung
Arbeit	Leistung, die eine Ressource für einen Vorgang erbringen muß (Arbeitsumfang gemessen in Zeiteinheiten)
Dauer	Zeitraum zwischen dem Anfang und dem Ende eines Vorganges
Ressourcen	Personen bzw. Sachmittel, die die Arbeit an einem Vorgang ausführen

In der Regel geben Sie in *Project* Werte für zwei dieser Faktoren ein, der dritte Wert wird daraufhin vom Programm automatisch berechnet.

Die entscheidende Frage, die Sie **unbedingt** vor Inangriffnahme des Ressourcenmanagements beantworten müssen, ist die Wahl des **Berechnungsverfahrens**:

- **Leistungsgesteuerte Terminplanung:** Diese Standard-Planungsmethode von *Project* orientiert sich an *Manntagen* (besser *Personentagen*). Das Zuordnen einer bestimmten Anzahl von Ressourcen wirkt sich unmittelbar auf die Dauer eines Vorganges aus. Die Dauer eines Vorganges verkürzt sich, wenn Sie einem Vorgang weitere Ressourcen hinzufügen.

- **Arbeitsvorgänge mit fester Dauer:** Sie können für alle oder für ausgewählte Vorgänge eine feste Dauer vorgeben. Dieses Verfahren orientiert sich an *Arbeitstagen*. In diesem Fall würde sich bei Zuordnung von mehr oder weniger Ressourcen die für einen Vorgang erforderliche/zu leistende Arbeit (= Arbeitsaufwand) verändern.

Wichtig: Im folgenden soll zunächst die Methodik erläutert werden, die von einer festen Dauer der Vorgänge ausgeht. Prüfen Sie vor der Realisierung, ob die Berechnungsmethode für die einzelnen **Vorgänge auf feste Dauer** eingestellt ist. Dies ist ja standardmäßig nicht der Fall.

Markieren Sie deshalb alle Vorgänge des geplanten Projektes, und wählen Sie aus dem Menü **Projekt** den Befehl **Informationen zum**

Ressourcen den einzelnen Vorgängen zuordnen 103

Vorgang. Nehmen Sie die Umstellung auf feste Dauer im Register *Spezial* vor:

Sind die Voraussetzungen für die Berechnung eingestellt, können Sie die Ressourcenzuordnung vornehmen.

> Ausgangsbeispiel: «**Ressourcenzuweisung zu Vorgängen**»
>
> Für die einzelnen Vorgänge ist folgender Personalbedarf anzusetzen (dabei soll von Arbeitsvorgängen mit fester Dauer ausgegangen werden):
>
> | Nr. | Vorgangsbezeichnung | Personalbedarf |
> |---|---|---|
> | 2 | Grobe Vorstudie | U-Leitung (Dr. Müller) 8 h |
> | | | DV-Leitung (K. Meier) 40 h |
> | | | DV-Organisator (K. Chrobber) 20 h |
> | 3 | Ist-Analyse | Personalwesen (E. Tieme) 1 w |
> | | | Finanzabteilung (T. Mahler) 1 w |
> | | | Controlling (H. Schwinning) 1 w |
> | | | Materialwirtschaft (M. Heinzje) 1 w |
> | | | DV-Leitung (K. Meier) 2 w |
> | | | DV-Organisator (K. Chrobber) 4 w |
> | 4 | Pflichtenhefterstellung | DV-Leitung (K. Meier) 1 w |
> | | | DV-Organisator (K. Chrobber) 2 w |
> | 5 | Auftragserteilung | DV-Leitung (K. Meier) 3 w |
> | | | DV-Organisator (K. Chrobber) 3 w |

Nr.	Vorgangsbezeichnung	Personalbedarf
8	Entwurf «Geschäftsprozesse»	Programmierer (D. Fix) 2 w
		DV-Organisator (K. Chrobber) 3 w
		DV-Leiter (K. Meier) 1 w
		Personalwesen (E. Tieme) 1 w
		Finanzabteilung (T. Mahler) 1 w
		Controlling (H. Schwinning) 1 w
		Materialwirtschaft (M. Heinzje) 1 w
9	Datenmodellierung	DV-Organisator (K. Chrobber) 1 w
		Programmierer (D. Fix) 3 w
		Programmierer (I. Mentor) 3 w
10	Entwurf «Organisationsstruktur»	DV-Organisator (K. Chrobber) 40 h
11	Entwurf «Schnittstellen»	DV-Organisator (K. Chrobber) 3 w
		Controlling (H. Schwinning) 1 w
		Materialwirtschaft (M. Heinzje) 1 w
12	Infrastruktur-Planung	DV-Leitung (K. Meier) 3 w
		Systemadministrator (K. Müller) 1 w
		Systemadministrator (F. Seliger) 1 w
		DV-Organisator (K. Chrobber) 2 w
13	Entscheidungssitzung	DV-Leitung (K. Meier) 1 t
		Systemadministrator (K. Müller) 1 t
		Systemadministrator (F. Seliger) 1 t
		DV-Organisator (K. Chrobber) 1 t
		Programmierer (D. Fix) 1 t
		Programmierer (I. Mentor) 1 t
15	Anpassung Finanzwesen	DV-Leitung (K. Meier) 1 w
		DV-Organisator (K. Chrobber) 2 w
		Programmierer (D. Fix) 2 w
		Programmierer (I. Mentor) 2 w
		Finanzabteilung (T. Mahler) 4 w
16	Anpassung Controlling	DV-Leitung (K. Meier) 1 w
		DV-Organisator (K. Chrobber) 3 w
		Programmierer (D. Fix) 2 w
		Programmierer (I. Mentor) 2 w
		Controlling (H. Schwinning) 4 w
17	Anpassung Personalwirtschaft	DV-Leitung (K. Meier) 1 w
		DV-Organisator (K. Chrobber) 3 w

Nr.	Vorgangsbezeichnung	Personalbedarf
		Programmierer (F. Schlau) 2 w
		Programmierer (I. Mentor) 2 w
		Personalwesen (E. Tieme) 4 w
18	Anpassung Materialwirtschaft	DV-Leitung (K. Meier) 1 w
		DV-Organisator (K. Chrobber) 3 w
		Programmierer (D. Fix) 2 w
		Programmierer (F. Schlau) 2 w
		Materialwirtschaft (M. Heinzje) 8 w
20	Anlageninstallation	DV-Techniker (K. Meiler) 3 w
		DV-Techniker (F. Bunger) 2 w
		Elektroniker (X. Elektra) 1 w
		Elektroniker (K. Installo) 1 w
21	Datenübernahmen	Programmierer (I. Mentor) 2 w
		Programmierer (F. Schlau) 2 w
		DV-Organisator (K. Chrobber) 2 w
22	Vorbereitung RZ-Betrieb	Systemadministrator (K. Müller) 2 w
		Systemadministrator (F. Seliger) 1 w
23	Programminstallation und Abnahme	Programmierer (I. Mentor) 2 w
		Programmierer (F. Schlau) 2 w
25	Personalausbildung	DV-Trainer (K. Kaufmann) 4 w
26	Personaleinweisung	DV-Trainer (K. Kaufmann) 1 w
27	Produktivstart	Systemadministrator (F. Seliger) 1 w
		Programmierer (F. Schlau) 2 t
		DV-Organisator (K. Chrobber) 3 t
		DV-Leitung (K. Meier) 1 t

■ **Handlungsanweisung «Ressourcen zuordnen»:**
Um eine Ressource einem Vorgang zuzuordnen, müssen Sie in folgender Weise vorgehen:
1. Aktivieren Sie das Menü **Ansicht**, und wählen Sie den Befehl **Balkendiagramm (Gantt)**, oder klicken Sie auf der Ansichtsleiste auf *Balkendiagramm (Gantt)*.
2. Markieren Sie die Zeile (z. B. für «Grobe Vorstudie»), und klicken Sie doppelt.

3. Aktivieren Sie das Register *Ressourcen*.
4. Nehmen Sie die Eintragungen der Reihe nach vor.

Für den ersten Vorgang kann die Maske folgendes Aussehen haben, wenn Sie die gewünschten Ressourcen zugeordnet haben:

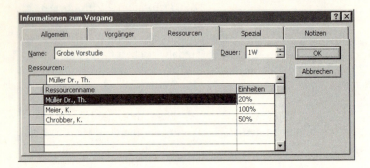

Hinweis: Bei der Angabe des Ressourcennamens kann zunächst eine Auswahl erfolgen.

Nach der Zuordnung sämtlicher Ressourcendaten ergibt sich die folgende Bildschirmanzeige in der Balkendiagramm-Darstellung:

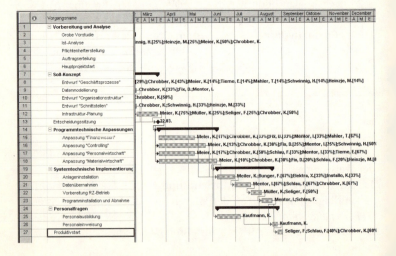

Hinweise:
- Sie können für Vorgänge mehrere Ressourcen zuweisen.
- Wenn die Ressource, die Sie einem Vorgang zuordnen wollen, nicht bereits in der Liste enthalten ist, gibt es eine einfache Möglichkeit. Geben Sie den Namen der gewünschten Ressource im Feld *Name* direkt ein.
- Es ist möglich, eine Ressource mit einem bestimmten Prozentsatz (= Teilzeitarbeit) oder Überstunden zuzuordnen.

Über Wahl der Befehlsfolge **Format/Balken** können Sie eine Formatierung der Balkenanzeige vornehmen, die auch die Ressourcen betrifft:

3.5 Ressourcenauswertungen

Als Berechnungsfunktion im Rahmen der Ressourcenverwaltung ist in der Regel zunächst eine **Ressourcensummierung** erwünscht. Mit dieser Berechnung bekommen Sie eine Angabe darüber, wieviel Ressourcen welcher Art insgesamt für das Projekt aufzuwenden sind. Es handelt sich dabei also um eine reine Addition der für die einzelnen Aktivitäten verbrauchten Ressourcen. Des weiteren kann eine **automatische Sicherung eines Kapazitätsausgleiches** wünschenswert sein.

3.5.1 Ressourceneinsatz anzeigen

Für die Planung des Ressourceneinsatzes bzw. für die Kommunikation mit den Projektmitgliedern ist eine Übersicht von Interesse, die anzeigt, mit wie vielen Einheiten die Ressourcen zu welchem Zeitpunkt eingeplant sind.

Hierzu ist aus dem Menü **Ansicht** der Befehl **Ressource: Einsatz** aufzurufen. Ergebnis: Angezeigt wird der aktuelle Stand zu den erfaßten Ressourcen. Sie können die Anzeige der Zeitskala nach Ihren Wünschen variieren. Beispiel:

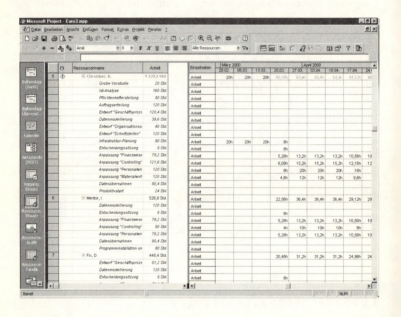

Die Abbildung macht deutlich, daß Sie nun eine Anzeige der monatlichen, wöchentlichen oder täglichen Darstellung der Arbeitszeit je Ressource erhalten.

Welchen Nutzen bietet diese Anzeige?

- Sie erhalten einen Überblick darüber, welche Ressourcen zu einem bestimmten Zeitpunkt noch freie Kapazitäten haben. So läßt sich beispielsweise herausfinden, wer noch zusätzlich einsetzbar ist, wenn bei einem Vorgang ein besonderer Bedarf besteht.

- Durch den Aufruf der Darstellung kann bei freien Mitarbeitern eher sichergestellt werden, daß eine optimale Auslastung dieser Ressourcen erreicht wird.

Eine Variante stellt die vorgangsbezogene Anzeige von Ressourcen dar. Dazu gehen Sie folgendermaßen vor:
1. Aktivieren Sie das Menü **Ansicht**.
2. Wählen Sie den Befehl **Vorgang: Einsatz**, oder klicken Sie auf der Ansichtsleiste auf *Vorgang: Einsatz*.
3. Lassen Sie sich über die Befehlsfolge **Format/Zeitskala** die Grafik so darstellen, daß sich die folgende Anzeige ergibt:

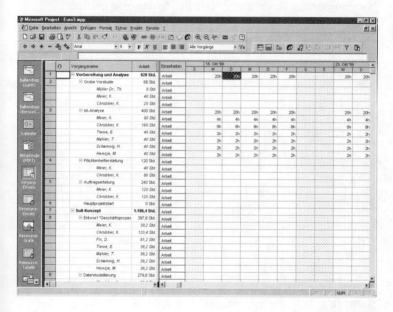

3.5.2 Ressourcenbezogene Auslastung anzeigen

Das Programm *Project* kann den Projektplaner auch automatisch auf Problemfelder hinweisen, etwa auf zu einem bestimmten Termin mehrfach eingeplante Arbeitskräfte oder Maschinen (**Hinweis auf Ressourcenkonflikte**). Sobald nun das Kapazitätslimit erreicht wird, zeigt dies das System automatisch an. Der Projektplaner kann so direkt reagieren.

Weiterhin vorhanden ist eine **Integration der Ressourcenplanung zur Zeitplanung**. Da für jede Ressource ein eigener Kalender benutzt werden kann, ermöglicht dies sowohl die **Aufnahme ressourcenbedingter Ausfallzeiten** als auch die **Berücksichtigung individueller Abweichungen** (z. B. 7 Stunden freitags anstatt der normalen 8 für die übrigen Wochentage). Auch besteht die Möglichkeit, die **Auslastung der Ressourcen im zeitlichen Zusammenhang** darzustellen.

Im Rahmen der Ressourcenverwaltung werden deshalb weitere Anzeigefunktionen benötigt. Hierzu gehören der **Ausweis der Über- oder Unterauslastung** sowie **die Anzeige des Auslastungsgrades**.

Sind alle Ressourcen zugeordnet, sollten Sie beispielsweise wieder das Ressourcenblatt aktivieren (etwa aus dem Menü **Ansicht** den Befehl **Ressource: Tabelle** wählen), das die Ressourcenliste enthält. Im Beispielfall hat diese Liste folgendes Aussehen:

	Ressourcenname	Kürzel	Gruppe	Max. Einh.	Standardsatz	Überstd.-Satz	Kosten/Einsatz	Fällig am	Basiskalender
1	Müller Dr., Th.	M	U-Leitung	100%	240.000,00 DM/Jahr	0,00 DM/Std.	0,00 DM	Anteilig	Standard
2	Meier, K.	Mei1	DV-Leitung	100%	0,00 DM/Std.	0,00 DM/Std.	0,00 DM	Anteilig	Standard
3	Müller, K.	Mü2	Systemadministrator	100%	0,00 DM/Std.	0,00 DM/Std.	0,00 DM	Anteilig	Standard
4	Seliger, F.	S	Systemadministrator	100%	0,00 DM/Std.	0,00 DM/Std.	0,00 DM	Anteilig	Standard
5	Chrobber, K.	Chro	DV-Organisator	100%	0,00 DM/Std.	0,00 DM/Std.	0,00 DM	Anteilig	Standard
6	Mentor, I.	Men	Programmierer	100%	0,00 DM/Std.	0,00 DM/Std.	0,00 DM	Anteilig	Standard
7	Fix, D.	Fix	Programmierer	100%	0,00 DM/Std.	0,00 DM/Std.	0,00 DM	Anteilig	Standard
8	Schlau, F.	Schl	Programmierer	100%	0,00 DM/Std.	0,00 DM/Std.	0,00 DM	Anteilig	Standard
9	Kaufmann, K.	Kau	DV-Trainer	100%	0,00 DM/Std.	0,00 DM/Std.	0,00 DM	Anteilig	Standard
10	Elektra, X.	Ele	Elektroniker	100%	0,00 DM/Std.	0,00 DM/Std.	0,00 DM	Anteilig	Standard
11	Installo, K.	Ins	Elektroniker	100%	0,00 DM/Std.	0,00 DM/Std.	0,00 DM	Anteilig	Standard
12	Meiler, K.	Mei2	DV-Techniker	100%	0,00 DM/Std.	0,00 DM/Std.	0,00 DM	Anteilig	Standard
13	Bunger, F.	Bun	DV-Techniker	100%	0,00 DM/Std.	0,00 DM/Std.	0,00 DM	Anteilig	Standard
14	Tieme, E.	Tie	Personalwesen	100%	0,00 DM/Std.	0,00 DM/Std.	0,00 DM	Anteilig	Standard
15	Mahler, T.	Ma	Finanzabteilung	100%	0,00 DM/Std.	0,00 DM/Std.	0,00 DM	Anteilig	Standard
16	Schwinnig, H.	Schw	Controlling	100%	0,00 DM/Std.	0,00 DM/Std.	0,00 DM	Anteilig	Standard
17	Heinzje, M.	Hei	Materialwirtschaft	100%	0,00 DM/Std.	0,00 DM/Std.	0,00 DM	Anteilig	Standard

Wenn Sie die gleichen Daten eingegeben haben, wie dies in der Aufgabenstellung beschrieben war, müßte sich die gleiche Anzeige ergeben. Sie macht deutlich, daß es sich bei der Ressource «Chrobber, K.» um eine kritische Ressource handelt, da diese rot dargestellt ist. In der Informationsspalte ist bei der kritischen Ressource zusätzlich ein Hinweissymbol eingefügt.

Um noch detailliertere Informationen zu gewinnen, kann die **grafische Auswertungsfunktion** von *Project* genutzt werden. So besteht die Möglichkeit, die Nutzung einzelner Ressourcen grafisch in Form eines Balkendiagramms darzustellen:

- Dabei werden die jeweiligen Ressourcen mit der Zeit auf der x-Achse und mit der Auslastung auf der y-Achse dargestellt.
- Die Kapazitätsgrenze wird durch eine horizontale Linie dargestellt.
- Gleichzeitig werden in einem gesonderten Bildschirmteil alle Aufgaben angezeigt, zu denen das jeweilige Einsatzmittel im dargestellten Zeitraum zugeordnet ist. Überbelegungen lassen sich somit unmittelbar erkennen.

Ausgangsbeispiel:
- Sie wollen die Auslastung der Person «Seliger» im März ansehen. Stellen Sie dazu die entsprechenden grafischen Anzeigeoptionen ein, indem Sie die Monate von Februar 2000 bis April 2000 betrachten.
- Analysieren Sie danach die Auslastung der Person «Chrobber» für den gleichen Zeitraum.

In *Project* wählen Sie zur Lösung des Problems aus dem Menü **Ansicht** den Befehl **Ressource: Grafik**. Im einzelnen ist folgendes Vorgehen notwendig:

1. Markieren Sie zunächst die Zeile mit dem Namen «Seliger».
2. Aktivieren Sie dann das Menü **Ansicht**, und wählen Sie den Befehl **Ressource: Grafik**, oder klicken Sie auf der Ansichtsleiste auf *Ressource: Grafik*.
3. Lassen Sie sich über die Befehlsfolge **Format/Zeitskala** die Grafik so darstellen, daß sich die Anzeige wie in Abbildung S. 112 oben ergibt.

Die Abbildung macht deutlich, daß die Person Seliger in den ersten drei Wochen zu 25% im Projekt eingesetzt wird. In der Woche ab dem 20.3.2000 ist sie zu 100% eingesetzt.

Betrachten Sie jetzt einmal die Person, für die sich eine Überbelastung ergibt. Markieren Sie zunächst den Namen «Chrobber», und gehen Sie danach in gleicher Weise vor wie zuvor beschrieben. Sie können allerdings auch unmittelbar über die Symbolleiste aus dem Listenfeld «Alle Ressourcen» die Variante «Überlastete Ressourcen» auswählen.

Wenn Sie den Zeitraum zwischen Februar und April 2000 betrachten, sehen Sie die Grafik wie auf Seite 112 unten.

112 Ressourcen planen

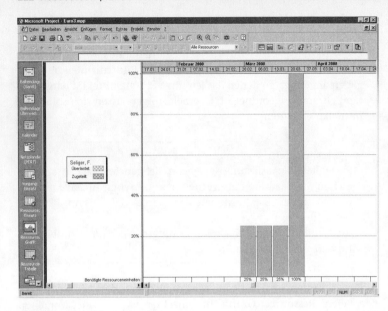

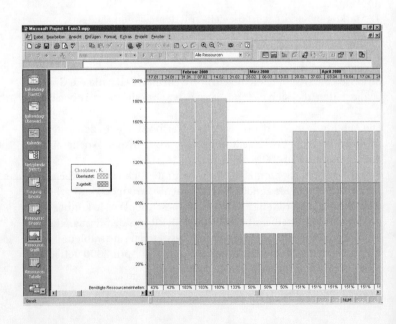

Nun wird deutlich, wann und in welchem Ausmaß eine Überlastung vorliegt. Der Bereich, in dem eine Überlastung vorliegt, wird statt blau in roter Farbe angezeigt.

3.6 Variante «leistungsgesteuerte Termin- und Ressourcenplanung»

Als Alternative zu der bisherigen Planungsmethodik sollen Sie jetzt auch die Planungsmethode ohne fester Dauer testen. Dann müssen Sie natürlich ganz andere Planungsgrundsätze berücksichtigen.

> **Ausgangsbeispiel:**
> - Gehen Sie wieder von der Beispieldatei «Euro2b.MPP» aus!
> - Sie wollen das Projekt jetzt so planen, daß sich die Dauer eines Vorgangs automatisch verlängert oder verkürzt, wenn einem Vorgang weitere Mitarbeiter zugeordnet oder Mitarbeiter abgezogen werden.

Berechnungsmethode auf ressourcengesteuerte Berechnung einstellen

Die Methodik «leistungsgesteuerte Ressourcenplanung» ist der Standard für die Ressourcenzuordnung in *Project 98*. Um wieder auf die ressourcengesteuerte Berechnungsmethode zu kommen, gehen Sie in folgender Weise vor:

1. Markieren Sie alle Vorgänge des geplanten Projektes.
2. Wählen Sie aus dem Menü **Projekt** den Befehl **Informationen zum Vorgang**. Nehmen Sie die Umstellung auf *Feste Einheiten* im Register *Spezial* vor, so daß das Optionsfeld *Leistungsgesteuert* eingestellt wird.

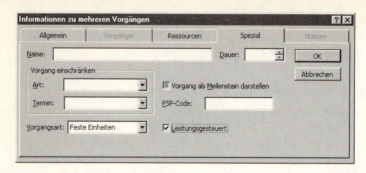

Sind die Voraussetzungen für die Berechnung eingestellt, können Sie die Ressourcenzuordnung durchführen. Speichern Sie zunächst als EURO3b.MPP.

Sie sollen jetzt exemplarisch folgende Ressourceneinstellungen vornehmen.

Nr.	Vorgangsbezeichnung	Personalbedarf
2	Grobe Vorstudie	U-Leitung (Dr. Müller) 8 h
		DV-Leitung (K. Meier) 40 h
		DV-Organisator (K. Chrobber) 20 h
3	Ist-Analyse	Personalwesen (E. Tieme) 1 w
		Finanzabteilung (T. Mahler) 1 w
		Controlling (H. Schwinning) 1 w
		Materialwirtschaft (M. Heinzje) 1 w
		DV-Leitung (K. Meier) 2 w

Handlungsanweisung «Ressourcen zuordnen»:

1. Aktivieren Sie zunächst das Menü **Ansicht**, und wählen Sie dann den Befehl **Balkendiagramm (Gantt)**, oder klicken Sie auf der Ansichtsleiste auf *Balkendiagramm (Gantt)*.
2. Wählen Sie im Feld *Vorgangsname* den Vorgang, dem Sie eine oder mehrere Ressourcen zuordnen möchten.
3. Klicken Sie in der Symbolleiste auf das Symbol für «Ressourcen zuordnen» . Im Falle des 1. Vorganges ergibt sich die folgende Bildschirmanzeige:

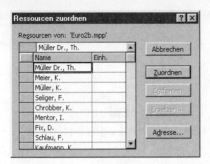

4. Wählen Sie in der Spalte *Name* die Ressource, die Sie dem Vorgang zuordnen möchten, beispielsweise Dr. Müller.
5. Klicken Sie auf die Schaltfläche [Zuordnen].
6. Stellen Sie die gewünschten Leistungseinheiten ein, beispielsweise bei Dr. Müller von 8h.
7. Ordnen Sie dann eine weitere Ressource zu, beispielsweise K. Meier (= DV-Leitung).

Ergebnis: Ein Häkchen links neben dem Feld *Name* deutet darauf hin, daß die jeweilige Ressource dem gewählten Vorgang zugeordnet wurde.

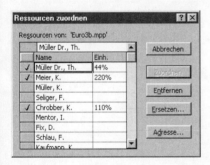

Eine Analyse der Konsequenzen zeigt, daß sich die Dauer nun für die beiden Testvorgänge geändert hat: sie ist jetzt bedeutend reduziert worden:

3.7 Übungsbeispiel: Ressourcenplanung für das Projekt «Bau einer Lagerhalle»

Aufgabe: «Eingabe und Planung der Ressourcen»

Im Projekt «Bau einer Lagerhalle» möchte der Projektleiter nicht nur die Zeiten, sondern auch die Ressourcendaten berücksichtigen. Folgende Daten sind für die Ressourcen einzugeben:

Bezeichnung	Max.	Gruppe
Arbeitsgruppe Arbeitssicherheit	1	
Bau Huber	4	
Beton	1	Material
Fertigungsleitung	1	
Heizungsbau Meier	1	
Projektteam	1	
Sanitär Müller	3	
Schlosserei GmbH	1	
Stahlbau AG	5	
Vermessungsamt	1	

4 Projektkosten planen

Erinnern Sie sich noch an die Eingangsdefinition für ein Projekt zu Beginn des Buches? Ein wesentliches Merkmal für ein Projekt ist die Notwendigkeit eines Budgets. Die Kosten zur Realisierung der Projektziele sind mitunter erheblich. Erfolgreiche Projektarbeit wird deshalb auch daran gemessen, ob es gelingt, die im Verlauf der Projektarbeit anfallenden Projektkosten mit den budgetierten Kosten, also dem Basisplan, in Einklang zu bringen. Überzogene Projektkosten sind zu vermeiden.

Der Einsatz der Projektmanagementsoftware *MS Project* kann wesentlich dazu beitragen, die Kosten für die Projektarbeit gezielter zu planen. Damit ist dann bei der Durchführung des Projektes eine Orientierung gegeben, die eine systematische Kostenüberwachung durch die Projektleitung und das Projektteam ermöglicht.

Die bisher erläuterten Planungselemente (Struktur, Zeit, Ressource) bilden die Basis für eine relativ präzise Kostenplanung mit *MS Project*. Berichte und Analysefunktionen gestatten im Projektverlauf darüber hinaus zahlreiche Auswertungen und geben Orientierung für eventuell notwendige Gegensteuerungsmaßnahmen.

In diesem Kapitel erfahren Sie,
- welche Vorteile die Berücksichtigung von Kosten für das Projektmanagement bietet,
- welche Kosten für eine Projektplanung zu berücksichtigen sind,
- wie Sie mit *MS Project* verschiedene Kostenfaktoren erfassen können (beispielsweise Fixkosten, Vorgangskosten, Kosten von Ressourcen),
- welche Planzahlen und Berechnungen mit den Kostendaten vom Programm vorgenommen werden und
- wie eine Auswertung und Analyse der Kostenplanung erfolgen kann.

4.1 Ausgangssituation und Kostenermittlung

Für die Steuerung eines Projekts sind die anfallenden Kosten ein wesentlicher Faktor. Dazu zwei Hinweise:

- Ohne eine detaillierte Betrachtung der Finanzdaten können die Projektkosten schnell «aus dem Ruder» geraten. Wichtig ist neben einer möglichst exakten Kostenplanung auch die permanente Prüfung der Wirtschaftlichkeit eines Projektes.
- Kosten können zum Teil darüber entscheiden, wie schnell Vorgänge erledigt und wie Ressourcen (etwa Sachmittel und Arbeitskräfte) eingesetzt werden. Steht beispielsweise bei fehlenden Ressourcen ein entsprechendes Budget zur Verfügung, kann etwa für Spezialfragen besonderer Sachverstand von außen «eingekauft» werden.

Welche Vorteile hat eine umfassende Berücksichtigung von Kosten im Rahmen des Projektmanagements?

- Mit einer detaillierten Kostenplanung werden die Voraussetzungen geschaffen, um die Gesamtkosten eines Projektes präzise schätzen zu können. Grundlage sind primär die Kosten der einzelnen Ressourcen, beispielsweise bei Personen die Personalkosten wie Löhne, Gehälter, darüber hinaus die Maschinen- oder Materialkosten. Mit der Zuordnung von Ressourcen zu den Vorgängen eines Projektes ist es möglich, die im Rahmen eines Projektes anfallenden Kosten relativ genau zu schätzen. So lassen sich die erwarteten Gesamtkosten für das Projekt ermitteln und daraufhin ein Kostenbudget erstellen.
- Liegen sämtliche Kostendaten vor, können die Kosten eines jeden Vorganges ebenso wie die Kosten einer bestimmten Ressource ermittelt werden.
- Mit dem Erstellen eines präzisen Budgets ist dem Projektmanagement genau bekannt, wofür Geld ausgegeben wird. Projektleiter können damit die Fälligkeit der Kosten besser steuern, da sie die Zahlungen terminieren können und stets wissen, wann diese fällig sind.
- Im Projektverlauf können die tatsächlich angefallenen Kosten erfaßt und – falls eine genaue Kostenplanung vorliegt – laufend geprüft werden, ob die Kosten des Projekts noch im Limit liegen.
- Für die weitere Projektsteuerung können die mit der Erledigung eines Vorgangs verbundenen Kosten prognostiziert werden, indem man sich die verbleibenden Kosten anzeigen läßt.

> **Beachten Sie:** Wenn Sie an einem Projekt beteiligt sind, in dem es auch wichtig ist zu wissen, wieviel Geld wann ausgegeben wurde, ist es sinnvoll, dem Projektplan Kostendaten hinzuzufügen. Damit lassen sich die Kosten von Personen, Materialien, Geräten, Einrichtungen und anderen Ressourcen überwachen.

Wie berücksichtigt die Projektmanagementsoftware *MS Project* die Kosten?

- Grundsätzlich können fixe Kosten für Vorgänge und Ressourcen (Kosten pro Einsatz einer Ressource) berücksichtigt werden. Darüber hinaus können Ressourcen entsprechend ihrer Mitarbeit am Projekt entlohnt werden bzw. anfallende Kosten (insbesondere Personalkosten) anteilsmäßig verrechnet werden.
- Sollen die Vorgangskosten auf **Personalkosten** (zum Beispiel den Löhnen oder Gehaltssätzen für die Ressourcen) basieren, so werden den Ressourcen reguläre Sätze (Stundenlöhne, Tagessätze, Monatsgehälter) und bei Bedarf auch Sätze für Überstunden zugewiesen. Nach Zuordnung dieser Ressourcen zu einem Vorgang kann *MS-Project* die Kosten für den Vorgang berechnen, indem es die angegebenen Lohn- und Gehaltssätze mit der Dauer des Einsatzes dieser Ressourcen für einen Vorgang multipliziert.
- Um **Materialkosten** auf Basis eines Einheitspreises einzugeben, können Sie einer Materialressource die Kosten pro Einsatz zuweisen. Wenn Sie angeben, wie viele Einheiten eingesetzt werden, berechnet *Project* die Gesamtmaterialkosten, indem es den von Ihnen angegebenen Basiseinheitspreis mit der Anzahl oder dem Prozentsatz der Einheiten multipliziert.
- Darüber hinaus lassen sich **einmalige oder festgesetzte Kosten** einem Vorgang direkt zuweisen. Die Kosten werden dann wie satzbasierte Kosten bei der Berechnung der Gesamtkosten eines Vorgangs zugrunde gelegt.
- *Project* bietet Programmnutzern die Möglichkeit, von jeder beliebigen Stelle des Projekts aus rasch auf **ausgewählte Kostendaten** zuzugreifen. Typische Beispiele sind:
  - Zur Überprüfung der Gesamtkosten oder des Kostenstatus eines Projekts können Sie sich die Kosten pro Projekt anzeigen lassen.
  - Die Gesamtkosten einer Projektphase überprüfen Sie, indem Sie sich die Gesamtkosten von Sammelvorgängen anzeigen lassen.

- Um die Ressourcen- oder Materialkosten eines beliebigen Vorgangs zu ermitteln, lassen Sie sich die Kosten pro Vorgang anzeigen.
- Per Knopfdruck sind außerdem die Gesamkosten einer Ressource aufrufbar, die diese Ressource in dem Projekt verursacht.

> **Merke:** Mit der Berücksichtigung von Kostendaten im Projektplan können Informationen abgerufen werden, in welcher Höhe Kosten anfallen sowie wann und wie die jeweiligen Kosten fällig sind. Im Projektverlauf lassen sich außerdem die bisher angefallenen Kosten erfassen und im Vergleich zu den geplanten Daten analysieren.

4.2 Standardeinstellungen für das Kostenmanagement

Bevor Sie mit der Erfassung von Kostendaten beginnen, sollten Sie einige Grundsatzentscheidungen treffen. Diese betreffen die Art der Anzeige der Kostendaten sowie die Art der Berechnung. Dazu einige Erläuterungen.

Optionen zur Anzeige von Kostendaten festlegen

Wollen Sie festlegen, in welcher Währungseinheit die Planung und die Anzeige von Kostendaten erfolgen soll, müssen Sie aus dem Dialogfeld *Optionen* die Registerkarte *Ansicht* aktivieren.

Öffnen Sie die Beispieldatei «Euro3.MPP», und gehen Sie in folgender Weise vor:

1. Wählen Sie aus dem Menü **Extras** den Befehl **Optionen**.
2. Aktivieren Sie die Registerkarte *Ansicht*. Ergebnis:

Standardeinstellungen für das Kostenmanagement

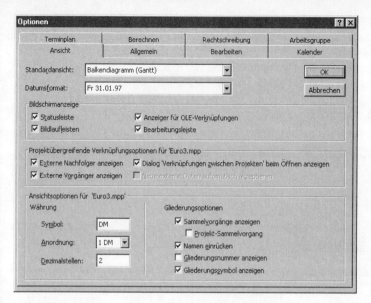

Im Register *Ansicht* können Sie im unteren Bereich drei besondere Festlegungen treffen:

- Die Art des Währungssymbols wird im Feld *Symbol* angezeigt. Standardmäßig ist *DM* eingestellt und kann durch Eingabe eines anderen Kürzels geändert werden.
- Im Feld *Anordnung* ist die Anzeige des Währungssymbols als Suffix eingestellt. Alternativ können Sie die Art der Anordnung (= Position des angezeigten Währungssymbols) im Listenfeld auswählen.
- Im Feld *Dezimalstellen* geben Sie die Anzahl der Stellen ein, die rechts vom Dezimalkomma erlaubt sein soll. Standardmäßig ist die Zahl 2 angegeben.

Hinweis: Gehen Sie sehr sorgfältig bei der Änderung von Währungssymbolen für den Fall vor, daß Sie im Projektplan bereits Kostendaten erfaßt haben und dabei eine bestimmte Währungseinheit zugrunde liegt. Sie sollten deshalb die Entscheidungen über die Einstellung möglichst zu Beginn der Erfassung der Projekt- und Kostendaten treffen.

Optionen zur Berechnung von Kostengrößen festlegen

Um festzulegen, wie bei der Projektplanung die Berechnung mit Kostendaten erfolgen soll, müssen Sie aus dem Dialogfeld *Optionen* die Registerkarte *Berechnen* aktivieren.

So gehen Sie vor:
1. Wählen Sie aus dem Menü **Extras** den Befehl **Optionen**.
2. Aktivieren Sie die Registerkarte *Berechnen*. Ergebnis:

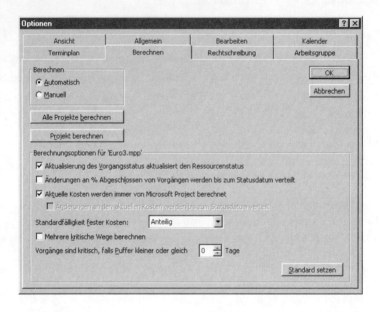

Die Abbildung des Dialogfeldes zeigt, daß *MS Project* standardmäßig automatisch die aktuellen Kosten berechnet. Dies hat vor allem Auswirkungen während der Kostenüberwachung:

- So können Sie bei Aktivierung des Kontrollkästchens *Aktuelle Kosten werden immer von Microsoft Project berechnet* die aktuellen Kosten nur dann angeben, wenn der Vorgang auch tatsächlich abgeschlossen ist.
- Deaktivieren Sie das Kontrollkästchen, so wird automatisch das folgende Kästchen *Änderungen an den aktuellen Kosten werden bis zum Statusdatum verteilt* für eine Aktivierung angeboten.

Außerdem können Sie im darunter befindlichen Listenfeld die *Standardfälligkeit fester Kosten* bei neuen Vorgängen festlegen. Grundsätzlich ist die Option *Anteilig* eingestellt. Dies bedeutet, daß feste Kosten anteilsmäßig entsprechend der Verwendung der Ressourcen verteilt werden. Varianten sind *Anfang* und *Ende*:

- Wenn Sie die Variante *Anfang* auswählen, werden feste Kosten am Anfang eines Vorganges fällig.
- Ist *Ende* eingestellt, bedeutet dies, daß feste Kosten am Ende eines Vorganges fällig werden.

4.3 Kosten für Ressourcen angeben

Project stellt verschiedene Möglichkeiten zur Ermittlung von Projektkosten bereit. Bei vielen Vorgängen konzentriert sich die Kostenfeststellung auf die Ermittlung der Personalkosten oder auf anteilige Materialkosten. Dann ist die Orientierung an den jeweiligen Ressourcen und den von ihnen zu erbringenden Aufwendungen unerläßlich.

Aufgabe: «Eingabe von Kostendaten zu den Ressourcen»

Folgende Kosten sind für die erfaßten Ressourcen anzusetzen:

Stellen/Ressourcen	Kosten	Pro	
U-Leitung: Müller, Dr. Th.	240 000	Jahr	
DV-Leiter: K. Meier	150 000	Jahr	
Systemanalytiker 1: K. Müller	90 000	Jahr	
Systemanalytiker 2: F. Seliger	80 000	Jahr	
Organisator: K. Chrobber	110 000	Jahr	
Programmierer 1: I. Mentor	1000	Tag	
Programmierer 2: D. Fix	1000	Tag	
Programmierer 3: F. Schlau	1000	Tag	
DV-Trainer: K. Kaufmann	95 000	Jahr	
Elektroniker 1: X. Elektra	85	Stunde	90 pro Überstunde
Elektroniker 2: K. Installo	85	Stunde	90 pro Überstunde
DV-Techniker 1: K. Meiler	110	Stunde	
DV-Techniker 2: F. Bunger	110	Stunde	

> Personalwesen: E. Tieme 120000 Jahr
> Finanzabteilung: T. Mahler 170000 Jahr
> Controlling: H. Schwinning 150000 Jahr
> Materialwirtschaft: M. Heinzje 110000 Jahr
>
> Führen Sie anhand dieser Daten eine Ressourcen- und Kostenplanung durch. Gehen Sie dabei von der Datei EURO3.MPP aus. Speichern Sie das Ergebnis unter dem Namen EURO4.MPP.

4.3.1 Kostendaten für einzelne Ressourcen erfassen

Der erste Schritt der Kostenplanung besteht darin, jeder Ressource einen Kostensatz zuzuweisen. Dies ist zunächst einmal der **Standardkostensatz** pro Zeiteinheit. Standardmäßig wird ein Eintrag pro Stunde als Stundensatz vorgenommen, der normalerweise zu bezahlen ist. Alternativ können Eintragungen auch auf andere Zeiteinheiten bezogen sein, wie im ersten Fall der Ressource «U-Leitung: Müller». Bei der Eingabe der Kosten sind folgende Abkürzungen zu beachten:

m = Minuten
h = Stunden
t = Tage
w = Wochen
j = Jahre

Um Kostendaten für eine Ressource zu erfassen oder zu ändern, wählen Sie zunächst aus der Ansicht **Ressource: Tabelle** die Variante **Tabelle Eingabe**. Gehen Sie dann in folgender Weise vor:
1. Aktivieren Sie den gewünschten Personennamen im Feld *Ressourcenname*, und klicken Sie doppelt.
2. Aktivieren Sie das Register *Kosten*.
3. Nehmen Sie die jeweiligen Eintragungen in der folgenden Maske vor:

Kosten für Ressourcen angeben

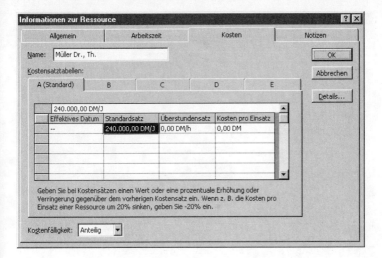

Neben dem Standardkostensatz können Sie erfassen:

- **Überstundensatz:** Hier können Sie einen Stundensatz zuweisen, der an eine Ressource für Arbeitsstunden bezahlt wird, die über den normal zu leistenden Arbeitsstunden liegen.
- **Feste Kosten pro Einsatz:** Feste Kosten sind beispielsweise für Subunternehmen anzusetzen, wenn für eine bestimmte Teilleistung ein Pauschalbetrag berechnet werden soll.

Im Beispielfall sind Überstundensätze für die beiden Elektroniker zu erfassen. So ergibt sich etwa für den ersten Elektroniker folgendes Bild nach der Eingabe im Dialogfeld:

126 Projektkosten planen

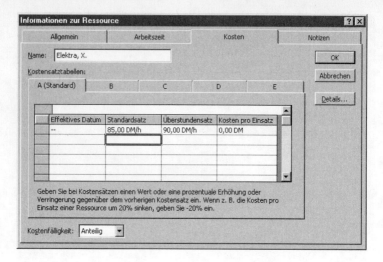

Fixkosten/Einsatz müssen im Beispielfall nicht zugeordnet werden. Eine Eintragung können Sie für die Ressourcen im Feld *Kosten pro Einsatz* zuweisen, beispielsweise sinnvoll für einmalige Materialkosten. Dementsprechend können Sie im Feld *Kosten/Einsatz* einen Kostensatz pro Einsatz für die Ressource eingeben.

Kontrollieren können Sie Ihre Eingaben am besten, indem Sie aus dem Menü **Ansicht** den Befehl **Ressource: Tabelle** wählen.

Kommen wir jedoch noch einmal zurück auf das Dialogfeld zur Erfassung der Kosten pro Ressource. Hier haben Sie mittels der Kostensatztabellen weitere Möglichkeiten:

- So können Sie bis zu fünf Kostensätze zuweisen, um verschiedene Arten der Arbeit zu unterstützen. Die Nutzung ist sinnvoll, wenn für unterschiedliche Tätigkeiten, die eine Ressource durchführt, auch verschiedene Kostensätze angesetzt werden müssen.
- Es besteht die Möglichkeit, zukünftige Änderungen der Kostensätze zu erfassen. So können beispielsweise gestiegene Stundensätze bei Projekten mit längerer Laufzeit in die Planung exakt einbezogen werden.
- Falls Sie in dem Terminplan unterschiedlich hohe Sätze für die Ressourcen vorsehen, können Sie bis zu 25 verschiedene Zahlungsstufen zuweisen und für jeden Satz das Datum des Inkrafttretens angeben.
- Arbeiten die Ressourcen an mehreren Vorgängen, die unterschiedliche Basissätze erfordern, können Sie jeder Ressource bis zu fünf verschiedene Basissätze zuweisen. Damit können Sie für jede Vorgangszuordnung den richtigen Satz auswählen.

Um die praktische Handhabung dieser Möglichkeiten kennenzulernen, finden Sie nachfolgend Hinweise für eine entsprechende Vorgehensweise.

4.3.2 Vorgaben für Standardsätze/Überstundensätze festlegen

In der Praxis kommt es mitunter vor, daß unterschiedliche Ressourcen den gleichen Stundensatz erhalten. In diesem Fall haben Sie die Möglichkeit, Vorgaben für Standardsätze/Überstundensätze anzugeben und so bei der Erfassung der Datensätze Zeit zu sparen.

So gehen Sie vor:
1. Wählen Sie aus dem Menü **Extras** den Befehl **Optionen**.
2. Aktivieren Sie die Registerkarte *Allgemein*.
3. Machen Sie die gewünschten Eintragungen in den Feldern *Vorgabe des Standardsatzes* bzw. *Vorgabe des Überstundensatzes*.
4. Klicken Sie auf die Schaltfläche `Standard setzen`, falls die Vorgaben für alle zukünftigen Projekte festgelegt sein sollen.

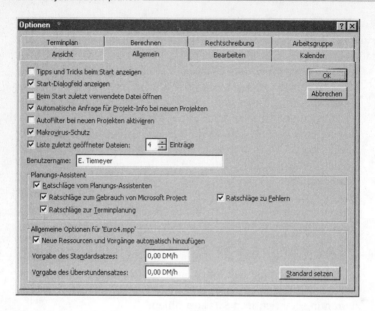

Hinweis: Die Vorgabesätze gelten nur für diejenigen Ressourcen, die Sie nach Eingabe dieser Daten hinzufügen.

4.3.3 Variierende Kostensätze einer Ressource zuweisen

Eingangs wurde bereits darauf hingewiesen, daß mit *MS Project* auch Änderungen von Kostensätzen im Zeitablauf (etwa jährliche Erhöhungen bei Löhnen und Gehältern) modelliert werden können. Auf diese Weise kann der Projektmanager die Kosten noch genauer planen und überwachen.

Wie ist dies in Project realisiert?
Für jede Ressource gibt es eine Tabelle, die Kostensätze mit Zeitattributen enthält. Diese Kostensätze werden zur Berechnung der Projektkosten verwendet, wenn die Ressource Arbeiten für das Projekt ausführt.

Kosten für Ressourcen angeben

> **Aufgabe: «Variierende Kostensätze für Ressourcen»**
> Sie möchten für die Ressource «Elektra, X.» ab dem 1.1.2000 den Standardsatz sowie den Überstundensatz um jeweils 5 Geldeinheiten erhöhen.

Um variierende Kosten für eine Ressource zu erfassen, wählen Sie für die Tabelle **Eingabe** die Ansicht **Ressource: Tabelle** und gehen dann in folgender Weise vor:

1. Aktivieren Sie den gewünschten Personennamen (hier *Elektra*) im Feld *Ressourcenname*, und klicken Sie doppelt.
2. Wählen Sie die Registerkarte *Kosten* aus.
3. Aktivieren Sie die Kostensatztabelle, und erfassen Sie in der ersten leeren Zeile das Datum des Inkrafttretens sowie die neuen Kostensätze (Standardsatz, Überstundensatz). Beispiel:

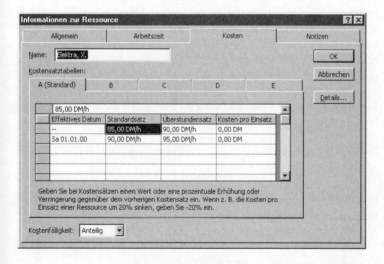

Ergebnis: Durch die Möglichkeit, einer Ressource auch variierende Kostensätze zuzuweisen, können Änderungen von Kostensätzen berücksichtigt werden, die zu einem vorgegebenen Termin eintreten (z. B. eine Erhöhung oder Senkung der Bezahlung).

Hinweise:
- Das Dialogfeld *Informationen zur Ressource* kann in jeder Vorgangsansicht geöffnet werden. Dazu müssen Sie im Dialogfeld *Ressourcen zuordnen* auf die Ressource doppelklicken.
- In den Kostensatzfeldern der Kostensatztabellen können Sie Erhöhungen oder Senkungen der Kostensätze eingeben, indem Sie entweder einen neuen Kostensatz eingeben oder einen Prozentsatz erfassen. Beispielsweise geben Sie dann +10% oder −10% ein. Mit der Eingabe von Prozentsätzen berechnet das Programm automatisch den jeweils neuen Kostensatz.

4.3.4 Fälligkeiten für Kostendaten angeben

Aus der Sicht des Cash-Managements ist der Zahlungszeitpunkt für die Projektkosten wichtig. Abhängig von der vertraglichen Regelung können die Kosten zu unterschiedlichen Zeiten fällig werden. Bei der Erläuterung der Standardeinstellungen wurde bereits darauf hingewiesen, daß die Kosten für Ressourcen anteilig fällig werden. Die Fälligkeit basiert darauf, wieviel Prozent des Vorgangs fertiggestellt sind, und wird über die Vorgangsdauer verteilt. Sie können das Fälligkeitsverfahren für Ressourcenkosten jedoch ändern, so daß die Kosten statt dessen zum Anfang oder zum Ende des Vorgangs wirksam werden.

Grundsätzlich stehen also drei verschiedene Arten zur Wahl, die Fälligkeit der Kosten anzugeben:
- anteilig,
- bei Beginn oder
- bei Ende der Zuordnung.

Um dem Programm die Methode für die Berechnung der Fälligkeit von Ressourcenkosten vorzugeben, wählen Sie die Tabelle **Eingabe** aus der Ansicht **Ressource: Tabelle**, und gehen dann in folgender Weise vor:
1. Aktivieren Sie den gewünschten Personennamen im Feld *Ressourcenname*, und klicken Sie doppelt.
2. Stellen Sie das Register *Kosten* ein.
3. Wählen Sie aus der Drop-down-Liste mit der Bezeichnung *Kostenfälligkeit* die gewünschte Berechnungsmethode.

Die Einstellungen haben folgende Wirkungen:
- Wird für eine Ressource zeitphasengesteuerte Kostensatzänderung

eingegeben und das anteilige Kostenfälligkeitsverfahren ausgewählt, werden die Projektkosten unter Verwendung der Kostensätze für die jeweiligen Zeiträume berechnet und können sich während der Fertigstellung des Vorgangs ändern.

- Falls die Kosten pro Einsatz einer Ressource festgelegt wurden, sind anteilige Fälligkeiten oder Fälligkeiten zum Ende einer Vorgangszuordnung nicht zulässig. Sie werden immer mit dem Anfang der Zuordnung fällig.

4.4 Feste Kosten für einen Vorgang eingeben

Eine Besonderheit für die Kostenplanung liegt dann vor, wenn Sie die genauen Materialkosten kennen (wie für Ausrüstung oder Verbrauchsmaterial) und einem Vorgang keine Ressourcen zuordnen wollen. In diesem Fall können Sie die festen Kosten für den Vorgang eingeben. Gehen Sie dazu in folgender Weise vor:

1. Aktivieren Sie die Ansicht *Balkendiagramm (Gantt)*.
2. Wählen Sie aus dem Menü **Ansicht** den Befehl **Tabelle**, und klicken Sie dann auf *Kosten*. Ergebnis:

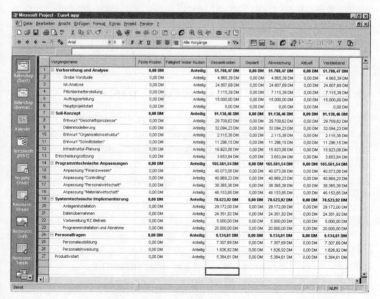

3. Geben Sie im Feld der Spalte *Feste Kosten* die Kosten des Vorgangs ein.
4. Betätigen Sie abschließend die ⏎-Taste.

Hinweise:
- In der Kostentabelle können Sie auch die Fälligkeit der festen Kosten ändern, indem Sie im Feld *Fälligkeit fester Kosten* ein Fälligkeitsverfahren auswählen.
- Im Gegensatz zu den festen Kosten für eine Ressource sind für die festen Kosten für Vorgänge keine Ressourcenzuordnungen erforderlich.

4.5 Kostenauswertungen

Sind die Zuordnungen von Kostensätzen zu den Vorgängen bzw. zu den Ressourcen des Projektes vorgenommen, können Sie sich die Ergebnisse der darauf aufbauenden Berechnungen ansehen. Insbesondere sind die Gesamtkosten dieser Zuordnungen von Interesse, um sicherzugehen, daß sie sich im erwarteten Rahmen befinden. So können beispielsweise für eine am Projekt beteiligte Arbeitskraft die anfallenden Arbeitszeiten und Lohnkosten eingegeben worden sein. Auf dieser Basis errechnet das Programm dann automatisch die Plankosten dieser Arbeitskraft in bezug auf das Gesamtprojekt und für einzelne Aktivitäten.

4.5.1 Vorgangs- und Ressourcenkosten anzeigen

Das Bilden von Kostensummen ist sowohl für die jeweiligen Vorgänge als auch für Ressourcen möglich. Beispiel: Wenn die Gesamtkosten eines Vorgangs oder einer Ressource nicht dem Kostenrahmen entsprechen, müssen möglicherweise für jeden einzelnen Vorgang die Kostenzuweisungen bzw. für jede Ressource die Vorgangszuordnungen untersucht werden, um zu sehen, wo die Kosten reduziert werden können.

> **Aufgabe: «Kosten-Auswertungen»**
> Die Unternehmens- und Projektleitung möchte wissen,
> - wie hoch die Kosten der einzelnen Vorgänge und
> - wie hoch die Kosten je Ressource für das Projekt insgesamt sind.

Vorgehen zur Anzeige der Vorgangskosten:

1. Aktivieren Sie die Ansichtsleiste *Balkendiagramm (Gantt)*.
2. Optieren Sie im Menü **Ansicht** auf den Befehl **Tabelle**, und klicken Sie dann auf **Kosten**.
3. Verschieben Sie im Balkendiagramm (Gantt) den Trennbalken nach rechts, um das Feld *Gesamtkosten* anzuzeigen. Beispielergebnis:

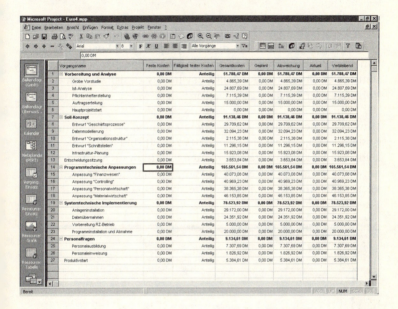

In der Übersicht erfolgt eine Gliederung der Vorgänge. So erscheinen bei den Gliederungspunkten (= Sammelvorgänge) die Gesamtkosten für den Projektabschnitt. Zur Schnellübersicht lassen sich, wie bereits bei der Gliederung von Vorgängen erläutert, die untergeordneten Vorgänge ausblenden:

- Mit einem Mausklick auf die Taste mit dem Minuszeichen in der Zeile unter der Menüzeile werden nur noch die Sammelvorgänge mit ihren Kosten am Bildschirm angezeigt.
- Ein Klick auf das Pluszeichen schaltet wieder in die Anzeige der gesamten Vorgänge um.

134 Projektkosten planen

Beispiel:

	Vorgangsname	Feste Kosten	Fälligkeit fester Kosten	Gesamtkosten	Geplant	Abweichung	Aktuell	Verbleibend
1	⊞ Vorbereitung und Analyse	0,00 DM	Anteilig	51.788,47 DM	0,00 DM	51.788,47 DM	0,00 DM	51.788,47 DM
7	⊞ Soll-Konzept	0,00 DM	Anteilig	91.138,46 DM	0,00 DM	91.138,46 DM	0,00 DM	91.138,46 DM
13	Entscheidungssitzung	0,00 DM	Anteilig	3.653,84 DM	0,00 DM	3.653,84 DM	0,00 DM	3.653,84 DM
14	⊞ Programmtechnische Anpassungen	0,00 DM	Anteilig	165.561,54 DM	0,00 DM	165.561,54 DM	0,00 DM	165.561,54 DM
19	⊞ Systemtechnische Implementierung	0,00 DM	Anteilig	78.523,92 DM	0,00 DM	78.523,92 DM	0,00 DM	78.523,92 DM
24	⊞ **Personalfragen**	**0,00 DM**	**Anteilig**	**9.134,61 DM**	**0,00 DM**	**9.134,61 DM**	**0,00 DM**	**9.134,61 DM**
27	Produktivstart	0,00 DM	Anteilig	5.384,61 DM	0,00 DM	5.384,61 DM	0,00 DM	5.384,61 DM

Diese Umschaltung ist immer nur auf den gerade aktiven Sammelvorgang bezogen. Sinnvoll sind die Zahlen speziell zu Meilensteinterminen oder Projekt-Reviews, da diese meist am Ende einer Projektphase stattfinden. Über einen zusätzlichen Filter lassen sich so auch einzelne Vorgänge oder Vorgangsgruppen darstellen.

Hinweis: In der Ansicht *Vorgang: Einsatz* können Sie darstellen, wie die Kosten über die Dauer eines Vorgangs verteilt sind, indem Sie die Einzelheiten der Kosten anzeigen. Klicken Sie hierzu auf der Ansichtsleiste auf *Vorgang: Einsatz*. Zeigen Sie im Menü **Format** auf **Einzelheiten**, und klicken Sie dann neben *Arbeit* auf *Kosten*.

Beispielergebnis:

Kostenauswertungen 135

Vorgehen zur Anzeige der Ressourcenkosten:
1. Aktivieren Sie die Ansichtsleiste *Ressource: Tabelle*.
2. Optieren Sie im Menü **Ansicht** auf den Befehl **Tabelle**, und klicken Sie dann auf **Kosten**.

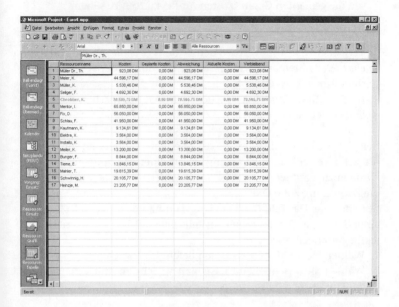

Zur Interpretation:
- Das Feld *Geplante Kosten* zeigt die geplanten Gesamtkosten für Arbeit, die von einer Ressource an allen ihr zugeordneten Vorgängen geleistet werden muß. Diese Kosten werden auch als PK (Plankosten) bezeichnet.
- Der Wert im Feld *Geplante Kosten* ist die Summe aus den geplanten Kosten für die Ressource, d. h. für die geplante Arbeit und die geplanten Überstunden, und den Kosten pro Einsatz für alle der Ressource zugeordneten Arbeiten. Wenn Sie den Basisplan gespeichert haben, finden Sie den gleichen Wert im Feld *Kosten*.

Es gilt folgende Formel:
Geplante Kosten = (Arbeit * Standardsatz) + (Überstundenarbeit * Überstundensatz) + Kosten pro Einsatz

Sobald Sie die Kosteninformationen für die Ressource angegeben und einen Basisplan für die Vorgänge erstellt haben, denen die Ressource zugeordnet ist, sind die geplanten Kosten abrufbar:

- Fügen Sie einer Ressourcentabelle das Feld *Geplante Kosten* hinzu, um die geplanten Gesamtkosten für Ressourcen zu sehen.
- Überprüfen Sie die geplanten Kosten für die Ressource, um den Kostenrahmen für die Ressource festzulegen.
- Vergleichen Sie die Werte in den Feldern *Geplante Kosten* und *Aktuelle Kosten* miteinander, um zu ermitteln, ob sich der Vorgang im Kostenrahmen bewegt.
- Im Feld *Abweichung Kosten* wird die Differenz zwischen diesen beiden Feldern angezeigt.

Beispiel: Sie haben eine Ressource mit einem Stundensatz von 20 DM, die zehn verschiedenen Vorgängen mit einer Gesamtdauer von 100 Stunden zugeordnet ist. In diesem Fall wären die geplanten Kosten für die Zuordnung 2000 DM.

Beachten Sie: Das Feld *Geplante Kosten* enthält den Wert 0 DM, bis Sie einen Basisplan für das Projekt erstellt haben. Dies ist auch nach Projektbeginn noch möglich:

1. Wählen Sie im Menü **Extras** den Befehl **Überwachung**.
2. Wählen Sie anschließend **Basisplan speichern**, und aktivieren Sie das Optionsfeld *Basisplan speichern*.

Auswirkungen: Dadurch werden die aktuellen Gesamtkosten der Zuordnungen in das Feld *Geplante Kosten* kopiert.

Das Bearbeiten des Feldes *Geplante Kosten* hat weder Einfluß auf die Berechnung der geplanten Kosten von Ressourcen noch auf etwaige geplante Kosten der Ressource nach Zeitphasen. Wenn Sie nach dem Bearbeiten der geplanten Kosten einen weiteren Basisplan speichern, werden die Änderungen durch die Werte im neuen Basisplan ersetzt.

Beachten Sie: Die Ressourcentabelle **Kosten** kann in folgenden Ressourcenansichten verwendet werden:
- Ressource: Zuteilung
- Ressource: Einsatz
- Ressource: Tabelle

Um die Kosten einer Ressource noch detaillierter darzustellen, aktivieren Sie in der Ansichtsleiste *Ressource: Einsatz*. Aktivieren Sie dann im Menü **Format** den Befehl **Einzelheiten**, und wählen Sie die Option *Kosten*.

Sie können die Kosten einer Ressource auch grafisch darstellen, indem Sie auf der Ansichtsleiste auf *Ressource: Grafik* klicken. Aus dem Menü **Format** wählen Sie **Einzelheiten** und klicken anschließend auf *Kosten* oder auf *Kumulierte Kosten*.

4.5.2 Projekt-Gesamtkosten anzeigen

Die geplanten Kosten können sich sowohl auf das gesamte Projekt beziehen als auch auf bestimmte Aktivitäten und Ressourcen. In *MS Project* ist zur Anzeige der Gesamtkosten aus dem Menü **Projekt** der Befehl **Projektinfo** zu wählen. Nach Wahl der Schaltfläche [Statistik] ergibt sich die folgende Anzeige:

Projekt-Statistik für 'Euro4.mpp'			
	Anfang		Ende
Berechnet	Fr 01.10.99		Do 31.08.00
Geplant	NV		NV
Aktuell	NV		NV
Abweichung	0t		0t

	Dauer	Arbeit	Kosten
Berechnet	231t	5.197,6h	405.185,45 DM
Geplant	0t	0h	0,00 DM
Aktuell	0t	0h	0,00 DM
Verbleibend	231t	5.197,6h	405.185,45 DM

Prozent abgeschlossen:
Dauer: 0%   Arbeit: 0%

Das Dialogfeld liefert einen Überblick über den aktuellen Projektstatus mit den Kosten, dem Terminrahmen und dem Fertigstellungsgrad.

Das Bild zeigt auch: Sie können auf diese Weise die derzeitigen geplanten, aktuellen und verbleibenden Kosten Ihres Projekts sehen, wenn eine Planbasis erstellt wurde. So erfahren Sie, ob Sie Ihren Gesamtkostenrahmen einhalten. Diese Kosten werden bei jeder Neuberechnung Ihres Projekts durch *Project* aktualisiert.

Hinweise:

- Nachdem Sie einen Basisplan festgelegt und mit der Überwachung der aktuellen Kosten begonnen haben, können Sie die Felder *Geplant* und *Aktuell* vergleichen, um zu sehen, ob sich die Gesamtkosten des Projekts wie erwartet entwickeln.
- Während die aktuelle Arbeit fortschreitet, können Sie auch die Abweichung zwischen den Feldern *Aktuell* und *Verbleibend* vergleichen, um zu sehen, ob Sie über ausreichende Mittel für die Fertigstellung des Projekts verfügen.

4.6 Übungsbeispiel: Kostenplanung für das Projekt «Bau einer Lagerhalle»

Aufgabe: «Eingabe von Kostendaten zu den Ressourcen»

Folgende Kosten sind für die erfaßten Ressourcen anzusetzen:

Stellen/Ressourcen	Normalpreis	Überstundenpreis	Feste Kosten
Arbeitsgruppe Arbeitssicherheit	150/h	180/h	6000,00
Bau Huber	60/h	80/h	25 200,00
Beton (Gruppe Material)	0/h	0/h	12 000,00
Fertigungsleitung	200/h	250/h	40 000,00
Heizungsbau Meier	0/h	0/h	60 000,00
Projektteam	150/h	200/h	8400,00
Sanitär Müller	70/h	110/h	16 800,00
Schlosserei GmbH	60/h	80/h	4824,00
Stahlbau AG	60/h	80/h	15 840,00
Vermessungsamt	100/h	120/h	8000,00

Führen Sie anhand dieser Daten eine Ressourcen- und Kostenplanung durch. Gehen Sie dabei von der Datei Lager3.MPP aus. Speichern Sie das Ergebnis unter dem Namen Lager4.MPP.

5 Plandaten analysieren und aktualisieren

Der erste Projektplan für das Beispielprojekt «DV 2000» liegt vor; Sie verfügen nunmehr über einen Überblick über die im Projekt wahrscheinlich anfallenden Daten zu den Vorgängen, Terminen, Ressourcen und Kosten. Bedenken Sie jedoch: Es handelt sich nur um einen **ersten groben Projektplan**, der unter dem Dateinamen «Euro4.MPP» gespeichert wurde. Als Projektplaner sollten Sie sich nicht unbedingt sicher sein, daß Sie bei der Vielzahl der Einflußgrößen mit Ihren Schätzungen für das Projekt mit der ersten Ausarbeitung immer richtig liegen.

Bevor der Projektplan der Unternehmensführung oder anderen Entscheidungsgremien zur Verabschiedung vorgelegt wird, ist es gerade bei umfangreichen Projekten sinnvoll, die Eingabe- und Ergebnisdaten des 1. Entwurfs noch einmal genau zu analysieren und auf Konsistenz und Realisierbarkeit hin zu prüfen.

Um eine ausreichend sichere Planung für das Projekt zu haben, sollte der vorliegende Projektplan also noch en detail überarbeitet werden. Möglichkeiten dazu zeigt der folgende Abschnitt. Im einzelnen lernen Sie kennen,

- wie Terminverschiebungen vorgenommen werden bzw. wie spezielle Termineinschränkungen berücksichtigt werden können,
- welche Analysefunktionen in *Project* vorhanden sind, um abgesicherte Planungsergebnisse zu erhalten (beispielsweise durch Ermittlung und Anzeige des kritischen Wegs sowie der Pufferzeiten),
- wie die Ressourcenauslastungen analysiert und gegebenenfalls Überlastungen reduziert werden können und
- wie die Speicherung eines verabschiedeten Plans erfolgt.

> **Merke:** Zur Planungsphase rechnen auch alle gewollten Umdispositionen vor dem eigentlichen Beginn des Projekts. Es handelt sich dabei letztlich um eine Feinabstimmung des Gesamtplans hinsichtlich Aufgabenumfang, Terminen, Ressourcen und Kosten. Ergebnis sollte ein Plan sein, mit dem die Projektziele zeitgerecht erreicht und gleichzeitig Kosten und Arbeitsaufwand nicht überzogen werden.

5.1 Terminpläne prüfen und anpassen

Ein erster Schritt zur Prüfung des vorliegenden Projektplans kann in einem Auswerten der berechneten Plantermine liegen. Folgende Hinweise sollten Sie dazu beachten:

- Schauen Sie sich alle ermittelten Termine an, und überlegen Sie, ob die Termine den besonderen Gegebenheiten der Organisation und der Mitarbeiter im Projekt gerecht werden. Eventuell können ja bestimmte Vorgaben der Unternehmensführung noch zu neuen Orientierungen führen, um mit dem Projektplan die Projektziele zu erreichen.
- Prüfen Sie, ob die Informationen im Terminplan vollständig sind (sind beispielsweise alle erforderlichen Vorgänge berücksichtigt?).
- Überlegen Sie, ob die angenommenen Werte (beispielsweise die Zeit- und Personalbedarfsschätzungen) realistisch sind.
- Gehen Sie den Plan auch noch einmal unter dem Aspekt durch, ob sich nicht vielleicht offensichtliche Fehler «eingeschlichen» haben (etwa falsch zugeordnete Ressourcen und Kostensätze).
- Nehmen Sie im Bedarfsfall eine Anpassung des Projektplans vor!

5.1.1 Einzelne Projekttermine fix vergeben

Bei der Projektplanung geht das Programm *Project* – wie bereits dargestellt – bezüglich der Ermittlung der Plantermine davon aus, daß keine besonderen Termineinschränkungen vorliegen. Die einzelnen Vorgänge können also zum jeweils frühesten Zeitpunkt beginnen.

Dies ist aber nicht immer gewünscht. So kann der Fall gegeben sein, daß ein Vorgang bzw. bestimmte Vorgänge genau oder ungefähr zu festen Terminen beginnen oder enden sollen. *Project* verfügt deshalb über die Möglichkeit, Einschränkungen bei der Berechnung von Vorgangsterminen anzugeben, beispielsweise Einschränkungen wie **Muß anfangen am (MAA)** oder **Muß enden am (MEA)**.

Beispiel: Fixtermin angeben

Ausgehend von den im Projektplan «Euro4.MPP» berechneten Werten zeigt eine erste Analyse, daß die Entscheidungssitzung (Vorgang 13) zum berechneten Termin (Mittwoch, den 22.3.2000) nicht stattfinden kann. Der Mittwoch kommt aus verschiedenen Gründen als Termin für ein Meeting mit der Geschäftsführung nicht in Betracht.

Der Lösungsweg: Statt des 22.3.2000 soll der 27.3.2000 als Termin für die Entscheidungssitzung festgelegt werden. Realisieren Sie diese Vorgabe, und prüfen Sie die Auswirkungen!

Im Beispielfall muß also eine Termineinschränkung berücksichtigt werden. Der zur Diskussion stehende Termin für die Entscheidungssitzung wurde ja aufgrund der Regel berechnet, daß die jeweiligen Vorgänge so früh wie möglich beginnen sollen, und dies ist nun zu ändern. Da der Meilensteintermin zu einem bestimmten anderen Zeitpunkt stattfinden soll, muß bei diesem Vorgang die Einschränkungsart «Muß anfangen am» gewählt werden.

Zur Problemlösung ist in folgender Weise vorzugehen:

1. Aktivieren Sie nach Aufruf der Datei «Euro4.MPP» die Ansicht *Balkendiagramm (Gantt)*.
2. Klicken Sie doppelt auf den Vorgang «Entscheidungssitzung».
3. Aktivieren Sie anschließend das Register *Spezial*.
4. Nehmen Sie eine Änderung bei der Einschränkungsart vor, und wählen Sie «Muß anfangen am» für das Feld *Art*.
5. Bestimmen Sie den Zeitpunkt 27.3.2000 beim Feld *Termin*. Die gewünschte Anzeige im Dialogfeld zeigt nach der Änderung der folgende Bildschirmausschnitt:

142 Plandaten analysieren und aktualisieren

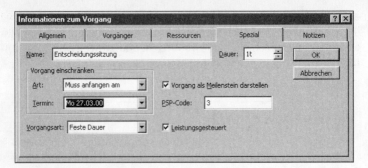

6. Führen Sie den Befehl durch Klicken auf OK aus, so daß sich der Planungs-Assistent meldet:

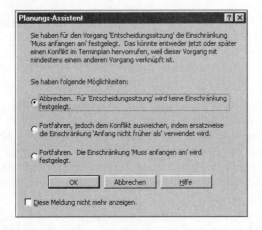

Hinweis: Voraussetzung für die Anzeige des Planungs-Assistenten ist, daß im Dialogfeld *Optionen* beim Register *Terminplan* das Optionsfeld *Terminplanmeldungen anzeigen* aktiviert ist.

7. Sie werden also durch den Planungs-Assistenten darauf hingewiesen, daß sich Konflikte im Terminplan ergeben können, da sich Auswirkungen für Folgevorgänge ergeben. Sie haben nun noch die Wahl, abzubrechen oder doch die Ausführung vorzunehmen. Wählen Sie das dritte Optionsfeld *Fortfahren. Die Einschränkung 'Muss anfangen am' wird festgelegt.*

Nach der Ausführung verändern sich zahlreiche der zuvor berechneten Termine. So verschieben sich einige Vorgänge, die der Entscheidungssitzung folgen. Ursache für die Terminverschiebung ist die Tatsache, daß der Vorgang «Entscheidungssitzung» auf dem kritischen Weg liegt und nach hinten verschoben wurde. Die darauf aufbauenden Vorgänge verschieben sich logischerweise ebenfalls nach hinten.

Die Verschiebung der übrigen Termine wird deutlich, wenn Sie den Terminplan zur Anzeige bringen und den Endtermin des Projekts betrachten. Während bisher der 31.8.2000 als Endtermin berechnet wurde, liegt der berechnete Endtermin des Projektes nunmehr auf dem 5.9.2000.

Aus den zuvor gemachten Ausführungen ergibt sich für die Projektplanung allerdings auch folgende Konsequenz: Bei Vorgängen, die mit festen Terminen belegt werden, sollte eine genaue Prüfung erfolgen, ob diese Termineinschränkung wirklich nötig ist. So kann es nämlich durchaus vorkommen, daß Sie bei der Erfassung von Vorgangsdaten eine Termineinschränkung vornehmen, ohne daß dies gewünscht ist. Wenn Sie beispielsweise bei der Erfassung der Vorgangsdaten einen Anfangs- oder Endtermin angeben, ist damit bereits eine Termineinschränkung verbunden, die sich nach einer Verknüpfung von Projektvorgängen unmittelbar auswirkt.

5.1.2 Endtermin für das Projekt festlegen

> **Aufgabe/Beispiel: Endtermin vorgeben:**
>
> Aufgrund der Erfahrungen, daß Termine oft nicht eingehalten werden, möchten Sie in der Planung einen Endtermin für das Projekt «DV 2000» unumstößlich vorgeben.
>
> Statt des berechneten Termins 5.9.2000 soll der 15.8.2000 als Endtermin für den Produktivstart festgelegt werden.
>
> Realisieren Sie diese Vorgabe, und prüfen Sie die Auswirkungen!

Im Beispielfall muß also erneut eine Termineinschränkung berücksichtigt werden. Nun soll der Endtermin für den Produktivstart vorgegeben werden. So muß jetzt bei diesem Vorgang die Einschränkungsart «Muss enden am» gewählt werden.

144 Plandaten analysieren und aktualisieren

Zur Problemlösung ist in folgender Weise vorzugehen:
1. Aktivieren Sie die Ansicht *Balkendiagramm (Gantt)*.
2. Klicken Sie doppelt auf den Vorgang «Produktivstart».
3. Aktivieren Sie anschließend das Register *Spezial*.
4. Nehmen Sie die Änderung bei der Einschränkungsart vor, und wählen Sie «Muss enden am» beim Feld *Art* sowie den Zeitpunkt 15.8.2000 beim Feld *Termin*.
5. Führen Sie den Befehl aus, so daß der Planungs-Assistent als Dialogfeld angezeigt wird.
6. Ändern Sie im Dialogfeld *Planungs-Assistent* die Anzeige auf das dritte Optionsfeld:

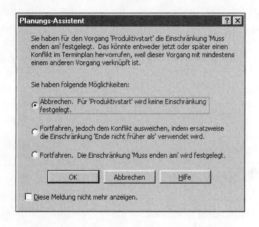

7. Wenn Sie die vorhergehende Anzeige mit [OK] bestätigen, ergibt sich die Bildschirmanzeige auf Seite 145.
   Sie haben also die Wahl, die Aktion abzubrechen (um den Konflikt im Terminplan zu vermeiden) oder fortzufahren und den damit entstehenden Konflikt im Terminplan zuzulassen.
8. Testen Sie die Variante *Fortfahren. Der Konflikt im Terminplan wird zugelassen*.

Nach Ausführung der Variante kann die bisherige Verknüpfung nicht mehr erhalten bleiben. Sie ist unlogisch geworden.
Beachten Sie zunächst einmal: Terminplanmeldungen wie die obigen werden grundsätzlich nur dann erzeugt, wenn es auch irgendwo Ter-

mineinschränkungen gibt. Solange es keine Termineinschränkungen gibt, kann *MS Project* die Termine beliebig nach hinten verschieben.

Welche Problemlösungen gibt es?

- Die erste Alternative zur Aufhebung des vorhandenen Konfliktes besteht darin, die Termineinschränkung zu verändern. So könnte die Projektleitung überlegen, ob es nicht doch ausreicht, den Endtermin des Projekts nach hinten zu legen.
- Daneben gibt es noch drei weitere Handlungsalternativen:
  - Änderung der Dauer der Vorgänger,
  - Änderung der Verknüpfungen zu den Vorgängern,
  - Entfernen von Vorgängern.

Um die relevanten Vorgänge identifizieren zu können, ist es zunächst erforderlich, den kritischen Pfad zu kennen. Dieser wird im nächsten Abschnitt noch ausführlicher erläutert.

Im folgenden soll die Termineinschränkung wieder aufgehoben werden. Wählen Sie zu diesem Zweck wieder die Option *So früh wie möglich* im Listenfeld *Art* des Dialogfeldes *Informationen zum Vorgang*. Diese Problemlösung ist in der Praxis allerdings meist der letzte Ausweg, da ja gerade dieses Terminziel festgeschrieben werden sollte.

Beachten Sie außerdem, daß Sie vorab auch konkret festlegen können, wie sich das Programm verhalten soll, wenn Termineinschränkungen vorliegen. Varianten sind, daß entweder

- Einschränkungen Vorrang vor Änderungen im Terminplan haben oder
- Änderungen im Terminplan Vorrang vor den angegebenen Einschränkungen haben.

Beide Optionen schließen sich natürlich aus. Um die generelle Festlegung zu treffen, ist folgendes Vorgehen nötig:
1. Aktivieren Sie im Menü **Extras** den Befehl **Optionen**.
2. Wählen Sie im angezeigten Dialogfeld *Optionen* die Registerkarte *Terminplan*.
3. Aktivieren oder deaktivieren Sie das letzte Kontrollkästchen *Vorgänge beachten stets ihre Einschränkungstermine*.

5.2 Analysefunktionen

Mit der Fertigstellung eines ersten Projektplans müssen Sie auch die Frage prüfen, ob die von Ihnen gestellten Anforderungen erfüllt werden. So kann die Planung ergeben, daß Ihr Projekt aufgrund der Planergebnisse möglicherweise zu lange dauert, zu hohe Kosten verursacht oder Ressourcen überlastet sind. Um diese und andere Probleme zu beheben, müssen Sie eine Feinabstimmung des Projektplans vornehmen, d. h. den Projektplan detailliert ausarbeiten.

Mögliche **Maßnahmen zur Straffung eines Projektplans** können sein:
- Analyse von Aktivitäten zur Beschleunigung der Terminplanung (etwa durch Analyse des kritischen Weges),
- sicherstellen, daß die Ressourcen die ihnen zugeordnete Arbeit in der verfügbaren Zeit erledigen können,
- Analyse von Maßnahmen zur Kostensenkung (pro Vorgang, von Ressourcen).

5.2.1 Zeitanalysen

Wenn Sie den Projektterminplan straffen möchten, ist es zunächst hilfreich, die Vorgänge ausfindig zu machen, die zur Verzögerung des Terminplans führen. Diese sogenannten kritischen Vorgänge bilden den **kritischen Weg**.

Zunächst eine Erläuterung, was unter einem kritischen Weg verstanden wird:

- Der kritische Weg stellt die Verbindung aller kritischen Vorgänge eines Projekts dar. Dies sind die Vorgänge, die über keine Pufferzeiten für den Fall der Verzögerung verfügen. Der kritische Weg stellt damit die Vorgangsfolge für ein Projekt dar, die am letzten Termin des Projektes endet.
- Nicht kritische Vorgänge verfügen über Pufferzeiten. Dies ist die Zeitspanne, um die sich ein Vorgang verzögern kann, ohne daß dadurch der Projektendtermin verschoben wird.
- Verzögert sich die Dauer eines Vorganges, der auf dem kritischen Weg liegt, erhöht sich die gesamte Projektdauer. Bei Vorgängen mit Pufferzeiten ist dies jedoch nicht unbedingt der Fall.

Beachten Sie: Sobald Sie die Vorgänge des kritischen Weges ermittelt haben, können Sie den Terminplan straffen, indem Sie die kritischen Vorgänge analysieren und – wenn möglich – entsprechende Anpassungen vornehmen.

Aufgabe/Beispiel: Kritischen Weg feststellen und Vorgänge analysieren

Um konkretere Informationen zur Terminstraffung zu erhalten, möchten Sie
- die kritischen Vorgänge im Projekt in Listenform anzeigen sowie
- den Projektterminplan durch Ausweisung der kritischen Vorgänge übersichtlicher formatieren.

Außerdem soll danach eine vorübergehende Filterung der kritischen Vorgänge vorgenommen werden, um eine gezielte Analyse durchführen zu können.

- **Angabe der kritischen Vorgänge in der Vorgangsliste**

In einem ersten Schritt zur Feststellung des kritischen Weges können Sie in der tabellarischen Anzeige der Balkendiagramm-Ansicht ergänzend das Feld *Kritisch* aufnehmen. Gehen Sie dazu in folgender Weise vor:

1. Markieren Sie die Spalte *Vorgangsname*.

148 Plandaten analysieren und aktualisieren

2. Klicken Sie die rechte Maustaste, um das Kontextmenü zu aktivieren. Wählen Sie hier den Befehl **Spalte einfügen**. Ergebnis ist die Anzeige des Dialogfeldes *Definition Spalte*.
3. Wählen Sie im ersten Feld *Feldname* des Dialogfeldes die Option *Kritisch*, so daß sich die folgende Einstellung ergibt:

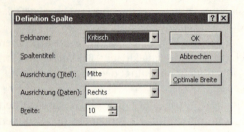

4. Nach Ausführung des Befehls ergibt sich die folgende Bildschirmanzeige:

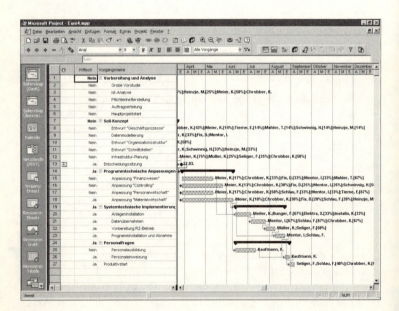

Das Ergebnis macht deutlich: In der nun zusätzlich eingeblendeten Spalte wird für jeden Vorgang angezeigt, ob er kritisch ist oder nicht. Beachten Sie: Veränderungen des Endtermins ergeben sich in jedem Fall nur aus Veränderungen bei Vorgängen, die kritisch sind.

Anzeige des kritischen Weges im Balkendiagramm

Project bietet darüber hinaus auch im Balkendiagramm eine besondere Option, um kritische Vorgänge optisch von den nicht kritischen Vorgängen abzugrenzen. Um die kritischen Vorgänge deutlich zu erkennen, können die Balken dieser Vorgänge in roter Farbe angezeigt werden.

Gehen Sie in folgender Weise vor:

1. Klicken Sie auf der Ansichtsleiste auf *Balkendiagramm (Gantt)*.
2. Wählen Sie im Menü **Format** den Befehl **Balkenplan-Assistent**, um den Assistenten aufzurufen.
3. Klicken Sie nach Anzeige des Eingangsdialogfeldes auf Weiter, so daß sich die folgende Anzeige ergibt:

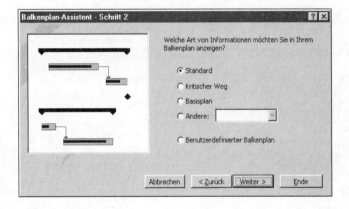

4. Aktivieren Sie die Option *Kritischer Weg*, und klicken Sie dann auf Weiter. Ergebnis:

150 Plandaten analysieren und aktualisieren

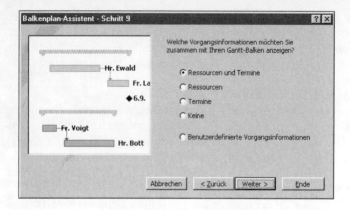

5. Belassen Sie die erste Option und klicken Sie erneut auf `Weiter`, können Sie im nachfolgenden Feld die Verbindung zwischen den Vorgängen formatieren:

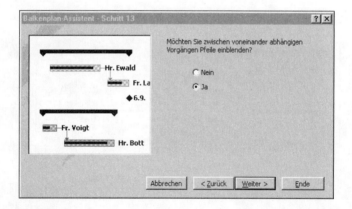

6. Wenn Sie erneut auf `Weiter` klicken, ist die Arbeit mit dem Assistenten beendet. Klicken Sie also auf `Jetzt formatieren`. Nach der Fertigstellung ist das folgende Ergebnis verfügbar:

Analysefunktionen 151

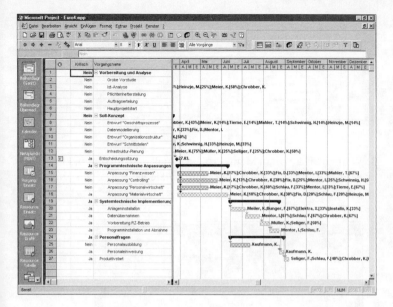

■ **Kritische Vorgänge filtern und sortieren**

Eine weitere Einschränkung der Betrachtung kann sich dadurch ergeben, daß Sie eine Filterung der kritischen Vorgänge vornehmen. Diese können darüber hinaus sortiert werden. So ist es interessant, eine Sortierung der kritischen Vorgänge nach der Dauer vorzunehmen, da so die längsten Vorgänge erkennbar sind. Dies sind die Vorgänge, die die größten Möglichkeiten zur zeitlichen Straffung eines Projektes bieten. So gehen Sie vor:

1. Behalten Sie die Ansicht *Balkendiagramm (Gantt)* bei.
2. Wählen Sie im Menü **Projekt** den Befehl **Filter**, und klicken Sie dann auf die Option **Kritisch**. Ergebnis:

152 Plandaten analysieren und aktualisieren

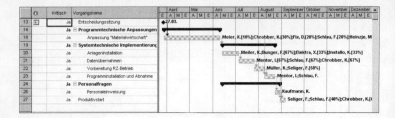

3. Wählen Sie aus dem Menü **Projekt** den Befehl **Sortieren**, klicken Sie dann auf *Sortieren nach*, und nehmen Sie die folgenden Einstellungen vor:

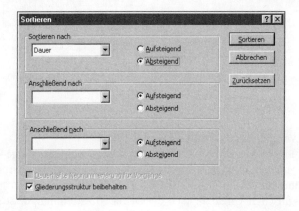

4. Klicken Sie auf die Schaltfläche [Sortieren].

Ergebnis:

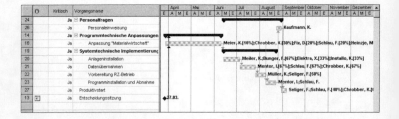

Terminplan anpassen

Sobald Sie die Vorgänge des kritischen Weges ermittelt haben, können Sie diese auf vielfältige Weise anpassen, um den Projektterminplan zu straffen. Passen Sie solche Vorgänge an, die sich am stärksten auf den Terminplan auswirken und am flexibelsten geändert werden können.

> **Aufgabe «Vorgangsdauer reduzieren»:**
>
> Aufgrund erneuter Kalkulation der Zeiten für die kritischen Vorgänge kommt die Projektleitung zu dem Schluß, daß
> - der Vorgang «Anpassung Controlling» um 2 Wochen verkürzt werden kann,
> - der Vorgang «Anpassung Materialwirtschaft» um 3 Wochen verkürzt werden kann.

Zur Problemlösung gehen Sie einfach so vor, daß Sie die Vorgänge aktivieren und die neue Dauer zuweisen. Nunmehr ist die Projektarbeit wieder «im Lot».

Hinweise:

- Mitunter kann auch eine Änderung der Vorgangsverknüpfung möglich sein. Diese Möglichkeit ist beispielsweise dann gegeben, wenn bisher sequentiell organisierte Vorgänge doch parallel verlaufen können.
- Auch ein Löschen von Vorgängen kann zum Einhalten von Terminen führen. Dies setzt natürlich voraus, daß sich die Abarbeitung des Vorgangs im nachhinein tatsächlich als überflüssig erweist.

Praktisch gibt es in Projekten folgende Möglichkeiten, die Dauer von Vorgängen zu verkürzen:
- Den Vorgängen werden weitere Ressourcen zugeordnet, die dafür sorgen, daß die Vorgänge schneller erledigt werden können. Sinnvoll ist dies, wenn zusätzliche Ressourcen problemlos zur Verfügung gestellt werden können.
- Die zu leistenden Arbeitsstunden für eine oder mehrere Ressourcen werden angehoben.
- Falls möglich, werden den Ressourcen Überstunden «zugemutet».

5.2.2 Auslastungsanalysen

Die Planung der für bestimmte Projektaufgaben benötigten Kapazitäten basiert auf Schätzangaben der beteiligten Mitarbeiter bzw. der beteiligten Abteilungen. Beim Hinzufügen von Ressourcen kann es ebenfalls zu einer Fülle von Konflikten kommen. Die Hauptkonflikte sind:
- Überlastungen,
- Unterauslastung von Ressourcen,
- Terminkonflikte.

Ziel der Projektplanung ist es jedoch, die Ressourcen für das Projekt so einzuplanen, daß diese während der normalen Arbeitszeiten voll ausgelastet sind. Anderenfalls müssen **Nachteile** in Kauf genommen werden:
- Nicht ausgelastete Ressourcen haben Leerlaufzeiten, so daß sie mehr kosten, als sie leisten. Ihnen wurden weniger Arbeitsstunden im Projekt zugewiesen, als sie tatsächlich zur Verfügung stellen können.
- Überlastete Ressourcen stehen unter Zeitdruck. Dies birgt die Gefahr von Fehlern und Unzufriedenheit in sich.

Grundsätzlich sollte bei Problemen geprüft werden, ob eine der folgenden **Kapazitätsausgleichsmaßnahmen** ergriffen wird:
- Verschiebung und/oder zeitliche Dehnung von nicht kritischen Aktivitäten innerhalb eingeplanter Pufferzeiten,
- Personalverschiebung innerhalb eines Bereiches oder eines Unternehmens,
- Einstellung von neuem Personal,
- Auftragsvergabe an Fremdfirmen,
- Verschiebung und/oder zeitliche Dehnung durch Inkaufnahme der Verschiebung des Endtermins.

Fazit: Für eine optimierte Projektplanung sollte die Projektleitung den bisher vorliegenden Projektplan auf Ressourcenüberlastungen bzw. Unterauslastungen prüfen und diese erkennen. Soweit möglich, muß eine Auflösung vorgenommen werden. Mögliche Maßnahmen zur Auflösung von Ressourcenkonflikten können Anpassungen der Eigenschaften von Vorgängen sein (beispielsweise Reduzierung der Zielsetzungen), die Veränderung der Zuordnung von Ressourcen sowie das Ändern der Arbeitszeiten der Ressourcen.

Ressourcenauslastungen im Projektplan anzeigen

Für das Projektmanagement sind Informationen über die Auslastung bzw. Verfügbarkeit von Ressourcen somit von besonderer Bedeutung. Um ein effektives Ressourcenmanagement vornehmen zu können, müssen Sie zunächst einmal den Auslastungsgrad der Ressourcen herausfinden. Dazu sind en detail herauszufiltern,

- welche Ressourcen überlastet bzw. unterausgelastet sind,
- wann die Überlastung bzw. Unterauslastung der Ressourcen vorliegt und
- welchen Vorgängen die jeweiligen Ressourcen zu den Zeitpunkten zugeordnet sind.

Aufgabe «Ressourcenauslastungen anzeigen und analysieren»:

Um konkretere Informationen zur Einplanung von Ressourcen zu erhalten, möchten Sie

– die Auslastung der im Projekt eingesetzten Ressourcen in Listenform ansehen sowie

– eine genauere Analyse der überlasteten Ressourcen vornehmen.

Um festzustellen, welche Ressourcen überlastet bzw. nicht voll ausgelastet sind, verwenden Sie die Ansicht **Ressource: Einsatz** (siehe Abbildung S. 156).

Unter den jeweiligen Ressourcennamen werden also die Vorgänge aufgelistet, in denen die Ressource eingeplant ist.

Die Abbildung gibt darüber hinaus folgende Informationen:

- Sie können nun die Gesamtarbeitsstunden jeder Ressource, die Arbeitsstunden der einzelnen Ressourcen pro Vorgang sowie die Arbeitsstunden pro Zeitabschnitt ablesen.
- Überlastete Ressourcen sind hervorgehoben (im Beispielfall Chrobber in Rot) und werden in der Spalte *Indikatoren* mit einem Symbol dargestellt. Überlastet sind Ressourcen dann, wenn ihnen in einem bestimmten Zeitraum mehr Arbeitsstunden zugewiesen wurden, als diese Ressourcen zur Verfügung haben.

156 Plandaten analysieren und aktualisieren

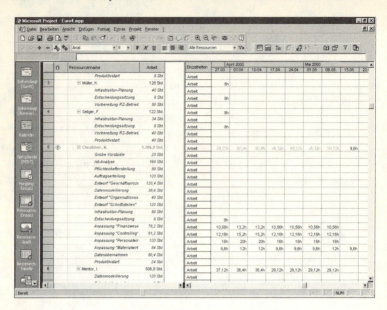

Hinweis: Wenn im Zeitskalenbereich der Ansicht **Ressource: Einsatz** Nummernzeichen (##) erscheinen, sind die Spalten der Zeitskala nicht breit genug, um die jeweiligen Informationen anzuzeigen. Zum Ändern der Spaltenbreite klicken Sie im Menü **Format** auf **Zeitskala** und erhöhen dann den Wert für die Spaltenbreite im Feld *Vergrößerung*.

Über das Menü **Format** können Sie nach Wahl des Befehls **Einzelheiten** ergänzend die verbleibende Verfügbarkeit sowie die Überlastung mit anzeigen. Beispiel siehe Abbildung S. 157.

In der Zeile «Verbl. Verfgb.» wird angezeigt, wieviel Zeit die Ressource noch zum Projekt beisteuern könnte. Diese Information ist nützlich, um herauszufinden, wer noch zusätzlich in welchem Umfang einsetzbar ist. Sie kann aber auch genutzt werden, um zum Beispiel bei freien Mitarbeitern sicherzustellen, daß eine optimale Auslastung gegeben ist.

Analysefunktionen 157

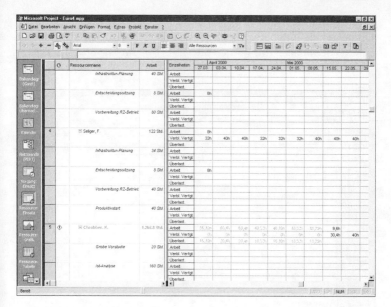

Eine andere Möglichkeit zur Ermittlung überlasteter Ressourcen und ihrer Vorgangszuordnungen ist der Aufruf der Ansicht **Ressource: Zuteilung**. Gehen Sie in folgender Weise vor:

1. Aktivieren Sie im Menü **Ansicht** die Option **Weitere Ansichten**. Ergebnis:

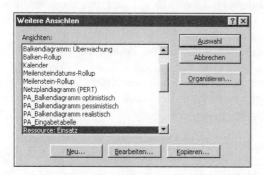

2. Wählen Sie in der Liste die Variante **Ressource: Zuteilung**, und klicken Sie dann auf die Schaltfläche ⌊Auswahl⌉.

158 Plandaten analysieren und aktualisieren

3. Aktivieren Sie die Symbolleiste *Ressourcenmanagement*.
4. Klicken Sie im oberen Abschnitt auf die Spalte mit der Überschrift *Ressourcenname*, und wählen Sie ![icon] *Gehe zur nächsten Ressourcenüberlastung*. Ergebnis:

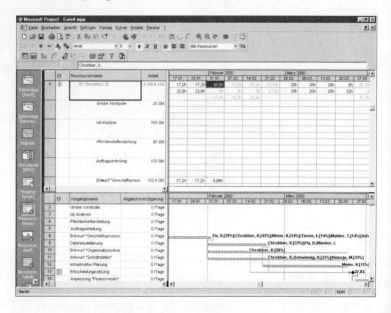

Sie haben nun folgende Informationen:
- Es wird das Feld hervorgehoben, das die als erstes überlastete Ressource ausweist. Die Gesamtzahl der Arbeitsstunden einer Ressource, die als überlastet ausgewiesen ist, wird in Rot angezeigt.
- Im oberen Abschnitt sehen Sie auf der Zeitskala, wann die Ressource überlastet ist.
- Auf der Zeitskala im unteren Abschnitt werden die Vorgänge ausgewiesen, die an den Tagen stattfinden, an denen die Ressource überlastet ist.

- **Ressourcenüberlastungen reduzieren**

Sind eingeplante Ressourcen besonders überlastet, stellt dies eine besondere Herausforderung für die Projektleitung dar. Hier gilt es, nach Lösungen zu suchen.

Zunächst stellt sich die Frage, welche Bedeutung den tatsächlich festgestellten Ressourcenüberlastungen zukommt. So sind geringere Ressourcenüberlastungen, beispielsweise Überlastungen von weniger als einer Stunde pro Tag, möglicherweise nicht relevant genug für eine Beseitigung. Andere lassen sich vielleicht auch nicht umgehen, soll der Termin eingehalten werden.

Zur Beseitigung von größeren Überlastungen bzw. Kapazitätsüberschreitungen von Ressourcen können Sie zwischen verschiedenen Methoden wählen. Möglichkeiten sind:

- Sie ordnen einem Vorgang zusätzliche Ressourcen zu. Im Gegenzug senken Sie gleichzeitig die Arbeitsstundenzahl der überlasteten Ressource.
- Sie legen andere Arbeitsstunden und Abwesenheitstage für eine Ressource fest.
- Das einer Ressource zugeordnete Arbeitsvolumen wird reduziert.
- Sie suchen nach Wegen, die Ressourcenüberlastungen automatisch zu beseitigen.

Um nun festgestellte Überlastungen zu verändern, sollte die Symbolleiste *Ressourcenmanagement* verwendet werden. Diese aktivieren Sie über das Menü **Ansicht** durch Wahl des Befehls **Symbolleisten**.

Durch Mausklick auf das erste Symbol können Sie die bereits erläuterte kombinierte Ansicht *Ressource: Zuteilung* aufrufen. Mögliches Ergebnis siehe Abbildung S. 160 oben.

160 Plandaten analysieren und aktualisieren

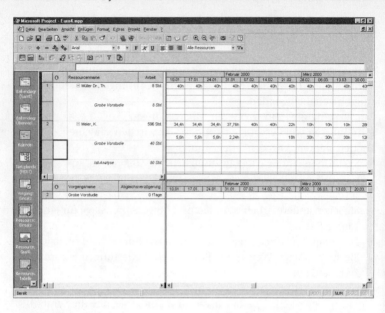

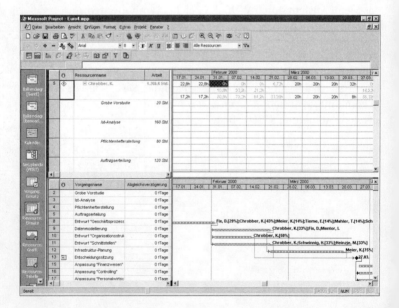

Sie können gleichzeitig den Ressourceneinsatz und darunter die zugehörigen Vorgänge sehen. Anschließend kann durch Aktivierung des dritten Symbols in der Symbolleiste «Ressourcenmanagement» direkt an die Stelle gesprungen werden, an der die Überlastung besteht (siehe Abbildung S. 160 unten).

Im unteren Bereich werden die gesamten zugehörigen Vorgänge angezeigt, so daß sofort deutlich wird, bei welchen Vorgängen Änderungen vorgenommen werden müssen, um die Überlastungssituationen zu beseitigen.

Als wichtige Handlungsalternativen stehen dem Projektmanagement nun folgende Möglichkeiten zur Verfügung:

- Ersatz einer überlasteten Ressource durch eine andere Ressource,
- Ableistung von Überstunden durch die Ressource,
- Verschiebung der Vorgänge (Kapazitätsabgleich),
- Verringern des Ressourcenumfangs.

Betrachten wir die letzte Möglichkeit an einem Fallbeispiel etwas genauer.

Aufgabe «Ressourcenüberlastungen reduzieren»:

Um die Überlastung von K. Chrobber im Projekt zu reduzieren, soll für diese Person weniger Arbeit eingeplant werden.
Beim Vorgang «Entwurf Schnittstellen» soll die Arbeitszeit von K. Chrobber von 40h auf 15h reduziert werden.

Möchten Sie Vorgänge, die eine überlastete Ressource ausführt, nicht neu terminieren, kann die Möglichkeit interessant sein, einfach den Umfang der Arbeit, den eine Ressource während des Zeitraums der Überlastung bei einem Vorgang zu leisten hat, zu reduzieren.

Bei dieser Lösungsalternative müssen Sie beachten, daß *Project* standardmäßig die Dauer eines Vorgangs verkürzt, wenn Sie die Gesamtarbeit für einen Vorgang verringern. Da dies im Beispielfall jedoch nicht erfolgen soll (die Dauer für den Vorgang also beibehalten werden soll), ist es wichtig, daß dem Vorgang eine feste Dauer zugewiesen wird.

Zur Problemlösung gehen Sie in folgender Weise vor:

1. Wählen Sie aus dem Menü **Ansicht** den Befehl **Balkendiagramm (Gantt)**.

162 Plandaten analysieren und aktualisieren

2. Aktivieren Sie den Vorgang (hier «Entwurf Schnittstellen»), dessen Dauer unverändert bleiben und für den die Ressource reduziert werden soll. Per Doppelklick wählen Sie das Dialogfeld *Informationen zum Vorgang*.
3. Prüfen Sie im Register *Spezial*, ob bei der Drop-down-Liste *Vorgangsart* der Eintrag *Feste Dauer* eingestellt ist.
4. Aktivieren Sie danach das Register *Ressourcen*, und geben Sie für die Ressource Chrobber 15h ein. Der Wert ändert sich von 100% auf 13%.

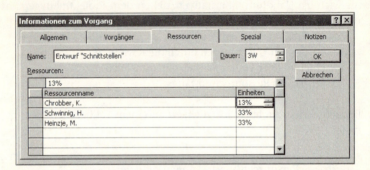

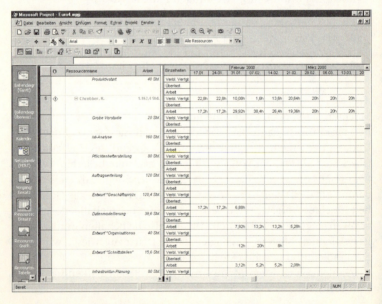

5. Führen Sie den Befehl aus, sehen Sie durch Anzeige der Ansicht **Ressource: Einsatz**, daß nunmehr die Überlastungen der Ressource in dem Zeitraum aufgelöst sind (siehe Abbildung S. 162 unten).

Abschließend einige Hinweise zu weiteren Lösungsmöglichkeiten bei Ressourcenüberlastungen:
- **Nicht ausgelastete Ressourcen neu zuordnen.** In diesem Fall werden Tätigkeiten, die ursprünglich von überlasteten Ressourcen ausgeführt werden sollten, den nicht ausgelasteten Ressourcen zugeordnet. Die Option sollte dann angewandt werden, wenn die nicht ausgelasteten Ressourcen auch über die nötigen Qualifikationen verfügen, um Tätigkeiten der überlasteten Ressourcen zu übernehmen. Damit verringert sich letztlich die Zeit, die die überlasteten Ressourcen für die Tätigkeiten aufwenden müssen.
- **Arbeitszeiten von Ressourcen ändern.** Trotz aller Anpassungsmaßnahmen ist es weiterhin möglich, daß Ressourcen überlastet sind. In diesem Fall könnten Sie eine Überlastung dadurch auflösen, daß die verfügbare Arbeitszeit für die überlasteten Ressourcen erhöht wird. Angewandt werden sollte diese Option, wenn alle anderen verfügbaren Ressourcen ausgelastet sind und der Kostenrahmen für das Projekt das Hinzufügen weiterer Ressourcen ausschließt.

5.2.3 Kostenanalysen

In vielen Projekten muß die Projektleitung mit einem begrenzten Budget zurechtkommen. Gerade bei «größeren» Projekten ist die Planung und Überwachung der Kosten während der gesamten Projektdauer von Bedeutung.

Um bereits in der Planungsphase Einsparungsmöglichkeiten für das Projekt zu eruieren, sollte den Haupteinflußgrößen der Kosten besondere Beachtung geschenkt werden. Dies sind in der Regel die Ressourcen (also die Kosten für das eingesetzte Personal und die benötigten Sachmittel).

164 Plandaten analysieren und aktualisieren

> **Aufgabe «Kostendaten anzeigen und analysieren»:**
>
> Um konkretere Informationen zu den Kosten zu erhalten, möchten Sie sich folgende Kostenfaktoren anzeigen lassen:
> - Gesamtprojektkosten,
> - Gesamtkosten der jeweiligen Vorgänge,
> - Gesamtkosten der jeweiligen Ressourcen,
> - Gesamtkosten einer Zuordnung,
> - zeitliche Verteilung der Kosten über die Dauer eines Vorganges.

Grundsätzlich gilt:

- *Project* berechnet die Gesamtkosten auf der Basis der angegebenen festen Kosten sowie der Kostensätze, die für den Ressourceneinsatz angegeben wurden. Die Kostensätze stellen dabei die Stunden-, Wochen-, Monats- und Jahressätze dar, die für die jeweiligen Ressourcen bezahlt werden.
- Darüber hinaus werden vom Programm Kosten berechnet, die auf die Dauer eines Vorganges verteilt sind. Danach werden geplante, kumulierte und aktuelle Kosten unterschieden.

Gesamtprojektkosten anzeigen

Einen Überblick über die aktuell geplanten/berechneten Kosten erhalten Sie, indem Sie das Menü **Projekt** mit dem Befehl **Projekt-Info** aufrufen. Wählen Sie dann die Schaltfläche [Statistik]:

Projekt-Statistik für 'Euro4.mpp'

	Anfang	Ende
Berechnet	Fr 01.10.99	Di 15.08.00
Geplant	NV	NV
Aktuell	NV	NV
Abweichung	0t	0t

	Dauer	Arbeit	Kosten
Berechnet	219t	4.780,4h	375.575,84 DM
Geplant	0t	0h	0,00 DM
Aktuell	0t	0h	0,00 DM
Verbleibend	219t	4.780,4h	375.575,84 DM

Prozent abgeschlossen:
Dauer: 0%   Arbeit: 0%

Die anfallenden Gesamtprojektkosten sehen Sie in der Spalte *Kosten* in der unteren Tabelle. Informativ ist der Aufruf dieser Daten, wenn Sie befürchten, daß ein Projekt den vorgegebenen Kostenrahmen zu überschreiten droht. Falls Sie nach der Anzeige der Daten zu dem Schluß kommen, daß die Kosten reduziert werden müssen, bietet sich eine weitergehende Analyse der anfallenden Vorgangs- und Ressourcenkosten an.

Gesamtkosten von Vorgängen anzeigen

Um mögliche Kosteneinsparungen zu ermitteln, können Sie sich die Kosten einzelner Vorgänge ansehen und genauer analysieren. Hilfreiche Ansatzpunkte zur Kostensenkung sind beispielsweise die Vorgänge, die die höchsten Kosten verursachen, oder Vorgänge, die nicht so hohe Bedeutung für den Projekterfolg haben.

Vorgehensweise:

1. Aktivieren Sie via Ansichtsleiste die Variante *Balkendiagramm (Gantt)*.
2. Wählen Sie im Menü **Ansicht** den Befehl **Tabelle**, und klicken Sie anschließend auf **Kosten**.
3. Ziehen Sie den Trennbalken so weit nach rechts, bis Sie zumindest das Feld *Gesamtkosten* sehen können.

Gewünschtes Ergebnis:

	Vorgangsname	Feste Kosten	Fälligkeit fester Kosten	Gesamtkosten	Geplant	Abweichung	Aktuell	Verbleibend
1	⊟ **Vorbereitung und Analyse**	**0,00 DM**	**Anteilig**	**51.788,47 DM**	**0,00 DM**	**51.788,47 DM**	**0,00 DM**	**51.788,47 DM**
2	Grobe Vorstudie	0,00 DM	Anteilig	4.865,39 DM	0,00 DM	4.865,39 DM	0,00 DM	4.865,39 DM
3	Ist-Analyse	0,00 DM	Anteilig	24.807,69 DM	0,00 DM	24.807,69 DM	0,00 DM	24.807,69 DM
4	Pflichtenhefterstellung	0,00 DM	Anteilig	7.115,39 DM	0,00 DM	7.115,39 DM	0,00 DM	7.115,39 DM
5	Auftragserteilung	0,00 DM	Anteilig	15.000,00 DM	0,00 DM	15.000,00 DM	0,00 DM	15.000,00 DM
6	Hauptprojektstart	0,00 DM	Anteilig	0,00 DM	0,00 DM	0,00 DM	0,00 DM	0,00 DM
7	⊟ **Soll-Konzept**	**0,00 DM**	**Anteilig**	**85.617,31 DM**	**0,00 DM**	**85.617,31 DM**	**0,00 DM**	**85.617,31 DM**
8	Entwurf "Geschäftsproz	0,00 DM	Anteilig	29.709,62 DM	0,00 DM	29.709,62 DM	0,00 DM	29.709,62 DM
9	Datenmodellierung	0,00 DM	Anteilig	32.094,23 DM	0,00 DM	32.094,23 DM	0,00 DM	32.094,23 DM
10	Entwurf "Organisationss	0,00 DM	Anteilig	2.115,38 DM	0,00 DM	2.115,38 DM	0,00 DM	2.115,38 DM
11	Entwurf "Schnittstellen"	0,00 DM	Anteilig	5.775,00 DM	0,00 DM	5.775,00 DM	0,00 DM	5.775,00 DM
12	Infrastruktur-Planung	0,00 DM	Anteilig	15.923,08 DM	0,00 DM	15.923,08 DM	0,00 DM	15.923,08 DM
13	Entscheidungssitzung	0,00 DM	Anteilig	3.653,84 DM	0,00 DM	3.653,84 DM	0,00 DM	3.653,84 DM
14	⊟ **Programmtechnische An**	**0,00 DM**	**Anteilig**	**141.473,08 DM**	**0,00 DM**	**141.473,08 DM**	**0,00 DM**	**141.473,08 DM**
15	Anpassung "Finanzwes	0,00 DM	Anteilig	40.073,08 DM	0,00 DM	40.073,08 DM	0,00 DM	40.073,08 DM
16	Anpassung "Controlling"	0,00 DM	Anteilig	30.726,93 DM	0,00 DM	30.726,93 DM	0,00 DM	30.726,93 DM
17	Anpassung "Personalwi	0,00 DM	Anteilig	38.365,38 DM	0,00 DM	38.365,38 DM	0,00 DM	38.365,38 DM
18	Anpassung "Materialwirt	0,00 DM	Anteilig	32.307,69 DM	0,00 DM	32.307,69 DM	0,00 DM	32.307,69 DM
19	⊟ **Systemtechnische Imple**	**0,00 DM**	**Anteilig**	**78.523,92 DM**	**0,00 DM**	**78.523,92 DM**	**0,00 DM**	**78.523,92 DM**
20	Anlageninstallation	0,00 DM	Anteilig	29.172,00 DM	0,00 DM	29.172,00 DM	0,00 DM	29.172,00 DM
21	Datenübernahme	0,00 DM	Anteilig	24.351,92 DM	0,00 DM	24.351,92 DM	0,00 DM	24.351,92 DM
22	Vorbereitung RZ-Betrieb	0,00 DM	Anteilig	5.000,00 DM	0,00 DM	5.000,00 DM	0,00 DM	5.000,00 DM
23	Programminstallation und	0,00 DM	Anteilig	20.000,00 DM	0,00 DM	20.000,00 DM	0,00 DM	20.000,00 DM
24	⊟ **Personalfragen**	**0,00 DM**	**Anteilig**	**9.134,61 DM**	**0,00 DM**	**9.134,61 DM**	**0,00 DM**	**9.134,61 DM**
25	Personalausbildung	0,00 DM	Anteilig	7.307,69 DM	0,00 DM	7.307,69 DM	0,00 DM	7.307,69 DM
26	Personaleinweisung	0,00 DM	Anteilig	1.826,92 DM	0,00 DM	1.826,92 DM	0,00 DM	1.826,92 DM
27	Produktivstart	0,00 DM	Anteilig	5.384,61 DM	0,00 DM	5.384,61 DM	0,00 DM	5.384,61 DM

Gesamtkosten von Ressourcen anzeigen

Um zu ermitteln, wie sich die Standardkosten, die Kosten für Überstunden sowie die Kosten pro Einsatz zusammensetzen, können Sie sich die Gesamtkosten pro Ressource ansehen. Vorgehensweise:

1. Aktivieren Sie via Ansichtsleiste die Variante **Ressource: Tabelle**.
2. Wählen Sie im Menü **Ansicht** den Befehl **Tabelle**.
3. Klicken Sie anschließend auf **Kosten**.

Gewünschtes Ergebnis:

	Ressourcenname	Kosten	Geplante Kosten	Abweichung	Aktuelle Kosten	Verbleibend
1	Müller Dr., Th.	923,08 DM	0,00 DM	923,08 DM	0,00 DM	923,08 DM
2	Meier, K.	42.980,78 DM	0,00 DM	42.980,78 DM	0,00 DM	42.980,78 DM
3	Müller, K.	5.538,46 DM	0,00 DM	5.538,46 DM	0,00 DM	5.538,46 DM
4	Seliger, F.	4.692,30 DM	0,00 DM	4.692,30 DM	0,00 DM	4.692,30 DM
5	Chrobber, K.	61.473,07 DM	0,00 DM	61.473,07 DM	0,00 DM	61.473,07 DM
6	Mentor, I.	63.350,00 DM	0,00 DM	63.350,00 DM	0,00 DM	63.350,00 DM
7	Fix, D.	50.550,00 DM	0,00 DM	50.550,00 DM	0,00 DM	50.550,00 DM
8	Schlau, F.	38.950,00 DM	0,00 DM	38.950,00 DM	0,00 DM	38.950,00 DM
9	Kaufmann, K.	9.134,61 DM	0,00 DM	9.134,61 DM	0,00 DM	9.134,61 DM
10	Elektra, X.	3.564,00 DM	0,00 DM	3.564,00 DM	0,00 DM	3.564,00 DM
11	Installo, K.	3.564,00 DM	0,00 DM	3.564,00 DM	0,00 DM	3.564,00 DM
12	Meiler, K.	13.200,00 DM	0,00 DM	13.200,00 DM	0,00 DM	13.200,00 DM
13	Bunger, F.	8.844,00 DM	0,00 DM	8.844,00 DM	0,00 DM	8.844,00 DM
14	Tieme, E.	13.846,15 DM	0,00 DM	13.846,15 DM	0,00 DM	13.846,15 DM
15	Mahler, T.	19.615,39 DM	0,00 DM	19.615,39 DM	0,00 DM	19.615,39 DM
16	Schwinnig, H.	17.221,16 DM	0,00 DM	17.221,16 DM	0,00 DM	17.221,16 DM
17	Heinzje, M.	18.128,84 DM	0,00 DM	18.128,84 DM	0,00 DM	18.128,84 DM

Hinweis: Um eine grafische Darstellung der Ressourcengesamtkosten zu erhalten, wählen Sie in der Ansichtsleiste die Option **Ressource: Grafik**. Aktivieren Sie im Menü **Format** die Variante **Einzelheiten**. Wählen Sie anschließend *Kosten* oder *Kumulierte Kosten*.

Gesamtkosten einer Zuordnung anzeigen

Um zu ermitteln, welche Ressourcenkosten für Kostensenkungsmaßnahmen in Betracht kommen, müssen Sie die Gesamtkosten einer Ressource zur Anzeige bringen. Diese lassen sich in der zuvor erläuterten Abbildung in der Spalte *Kosten* ablesen.

Verteilung der Kosten anzeigen

Um zu ermitteln, wie sich die Gesamtkosten über die Dauer eines Vorganges verteilen, gehen Sie in folgender Weise vor:

1. Aktivieren Sie via Ansichtsleiste die Variante **Vorgang: Einsatz**.
2. Wählen Sie im Menü **Format** den Befehl **Einzelheiten**.
3. Klicken Sie anschließend auf **Kosten**.

Gewünschtes Ergebnis:

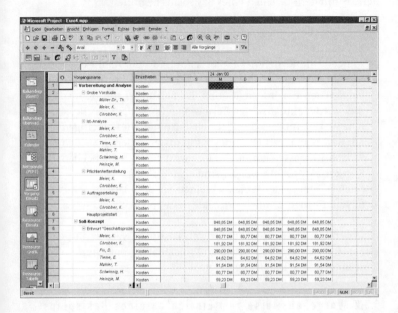

5.3 Verabschiedung des Projektplans

Das Ende der Planungsphase bestimmt in der Praxis die Projektleitung. Dies ist dann der Fall, wenn sie der Meinung ist, daß keine weiteren Planungen bzw. Umdispositionen zu den vorhandenen Planungen mehr notwendig sind. Häufig ist der Zeitpunkt des Planungsendes einfach auch der Termin der Vorlage der Projektplanung bei den Vorgesetzten oder Genehmigungskomitees.

5.3.1 Funktionen eines Basisplans

Wenn Sie den Anfangsprozeß der Projektplanerstellung abgeschlossen haben, also Vorgänge eingegeben, Abhängigkeiten festgelegt, Ressourcen zugeordnet und den Terminplan genau abgestimmt haben, können Sie mit dem Erstellen eines Basisplans beginnen.

Wozu wird dieser Basisplan benötigt?

- Ein Basisplan nimmt die ursprüngliche Schätzung für Termine, Ressourcen und Kosten des Projkts auf und stellt damit ein wichtiges Instrument zum Überwachen des Projektfortschrittes dar. Durch Vergleichen der Informationen des Basisplans mit dem später immer wieder aktualisierten Terminplan im Verlauf des Projekts können Sie Unstimmigkeiten schnell aufspüren und beseitigen.
- Ein Basisplan bietet Orientierungspunkte, an denen Sie den Projektfortschritt messen können. Damit wird deutlich, ob bei dem Projekt Kurskorrekturen notwendig sind.
- Nach Abschluß des Projekts können Sie den Basisplan verwenden, um zukünftige, ähnliche Projekte besser planen zu können.

Beachten Sie: Mit der Speicherung als Basisplan werden die geplanten Daten in *Project* als Bestandteil der Projektdatei gespeichert und in Feldern für geplante Daten angezeigt.

5.3.2 Vorgehensweise zum Einrichten eines Basisplans

Für die Fortschrittskontrolle muß der ausgearbeitete und genehmigte Projektplan als Planbasis definiert werden. *Project* bietet deshalb die Möglichkeit, nach Optimieren des Projektplans und vor Projektbeginn einen Basisplan zu speichern. Falls beim Speichern der Projektdatei der Planungs-Assistent angezeigt wird, können Sie einen Basisplan mit Unterstützung durch diesen Assistenten speichern.

So speichern Sie eine Projektdatei mit geplanten Daten:
1. Menü **Datei** aktivieren.
2. Befehl **Speichern unter** wählen.
3. Es erscheint ein Dialogfeld, in dem Sie die Option «mit einem Basisplan» wählen.

Verabschiedung des Projektplans 169

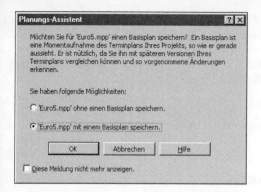

Speichern Sie unter dem Dateinamen «Euro5.MPP».

Ergebnis:
- Es wird eine Planbasis durch Kopieren erstellt. Dies bedeutet, daß die berechneten Termine, Kosten und Arbeitsdaten in die Felder für die geplanten Werte kopiert werden. Im weiteren Verlauf des Projekts werden die berechneten Werte fortgeschrieben und können mit den ursprünglich geplanten Werten verglichen werden.
- Es wird keine eigene Datei für die Planbasis erstellt.

Testen Sie beispielsweise den Befehl **Projekt-Info** mit der Variante *Statistik*, dann sehen Sie den Unterschied zu der bisherigen Anzeige:

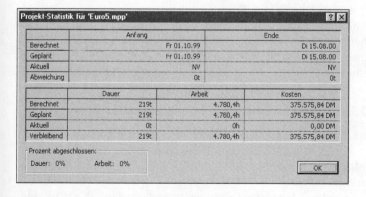

Es sind nun auch bei der Zeile *Geplant* die entsprechenden Werte eingetragen.

Ist der Planungs-Assistent nicht aktiviert, müssen Sie den Plan «selbst» speichern, indem Sie aus dem Menü **Extras** den Befehl **Überwachung** wählen und dann auf **Basisplan speichern** klicken.

Vorgehensweise:
1. Zeigen Sie im Menü **Extras** auf **Überwachung**.
2. Klicken Sie anschließend auf **Basisplan speichern**. Ergebnis:

3. Klicken Sie auf *Gesamtes Projekt* oder *Ausgewählte Vorgänge*, um den gewünschten Teil des Terminplans zu speichern.

Neu ist jetzt das Auftauchen des Begriffs «Zwischenplan». Wann bietet sich das Erstellen eines Zwischenplans an? Ein Zwischenplan ist eine Zusammenstellung von Terminplandaten, die während der Projektabwicklung jederzeit gespeichert werden können (bis zu zehn Zwischenpläne sind möglich). Grundsätzlich bietet sich ein Zwischenplan an, um die Genauigkeit der Schätzungen zu analysieren und zur Feststellung, an welchem Punkt das Projekt vom Kurs abgewichen ist.

5.3.3 Vergleich von Basisplan und aktueller Planung

Auch nach Beendigung der Planung und Verabschiedung eines Basisplans können natürlich noch Änderungen notwendig sein. Von den zahlreichen Gründen für notwendige Änderungen seien einige exemplarisch genannt:
- Eingeplante Mitarbeiter, die auch in anderen Projekten tätig sind,

müssen mit Priorität in einem anderen Projekt mitarbeiten. Eine Umplanung der Ressourcen ist unumgänglich.
- Die Projektleitung erhält neue Informationen, aus denen hervorgeht, daß bestimmte Vorgänge länger als geplant dauern.
- Mitarbeiter, die als Ressourcen für bestimmte Vorgänge eingeplant wurden, sind längerfristig erkrankt und stehen nicht wie geplant zur Verfügung.
- Wenn für eine Ressource Material eingeplant ist, kann es vorkommen, daß dieses nicht rechtzeitig gefertigt und geliefert werden kann.

Die Liste der Gründe ließe sich natürlich beliebig erweitern. Es macht in jedem Fall Sinn (auch um sich etwa gegenüber Vorgesetzten später begründet rechtfertigen zu können), wenn diese Projektverzögerungen/Projektveränderungen entsprechend dokumentiert werden können. *Project* stellt für diesen Zweck einen speziellen Soll-Ist-Vergleich bereit.

So kann ein aktueller Plan erzeugt und die Abweichung vom Basisplan dokumentiert werden. Beispiel: Durch die Verlängerung von Vorgang X verschieben sich alle weiteren Vorgänge, die auf dem kritischen Weg liegen, und damit verschiebt sich auch der geplante Endtermin.

6 Projektsteuerung und Projektkontrolle

Der Projektplan wurde genehmigt, und das Projekt wird wie vorgesehen gestartet. Welche Möglichkeiten der Einsatz von *MS Project* nun eröffnet, das sollen Sie im folgenden Kapitel genauer kennenlernen.

6.1 Aktivitäten von Projektleitung und Projektteam

Mit dem Start des Projektes verlagert sich der Aufgabenbereich des Projektleiters von der Planung hin zu einer **fortlaufenden Kontrolle und Steuerung** des Projektes. Zunächst eine kurze Beschreibung, welche Teilaktivitäten dazu zu rechnen sind.

6.1.1 Laufende Erfassung der Projektfortschritte

Zur erfolgreichen Durchführung des Projektes ist eine laufende Erfassung der Projektfortschritte erforderlich. Dazu werden in regelmäßigen Zeitabständen die Ist-Daten zum Projektablauf gesammelt.
Wichtig ist zu entscheiden,
- **welche Daten** laufend zu aktualisieren sind,
- **woher** die **aktuellen Informationen** stammen und
- **in welchen Zeitabständen** die Akualisierung erfolgen soll.

Zunächst zum Zeitrahmen: Mit der regelmäßigen Aktualisierung des Projektplans sollen die Voraussetzungen für eine Fortschrittsüberwachung des Projekts gelegt werden. Am besten ist es, wenn Sie den Plan in festen Abständen aktualisieren (beispielsweise wöchentlich oder einmal im Monat) und diesen Rhythmus dann auch konsequent einhalten.
Der Projektfortschritt kann in unterschiedlicher Genauigkeit erfaßt

werden. Wenn lediglich die Termineinhaltung überprüft werden soll, ergeben sich natürlich andere Daten und Teilaufgaben, als wenn auch eine detaillierte Verfolgung der Ressourcenkosten und des Ressourceneinsatzes gewünscht ist.

Beispiele für zu erfassende Ist-Daten sind:
- tatsächlicher Beginn eines Vorganges
- tatsächliches Ende eines Vorganges
- tatsächliche Dauer eines Vorganges
- tatsächliche Fertigstellung (Grad des Abschlusses)
- verbleibende Arbeiten (Zeitaufwand, notwendige Aktivitäten)
- tatsächlich angefallene Vorgangskosten
- tatsächlich angefallene Ressourcenkosten
- wer hat was erledigt?

Ein wichtiger Erfolgsfaktor für eine leistungsfähige Fortschrittsüberwachung des Projektes ist die Qualität der Daten zu den Vorgängen, Ressourcen und Kosten. Es stellt sich deshalb die Frage, wie diese Informationen gewonnen werden können. Varianten sind:
- Ist-Aufnahme durch die Projektleitung,
- Ablieferung von Berichten durch Teilprojektverantwortliche,
- laufende Statusberichte durch Projektmitarbeiter.

Bei komplexeren Projekten hat es sich bewährt, die Ist-Daten von den verantwortlichen Personen bzw. von allen Projektmitgliedern einzuholen. Diese haben dann in regelmäßigen Abständen einen Bericht über den Vorgangsfortschritt (mit genau fixierten Ist-Daten) der Projektleitung vorzulegen.

Um ein Projekt zu verfolgen, müssen beispielsweise die geplanten Ressourcendaten abgeglichen werden. Jeder Mitarbeiter an einem Projekt muß dazu seine Arbeitstage (oder Stunden), die er am Projekt gearbeitet hat, laufend festhalten und an die Projektleitung melden. Im Projekt-Fortschrittsbericht werden die angefallenen Mitarbeitertage jeweils für die einzelnen Projektphasen durch die Projektleitung nachgehalten und kumuliert.

Nicht nur eine schriftliche Mitteilung der Projektfortschritte an die Projektleitung ist heute zweckmäßig. Eine erhebliche Erleichterung kann heute dadurch realisiert werden, daß Standardberichte über den Projektfortschritt jeweils durch die Bearbeiter per E-Mail verschickt werden können. Danach ist eine Sammlung und unmittelbare Bearbeitung der Daten in *Project* möglich. Projektleitungen und Projektteams sollten diese Möglichkeit in jedem Fall in Erwägung ziehen. Sie spart Zeit und Erfassungsaufwand.

6.1.2 Fortschreibung der Daten

Liegen die aktuellen Fortschrittsdaten vor, müssen diese im Projektmanagementprogramm systematisch erfaßt und der bisherige Projektplan fortgeschrieben werden:

- Im Rahmen der Terminkontrolle ist durch die Projektleitung oder durch das Projektteam die Fortschreibung der Anfangs- und Endtermine sowie der verbrauchten Zeiten für Teilvorgänge möglich.
- Ergänzend erforderlich ist in vielen Fällen außerdem eine Kontrolle und Fortschreibung des Ressourceneinsatzes sowie der angefallenen Kosten.

Auf dieser Basis können dann Berichte der Projektleitung an den Auftraggeber des Projektes erfolgen sowie neue Daten zum Einsatz an die Teammitglieder gegeben werden.

6.1.3 Soll-Ist-Vergleiche zur Projektsteuerung

Eine besondere Aufgabe des Projektleiters ist es, den Projektfortschritt für jeden Vorgang zu verfolgen. Dazu lassen sich konkrete Vergleiche von Plan- und Ist-Daten vornehmen. Durch diesen Vergleich der geplanten Daten mit aktuellen Daten können mögliche Probleme schon bei der Entstehung erkannt und frühzeitig gelöst werden.
Project bietet hierzu gezielte Unterstützung an: Nach Eingabe von Ist-Terminen, tatsächlicher Ressourcennutzung und der Ist-Kosten lassen sich entsprechende Soll-Ist-Vergleiche anstellen und als Statusbericht den Projektbeteiligten zur Verfügung stellen. Als Ergebnis dieser Aktivität sind Statusberichte nützlich, die vom Computerprogramm mittels weniger Arbeitsschritte auf Knopfdruck bereitgestellt werden können.

6.2 Nutzen fortlaufender Projektüberwachung

Welche Vorteile ergeben sich durch die konsequente Verfolgung und Steuerung der Termine, Ressourcen und Kosten?

- Durch die Erfassung der aktuellen Daten können die Projektleitung und das Projektteam immer auf dem neuesten Stand gehalten werden. Dazu ist im Rahmen der Zeitüberwachung die **Anzeige des aktuellen Projektstatus** möglich. So können erledigte von unerledigten Aufgaben differenziert dargestellt werden.
- Da Störungen im Projektablauf nicht auszuschließen sind, können im Rahmen der Projektsteuerung **Analysen** aufgerufen werden, wo **Verzögerungen** aufgetreten sind und welche **Konsequenzen** diese für den Projektverlauf haben.
- Für die Projektsteuerung von besonderer Bedeutung ist die Anzeige des kritischen Weges sowie die Auswertung der Pufferzeiten. Aktivitäten, die auf dem kritischen Weg liegen, muß der Projektleiter besondere Beachtung im Hinblick auf die Einhaltung der geplanten Termine schenken.
- Die **Ermittlung und Anzeige der Pufferzeiten** je Aktivität gibt an, um wieviel Zeiteinheiten ein Vorgang verschoben und/oder ausgedehnt werden kann, ohne den geplanten Endtermin des Projektes zu gefährden.
- Im Laufe des Projektes können schließlich die tatsächlich anfallenden Kosten erfaßt werden, so daß durch Gegenüberstellung mit den Planzahlen jederzeit ein Überblick über die Kostenentwicklung gegeben ist **(Kostenkontrolle)**.
- Allgemein ergibt sich aus dem Überwachen und Aktualisieren der Projektdaten der Vorteil, daß auf diese Weise Erfahrungswerte für künftige Projektplanungen gesammelt werden können.

Beachten Sie: Die Überwachung der Projektfortschritte mit *MS Project* ist zwar relativ einfach. Sie erfordert jedoch eine gewisse Sorgfalt und Konsequenz. Denn der Projektplan ist nur dann ein hilfreiches Instrument zur Projektüberwachung, wenn die Daten auch tatsächlich in regelmäßigen Abständen aktualisiert werden.

6.3 Projektfortschritt überwachen

Im Vorspann wurde bereits deutlich, daß einige Voraussetzungen gegeben sein müssen, um eine detaillierte Überwachung eines Projekts vornehmen zu können. So muß zunächst die Anzeige auf Projektverfolgungsdiagramm umgestellt und auf dieser Basis die Aktualisierung der Daten vorgenommen werden.

6.3.1 Projektverfolgungsdiagramm anzeigen

> **Aufgabe/Beispiel:**
> Es ist der 20.03.2000. Das Projekt, das planmäßig gestartet wurde, soll nun hinsichtlich des Projektfortschritts kontrolliert werden. Aktivieren Sie die Datei «Euro5.MPP», und führen Sie folgende Teilschritte durch:
> - Verändern Sie zunächst die Einstellung des aktuellen Datums auf den 20.3.2000.
> - Stellen Sie danach die Anzeige als Projektverfolgungsdiagramm ein.
> - Speichern Sie das Zwischenergebnis unter dem Dateinamen «Euro6.MPP».

■ **Simulation des Datums: Aktuelles Datum einstellen**
Um aus der Planung in die Phase der Projektsteuerung zu gelangen und die Möglichkeiten von *Project* zu testen, ist eine Veränderung der aktuellen Datumseinstellung nötig.
So gehen Sie vor:
1. Menü **Projekt** aktivieren.
2. Wählen Sie den Befehl **Projekt-Info**.
3. Geben Sie im Feld *Aktuelles Datum* ein: 20.3.2000.
4. Führen Sie den Befehl durch Klicken auf OK aus.

Ergebnis: Es wird im Balkendiagramm eine vertikale (gepunktete) Trennlinie bei dem aktuellen Datum eingefügt.

Hinweis: In der Praxis entspricht das Systemdatum automatisch dem aktuellen Datum.

Projektfortschritt überwachen 177

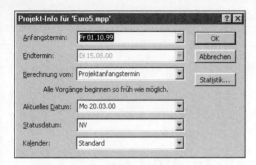

Überwachungsdiagramm anzeigen

Um eine Überwachung und Aktualisierung der Projektplanung während der eigentlichen Projektdurchführung vornehmen zu können, wählen Sie die Anzeige des sogenannten Überwachungsdiagramms.
So gehen Sie vor:
1. Menü **Ansicht**.
2. Befehl **Balkendiagramm: Überwachung** aufrufen.
3. Stellen Sie die Zeitskala über die Befehlsfolge **Format/Zeitskala** so ein, daß sich die folgende Bildschirmanzeige ergibt:

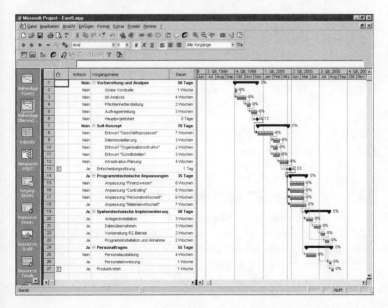

Die Darstellung zeigt, daß nun zwei verschiedene Balken pro Vorgang angezeigt werden:
- Balken für die geplanten Termine,
- Balken für die kalkulierten Termine (unterhalb).

Da noch keine Aktualisierung vorgenommen wurde, unterscheiden sich die Balken bisher nur in der Farbe (die Balken unterhalb sind in grauer Farbe dargestellt).

6.3.2 Statuserfassung für Projektvorgänge

Sind die Voraussetzungen für die Projektüberwachung mit *Project* gegeben, können Sie für einzelne Projektvorgänge die Statuserfassung vornehmen. Folgende Möglichkeiten stehen dazu grundsätzlich zur Verfügung:

Feldbezeichnung im Programm	Bedeutung
Aktueller Anfang	Anfangstermine der jeweiligen Vorgänge
Aktuelles Ende	Endtermine der bereits durchgeführten Vorgänge
Aktuelle Dauer	Vorgangsdauer
% Abgeschlossen	Prozentwert des Vorgangsabschlusses (= Beurteilung des Fertigstellungsgrades)
Aktuelle Kosten	Vorgangskosten
Arbeit	Aktuelle Arbeit

Die Anwendung lernen Sie im folgenden anhand des Beispielfalles kennen.

Aufgabe: Status für Projektvorgänge erfassen

In der nun vorhandenen Datei «Euro6.MPP» sollen verschiedene Ist-Daten erfaßt werden, die sich aus den Berichten der Verantwortlichen ergeben. Führen Sie die notwendigen Aktivitäten durch:
- Die ersten fünf Vorgänge im Rahmen der Vorstudie (die Vorgänge Nr. 2 bis 6) konnten alle planmäßig abgewickelt werden.

> Die Arbeit daran ist vollständig abgeschlossen. Die Vorgänge wurden wie kalkuliert begonnen und beendet.
> - Vorgang 8 (Entwurf der Geschäftsprozesse) konnte 1 Woche früher abgeschlossen werden. Statt 7 Wochen sind jetzt also nur 6 Wochen einzutragen.
> - Vorgang 9 (Datenmodellierung) konnte ebenfalls beendet werden. Er dauert aber statt der vorgesehenen drei Wochen tatsächlich 4 Wochen.
> - Die Vorgänge 10 und 11 sind zu einem Teil erledigt. Während Vorgang 10 zu 50% erledigt ist, wurden die Arbeiten zu Vorgang 11 zu 30% fertiggestellt.

Aus den Berichten der Verantwortlichen ergeben sich verschiedene Ist-Daten: Beurteilungen des Fertigstellungsgrades, tatsächlicher Beginn, tatsächliche Dauer. Die verschiedenen Varianten der Behandlung werden anhand der zuvor skizzierten Aufgabenstellung deutlich.

Tatsächliche Anfangs- und Endtermine eingeben

Im Beispielfall wurden die ersten vier Vorgänge des Projektes planmäßig abgewickelt. Es sind daher die konkreten Endtermine zu bestätigen und die Fertigstellung als 100% zu deklarieren.

Gehen Sie in folgender Weise vor, nachdem Sie als Ausgangspunkt die Ansicht auf *Balkendiagramm (Gantt)* eingestellt haben:

1. Wählen Sie im Feld *Vorgangsname* den Vorgang aus, den Sie aktualisieren möchten. Dies ist im Beispielfall zunächst der Vorgangsname *Grobe Vorstudie*.
2. Aktivieren Sie danach das Menü **Extras**, und klicken Sie nach Auswahl von **Überwachung** auf die Option **Vorgänge aktualisieren**. Ergebnis:

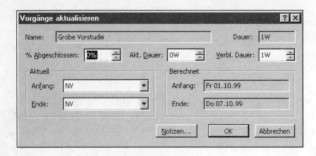

3. Geben Sie zunächst an, daß der Vorgang zu 100% abgeschlossen wurde. Dazu ist der Wert im Feld *% Abgeschlossen* einzutragen.
4. Tragen Sie danach unter der Gruppe *Aktuell* den Anfangs- und Endtermin ein. Im Beispielfall soll sich folgende Eintragung ergeben:

5. Führen Sie den Befehl durch Klicken auf OK aus.

Ergebnis ist, daß der Eintrag 0% auf 100% geändert wird. Außerdem ist in der Informationsspalte ein Häkchen angezeigt.

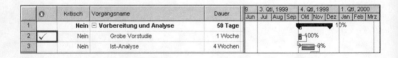

Mitunter ist es nützlich, daß eine zusammenfassende Aktualisierung von mehreren Vorgängen möglich ist. Dies ist etwa dann der Fall, wenn mehrere Vorgänge im Projekt planmäßig begonnen und beendet wurden und dieser Sachverhalt erfaßt werden muß. In folgender Weise gehen Sie vor, um die aktuellen Anfangs- und Endtermine für all diese Vorgänge (im Beispielfall für die Vorgänge 3 bis 6) in einem Schritt einzutragen:

1. Wählen Sie im Feld *Vorgangsname* die Vorgänge aus, die Sie aktualisieren möchten. Dies sind im Beispielfall die Vorgangsnamen *Ist-Analyse, Pflichtenhefterstellung, Auftragserteilung* und *Hauptprojektstart*.
2. Aktivieren Sie danach das Menü **Extras**, und klicken Sie nach Auswahl von **Überwachung** auf die Option **Projekt aktualisieren**. Ergebnis:

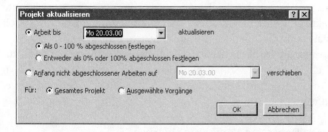

3. Nehmen Sie die Einstellung vor, daß alle Arbeiten zu 100 % fertiggestellt wurden, und legen Sie fest, daß dies für ausgewählte Vorgänge gilt.

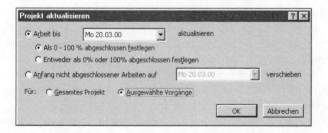

Ergebnis ist nach der Befehlsausführung die folgende Aktualisierung des Balkendiagramms:

	❶	Kritisch	Vorgangsname	Dauer
1	✓	Nein	⊟ **Vorbereitung und Analyse**	**50 Tage**
2	✓	Nein	Grobe Vorstudie	1 Woche
3	✓	Nein	Ist-Analyse	4 Wochen
4	✓	Nein	Pflichtenhefterstellung	2 Wochen
5	✓	Nein	Auftragserteilung	3 Wochen
6	✓	Nein	Hauptprojektstart	0 Tage
7		Nein	⊟ **Soll-Konzept**	**70 Tage**
8		Nein	Entwurf "Geschäftsprozesse"	7 Wochen

Die Überwachung der tatsächlichen Anfangs- und Endtermine ist von besonderer Bedeutung. Die Termine beeinflussen den erfolgreichen Projektverlauf unmittelbar; die entsprechenden Daten sollten deshalb vorrangig überwacht werden.

Beachten Sie:

- Vorgänge, die zu spät beginnen oder enden, können das gesamte Projektziel beeinflussen. Dies ist vor allem dann der Fall, wenn sich die darauf unmittelbar folgenden Vorgänge verzögern.
- Vorgänge, die früher als geplant beginnen oder enden, schaffen zusätzliche Freiräume. So können die dadurch frei werdenden Kapazitäten der Ressourcen für die Arbeit an anderen Vorgängen eingeplant werden.

Aktuelle Dauer von Vorgängen eingeben

Eine andere Variante zur Aktualisierung von Vorgängen besteht darin, die tatsächlich benötigte Zeit (also die Dauer) für die Bearbeitung der Vorgänge einzutragen. Im Beispielfall muß diese Option für den Vorgang *Entwurf "Geschäftsprozesse"* verwendet werden, der jetzt ja statt 7 Wochen nur 6 Wochen gedauert hat.

Gehen Sie in folgender Weise vor, nachdem Sie als Ausgangspunkt die Ansicht auf *Balkendiagramm (Gantt)* eingestellt haben:

1. Wählen Sie im Feld *Vorgangsname* den Vorgang aus, den Sie aktualisieren möchten. Dies ist im Beispielfall zunächst der Vorgangsname *Entwurf "Geschäftsprozesse"*.
2. Aktivieren Sie das Menü **Extras**, und klicken Sie nach Auswahl von **Überwachung** auf die Option **Vorgänge aktualisieren**.
3. Geben Sie an, daß der Vorgang zu 100% abgeschlossen wurde. Dazu ist der Wert im Feld *% Abgeschlossen* einzutragen.
4. Tragen Sie danach bei *Akt. Dauer* die tatsächliche Dauer ein. Im Beispielfall soll das Dialogfeld in folgender Weise ausgefüllt werden:

Projektfortschritt überwachen 183

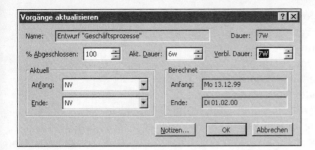

Ergebnis für diesen Teilabschnitt ist die folgende Balkendiagrammanzeige:

Der Balken für die kalkulierten Termine gibt das früher als geplant eingetretene Ende des Vorganges wieder. Der Unterschied zwischen beiden Balkenformen zeigt, daß das Projekt jetzt dem Plan leicht voraus ist.

Beachten Sie: Sobald Sie die aktuelle Dauer eines Vorganges erfaßt haben, werden automatisch der aktuelle Anfangstermin, der Prozentwert des Vorgangsabschlusses und die verbleibende Vorgangsdauer im Terminplan aktualisiert.

Gehen Sie nun in ähnlicher Weise vor, um den Vorgang 9 hinsichtlich der Vorgangsdauer zu aktualisieren. Ergebnis:

Vorgangsfortschritt als Prozentwert eingeben

Eine weitere Variante zur Aktualisierung von Vorgängen besteht darin anzugeben, inwieweit ein Vorgang bereits erledigt ist. Im Beispielfall muß diese Option für die Vorgänge *Entwurf "Organisationsstruktur"* (50%) und *Entwurf "Schnittstellen"* (30%) verwendet werden.

Gehen Sie in folgender Weise vor, nachdem Sie als Ausgangspunkt die Ansicht auf *Balkendiagramm (Gantt)* eingestellt haben:

1. Wählen Sie im Feld *Vorgangsname* den Vorgang aus, den Sie aktualisieren möchten. Dies ist im Beispielfall zunächst der Vorgangsname *Entwurf "Organisationsstruktur"*.
2. Aktivieren Sie danach das Menü **Extras**, und klicken Sie nach Auswahl von **Überwachung** auf die Option **Vorgänge aktualisieren**.
3. Geben Sie an, daß der Vorgang zu 50% abgeschlossen wurde. Dazu ist der Wert im Feld *% Abgeschlossen* einzutragen.

Gehen Sie in ähnlicher Weise für den Vorgang *Entwurf "Schnittstellen"* vor!

Ergebnis:

7		Nein	⊟ Soll-Konzept	72 Tage
8	✓	Nein	Entwurf "Geschäftsprozesse"	6 Wochen
9	✓	Nein	Datenmodellierung	4 Wochen
10		Nein	Entwurf "Organisationsstruktur"	2 Wochen
11		Nein	Entwurf "Schnittstellen"	3 Wochen
12		Nein	Infrastruktur-Planung	4,4 Wochen
13		Ja	Entscheidungssitzung	1 Tag

Ergebnis ist, daß bei der Balkendarstellung der farbig ausgefüllte Teil des oberen Balkens variiert und der Wert 50% bzw. 30% angezeigt wird.

Gleichzeitig wird der Prozentwert des Abschlusses für den Sammelvorgang vom Programm automatisch berechnet (hier aktuell 61% für den Sammelvorgang «Soll-Konzept»). Basis der Berechnung ist der Fortschritt der zugehörigen Teilvorgänge.

Beachten Sie:

- Ein Vorgang ist zu null Prozent abgeschlossen, solange damit noch nicht begonnen wurde.
- Ist ein Vorgang beendet, so ist er zu 100 Prozent abgeschlossen.

6.4 Ressourcenmanagement

Eine andere Möglichkeit zur Aktualisierung können Sie für die Ressourcendaten vornehmen. Gehen Sie dazu in folgender Weise vor:
1. Wählen Sie aus dem Menü **Ansicht** den Befehl **Vorgang: Einsatz**.
2. Aktivieren Sie erneut das Menü **Ansicht**, und wählen Sie nach Aufruf der Variante **Tabelle** die Option **Überwachung**.
3. Ziehen Sie den linken Bereich des Fensters (den Terminbalken) so breit, daß Sie die Anzeige des Feldes *Akt. Arbeit* sehen.

Sie können nun in dem Feld *Akt. Arbeit* für die Ressource, die Sie einem Vorgang zugeordnet haben, die aktualisierten Arbeitsstunden und die Abkürzung für die Dauer eingeben.

6.5 Kostenmanagement

Neben dem Vergleich von Soll-Ist-Kosten kann auch eine Berechnung des aktuellen Fertigstellungswertes gewünscht sein, was manche Programme unterstützen. Diese Größe gibt das Verhältnis der zu einem Stichtag erbrachten Leistungen zur Gesamtleistung eines Vorganges oder Projektes wieder. Bewertet wird dies über die Angabe der dem Fertigstellungsgrad entsprechenden Kosten eines Vorganges oder Projektes, dem Arbeitswert.

Weitere Möglichkeiten zur Aktualisierung können Sie für die Kostendaten vornehmen. Voraussetzung dazu ist, daß Sie das Kontrollkästchen *Aktuelle Kosten werden immer von Microsoft Project berechnet* deaktivieren. Dieses Kästchen finden Sie nach Wahl des Menüs **Extras** und des Befehls **Optionen** im Register *Berechnen*.

Gehen Sie anschließend in folgender Weise vor:
1. Wählen Sie aus dem Menü **Ansicht** den Befehl **Vorgang: Einsatz**.
2. Aktivieren Sie erneut das Menü **Ansicht**, und wählen Sie nach Aufruf der Variante **Tabelle** die Option **Überwachung**.
3. Ziehen Sie den linken Bereich des Fensters (den Terminbalken) so breit, daß Sie die folgende Anzeige erhalten:

	Vorgangsname	Akt. Anfang	Akt. Ende	% Abg.	Akt. Dauer	Verbl. Dauer	Akt. Kosten	Akt. Arbeit
1	⊟ **Vorbereitung und Analyse**	**Fr 01.10.99**	**Fr 10.12.99**	**100%**	**50 Tage**	**0 Tage**	**51.788,47 DM**	**828 Std.**
2	⊟ Grobe Vorstudie	Fr 01.10.99	Do 07.10.99	100%	1 Woche	0 Wochen	4.865,39 DM	68 Std.
	Müller Dr., Th.	Fr 01.10.99	Do 07.10.99				923,08 DM	8 Std.
	Meier, K.	Fr 01.10.99	Do 07.10.99				2.884,62 DM	40 Std.
	Chrobber, K.	Fr 01.10.99	Do 07.10.99				1.057,69 DM	20 Std.
3	⊟ Ist-Analyse	Fr 08.10.99	Fr 05.11.99	100%	4 Wochen	0 Wochen	24.807,69 DM	400 Std.
	Meier, K.	Fr 08.10.99	Fr 05.11.99				5.769,23 DM	80 Std.
	Chrobber, K.	Fr 08.10.99	Fr 05.11.99				8.461,54 DM	160 Std.
	Tieme, E.	Fr 08.10.99	Fr 05.11.99				2.307,69 DM	40 Std.
	Mahler, T.	Fr 08.10.99	Fr 05.11.99				3.269,23 DM	40 Std.
	Schwinnig, H.	Fr 08.10.99	Fr 05.11.99				2.884,62 DM	40 Std.
	Heinzje, M.	Fr 08.10.99	Fr 05.11.99				2.115,38 DM	40 Std.
4	⊟ Pflichtenhefterstellung	Mo 08.11.99	Fr 19.11.99	100%	2 Wochen	0 Wochen	7.115,39 DM	120 Std.
	Meier, K.	Mo 08.11.99	Fr 19.11.99				2.884,62 DM	40 Std.
	Chrobber, K.	Mo 08.11.99	Fr 19.11.99				4.230,77 DM	80 Std.
5	⊟ Auftragserteilung	Mo 22.11.99	Fr 10.12.99	100%	3 Wochen	0 Wochen	15.000,00 DM	240 Std.
	Meier, K.	Mo 22.11.99	Fr 10.12.99				8.653,85 DM	120 Std.
	Chrobber, K.	Mo 22.11.99	Fr 10.12.99				6.346,15 DM	120 Std.
6	Hauptprojektstart	Fr 10.12.99	Fr 10.12.99	100%	0 Tage	0 Tage	0,00 DM	0 Std.
7	⊟ **Soll-Konzept**	**Mo 13.12.99**	**NV**	**61%**	**44,16 Tage**	**27,84 Tage**	**71.047,88 DM**	**762,04 Std.**
8	⊟ Entwurf "Geschäftsprozesse"	Mo 13.12.99	Di 25.01.00	100%	6 Wochen	0 Wochen	25.465,38 DM	340,8 Std.
	Meier, K.	Mo 13.12.99	Di 25.01.00				2.423,08 DM	33,6 Std.
	Chrobber, K.	Mo 13.12.99	Di 25.01.00				5.457,69 DM	103,2 Std.
	Fix, D.	Mo 13.12.99	Di 25.01.00				8.700,00 DM	69,6 Std.
	Tieme, E.	Mo 13.12.99	Di 25.01.00				1.938,46 DM	33,6 Std.
	Mahler, T.	Mo 13.12.99	Di 25.01.00				2.746,15 DM	33,6 Std.
	Schwinnig, H.	Mo 13.12.99	Di 25.01.00				2.423,08 DM	33,6 Std.
	Heinzje, M.	Mo 13.12.99	Di 25.01.00				1.776,92 DM	33,6 Std.

Nun können Sie im Feld *Akt. Kosten* die aktuellen Kosten für die Zuordnung eingeben, deren Kosten Sie aktualisieren möchten.

6.6 Soll-Ist-Vergleiche

Für die weitere Projektsteuerung sind Soll-Ist-Vergleiche hilfreich. Dazu dient zunächst einmal ein Gesamtüberblick, den Sie sich durch Aufruf des bereits bekannten Dialogfeldes *Projekt-Info* verschaffen können.

Die Projektstatistik weist aktuell die Daten wie in Abbildung auf Seite 187 oben aus.

Weitere detaillierte Informationen zur Projekt-Fortschrittsüberwachung können Sie erhalten, wenn Sie die ursprünglich geplanten Schätzungen mit den aktuellen Daten vergleichen, die Sie im Verlauf des Projekts gesammelt haben. Dazu gehen Sie in folgender Weise vor:

1. Wählen Sie aus dem Menü **Ansicht** den Befehl **Balkendiagramm: Überwachung**.
2. Aktivieren Sie das Menü **Ansicht**, und wählen Sie nach Aufruf der Variante **Tabelle** die Option **Abweichung**.

Soll-Ist-Vergleiche 187

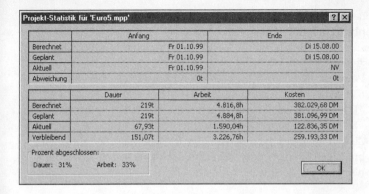

3. Ziehen Sie den linken Bereich des Fensters (den Terminbalken) so breit, daß Sie die folgende Anzeige erhalten:

	Vorgangsname	Anfang	Ende	Geplanter Anfang	Geplantes Ende	Abw. Anf.	Abw. Ende
1	⊟ **Vorbereitung und Analyse**	**Fr 01.10.99**	**Fr 10.12.99**	**Fr 01.10.99**	**Fr 10.12.99**	**0 Tage**	**0 Tage**
2	Grobe Vorstudie	Fr 01.10.99	Do 07.10.99	Fr 01.10.99	Do 07.10.99	0 Tage	0 Tage
3	Ist-Analyse	Fr 08.10.99	Fr 05.11.99	Fr 08.10.99	Fr 05.11.99	0 Tage	0 Tage
4	Pflichtenhefterstellung	Mo 08.11.99	Fr 19.11.99	Mo 08.11.99	Fr 19.11.99	0 Tage	0 Tage
5	Auftragserteilung	Mo 22.11.99	Fr 10.12.99	Mo 22.11.99	Fr 10.12.99	0 Tage	0 Tage
6	Hauptprojektstart	Fr 10.12.99	Fr 10.12.99	Fr 10.12.99	Fr 10.12.99	0 Tage	0 Tage
7	⊟ **Soll-Konzept**	**Mo 13.12.99**	**Do 23.03.00**	**Mo 13.12.99**	**Di 21.03.00**	**0 Tage**	**2 Tage**
8	Entwurf "Geschäftsprozesse"	Mo 13.12.99	Di 25.01.00	Mo 13.12.99	Di 01.02.00	0 Tage	-5 Tage
9	Datenmodellierung	Mi 26.01.00	Di 22.02.00	Mi 02.02.00	Di 22.02.00	-5 Tage	0 Tage
10	Entwurf "Organisationsstruktur"	Mi 26.01.00	Di 08.02.00	Mi 02.02.00	Di 15.02.00	-5 Tage	-5 Tage
11	Entwurf "Schnittstellen"	Mi 26.01.00	Di 15.02.00	Mi 02.02.00	Di 22.02.00	-5 Tage	-5 Tage
12	Infrastruktur-Planung	Mi 23.02.00	Do 23.03.00	Mi 23.02.00	Di 21.03.00	0 Tage	2 Tage
13	Entscheidungssitzung	Mo 27.03.00	Mo 27.03.00	Mo 27.03.00	Mo 27.03.00	0 Tage	0 Tage
14	⊟ **Programmtechnische Anpassungen**	**Di 28.03.00**	**Do 18.05.00**	**Di 28.03.00**	**Do 18.05.00**	**0 Tage**	**0 Tage**
15	Anpassung "Finanzwesen"	Di 28.03.00	Do 11.05.00	Di 28.03.00	Do 11.05.00	0 Tage	0 Tage
16	Anpassung "Controlling"	Di 28.03.00	Do 11.05.00	Di 28.03.00	Do 11.05.00	0 Tage	0 Tage
17	Anpassung "Personalwirtschaft"	Di 28.03.00	Do 11.05.00	Di 28.03.00	Do 11.05.00	0 Tage	0 Tage
18	Anpassung "Materialwirtschaft"	Di 28.03.00	Do 18.05.00	Di 28.03.00	Do 18.05.00	0 Tage	0 Tage
19	⊟ **Systemtechnische Implementierung**	**Fr 19.05.00**	**Di 01.08.00**	**Fr 19.05.00**	**Di 01.08.00**	**0 Tage**	**0 Tage**
20	Anlageninstallation	Fr 19.05.00	Fr 09.06.00	Fr 19.05.00	Fr 09.06.00	0 Tage	0 Tage
21	Datenübernahmen	Di 13.06.00	Di 04.07.00	Di 13.06.00	Di 04.07.00	0 Tage	0 Tage
22	Vorbereitung RZ-Betrieb	Mi 05.07.00	Di 18.07.00	Mi 05.07.00	Di 18.07.00	0 Tage	0 Tage
23	Programminstallation und Abnahme	Mi 19.07.00	Di 01.08.00	Mi 19.07.00	Di 01.08.00	0 Tage	0 Tage
24	⊟ **Personalfragen**	**Fr 19.05.00**	**Di 08.08.00**	**Fr 19.05.00**	**Di 08.08.00**	**0 Tage**	**0 Tage**
25	Personalausbildung	Fr 19.05.00	Mo 19.06.00	Fr 19.05.00	Mo 19.06.00	0 Tage	0 Tage
26	Personaleinweisung	Mi 02.08.00	Di 08.08.00	Mi 02.08.00	Di 08.08.00	0 Tage	0 Tage
27	Produktivstart	Mi 09.08.00	Di 15.08.00	Mi 09.08.00	Di 15.08.00	0 Tage	0 Tage

Sie können nun anhand der Unterschiede in den letzten beiden Spalten die Abweichungen zwischen den geplanten und den aktuellen Daten einsehen. Ergeben sich starke Abweichungen zum ursprünglichen Plan, ist zu prüfen, inwieweit Korrekturen notwendig sind, damit das Projekt «im Lot» bleibt.

Neben dem zeitlichen Soll-Ist-Vergleich ist auch der **Vergleich auf Kostenbasis** möglich. Gehen Sie in folgender Weise vor, um eine Aussage darüber zu erhalten, ob die Vorgänge mehr oder weniger als geplant kosten:

1. Wählen Sie aus dem Menü **Ansicht** den Befehl **Balkendiagramm (Gantt)**.
2. Aktivieren Sie das Menü **Ansicht**, und wählen Sie nach Aufruf der Variante **Tabelle** die Option **Kosten**.
3. Ziehen Sie den linken Bereich des Fensters (den Terminbalken) so breit, daß Sie die Felder *Gesamtkosten*, *Geplant* und *Abweichung* sehen können. Beispiel:

	Vorgangsname	Feste Kosten	Fälligkeit fester Kosten	Gesamtkosten	Geplant	Abweichung	Aktuell	Verbleibend
1	**Vorbereitung und Analyse**	**0,00 DM**	**Anteilig**	**51.788,47 DM**	**51.788,47 DM**	**0,00 DM**	**51.788,47 DM**	**0,00 DM**
2	Grobe Vorstudie	0,00 DM	Anteilig	4.865,39 DM	4.865,39 DM	0,00 DM	4.865,39 DM	0,00 DM
3	Ist-Analyse	0,00 DM	Anteilig	24.807,69 DM	24.807,69 DM	0,00 DM	24.807,69 DM	0,00 DM
4	Pflichtenhefterstellung	0,00 DM	Anteilig	7.115,39 DM	7.115,39 DM	0,00 DM	7.115,39 DM	0,00 DM
5	Auftragserteilung	0,00 DM	Anteilig	15.000,00 DM	15.000,00 DM	0,00 DM	15.000,00 DM	0,00 DM
6	Hauptprojektstart	0,00 DM	Anteilig	0,00 DM	0,00 DM	0,00 DM	0,00 DM	0,00 DM
7	**Soll-Konzept**	**0,00 DM**	**Anteilig**	**92.071,15 DM**	**91.138,46 DM**	**932,69 DM**	**71.047,88 DM**	**21.023,27 DM**
8	Entwurf "Geschäftsprozesse"	0,00 DM	Anteilig	25.465,38 DM	29.709,62 DM	-4.244,24 DM	25.465,38 DM	0,00 DM
9	Datenmodellierung	0,00 DM	Anteilig	42.792,31 DM	32.094,23 DM	10.698,08 DM	42.792,31 DM	0,00 DM
10	Entwurf "Organisationsstruktur"	0,00 DM	Anteilig	2.115,38 DM	2.115,38 DM	0,00 DM	1.057,69 DM	1.057,69 DM
11	Entwurf "Schnittstellen"	0,00 DM	Anteilig	5.775,00 DM	11.296,15 DM	-5.521,15 DM	1.732,50 DM	4.042,50 DM
12	Infrastruktur-Planung	0,00 DM	Anteilig	15.923,08 DM	15.923,08 DM	0,00 DM	0,00 DM	15.923,08 DM
13	Entscheidungssitzung	0,00 DM	Anteilig	3.653,84 DM	3.653,84 DM	0,00 DM	0,00 DM	3.653,84 DM
14	**Programmtechnische Anpassungen**	**0,00 DM**	**Anteilig**	**141.473,08 DM**	**141.473,08 DM**	**0,00 DM**	**0,00 DM**	**141.473,08 DM**
15	Anpassung "Finanzwesen"	0,00 DM	Anteilig	40.073,08 DM	40.073,08 DM	0,00 DM	0,00 DM	40.073,08 DM
16	Anpassung "Controlling"	0,00 DM	Anteilig	30.726,93 DM	30.726,93 DM	0,00 DM	0,00 DM	30.726,93 DM
17	Anpassung "Personalwirtschaft"	0,00 DM	Anteilig	38.365,38 DM	38.365,38 DM	0,00 DM	0,00 DM	38.365,38 DM
18	Anpassung "Materialwirtschaft"	0,00 DM	Anteilig	32.307,69 DM	32.307,69 DM	0,00 DM	0,00 DM	32.307,69 DM
19	**Systemtechnische Implementierung**	**0,00 DM**	**Anteilig**	**78.523,92 DM**	**78.523,92 DM**	**0,00 DM**	**0,00 DM**	**78.523,92 DM**
20	Anlageninstallation	0,00 DM	Anteilig	29.172,00 DM	29.172,00 DM	0,00 DM	0,00 DM	29.172,00 DM
21	Datenübernahmen	0,00 DM	Anteilig	24.351,92 DM	24.351,92 DM	0,00 DM	0,00 DM	24.351,92 DM
22	Vorbereitung RZ-Betrieb	0,00 DM	Anteilig	5.000,00 DM	5.000,00 DM	0,00 DM	0,00 DM	5.000,00 DM
23	Programminstallation und Abnahme	0,00 DM	Anteilig	20.000,00 DM	20.000,00 DM	0,00 DM	0,00 DM	20.000,00 DM
24	**Personalfragen**	**0,00 DM**	**Anteilig**	**9.134,61 DM**	**9.134,61 DM**	**0,00 DM**	**0,00 DM**	**9.134,61 DM**
25	Personalausbildung	0,00 DM	Anteilig	7.307,69 DM	7.307,69 DM	0,00 DM	0,00 DM	7.307,69 DM
26	Personaleinweisung	0,00 DM	Anteilig	1.826,92 DM	1.826,92 DM	0,00 DM	0,00 DM	1.826,92 DM
27	Produktivstart	0,00 DM	Anteilig	5.384,61 DM	5.384,61 DM	0,00 DM	0,00 DM	5.384,61 DM

Die Abbildung macht deutlich, bei welchen Vorgängen die Kosten den geplanten Rahmen überschreiten. So lassen sich die Ursachen für Budgetüberschreitungen frühzeitig erkennen, und es können entsprechende Maßnahmen ergriffen werden, um den Kostenrahmen gemäß den Zielsetzungen zu korrigieren.

Auch die verbleibenden Kosten sind aus der letzten Übersicht erkennbar. Sie ergeben sich aus der Differenz zwischen den berechneten Kosten und den aktuellen Kosten. Damit stehen auch für die weitere Budgetfinanzierung wichtige Informationen zur Verfügung.

Schließlich sei noch auf die Möglichkeit hingewiesen, den Fortschritt

Soll-Ist-Vergleiche 189

eines Projektes mit Hilfe sogenannter Fortschrittslinien grafisch darzustellen. Nach Wahl des Menüs **Extras** und der Variante **Überwachung** ist der Befehl **Fortschrittslinien** zu aktivieren. Nehmen Sie die folgenden Einstellungen vor:

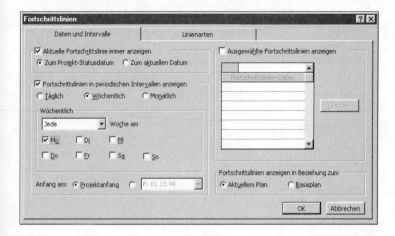

Die Einstellungen führen im Beispielfall zu folgendem Ergebnis:

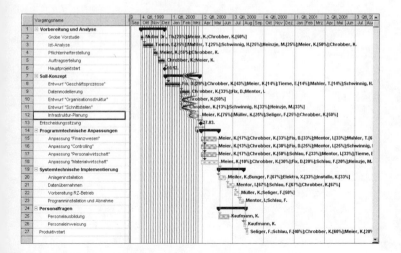

Was sagt die Grafik aus? In diesem Fall werden die Vorgänge, die in Arbeit sind oder sein sollten, mit einer vertikalen Linie, die das Fortschrittsdatum darstellt, verbunden. Dabei gilt folgende Interpretation:

- Eine Fortschrittslinie wird durch ein verlängertes, auf der Seite liegendes V mit einem Vorgang verbunden. Ein Vorgang liegt dabei genau im Terminplan, wenn eine gerade, vertikale Linie angezeigt wird und ein V nicht erkennbar ist.
- Zeigt das V nach links, ist der Vorgang bezüglich des Fortschritts der Arbeiten hinter dem Terminplan zurück.
- Zeigt das V nach rechts, bedeutet dies demgegenüber, daß der Vorgang dem Terminplan voraus ist.

7 Berichtswesen und Projektdokumentation

Es gibt viele Gründe, ein gut durchdachtes Projektberichtswesen aufzubauen sowie eine ausgefeilte Projektdokumentation zu erstellen. Typische Zwecke sind:
- Nachweisgründe gegenüber dem Auftraggeber,
- kontinuierliche Informationsbereitstellung für das Projektteam,
- laufendes oder nachträgliches Projektmarketing,
- eine umfassende Beurteilung der erzielten Projektfortschritte,
- als Grundlage für eine spätere Weiterentwicklung der Projektergebnisse.

Bei der Planung der Projektberichterstattung und der Projektdokumentation müssen vorweg einige Fragen geklärt werden, die letztlich darüber entscheiden, inwieweit *Project* dafür genutzt werden soll. Gestaltungsfragen der Projektberichterstattung betreffen
- den Inhalt (was?),
- die Form (wie?),
- den Zeitpunkt der Berichterstattung (wann?) sowie
- die Person des Berichterstatters und des Berichtsempfängers (wer?).

Projektmanagementprogramme wie *Project* stellen sowohl in der Planungs- als auch für die Kontrollphase verschiedene Standardauswertungen in Listenform bereit (Reports). Diese können sich auf Details zu den Aktivitäten, Ressourcen oder Kosten beziehen. Hinzu kommt, daß *Project* auch das indvduelle Generieren von Berichten erlaubt. So können für alle Zielgruppen bzw. für alle Projektbeteiligten spezifische Berichte erzeugt werden.

Sämtliche Berichte bieten sich geradezu an, auch Bestandteil einer anzulegenden Projektdokumentation zu sein. Diese wird jedoch darüber hinaus noch zahlreiche weitere Bestandteile haben; etwa Informationen zum Projektverlauf, eine konkretere Beschreibung der Projektziele und der Projektergebnisse.

In diesem Kapitel erfahren Sie,

- in welcher Form Planungs- und Ergebnisdaten der Projektarbeit gedruckt werden können,
- welche Standardberichte mit *Project* möglich sind,
- wie diese Standardberichte optimal genutzt werden können und
- wie eigene Berichte entworfen werden können.

7.1 Zielgruppen für das Projekt-Berichtswesen

Berichte über Projektplanungen, den Stand der Projektarbeit oder über abgelaufene Projekte sollten kein Selbstzweck sein. Wichtig ist vielmehr, für spezifische Zielgruppen angepaßte Berichte bereitzustellen, die zu einer erfolgreichen Durchführung aktueller und künftiger Projekte beitragen.

Welche Zielgruppen lassen sich unterscheiden, die mehr oder weniger umfangreiche Daten zum Projekt benötigen?

- **Geschäftsführung.** Die Unternehmensleitung ist meist der «Sponsor» eines Projektes. Sie benötigt in regelmäßigen Abständen Übersichtsinformationen zum Stand des Projektes. Diese betreffen vor allem Fragen der Zielerreichung sowie die anfallenden Kosten. Wichtig ist, daß Detailinformationen nur in Ausnahmefällen bereitzustellen sind, die Berichte müssen vielmehr komprimiert und übersichtlich sein.
- **Projektleitung.** Die Leitung des Projektes benötigt demgegenüber sehr detaillierte Informationen zu jedem Projekt. Dies gilt sowohl für Planungsergebnisse, für die laufende Projektarbeit als auch für die abschließende Projektdokumentation. Die Funktionen dieser Berichte sind ebenfalls vielfältig: neben der Entscheidungsunterstützung kommt ihnen eine Dokumentations- und Präsentationsfunktion zu. Darüber hinaus können sie auch künftige Projektplanungen unterstützen.
- **Projektteam.** Die Mitglieder des Projektteams benötigen insbesondere Daten, die den Ressourceneinsatz betreffen. So geben beispielsweise detaillierte Übersichten über die Termin- und Ressourcenplanung für die einzelnen Vorgänge im Projekt eine gute Orientierung für das persönliche Aufgabenmanagement der Teammitglieder.

- **Controlling.** Um Planungs- und Entscheidungsaufgaben auf Unternehmensebene zu erleichtern, können Berichte für das Unternehmenscontrolling gewünscht sein.
- **Kunden.** Werden Projekte im Kundenauftrag durchgeführt, benötigen diese Kunden ebenfalls ausgewählte Berichte (etwa über den Projektverlauf, über angefallene und verbleibende Kosten).

Im folgenden soll davon ausgegangen werden, daß die Berichte in gedruckter Form bereitgestellt werden sollen. Dies wird auch im Zeitalter des Internet/Intranet nach wie vor bedeutsam und sinnvoll bleiben. Dennoch: Auch *Project* ermöglicht natürlich eine Berichtserstellung in elektronischer Form. Dazu später mehr.

Um Projektdaten zu drucken, bietet *Project* zwei grundsätzliche Möglichkeiten an:

- **Ansichten drucken.** In den vorhergehenden Kapiteln des Buches wurde bereits deutlich, daß *Project* zahlreiche Ansichten für die Anzeige von Projektdaten bereitstellt. Diese Bildschirmansichten können auch unmittelbar über Drucker ausgegeben werden.
- **Berichte erzeugen.** Berichte sind bereits für die Druckausgabe vorbereitete Zusammenstellungen zu einem bestimmten Teilaspekt der Projektarbeit. Nutzbar sind von *Project* vordefinierte Standardberichte, es können aber auch individuelle Berichte entworfen werden, die den besonderen Anforderungen des Projektes gerecht werden.

Nach Festlegung der zu druckenden Ansicht bzw. des zu erstellenden Berichts gibt es noch verschiedene Möglichkeiten, Layout und Ausgabeformate entsprechend den Optionen Ihres Druckers anzupassen. So ist es bei umfangreichen Netzplänen beispielsweise hilfreich, wenn ein Ausdruck auch im Format A3 möglich ist.

7.2 Ansichten drucken – eine Variante des Berichtswesens

Project stellt eine nahezu unüberschaubare Anzahl an Ansichten für das Erfassen und Auswerten von Projektdaten bereit. So gibt es beispielsweise neben der Balkendiagrammansicht zahlreiche Ansichten für Tabellen (etwa zu Ressourcen oder Kosten) sowie Grafik- und Diagrammansichten. Mit Ausnahme von Maskenansichten sowie der Ansicht *Vorgang: Netzplan* lassen sich sämtliche Ansichten auch über Drucker ausgeben.

> **Aufgabe: Ansichten drucken**
> Aktivieren Sie die aktuelle Datei «Euro6.MPP», und lösen Sie folgende Teilaufgaben für das Drucken von Ansichten:
> - Aktivieren Sie die Ansicht *Balkendiagramm: Gantt*.
> - Lassen Sie sich die mögliche Druckausgabe in der Seitenansicht anzeigen.
> - Nehmen Sie einen Testausdruck vor.

Zur Problemlösung gehen Sie in folgender Reihenfolge vor:
1. Öffnen Sie zunächst die Datei, und wählen Sie die gewünschte Ansicht durch Aktivierung des Menüs **Ansicht** (im Beispielfall *Balkendiagramm: Gantt*).
2. Rufen Sie das Menü **Datei** auf und dann den Befehl **Drucken**. Ergebnis:

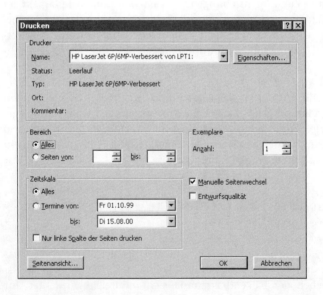

Ansichten drucken – eine Variante des Berichtswesens

Sie können nun also festlegen, welche Seiten gedruckt werden sollen bzw. für welchen Zeitraum ein Ausdruck erfolgen soll. Außerdem können über eine Schaltfläche die Eigenschaften des Druckers eingestellt sowie die Seitenansicht für die Druckkontrolle aktiviert werden.

3. Lassen Sie sich zunächst die Seitenansicht anzeigen, indem Sie auf die Schaltfläche Seitenansicht klicken. Ergebnis:

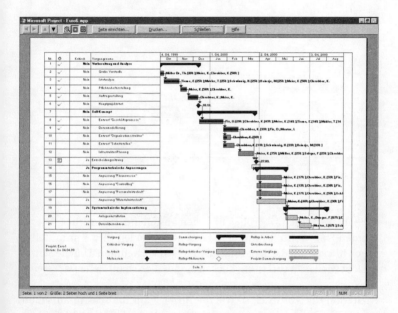

Angezeigt wird die erste von zwei Seiten des Balkendiagramms. Dazu wird automatisch im unteren Bereich eine Legende eingefügt. Sie können jetzt noch die Seite einrichten (etwa Ränder einstellen) oder unmittelbar drucken.

4. Lassen Sie sich zunächst die zweite Seite anzeigen, indem Sie auf den Pfeil nach unten ▼ klicken. Ergebnis:

196 Berichtswesen und Projektdokumentation

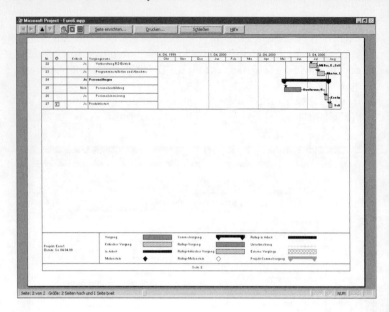

Sie haben so einen Überblick über den anstehenden Ausdruck. Diesen können Sie – wenn Sie mit dem Ergebnis zufrieden sind – unmittelbar durch Klicken auf die Schaltfläche Drucken vornehmen. Um die Seitenansicht wieder zu verlassen, klicken Sie auf die Schaltfläche Schließen.

Fazit: Soll der Ausdruck so wie die Anzeige am Bildschirm aussehen, verwenden Sie die Option zum Drucken der aktuellen Ansicht. Sie können dazu nach Aktivierung der Ansicht unmittelbar den Befehl zum Drucken wählen.

7.3 Standardberichte erzeugen

Für besondere Herausforderungen an die Druckausgabe – beispielsweise nicht vorhandene Bildschirmansichten – nutzen Sie die Möglichkeiten der in *Project* vorhandenen Berichte.

Aufgabe: Standardberichte drucken

Aktivieren Sie die aktuelle Datei «Euro6.MPP», und lösen Sie folgende Teilaufgaben für das Drucken von Standardberichten:
- Die Geschäftsleitung wünscht einen **Übersichtsbericht** über den Stand des Projektes, der die Gesamtkosten sowie Termine für das gesamte Projekt enthält. Außerdem ist eine Übersicht über die Daten der Hauptvorgänge (Sammelvorgänge) gewünscht.
- Die Projektleitung möchte einen aktuellen Bericht zum Vorgangsstatus.
- Das Controlling soll einen Bericht zum Kostenrahmen erhalten.
- Das Projektteam möchte einen Bericht «Wer macht was wann?».

Um einen Standardbericht oder einen benutzerdefinierten Bericht zu erzeugen, wählen Sie aus dem Menü **Ansicht** den Befehl **Berichte**. Es wird eine Auswahl aus verschiedenen Varianten angeboten, wie die folgende Abbildung verdeutlicht:

Die Bedeutung der angebotenen sechs Optionsflächen macht die folgende Tabelle deutlich:

Variante	Bedeutung
Übersicht…	Angeboten werden Berichte, die sich auf das gesamte Projekt beziehen (= Projektübersicht), Auswertungen zu kritischen Vorgängen und Meilensteinen bereitstellen sowie über eventuelle Änderungen von Arbeitszeiten Auskunft geben.
Vorgangsstatus…	Berichte, die sich auf den Status von Vorgängen beziehen, stehen über die Schaltfläche *Vorgangsstatus* zur Verfügung. Beispiele sind Auswertungen zu den in Arbeit befindlichen Vorgängen, zu bereits abgeschlossenen Vorgängen oder zu verspätet begonnenen Vorgängen.
Kosten…	Bereitgestellt werden Berichte zu Vorgangskosten, Kostenrahmenüberschreitungen, Kostenanalysen etc.
Ressourcen…	Angeboten werden Berichte über die Art und Auslastung der im Projekt eingesetzten Ressourcen. Auch überlastete Ressourcen lassen sich gezielt auswerten.
Arbeitsauslastung…	Zwei Standardberichte, mit denen die Arbeitsauslastung entweder nach Vorgängen oder nach Ressourcen aufgeschlüsselt werden kann, werden bereitgestellt.
Anpassen…	Auf der Basis bestehender Berichte können hierüber neue Berichte angelegt bzw. bestehende Berichte modifiziert werden.

Nach Wahl einer Variante und Anklicken der Schaltfläche `Auswahl` stehen die Angebote zur Wahl. Mit der Auswahl gelangt der Anwender in die Seitenansicht und kann somit den Bericht vor dem Ausdruck noch begutachten. Über die Schaltfläche `Seite einrichten` sind ergänzend Modifikationen zum Seitenlayout einstellbar.

> **Beachten Sie:** Daten, die Sie in einen Bericht aufnehmen können, sind selbstverständlich identisch mit den Daten, die in den Ansichten angezeigt werden. Sämtliche Änderungen, die Sie in den Ansichten vornehmen, werden folglich auch in einen Bericht übernommen, der auf denselben Daten beruht.

7.3.1 Übersichtsberichte

Für Personen, die sich einen Überblick über den Stand des Projektes verschaffen wollen, stellt *Project* sogenannte Übersichtsberichte bereit. Benötigt wird diese Funktionalität etwa für die Geschäftsführung, den Projekt-Auftraggeber oder für die Projektleitung.
Nach Wahl der Ansicht *Berichte* und Aktivierung der Optionsfläche *Übersicht* stehen folgende Varianten zur Wahl:

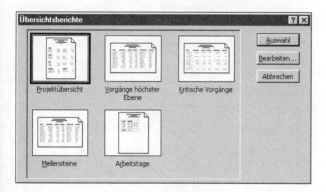

Zur Bedeutung der Varianten im Überblick:

Variante	Bedeutung
Projektübersicht	Im Bericht sind Informationen zur Anzahl der Vorgänge und Ressourcen, zu den Projektkosten, zum gesamten Arbeitsumfang sowie die Anfangs- und Endtermine des Projektes enthalten.
Vorgänge höchster Ebene	Aufgelistet sind in dem Bericht die Sammelvorgänge auf höchster Ebene. Angegeben werden Termine, der Prozentwert der Fertigstellung sowie Kosten und benötigte Arbeitsstunden.
Kritische Vorgänge	Ausgegeben wird ein Bericht mit den kritischen Vorgängen des Projektes.
Meilensteine	Die Vorgänge mit Meilensteinen werden nach Anfangsterminen sortiert ausgedruckt.
Arbeitstage	Ausgedruckt werden die berechneten Arbeitszeiten sowie arbeitsfreie Zeiten.

Zur Wahl eines Übersichtsberichtes (wie dem im folgenden abgebildeten) ist folgendes Vorgehen notwendig:
1. Wahl des Menüs **Ansicht** und Aktivierung des Befehls **Berichte**.
2. Option «Übersicht» markieren und Schaltfläche [Auswahl] anklicken.
3. Option «Projektübersicht» markieren und Schaltfläche [Auswahl] anklicken.

Euro1
IT- und Orgaberatung

Stand: Mo 19.04.99

Termine			
Anfang:	Fr 01.10.99	Ende:	Di 15.08.00
Geplanter Anfang:	Fr 01.10.99	Geplantes Ende:	Di 15.08.00
Aktueller Anfang:	Fr 01.10.99	Aktuelles Ende:	NV
Anfangsabweichung:	0 Tage	Endabweichung:	0 Tage

Dauer			
Berechnet:	219 Tage	Verbleibend:	151,07 Tage
Geplant:	219 Tage	Aktuell:	67,93 Tage
Abweichung:	0 Tage	% Abgeschlossen:	31%

Arbeit			
Berechnet:	4.816,8 Std.	Verbleibend:	3.226,76 Std.
Geplant:	4.884,8 Std.	Aktuell:	1.590,04 Std.
Abweichung:	-68 Std.	% Abgeschlossen:	33%

Kosten			
Berechnet:	382.029,68 DM	Verbleibend:	259.193,33 DM
Geplant:	381.096,99 DM	Aktuell:	122.836,35 DM
Abweichung:	932,69 DM		

Vorgangsstatus		Ressourcenstatus	
Noch nicht begonnene Vorgänge:	16	Ressourcen:	16
Vorgänge in Arbeit:	3	Überlastete Ressourcen:	1
Vorgänge abgeschlossen:	8		
Gesamtzahl Vorgänge:	27	Gesamtzahl Ressourcen:	17

In ähnlicher Weise können Sie den Bericht über die Vorgänge höchster Ebene erzeugen. Gewünschtes Ergebnis siehe Abbildung S. 201 oben.

Hinweis: Beachten Sie, daß Sie Berichte – gleich welcher Art – jederzeit in der Seitenansicht überprüfen können. Darüber hinaus können Sie durch Betätigen der Schaltfläche [Seite einrichten] noch Einstellungen im Seitenlayout vornehmen.

Standardberichte erzeugen 201

7.3.2 Vorgangsstatus-Übersichten

Um das Projekt zu steuern, benötigt die Projektleitung detaillierte Berichte über den Status der Vorgänge. Nach Auswahl der Optionsfläche *Vorgangsstatus* werden folgende Varianten angeboten:

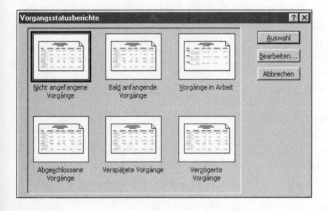

Wählen Sie beispielsweise die Variante *Vorgänge in Arbeit*, ist das folgende Ergebnis möglich:

			Vorgänge in Arbeit vom Mo 19.04.99 Euro1					
Nr.	❶	Kritisch	Vorgangsname		Dauer	Anfang	Ende	Vorgänger
Januar 2000								
10		Nein	Entwurf "Organisationsstruktur"		2 Wochen	Mi 26.01.00	Di 08.02.00	8
	Nr.	Ressourcenname	Einheiten	Arbeit Verzögerung Anfang Ende				
	5	Chrobber, K.	50%	40 Std. 0 Tage Mi 26.01.00 Di 08.02.00				
11		Nein	Entwurf "Schnittstellen"		3 Wochen	Mi 26.01.00	Di 15.02.00	8
	Nr.	Ressourcenname	Einheiten	Arbeit Verzögerung Anfang Ende				
	5	Chrobber, K.	13%	15,6 Std. 0 Tage Mi 26.01.00 Di 15.02.00				
	16	Schwinnig, H.	33%	39,6 Std. 0 Tage Mi 26.01.00 Di 15.02.00				
	17	Heinzle, M.	33%	39,6 Std. 0 Tage Mi 26.01.00 Di 15.02.00				
Februar 2000								
10		Nein	Entwurf "Organisationsstruktur"		2 Wochen	Mi 26.01.00	Di 08.02.00	8
	Nr.	Ressourcenname	Einheiten	Arbeit Verzögerung Anfang Ende				
	5	Chrobber, K.	50%	40 Std. 0 Tage Mi 26.01.00 Di 08.02.00				
11		Nein	Entwurf "Schnittstellen"		3 Wochen	Mi 26.01.00	Di 15.02.00	8
	Nr.	Ressourcenname	Einheiten	Arbeit Verzögerung Anfang Ende				
	5	Chrobber, K.	13%	15,6 Std. 0 Tage Mi 26.01.00 Di 15.02.00				
	16	Schwinnig, H.	33%	39,6 Std. 0 Tage Mi 26.01.00 Di 15.02.00				
	17	Heinzle, M.	33%	39,6 Std. 0 Tage Mi 26.01.00 Di 15.02.00				

7.3.3 Bericht zum Kostenrahmen

Das Unternehmenscontrolling wünscht im Beispielfall Informationen über die Projektkosten. Grundsätzlich bieten die angebotenen Berichte folgende Optionen zu Kostenaspekten:

- Vorgangsbezogene Kosten (Kosten der einzelnen Vorgänge innerhalb eines Zeitraums, Gesamtkosten aller Vorgänge).
- Kostenrahmen als Soll-Ist-Vergleiche (Übersichten in Listenform, die die Soll-Kosten der einzelnen Vorgänge und die Abweichung zwischen Soll- und Ist-Kosten zeigt).
- Überschrittene Kostenrahmen (auf Vorgangs- und Ressourcenebene).
- Kostenanalysen, die als Vorgangsliste veranschaulichen, ob das Projekt hinter dem Terminplan zurückliegt oder dem Terminplan voraus ist (bezogen auf die aktuell entstandenen Kosten).

Zur Wahl eines Kostenberichtes (im Beispielfall zum Kostenrahmen) ist folgendes Vorgehen notwendig:
1. Wahl des Menüs **Ansicht** und Aktivierung des Befehls **Berichte**.
2. Option *Kosten* markieren und Schaltfläche [Auswahl] anklicken. Ergebnis:

Standardberichte erzeugen 203

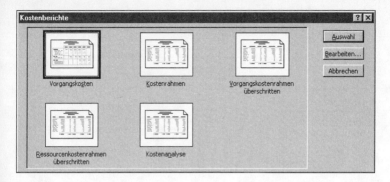

3. Option *Kostenrahmen* markieren und Schaltfläche [Auswahl] anklicken.

Kostenrahmen vom Mo 19.04.99
Euro1

Nr.	Vorgangsname	Feste Kosten	Fälligkeit fester Kosten	Gesamtkosten	Geplant	Abweichung
9	Datenmodellierung	0,00 DM	Anteilig	42.792,31 DM	32.094,23 DM	10.698,08 DM
15	Anpassung "Finanzwesen"	0,00 DM	Anteilig	40.073,08 DM	40.073,08 DM	0,00 DM
17	Anpassung "Personalwirtschaft"	0,00 DM	Anteilig	38.365,38 DM	38.365,38 DM	0,00 DM
18	Anpassung "Materialwirtschaft"	0,00 DM	Anteilig	32.307,69 DM	32.307,69 DM	0,00 DM
16	Anpassung "Controlling"	0,00 DM	Anteilig	30.726,93 DM	30.726,93 DM	0,00 DM
20	Anlageninstallation	0,00 DM	Anteilig	29.172,00 DM	29.172,00 DM	0,00 DM
8	Entwurf "Geschäftsprozesse"	0,00 DM	Anteilig	25.465,38 DM	29.709,62 DM	-4.244,24 DM
3	Ist-Analyse	0,00 DM	Anteilig	24.807,69 DM	24.807,69 DM	0,00 DM
21	Datenübernahmen	0,00 DM	Anteilig	24.351,92 DM	24.351,92 DM	0,00 DM
23	Programminstallation und Abnahme	0,00 DM	Anteilig	20.000,00 DM	20.000,00 DM	0,00 DM
12	Infrastruktur-Planung	0,00 DM	Anteilig	15.923,08 DM	15.923,08 DM	0,00 DM
5	Auftragserteilung	0,00 DM	Anteilig	15.000,00 DM	15.000,00 DM	0,00 DM
25	Personalausbildung	0,00 DM	Anteilig	7.307,69 DM	7.307,69 DM	0,00 DM
4	Pflichtenhefterstellung	0,00 DM	Anteilig	7.115,39 DM	7.115,39 DM	0,00 DM
11	Entwurf "Schnittstellen"	0,00 DM	Anteilig	5.775,00 DM	11.296,15 DM	-5.521,15 DM
27	Produktivstart	0,00 DM	Anteilig	5.384,61 DM	5.384,61 DM	0,00 DM
22	Vorbereitung RZ-Betrieb	0,00 DM	Anteilig	5.000,00 DM	5.000,00 DM	0,00 DM
2	Grobe Vorstudie	0,00 DM	Anteilig	4.865,39 DM	4.865,39 DM	0,00 DM
13	Entscheidungssitzung	0,00 DM	Anteilig	3.653,84 DM	3.653,84 DM	0,00 DM
10	Entwurf "Organisationsstruktur"	0,00 DM	Anteilig	2.115,38 DM	2.115,38 DM	0,00 DM
26	Personaleinweisung	0,00 DM	Anteilig	1.826,92 DM	1.826,92 DM	0,00 DM
6	Hauptprojektstart	0,00 DM	Anteilig	0,00 DM	0,00 DM	0,00 DM
		0,00 DM		382.029,68 DM	381.096,99 DM	932,69 DM

Dieser Bericht zeigt also die Gesamtkosten im Vergleich zu den geplanten Kosten:

- Dabei bedeutet ein Wert in der Spalte *Abweichung*, der größer als null ist, daß die berechneten (bzw. aktuellen) Kosten größer als die geplanten Kosten sind. Sie überschreiten in diesem Fall also Ihr Budget.
- Negative Werte in der Spalte *Abweichung* stellen demgegenüber höhere Plankosten dar.

Probleme kann Ihnen eventuell der Bericht zur Kostenanalyse bezüglich der Interpretation bereiten:

Kostenanalyse vom Mo 19.04.99
Euro1

Nr.	Vorgangsname	SKBA	SKAA	IKAA	PA	KA	BK
2	Grobe Vorstudie	0,00 DM	0,00 DM	0,00 DM	0,00 DM	0,00 DM	4.865,39 DM
3	Ist-Analyse	0,00 DM	0,00 DM	0,00 DM	0,00 DM	0,00 DM	24.807,69 DM
4	Pflichtenhefterstellung	0,00 DM	0,00 DM	0,00 DM	0,00 DM	0,00 DM	7.115,39 DM
5	Auftragserteilung	0,00 DM	0,00 DM	0,00 DM	0,00 DM	0,00 DM	15.000,00 DM
6	Hauptprojektstart	0,00 DM	0,00 DM	0,00 DM	0,00 DM	0,00 DM	0,00 DM
8	Entwurf "Geschäftsprozesse"	0,00 DM	0,00 DM	0,00 DM	0,00 DM	0,00 DM	25.465,38 DM
9	Datenmodellierung	0,00 DM	0,00 DM	0,00 DM	0,00 DM	0,00 DM	42.792,31 DM
10	Entwurf "Organisationsstruktur"	0,00 DM	0,00 DM	0,00 DM	0,00 DM	0,00 DM	2.115,38 DM
11	Entwurf "Schnittstellen"	0,00 DM	0,00 DM	0,00 DM	0,00 DM	0,00 DM	5.775,00 DM
12	Infrastruktur-Planung	0,00 DM	0,00 DM	0,00 DM	0,00 DM	0,00 DM	15.923,08 DM
13	Entscheidungssitzung	0,00 DM	0,00 DM	0,00 DM	0,00 DM	0,00 DM	3.653,84 DM
15	Anpassung "Finanzwesen"	0,00 DM	0,00 DM	0,00 DM	0,00 DM	0,00 DM	40.073,08 DM
16	Anpassung "Controlling"	0,00 DM	0,00 DM	0,00 DM	0,00 DM	0,00 DM	30.726,93 DM
17	Anpassung "Personalwirtschaft"	0,00 DM	0,00 DM	0,00 DM	0,00 DM	0,00 DM	38.365,38 DM
18	Anpassung "Materialwirtschaft"	0,00 DM	0,00 DM	0,00 DM	0,00 DM	0,00 DM	32.307,69 DM
20	Anlageninstallation	0,00 DM	0,00 DM	0,00 DM	0,00 DM	0,00 DM	29.172,00 DM
21	Datenübernahmen	0,00 DM	0,00 DM	0,00 DM	0,00 DM	0,00 DM	24.351,92 DM
22	Vorbereitung RZ-Betrieb	0,00 DM	0,00 DM	0,00 DM	0,00 DM	0,00 DM	5.000,00 DM
23	Programminstallation und Abnahme	0,00 DM	0,00 DM	0,00 DM	0,00 DM	0,00 DM	20.000,00 DM
25	Personalausbildung	0,00 DM	0,00 DM	0,00 DM	0,00 DM	0,00 DM	7.307,69 DM
26	Personaleinweisung	0,00 DM	0,00 DM	0,00 DM	0,00 DM	0,00 DM	1.826,92 DM
27	Produktivstart	0,00 DM	0,00 DM	0,00 DM	0,00 DM	0,00 DM	5.384,61 DM
		0,00 DM	0,00 DM	0,00 DM	0,00 DM	0,00 DM	382.029,68 DM

Zur Bedeutung der Spaltenüberschriften:

Abkürzung	Bedeutung
SKBA	Soll-Kosten berechneter Arbeit
SKAA	Soll-Kosten abgeschlossener Arbeit
IKAA	Ist-Kosten abgeschlossener Arbeit
PA	Plan-Abweichung
KA	Kostenabweichung aktuell
BK	Berechnete Kosten (= Summe der projektierten Kosten pro Vorgang)
PK	Plankosten (= geplante Kosten für einen Vorgang als Summe aus den Plankosten aller zugeordneten Ressourcen)
Abweichung	Differenz aus geplanten und berechneten/aktuellen Kosten

7.3.4 Ressourcenbericht

Für die Mitglieder im Projektteam sind vor allem Informationen zum Ressourceneinsatz von Bedeutung. Varianten sind Einzelheiten über
- Vorgangszuordnungen,

- Arbeitsumfang einzelner Ressourcen für einen bestimmten Zeitraum,
- Kosten der einzelnen Ressourcen.

Nützlich sind diese Berichte natürlich auch für die Projektleitung. Sie erhält so Informationen in gedruckter Form, die helfen, eine optimale Ressourcenauslastung sicherzustellen.

Zur Wahl des gewünschten Ressourcenberichtes ist folgendes Vorgehen notwendig:

1. Wahl des Menüs **Ansicht** und Aktivierung des Befehls **Berichte**.
2. Option *Ressourcen* und Schaltfläche [Auswahl] anklicken. Ergebnis:

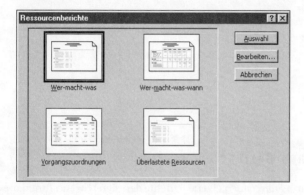

Wählen Sie beispielsweise die Variante «Wer-macht-was-wann». Mögliches Ergebnis:

Wer-macht-was-wann vom Mo 19.04.99
Euro1

	28.04.	29.04.	30.04.	01.05.	02.05.	03.05.	04.05.	05.05.	06.05.	07.05.
Müller Dr., Th.										
Grobe Vorstudie										
Meier, K.	4,56 Std.				4,56 Std.	4,56 Std.	4,56 Std.	4,56 Std.		
Grobe Vorstudie										
Ist-Analyse										
Pflichtenhefterstellung										
Auftragserteilung										
Entwurf "Geschäftsprozesse"										
Infrastruktur-Planung										
Entscheidungssitzung										
Anpassung "Finanzwesen"	1,36 Std.				1,36 Std.	1,36 Std.	1,36 Std.	1,36 Std.		
Anpassung "Controlling"	1,04 Std.				1,04 Std.	1,04 Std.	1,04 Std.	1,04 Std.		
Anpassung "Personalwirtschaft"	1,36 Std.				1,36 Std.	1,36 Std.	1,36 Std.	1,36 Std.		
Anpassung "Materialwirtschaft"	0,8 Std.				0,8 Std.	0,8 Std.	0,8 Std.	0,8 Std.		
Produktivstart										
Müller, K.										
Infrastruktur-Planung										
Entscheidungssitzung										
Vorbereitung RZ-Betrieb										
Seliger, F.										
Infrastruktur-Planung										
Entscheidungssitzung										
Vorbereitung RZ-Betrieb										
Produktivstart										
Chrobber, K.	12,08 Std.				12,08 Std.	12,08 Std.	12,08 Std.	12,08 Std.		
Grobe Vorstudie										
Ist-Analyse										
Pflichtenhefterstellung										
Auftragserteilung										
Entwurf "Geschäftsprozesse"										
Datenmodellierung										
Entwurf "Organisationsstruktur"										
Entwurf "Schnittstellen"										
Infrastruktur-Planung										
Entscheidungssitzung										
Anpassung "Finanzwesen"	2,64 Std.				2,64 Std.	2,64 Std.	2,64 Std.	2,64 Std.		
Anpassung "Controlling"	3,04 Std.				3,04 Std.	3,04 Std.	3,04 Std.	3,04 Std.		
Anpassung "Personalwirtschaft"	4 Std.				4 Std.	4 Std.	4 Std.	4 Std.		
Anpassung "Materialwirtschaft"	2,4 Std.				2,4 Std.	2,4 Std.	2,4 Std.	2,4 Std.		
Datenübernahmen										
Produktivstart										

7.4 Eigenen Bericht entwerfen

Sie können mit *Project* auch eigene Berichte definieren, wenn Ihnen die Standardvorlagen nicht ausreichen. So lassen sich beispielsweise Kreuztabellenberichte erstellen, die Informationen aus Vorgängen und Ressourcen zusammenfassen können.

Zum Erstellen eines benutzerdefinierten Berichtes ist folgendes Vorgehen notwendig:

1. Wahl des Menüs **Ansicht** und Aktivierung des Befehls **Berichte**.
2. Option *Anpassen* und Schaltfläche [Auswahl] anklicken. Ergebnis:

Eigenen Bericht entwerfen 207

Sie können jetzt einen vorhandenen Berichtsentwurf bearbeiten (dann ist nach Auswahl des Berichts die Schaltfläche [Bearbeiten] anzuklicken) oder einen neuen Bericht erstellen.

3. Klicken Sie auf die Schaltfläche [Neu], um einen neuen Bericht zu erstellen. Ergebnis:

4. Aktivieren Sie die Option *Kreuztabelle*, können Sie in dem folgenden Dialogfeld festlegen, wie die Informationen dort präsentiert werden sollen.

208 Berichtswesen und Projektdokumentation

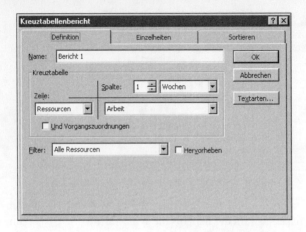

Um beispielsweise das Erscheinungsbild eines Berichtstextes zu ändern, können Sie auf `Textarten` klicken und die gewünschten Änderungen vornehmen.

5. Über das Register *Einzelheiten* können Sie die aufzunehmenden Felder festlegen.

6. Anschließend sind verschiedene Kontrollen vorzunehmen sowie Einzelheiten festzulegen. Mögliches Ergebnis in der Seitenansicht:

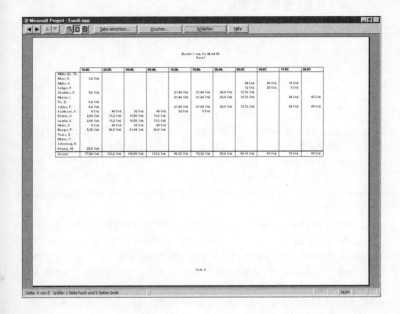

8 Datenaustausch mit anderen Programmen

Zunächst eine wichtige Vorbemerkung: *Project* ist glücklicherweise kein Programm, das nur isoliert eingesetzt werden kann. Die Möglichkeiten zum Datenaustausch sind vielfältig, gleiches gilt für die in Betracht kommenden Anwendungsfälle.

Exemplarisch seien einige Fälle des Datenaustausches mit *Project* skizziert:

- In der Praxis werden oft umfangreiche Auswertungen benötigt, etwa für das Projektcontrolling. Zahlreiche Studien zum Einsatz von Projektmanagementsoftware haben ergeben, daß diese Auswertungen zum Projekt in den seltensten Fällen mit nur einem Programm bewältigt werden können. Ein wesentlicher Grund: Diese Auswertungen und Ergebnisdarstellungen sind fast immer mit weiteren Notizen, statistischen Berechnungen, Dokumenten, Tabellen und Präsentationen verknüpft. Es liegt deshalb nahe, daß weitergehende Auswertungen durch ein Tabellenkalkulationsprogramm wie *Excel* vorgenommen werden.
- Erfolgreiches Projektmanagement bedeutet auch, daß Projekte ausreichend und systematisch dokumentiert werden. Für sich genommen ist der Terminplan ein wesentlicher Bestandteil des Projekts, aber das tatsächliche Profil eines Projekts läßt sich am besten erkennen, wenn der Projektterminplan zusammen mit seiner gesamten Dokumentation betrachtet wird. Und hierzu kann die Übergabe von Daten oder Grafiken in das Textprogramm von Interesse sein, mit dem die erläuternden Texte für die Dokumentation erzeugt werden.
- Hinzu kommt, daß für immer mehr Benutzer die Nutzung von unterschiedlichen PC-Programmen zu einer Selbstverständlichkeit geworden ist (insbesondere *Office*-Software). So liegt es nahe, daß nach Möglichkeiten gesucht wird, in Verbindung mit der Projektarbeit das jeweils leistungsfähigste Tool entsprechend der Aufgabenstel-

lung einzusetzen. Ergänzend zu *MS Project* wird meist *MS-Office* verwendet.

Für die beschriebenen Anwendungsfälle bietet *Project* die Möglichkeit, die im Rahmen der Projektplanung erzeugten Daten an andere Programme (wie *Excel*, *Access* und *Word*) zu übergeben. Bilder, Tabellen, Projektkalender oder ganze Projekte, die mit *Project* erzeugt wurden, lassen sich relativ einfach in diese Programme einfügen. Umgekehrt kann auch die Übernahme von Datenbeständen aus anderen Programmen durch *Project* gewünscht sein.

Die Ausführungen in diesem Abschnitt beschränken sich auf die unmittelbaren Möglichkeiten, Informationen zwischen *Project* und den verschiedenen Programmen des *Office*-Paketes auszutauschen. Hier wird auf alle Varianten des Datenaustausches Bezug genommen.

Besondere Potentiale für den Datenaustausch sind dann gegeben, wenn Sie dafür die Programmieroptionen von *VBA (Visual Basic for Application)* nutzen. Es würde allerdings den Rahmen dieses Taschenbuches sprengen, auch dieses Themengebiet ausführlich zu behandeln.

8.1 Möglichkeiten des Datenaustausches

Allgemein lassen sich drei **Varianten des Datenaustausches** unterscheiden:

- **Import bzw. Export von Projektdaten.** Müssen größere Datenmengen aus *Project*-Tabellen in eine andere Datei eingefügt werden (etwa nach *Excel* exportiert werden), dann bietet sich eine direkte Übernahme unter Nutzung der Import-/Exportfunktionen an. Voraussetzung zur Nutzung dieser Funktionalität ist die Unterstützung der jeweils verwendeten Dateiformate. Ziel des Exports ist es, bei der Erstellung eines Dokumentes oder einer Auswertung mit einem anderen Programm (als *Project*) den Erfassungsaufwand zu reduzieren und die Fehlergefahr zu minimieren. Die Ergebnisdaten können dann in der Zieldatei (hier einer *Excel*-Datei) bearbeitet werden, in der Quelldatei (der *Project*-Datei) bleiben sie jedoch unverändert. Umgekehrt lassen sich über Importfilter wichtige Fremdformate in *Project* einlesen (beispielsweise TXT-, DBF- und XLS-Files).
- **Projektdaten über die Windows-Zwischenablage kopieren und einfügen.** Handelt es sich um kleine Datenmengen, kann der Weg

über die Zwischenablage sinnvoll sein. Auf diese Weise können Sie beispielsweise eine *Excel*-Kalkulationstabelle in *Project* einfügen oder Projektdaten bzw. *Project*-Diagramme in ein Word-Dokument einsetzen. Dies stellt dann eine große Arbeitserleichterung dar, wenn bestimmte Kalkulationstabellen in *Project* übernommen werden sollen. Neben einer statischen Verbindung ist auch eine Verknüpfung möglich. Die verknüpfte Einfügung (etwa von Kostenberechnungen für Ressourcen, die in *Excel* erstellt und gepflegt werden) in *Project* hat den Vorteil, daß die Daten im Projektmanagementprogramm ständig automatisch auf dem neuesten Stand gehalten werden.

- **Einfügen als Objekt:** Eine weitere Option ist der **objektorientierte** Datenaustausch (OLE). Beim Object Linking and Embedding (OLE = Verknüpfen und Einbetten von Objekten) ist es nicht mehr notwendig, sich Ordner bzw. Verzeichnisse mit den dazugehörigen Pfaden zu merken. Objekte werden zwischen den Anwendungen einfach durch Doppelklick ausgetauscht. Varianten sind das reine Einbetten (Embedding) sowie das Verknüpfen und Einbetten.

Die genannten Methoden im Vergleich zeigt die folgende Zusammenstellung:

Importieren/ Exportieren	Zwischenablage	OLE
für große Datenmengen setzt die unterstützten Formate voraus (XLS, MDB, TXT, DBF, ODBC und andere)	einfaches Verfahren für überschaubare Datenbestände Formate der Quell- bzw. der Zieldatei sind nicht entscheidend	für eine ständige Aktualisierung identischer Daten in zwei verschiedenen Dateien für das Erstellen von Verknüpfungen setzt OLE-fähige Programme voraus

Als weitere wichtige Integrationsfunktionen können herausgestellt werden:

- **OfficeLinks:** Sie können Daten einfach zwischen Arbeitsblättern, Präsentationen, Berichten und andern Dokumenten, die mit einem Programm der *Microsoft-Office*-Produktfamilie erstellt wurden, verknüpfen.
- **Daten in einer Datenbank speichern:** Sie können *Project*-Daten di-

rekt in einer Datenbank in *Microsoft Access, Microsoft BackOffice (SQL-Server)* und anderen Datenbanken, die dem ODBC-Standard (ODBC – Open Database Connectivity) entsprechen, abspeichern.

Mit *Project* kann schließlich auch die Teamarbeit in Projekten verbessert und erleichtert werden. Dazu werden besondere Funktionen für das Team-Management bereitgestellt. Voraussetzung ist, daß Sie über ein MAPI- oder VIM-kompatibles E-Mail-System, wie beispielsweise *Outlook/Exchange*, verfügen. Dann können Sie einfach online

- via E-Mail Projektdaten an andere Personen weiterleiten,
- neue Zuordnungen von Ressourcen sofort mit Teammitgliedern kommunizieren,
- Statusinformationen sammeln und Ihren Terminplan auf dem laufenden halten,
- mit Hilfe eines Mahners Daten in *Outlook* setzen.

Mit den in *Microsoft Exchange* und *Microsoft BackOffice*™ integrierten Funktionen zum Datenaustausch können außerdem bestimmte Attribute eines Projektes – beispielsweise Abgabedaten oder Statusreporte – veröffentlicht werden. In Verbindung mit *Outlook* können Sie Ihre Tätigkeiten direkt in Ihren Terminkalender übernehmen oder Termine zwischen den Projektmitgliedern abstimmen.

8.2 Datenexport zu anderen Office-Programmen

Project ist ohne Zweifel ein sehr leistungsfähiges Werkzeug für die Planung und Steuerung von Projekten. Dennoch möchten Sie in zahlreichen Fällen (wie etwa für das Erstellen von Berichten oder für eine differenzierte Informationsanalyse) auf die Möglichkeiten anderer *Office*-Anwendungen zurückgreifen. In *Project* vorhandene Informationen lassen sich in diesem Fall durch andere *Office*-Anwendungen weiterverarbeiten.

Grundsätzlich gilt: Mit *Project* können Sie Daten unter anderem als *Excel*-Arbeitsmappen und *Access*-Datenbanken speichern.

Und so gehen Sie vor, wenn Sie Daten an *Excel* oder *Access* schicken möchten:
1. Verwenden Sie den Befehl **Datei**, und wählen Sie den Befehl **Speichern unter**.
2. Wählen Sie das gewünschte Format im Feld *Dateityp*. **Varianten des Datenexports** sind:
   - Projektdaten in eine *Microsoft-Excel*-Arbeitsmappe oder -Pivot-Tabelle exportieren.
   - Projektdaten in eine *Microsoft-Access*-Datenbank exportieren.
   - Ein Projekt im *Microsoft-Project*-Datenbankformat speichern.

Beispiel:

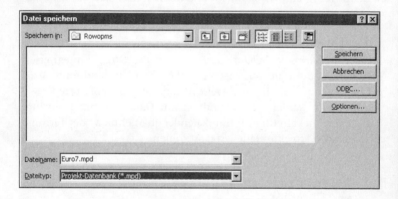

3. Nach Ausführung des Befehls [Speichern] können Sie noch genau festlegen, welche Daten Sie senden möchten, indem Sie die zu exportierenden *Project*-Felder auswählen.

Sie können also sowohl ein ganzes Projekt in eine Datenbank exportieren als auch ausgewählte Projektdaten in eine *Excel*-Arbeitsmappe oder eine *Access*-Datenbank exportieren. Darüber hinaus ist auch die Möglichkeit gegeben, Projektdaten in HTML-Dokumente umzuwandeln und so für ein Intranet oder für das World Wide Web bereitzustellen.

8.2.1 Projektdaten nach Excel exportieren

In *Project* fehlen im Bereich der Informationsanalyse von Projekten einige Funktionen, die in zahlreichen Anwendungen nützlich sind. Ein Beispiel: Es stehen keine statistischen Funktionen (wie Maximum, Minimum, Durchschnitt) für Auswertungszwecke zur Verfügung. *Excel* dagegen ist gerade im numerischen Bereich, aber auch bei der Erstellung von Grafiken auf Basis von Projektinformationen sehr leistungsfähig. Es bietet sich daher an, die beiden Produkte in Kombination einzusetzen.

Projektdaten, die Sie in *MS Project* erfaßt haben und dort für Planungs-, Entscheidungs- und Dokumentationszwecke nutzen, können für weitere Analysezwecke in eine *Microsoft-Excel*-Arbeitsmappe oder in eine *Excel*-Pivot-Tabelle exportiert werden. Besonders reizvoll ist darüber hinaus, diese Integration zu automatisieren und den Datenaustausch über Makros bzw. VBA zu steuern.

> **Aufgabe: Projektdaten nach Excel exportieren**
> Öffnen Sie die Projektdatei «Euro7.MPP», und lösen Sie folgende Teilaufgaben:
> - Exportieren Sie aus dem aktuellen Projekt die *Standardinformationen für Vorgänge* in eine *Excel*-Arbeitsmappe. Vergeben Sie für das Speichern den Dateinamen TEST1, und öffnen Sie nach Ausführen des Exportierens zu Kontrollzwecken die so erzeugte XLS-Datei.
> - Führen Sie einen weiteren Datenexport nach *Excel* durch, und wählen Sie diesmal die Import-/Export-Abbildung *Kostenanalyse-Informationen*. Speichern Sie die Datei als TEST2.XLS.
> - Speichern Sie die *Project*-Datei unter dem Namen «Euro8.MPP».

Für den Export von Projektdaten stehen in *Project* sogenannte **Import-/Export-Abbildungen** zur Verfügung. Diese enthalten häufig verwendete Datenkombinationen für den Austausch zwischen *Project* und anderen Programmen; beispielsweise Kosten pro Vorgang, Kostenanalyseinformationen oder Standardinformationen für Vorgänge.

Nachdem der Export durchgeführt ist, werden die mittels der Import-/Export-Abbildung ausgewählten Felder der *Project*-Quelldatei meist mit demselben Namen in die Zieldatei (hier eine *Excel*-Arbeitsmappe) eingefügt. Dabei wird einem Feld in *Project* das entsprechende Feld in dem anderen Zielprogramm zugewiesen, unabhängig davon, wie dieses Feld in einem anderen Dateiformat heißt. Dadurch wird gewährleistet, daß die Daten in das korrekte Feld des importierenden Programms eingefügt werden.

Beachten Sie:

- Sie verwenden eine Import-/Exportabbildung immer dann, wenn Sie nur einen Teil der in *Project* gespeicherten Daten exportieren wollen.
- Grafiken werden mit dieser Methode nicht exportiert.
- Die Daten lassen sich so filtern, daß sich nur bestimmte Vorgänge, Ressourcen und Zuordnungen in der exportierten Datei befinden.

Gehen Sie in folgender Weise vor, um die erste Teilaufgabe für den Export zu lösen:

1. Aktivieren Sie die Ansicht *Balkendiagramm (Gantt)*.
2. Wählen Sie aus dem Menü **Datei** den Befehl **Speichern unter**.
3. Klicken Sie im Feld *Dateityp* auf *Microsoft Excel-Arbeitsmappe* oder auf *Microsoft Excel-Pivot-Tabelle*. Im Beispielfall wählen Sie die erste Variante.
4. Geben Sie im Feld *Dateiname* einen Namen für die exportierte Datei ein:

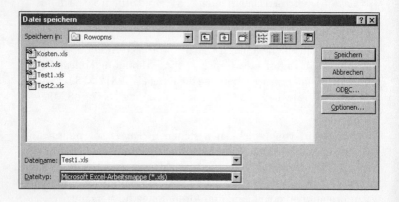

5. Klicken Sie auf die Schaltfläche [Speichern], so daß das Dialogfeld *Exportformat* angezeigt wird.

6. Wählen Sie in der Liste der Import-/Export-Abbildungen den Namen der Abbildung, die Sie für den Export der Daten verwenden möchten (beispielsweise *Standardinformationen für Vorgänge*). Sie können aber auch eine neue Abbildung definieren oder eine vorhandene Abbildung ändern.

7. Klicken Sie auf [Speichern].

Ergebnis ist, daß die Datei nun in dem angegebenen Ordner gespeichert ist.

Hinweise:
- Für *Microsoft-Project*-fremde Dateiformate werden Import-/Export-Abbildungen verwendet, um Informationen zwischen Programmen zu übertragen. Sie müssen eventuell eine Import-/Export-Abbildung erstellen oder bearbeiten, um sicherzustellen, daß die Informationen in die richtigen Felder exportiert werden.
- Sie können jede Import-/Export-Abbildung für den Import und Export zwischen *Microsoft Project* und *Microsoft Access*, *Microsoft Excel*, ODBC-Datenbanken sowie für CSV- und Textdateien mit Tabulatoren als Trennzeichen und für den Export in das HTML-Format oder das von *Excel*-Pivot-Tabellen verwenden.

Nachdem die Datei exportiert ist, können Sie den Test mit *Excel* durchführen. Starten Sie *Excel*, und aktivieren Sie den Namen der Datei, die Sie soeben erzeugt haben. Mögliches Ergebnis:

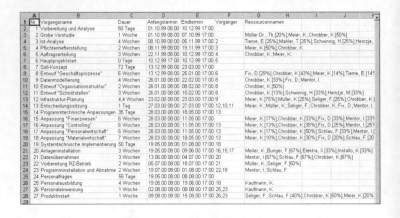

Im Fall von TEST2.XLS ergibt sich in *Excel* das folgende Bild:

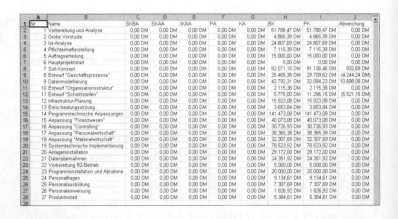

Sie sehen also, es funktioniert recht einfach.

8.2.2 Projektdaten in eine Access-Datenbank exportieren

Wenn Sie Informationen aus einem mit *Project* erstellten Terminplan in eine *Access*-Datenbank einfügen möchten, können Sie alle oder einen Teil der Daten der Projektdatei in das *Access*-Format exportieren.

> **Aufgabe: Projektdaten nach *Access* exportieren**
> Lassen Sie die Projektdatei «Euro8.MPP» geöffnet, und lösen Sie folgende Teilaufgabe:
> Exportieren Sie aus dem aktuellen Projekt die *Vorgangsabbildung (Exporttabelle)* in eine *Access*-Datenbank. Vergeben Sie für das Speichern den Dateinamen *Access1*, und öffnen Sie nach Ausführen des Exportierens zu Kontrollzwecken die so erzeugte MDB-Datei.

Gehen Sie in folgender Weise vor, um die Aufgabenstellung zu lösen:
1. Klicken Sie im Menü **Datei** auf **Speichern unter**.
2. Wählen Sie im Feld *Dateityp* die Option *Microsoft Access 8.0-Datenbank*.
3. Geben Sie im Feld *Dateiname* einen Namen für die exportierte Datei ein, und klicken Sie auf [Speichern]. Ergebnis:

4. Entscheiden Sie, welche Daten gespeichert werden sollen:
   Wenn Sie alle Daten des Projekts speichern möchten, belassen Sie

das Optionsfeld *Gesamtes Projekt (beinhaltet alle Daten, Ansichten, Formatierungen etc.)* eingestellt. Anschließend geben Sie im Feld *Name des Projekts in der Datenbank* einen Namen für das Projekt ein. Wenn Sie nur bestimmte Daten in das Projekt exportieren möchten, klicken Sie auf *Ausgewählte Daten* (erlaubt Ihnen, bestimmte Felder zu exportieren).

Entscheiden Sie sich für die letzte Variante, so daß Import-/Export-Abbildungen ausgewählt werden können.

5. Klicken Sie in der Liste *Für den Export verwendete Import-/Export-Abbildung* auf den Namen der Abbildung, die Sie für den Export der Daten verwenden möchten. Im Beispielfall *Vorgangsabbildung (Exporttabelle)*.
6. Klicken Sie auf [Speichern].

Das Ergebnis ist in *Access* in folgender Weise vorhanden:

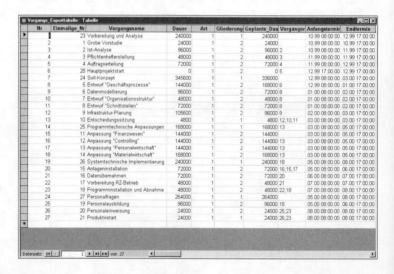

Beachten Sie: Sie können Dateien nur im *Access-97*-Datenbankformat speichern. Um *Project*-Daten in anderen *Access*-Formaten speichern und verwenden zu können, müssen Sie die Projektdaten in eine ODBC-Datenbank exportieren.

Es hat immer nur ein Benutzer Schreibzugriff auf ein Projekt einer Datenbank.

Beim Export in ein beliebiges Datenbankformat nimmt *Project* an den Namen einiger Felder in der Datenbank die folgenden Änderungen vor, um die Kompatibilität mit Namenskonventionen für Datenbankfelder in *Access* sicherzustellen:

- Leerzeichen werden durch Unterstriche ersetzt.
- Schrägstriche «/» werden durch Unterstriche ersetzt.
- Das Prozentzeichen «%» wird durch die Zeichenfolge «Prozent» ersetzt.
- Punkte werden gelöscht.
- «Anfang» wird in «Anfangstermin» geändert.
- «Ende» wird in «Endtermin» geändert.
- «Gruppe» wird in «Gruppenname» geändert.
- «Arbeit» wird in «Berechnete_Arbeit» geändert.

Sie können auch mehrere Projekte in einer einzigen *Access*-Datenbankdatei speichern. Geben Sie im Feld *Dateiname* den Namen der Datei ein, in die Sie ein anderes Projekt exportieren möchten, klicken Sie auf `Speichern`. Ergebnis:

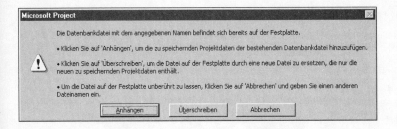

Klicken Sie nun auf die Schaltfläche `Anhängen`.

8.2.3 Eigenes Datenbank-Dateiformat für das Speichern mehrerer Projekte

Project bietet seit der Version 98 ein neues Dateiformat, das alle Projektinformationen in einer besonderen Datenbank speichert, einschließlich der Ansichts-, Formatierungs- und Optionseinstellungen. Damit ist

Project in der Lage, zu einem späteren Zeitpunkt diese Daten einzulesen und das Projekt wieder so herzustellen, wie es vor dem Speichern in der Datenbank aussah. Dieses Dateiformat mit der Erweiterung .MPD wird als «Microsoft Project-Datenbank» bezeichnet und steht direkt in den Dialogen *Datei/Öffnen* und *Datei/Speichern* zur Verfügung.

Hinweis: Da die MPD-Datei eine Jet-Datenbank ist, können Projektmanager sie als zentrale Ablagestelle für mehrere Projekte verwenden und mit Hilfe von bekannten Werkzeugen (beispielsweise *Access*) spontan Abfragen und projektübergreifende Berichte erstellen.

Neben dem Jet-basierten MPD-Dateiformat unterstützt *Project 98* auch das Speichern und Lesen vollständiger Projekte in und aus anderen **ODBC-kompatiblen Datenbanken**, wie beispielsweise *Microsoft SQL Server*™ und *Oracle*. Diese Funktionalität ist über die Dialoge **Öffnen** und **Speichern unter** im Menü **Datei** zugänglich und erlaubt dem Projektmanager das Speichern von Projektinformationen in diesen Formaten. Vorhandene Projektinformationen lassen sich so leicht mit anderen unternehmensinternen Systemen verbinden, beispielsweise mit der Lohnbuchhaltung oder mit der Personalabteilung.

8.2.4 OLE-Verknüpfung

> **Aufgabe: OLE-Verknüpfung**
> Lassen Sie die Projektdatei «Euro8.MPP» geöffnet, und lösen Sie folgende Teilaufgabe:
> Die in *Project* vorhandene Kostentabelle soll so in *Excel* eingefügt werden, daß eine OLE-Verknüpfung zum Quellprogramm besteht.

Um im Beispielfall die verknüpfte Einfügung vorzunehmen, aktivieren Sie zunächst in der *Project*-Anwendung die Tabelle *Kosten*. Markieren und kopieren Sie danach die Daten, die verknüpft in *Excel* eingefügt werden sollen. Beispiel:

Datenexport zu anderen Office-Programmen 223

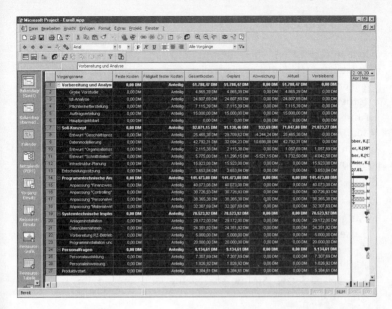

Wechseln Sie nach *Excel*, und wählen Sie hier aus dem Menü **Bearbeiten** den Befehl **Inhalte einfügen**. Jetzt können Sie eine Verknüpfung herstellen, indem etwa die folgenden Einstellungen im angezeigten Dialogfeld vorgenommen werden:

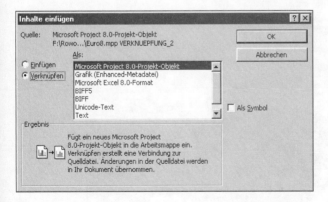

Speichern Sie das Ergebnis als KOSTEN.XLS.

8.2.5 Project-Bilder in andere Programme übertragen

Nicht immer ist eine Speicherung und Weiterverarbeitung von Projektdaten nötig. Soll beispielsweise eine Projektdokumentation mit *Word* erstellt werden, ist in zahlreichen Fällen eine Übernahme als Bild erforderlich.

Grundsätzlich können Sie diese Anforderung über die Zwischenablage lösen. *Project* bietet nämlich die Möglichkeit, vollständige Ansichten oder auch ausgewählte Daten einer Ansicht als Bild in jedes beliebige Windows-Programm zu kopieren, das Grafiken als Bilder anzeigen kann.

> **Aufgabe: Projektbilder nach Word exportieren**
> Lassen Sie die Projektdatei «Euro8.MPP» geöffnet, und lösen Sie folgende Teilaufgabe:
> Aktivieren Sie das Balkendiagramm, um dieses als GIF-Datei zu speichern. Setzen Sie die so erstellte GIF-Datei in Ihr Textprogramm ein.

Gehen Sie in folgender Weise vor, um die Aufgabenstellung zu lösen:
1. Aktivieren Sie die Ansicht *Balkendiagramm (Gantt)*.
2. Klicken Sie auf das Symbol für *Bild kopieren* 📷 .
Ergebnis:

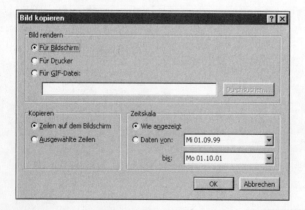

3. Treffen Sie nun eine Auswahl aus den angebotenen drei Optionsfeldern.
   - Sollen die Daten für die Anzeige auf einen Bildschirm kopiert werden, klicken Sie auf *Für Bildschirm*.
   - Sollen die Daten so kopiert werden, wie sie in gedruckter Form aussehen, wählen Sie *Für Drucker*.
   - Um die Daten für die Verwendung auf einer Web-Seite und in anderen Programmen zu kopieren, klicken Sie auf *Für GIF-Datei* und geben den Pfad und den Dateinamen an.

   Im Beispielfall sollen Sie die Variante *GIF-Datei* wählen.
4. Wählen Sie den Befehl im Zielprogramm, in *Word* zum Beispiel die Befehlsfolge **Einfügen/Grafik/Aus Datei**.

Mögliches Ergebnis:

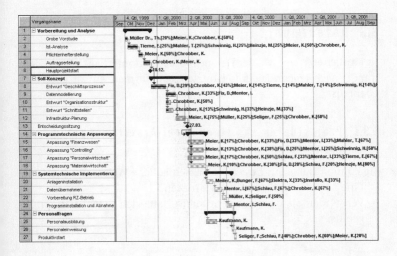

Haben Sie im 3. Teilschritt die Variante *Für Bildschirm* oder *Für Drucker* ausgewählt, ergeben sich kleine Änderungen im Vorgehen. Wechseln Sie in das Programm, in das die Daten aus *Project* eingefügt werden sollen. Fügen Sie das Bild mit dem Programmbefehl **Einfügen** ein, der sich meist im Menü **Bearbeiten** befindet.

Beachten Sie:
- Das Bild kann auch in einem webkompatiblen Dateiformat gespeichert werden.
- Sie können sowohl ein Bild der ganzen Ansicht kopieren als auch einen beliebigen Bereich einer Ansicht markieren und kopieren. Bei den Ansichten *Vorgang: Netzplan*, *Vorgang: Maske* und *Ressource: Maske* ist dies jedoch nicht möglich.
- Eine Variante des Vorgehens besteht darin, daß Sie zunächst in der Ansichtsleiste auf *Weitere Ansichten* klicken. Wählen Sie in der Liste die gewünschte Ansicht, und klicken Sie dann auf Auswahl. Um alle sichtbaren Bereiche des Projektplans zu kopieren, klicken Sie auf das Symbol für Bild kopieren. Um nur einen Bereich des Projektplans zu kopieren, markieren Sie die zu kopierenden Daten und klicken dann auf das Symbol für *Bild kopieren*.

8.3 Datenimport

In ähnlicher Weise wie der Datenexport funktioniert auch ein Datenimport nach *Project*. Die unterstützten Dateiformate entsprechen sich ebenfalls.

8.3.1 Projektdaten aus einer Excel-Arbeitsmappe importieren

Sie können Daten aus *Excel* auf unterschiedliche Weise importieren:
- Eine *Excel*-Datei direkt in *Project* öffnen.

Verwenden Sie dazu aus dem Menü **Datei** den Befehl **Öffnen**. Ergebnis:

Datenimport 227

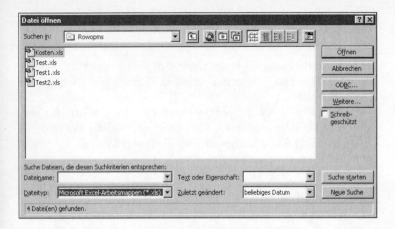

Wählen Sie nach dem Klicken auf [Öffnen] die Informationen aus, die Sie in Ihren Plan integrieren möchten.

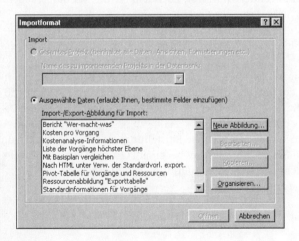

- Nutzung der Zwischenablage und Verwendung der Befehle **Kopieren** und **Einfügen**.

8.3.2 Projektdaten aus einer Access-Datenbank importieren

Sollen Informationen aus einer Access-Datenbank importiert werden, können Sie die Datenbankinformationen insgesamt oder teilweise in *Project* importieren.

Eine Besonderheit: Sie müssen eventuell eine Import-/Export-Abbildung erstellen oder bearbeiten, um sicherzustellen, daß die Informationen in *Project* in die richtigen Felder importiert werden.

> **Aufgabe: Übernahme von Daten aus einer *Access*-Datenbank nach Project**
> Sie möchten Personaldaten, die in einer *Access*-Datenbank gespeichert sind, in die Ressourcentabelle der aktuellen *Project*-Anwendung übernehmen.

Gehen Sie in folgender Weise vor, nachdem Sie die Ressourcentabelle in *Project* als Ausgangspunkt gewählt haben:
1. Klicken Sie im Menü **Datei** auf **Öffnen**.
2. Wählen Sie im Feld *Dateityp* die Option *Microsoft Access-Datenbanken*.
3. Klicken Sie im Feld *Suchen in* auf das Laufwerk oder den Ordner, in dem sich die Datei befindet. Öffnen Sie in der Ordnerliste den Ordner, der die gewünschte Datei enthält. Doppelklicken Sie auf die Datei, die Sie öffnen möchten.
4. Nehmen Sie die gewünschten Einstellungen vor. Nach Wahl von *Ressourcen-Export-Tabelle* gibt es bei einer Personal-DB beispielsweise die Möglichkeiten wie in Abbildung Seite 229 gezeigt.
5. Klicken Sie auf OK.

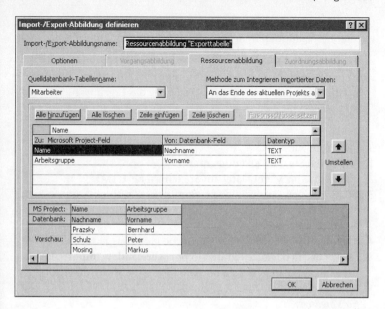

8.4 Internet- bzw. Intranet-Verknüpfungen

Durch das Aufkommen von Technologien, die das Internet und das unternehmenseigene Intranet unterstützen, ist eine neue Infrastruktur entstanden, über die Projektmanager Informationen weiterleiten und mit anderen zusammenarbeiten können.

Projektdaten, die mit *Project* erzeugt wurden, lassen sich nunmehr in das HTML-Format exportieren und können damit im Internet/Intranet präsentiert werden. Dazu steht im Menü **Datei** die Option **Speichern als HTML** zur Verfügung. Diese Funktionalität gestattet es Projektmanagern, Projektdaten und Grafiken in HTML-Vorlagen zum umgehenden Publizieren im Internet oder Intranet abzubilden. Dabei können eigene, speziell angepaßte Berichte erstellt oder eine der 28 vordefinierten Vorlagen verwendet werden, die im Lieferumfang von *Project* enthalten sind.

Grundsätzlich gilt: *Microsoft Project* stellt anhand von Import-/Export-Abbildungen fest, welche Felder in das HTML-Format exportiert wer-

230 Datenaustausch mit anderen Programmen

den, und verwendet eventuell eine Vorlage, um festzustellen, wie und wo die Informationen in der HTML-Datei dargestellt werden.

> **Ausgangsbeispiel:** Der Projektterminplan soll im firmeninternen Intranet veröffentlicht werden. Testen Sie das Ergebnis mit Ihrem Browser!

So gehen Sie vor:
1. Aktivieren Sie das Balkendiagramm.
2. Klicken Sie im Menü **Datei** auf **Speichern als HTML**.
3. Geben Sie den Ort für die Speicherung sowie einen Namen für die exportierte Datei im Feld *Dateiname* ein (oder übernehmen Sie den vorgeschlagenen Namen).
4. Aktivieren Sie danach die Schaltfläche [Speichern].
5. Klicken Sie in der Liste **Für den Export verwendete Import-/Export-Abbildung** auf den Namen der Abbildung, die Sie für den Export der Daten verwenden möchten, im Beispielfall *Standardinformationen für Vorgänge*.
6. Klicken Sie auf [Speichern].

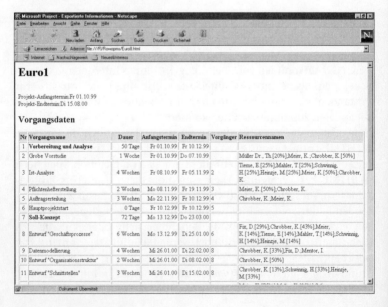

Wenn Sie das Ergebnis in Ihrem Browser testen, kann sich die Darstellung wie in Abbildung auf Seite 230 nach Öffnen der HTML-Datei ergeben.

Im Beispielfall könnten Sie auch eine eigene Abbildung definieren:

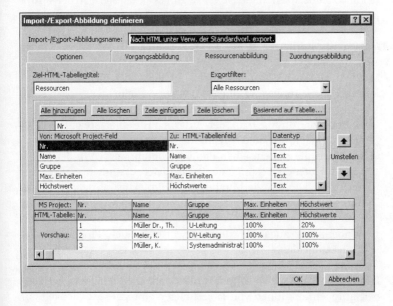

Hinweis: Wenn Sie *Project*-Daten in das HTML-Format exportieren und anschließend die resultierende HTML-Datei verschieben, müssen Sie alle verknüpften Bilddateien ebenfalls verschieben. Andernfalls werden die Bilddateien nicht dargestellt, wenn Sie die HTML-Datei im neuen Verzeichnis öffnen.

8.5 Zusammenarbeit im Team und Überwachung

Projektmanagement ist ein von Natur aus kooperativer Prozeß. Erfolgreiche Projektarbeit ist nur möglich, wenn es gelingt, effizient mit Personen zusammenzuarbeiten, die ein Interesse an ihrem Plan haben. Eine erfolgreiche Zusammenarbeit hängt zu einem Großteil davon ab, ob Zielsetzungen, Erwartungen und Projektstatusinformationen klar weitergegeben werden, seien es nun Informationen an Mitglieder des Projektteams oder an Führungskräfte.

Bereits in Vorgängerversionen zu *Project 98* bestand die Möglichkeit, Projektvorgänge mit bereits eingeführten E-Mail-Systemen zu delegieren und zu überwachen. Ab *Project 98* gibt es aktualisierte **Arbeitsgruppenfunktionen**, so daß jetzt auch moderne Technologien unterstützt werden, wie etwa der Desktop Information Manager *Microsoft Outlook™* und das Internet.

Möglichkeiten von *Outlook*: *Project* kann eng mit den Funktionen zur Aufgabenverwaltung von *Outlook* integriert werden:

- So können die Arbeitsgruppenfunktionen in *Project* automatisch Vorgangszuordnungen in der Aufgabenliste eines Teammitglieds protokollieren, sobald das Teammitglied den Auftrag annimmt.
- Vorgänge, die zu demselben Projekt gehören, werden in der Aufgabenliste unter dem Namen der Projektdatei zusammengefaßt.
- Außerdem können die Mitglieder des Projektteams den Vorgangsstatus in *Outlook* abfragen. Diese Information wird direkt in die Teamstatus-Nachrichten übernommen, die Teammitglieder verwenden, um Angaben zum Fortschritt an den Projektmanager zurückzumelden.

E-Mail-basierte Arbeitsgruppenfunktionen: Die E-Mail-basierten Arbeitsgruppenfunktionen von *Project* bieten eine gute Möglichkeit zur Zusammenarbeit und zur Berichterstattung über Projektpläne, solange die betreffenden Personen eine gemeinsame und kompatible E-Mail-Infrastruktur nutzen. Da jedoch viele mit Teammitgliedern zusammenarbeiten, die externe Auftragnehmer der Organisation oder Mitarbeiter sind, die sich an einem anderen Standort befinden, ist ein gemeinsamer Standard bei den E-Mail-Systemen nicht immer gegeben. Die Flexibilität des Internet bietet hier eine optimale Gelegenheit, die Vorteile der Teamarbeit einem größeren Kundenkreis zu erschließen.

Um die Einführung der Internet-basierten Funktionen so leicht wie möglich zu machen, wird *Project 98* mit dem *Microsoft Personal Web Server* ausgeliefert. In Kombination mit den Internet-basierten Arbeitsgruppenfunktionen von *Project* gibt der Personal Web Server Projektleitern die Möglichkeit, ihre eigene gesicherte Website für Teammitglieder einzurichten, die sich dort anmelden können, um Vorgangszuordnungen abzufragen oder um Statusberichte abzuliefern.

9 Management mehrerer Projekte

Projektarbeit stellt sich nicht immer so dar, daß ausschließlich ein einziges Projekt geplant und verwaltet werden muß. So ist ein Projektleiter oft gleichzeitig für mehrere Projekte zuständig und sind die Mitarbeiter an mehreren Projekten beteiligt. Wichtig sind dann Funktionen im Projektmanagementprogramm, die eine Koordination zwischen mehreren Projekten ermöglichen.

Mit *MS Project* können Sie mehrere Projekte gleichzeitig bearbeiten. Nach einer kurzen Einführung in die Vorteile und Varianten für das parallele Arbeiten mit mehreren Projekten erfahren Sie in diesem Kapitel

- wie mehrere Projekte in einer Projektdatei zusammengefaßt werden können,
- wie umfangreiche Projekte im nachhinein in mehrere Teilprojekte aufgesplittet werden sowie
- das gemeinsame Nutzen von Ressourcen für mehrere Projekte.

9.1 Anlässe und Funktionen für das Multiprojektmanagement

Müssen von einem Projektleiter mehrere Projekte zur gleichen Zeit geleitet werden, dann könnten diese Projekte natürlich jeweils in einer eigenständigen MPP-Datei angelegt und verwaltet werden. Die Anlage von verschiedenen unabhängigen Projektdateien ist sicherlich nicht unbedingt die beste Lösung. So geht in vielen Fällen der Überblick verloren. Außerdem sind zusammenfassende Auswertungen sehr aufwendig und ist die Gefahr von Fehlern nicht von der Hand zu weisen. Es liegt deshalb nahe, nach Möglichkeiten einer Integration zu suchen, wenn verschiedene Projekte parallel zu managen sind.

Nachfolgend ein Überblick über die Varianten sowie besondere Funktionen zur Verwaltung mehrerer Projekte in *Project 98*:
- Anlage einer zusammengeführten Projektdatei,
- Erstellen projektübergreifender Verknüpfungen,
- Nutzung eines gemeinsamen Ressourcenpools.

Verwaltung mehrerer Projekte in einer zusammengeführten Projektdatei

Eine Arbeitserleichterung, die *Project* bietet, ist die Möglichkeit, alle anstehenden Projekte in einer einzigen Projektdatei zu verwalten. Dazu werden mehrere Projektdateien in einer zusammengeführten Projektdatei kombiniert. Ergebnis ist eine übergeordnete «Kommandozentrale» für die Projektleitung.

Bei zusammengeführten Projekten lassen sich mehrere Projekte in einem einzigen Fenster mit ausgewählten Daten zur Anzeige bringen. In der zusammengeführten Datei wird dann jedes Teilprojekt durch einen einzigen Vorgang dargestellt.

Mit dieser Option haben Sie darüber hinaus die Möglichkeit, vollständige Projekte auf jeder beliebigen Ebene in die Gliederung eines übergeordneten Projekts «einzufügen». Realisiert wird dies dadurch, daß eine Kopie des Unterprojekts in das übergeordnete Projekt eingefügt wird. Alternativ könnte eine Verknüpfung zwischen übergeordnetem und untergeordnetem Projekt eingerichtet werden. So lassen sich Änderungen, die in einem der beiden Pläne vorgenommen werden, automatisch auch in dem anderen anzeigen.

Projektübergreifende Verknüpfungen

Oft müssen ein Projekt oder mehrere Projekte verwaltet werden, bei denen «externe» Abhängigkeiten bzw. Verknüpfungen zu Vorgängen bestehen, die zu einem anderen Projekt gehören. Neben der Variante «zusammengeführte Projektdatei» können auch unabhängige Projektdateien beibehalten werden, gleichzeitig aber Verknüpfungsbeziehungen aufgebaut werden.

Das Modellieren dieser Abhängigkeiten erfolgt durch einfaches Drag & Drop zwischen verschiedenen Vorgängen in einem zusammengeführten Projekt oder durch Bearbeiten des Felds *Vorgänger/Nachfolger* in einem Einzelprojekt.

Die Überwachung des Status einer projektübergreifenden Abhängigkeit geschieht mit Hilfe von Platzhalter-Vorgängen, die als grau formatierte Balken im Balkendiagramm angezeigt werden und grafisch den aktuellen Status der externen Vorgänge darstellen. Durch das Dialogfeld **Verknüpfungen zwischen Projekten** werden alle Veränderungen bei den externen Abhängigkeiten des Projekts nach dem Öffnen ihrer Datei ersichtlich. Dieses Dialogfeld enthält nützliche Informationen, durch die Projektmanager über den Status der anderen Pläne, von denen sie abhängig sind, auf dem laufenden bleiben. Änderungen, die sich auf den eigenen Terminplan auswirken, können ohne weiteres angenommen oder abgelehnt werden.

Nutzung eines gemeinsamen Ressourcenpools

Für die Projektleitung gestaltet sich die Aufgabe, mehrere Terminpläne zu verwalten, immer komplexer. Nicht zuletzt, weil die Ressourcen oft gemeinsam mit anderen Projekten genutzt werden. Über 80% der registrierten Benutzer von *Project* verwalten mehr als einen Projektplan gleichzeitig. Fast dieselbe Anzahl sagt, daß die Ressourcen, die an ihren Plänen beteiligt sind, auch noch anderen Projekten zugeordnet sind, die von einer anderen Person verwaltet werden.

Bei *Project 98* gestattet die Architektur des Ressourcenpools den Projektleitern, ihre Pläne mit einer schreibgeschützten «Momentaufnahme» des Ressourcenpools zu öffnen, damit sie den Status der gemeinsam genutzten Ressourcen beim Öffnen des Terminplans einsehen können:

- Sollen Änderungen übernommen werden, die andere Benutzer eventuell während einer bestimmten Bearbeitungssitzung vorgenommen haben, steht die Option «Pool erneut laden» zur Wahl. Diese wird verwendet, um die neuesten Änderungen herunterzuladen.
- Wenn Sie selbst Aktualisierungen vornehmen, die sich auf die Ressourcen in dem Pool auswirken, können diese Änderungen den anderen Projektleitern mitgeteilt werden. Dazu ist die Funktion «Pool aktualisieren» vorhanden.

Aus den beschriebenen Möglichkeiten für das Multiprojektmanagement lassen sich die besonderen Nutzenfaktoren ableiten:

- **Erhöhter Überblick:** Mit Funktionen des Multiprojektmanagements erhält die Projektleitung einen bedeutend besseren Überblick für den Fall, daß mehrere Projekte gleichzeitig zu planen und zu verwalten sind. Müßte für jedes Projekt mit einer eigenständigen Pro-

jektdatei gearbeitet werden, wäre demgegenüber ein mehrfaches Hin- und Herschalten nötig, um den gleichen Informationsstand zu erhalten.
- **Übergreifende Ressourcenverwaltung:** Ressourcen können über mehrere Projekte hin verwaltet werden. Das erleichtert die Planung des Personaleinsatzes, so daß Über- und Unterauslastung von Ressourcen leichter ausgeglichen werden können.

Hinweis: Um ein leistungsfähiges Multiprojektmanagement zu gewährleisten, wurden die Obergrenzen, die in früheren Versionen von *Project* bei 80 Projektdateien in einer zusammengeführten Datei oder 9999 Vorgängen in einer Einzeldatei lagen, in *Project 98* aufgehoben.

9.2 Mehrere Projektdateien in einer zusammengeführten Datei verwalten

Handelt es sich um eine überschaubare Anzahl von Projekten, die gemeinsam «betreut» werden sollen, kann das Verwalten dieser Projekte in einer gemeinsamen Datei sinnvoll sein. In diesem Fall erstellen Sie ein **zusammengeführtes Projekt**, indem Sie ein oder mehrere Projekte in ein anderes Projekt einfügen.

Dies hat folgende Auswirkungen:
- Eingefügte Projekte erscheinen im zusammengeführten Projekt als Sammelvorgang.
- Es können so mehrere Projekte gleichzeitig in einem einzigen Fenster angezeigt werden. Auf diese Weise erhält die Projektleitung eine Grundlage für Planungen und Entscheidungen «aus einem Guß».
- Das eingefügte Projekt kann während der Arbeit ausgeblendet bzw. eingeblendet werden. So können alle Details des Projekts im Kontext des übergeordneten Plans analysiert werden.
- In einer zusammengeführten Datei können für jedes darin enthaltene Projekt die einzelnen Vorgänge und Ressourcen angezeigt und bearbeitet werden.

Sie können ein zusammengeführtes Projekt erstellen, indem Sie Kopien einzelner Projekte auf einer beliebigen Gliederungsebene in eine einzige Projektdatei kopieren. Bei einem zusammengeführten Projekt können Sie Informationen über alle Projekte, an denen Sie arbeiten

Mehrere Projektdateien in einer zusammengeführten Datei verwalten 237

(sogar solche, deren Urheber andere Projektmanager sind), lesen, drucken und ändern, als ob sie aus einem einzigen Projekt stammten.

Wann ist das Zusammenführen mehrerer Projekte sinnvoll?
- Ein größeres Projekt läßt sich in mehrere kleine Teilprojekte gliedern, die durch diese Aufgliederung leichter steuerbar sind.
- Es sind mehrere unabhängige Projekte zu verwalten, in denen auf die gleichen Ressourcen zurückgegriffen wird.
- Es sind mehrere Projekte zu verwalten, die zwar eigenständig sind, aber inhaltlich starke Ähnlichkeiten aufweisen.

Beachten Sie: Das Arbeiten mit zusammengeführten Projekten stellt eine einfache, aber überaus effektive Möglichkeit dar, mehrere Projekte zu verwalten. Auf diese Weise haben Sie einen besseren Überblick über Projekte mit einer hohen Anzahl von Vorgängen. So ist das am meisten verwendete Projekt, also das zusammengeführte Projekt, bedeutend einfacher in der Handhabung als das Arbeiten mit vielen Einzelprojekten.

Um das Arbeiten mit mehreren Projekten zu testen, wollen wir eine Methode wählen, relativ schnell zu mehreren Projekten zu gelangen, ohne dabei besonderen Eingabeaufwand zu haben.

Ausgangsbeispiel:
In einer Unternehmensberatungsgesellschaft, die auf die Einführung neuer Technologien spezialisiert ist, fallen verschiedene Projekte an, die in *Project* anzulegen sind. Aktivieren Sie die bereits erstellte Datei «Euro5.MPP», und erstellen Sie per Kopie folgende Projektdateien:
- Markieren Sie zunächst in der Balkendiagrammansicht die Vorgänge 2–5. Kopieren Sie die Daten in die Zwischenablage, und erstellen Sie dann eine neue Datei unter dem Namen «Vorstud1.MPP». Fügen Sie die Daten aus der Zwischenablage ein, und legen Sie als Startzeitpunkt für das Projekt den 5.1.2000 fest.
- Als weiteres Projekt wird wiederum ein Vorstudienprojekt akquiriert. Speichern Sie die vorhergehende Datei erneut, diesmal unter dem Namen «Vorstud2.MPP». Legen Sie als Startzeitpunkt für dieses Projekt den 1.2.2000 fest.

238 Management mehrerer Projekte

- Generieren Sie danach ein drittes Projekt, das am 15.2.2000 starten soll und eine Soll-Modellierung zum Gegenstand hat. Kopieren Sie aus dem Projekt «Euro5.MPP» die Vorgänge 8–12. Erstellen Sie daraus eine neue Datei unter dem Namen «Modell1.MPP».
- Erzeugen Sie auf der Basis der zuvor erstellten drei Projekte eine zusammengeführte Projektdatei mit dem Namen «Haupt.MPP».

Wie ist vorzugehen, um ein zusammengeführtes Projekt zu erstellen?

Nachdem die drei Projektdateien, die zusammengeführt werden sollen, erstellt sind, können Sie in folgender Weise die zusammengeführte Datei anlegen:

1. Aktivieren Sie eine neue Projektdatei, oder öffnen Sie eine vorhandene Projektdatei. Im Beispielfall wählen wir den Weg, eine neue Datei zu aktivieren, indem aus dem Menü **Datei** der Befehl **Neu** gewählt wird.
2. Aktivieren Sie die Ansicht *Balkendiagramm (Gantt)*.
3. Klicken Sie im Feld *Vorgangsname* auf die Zeile, über der Sie das Projekt einfügen möchten. Sie können ein Projekt auf einer beliebigen Gliederungsebene einfügen.

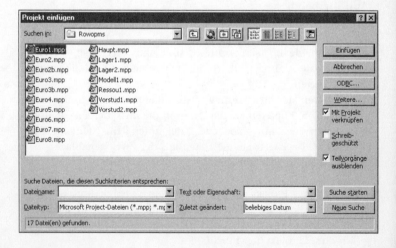

4. Wählen Sie aus dem Menü **Einfügen** den Befehl **Projekt**. Ergebnis siehe Abbildung S. 238.
5. Wählen Sie unter Umständen zunächst über das Feld *Suchen in* das Laufwerk oder den Ordner mit der Projektdatei, die eingefügt werden soll. Öffnen Sie in der Ordnerliste den Ordner mit der gewünschten Projektdatei bzw. den gewünschten Projektdateien.
6. Ändern Sie die gewünschten Optionen für das Einfügen von Projekten. Im Beispielfall werden keine Änderungen vorgenommen.
7. Klicken Sie auf das einzufügende Projekt. Wenn Sie mehrere Projekte gleichzeitig einfügen möchten, halten Sie die Taste [Strg] gedrückt, und klicken Sie auf jedes einzelne Projekt, im Beispielfall also auf die Dateien «Vorstud1.MPP», «Vorstud2.MPP» und «Modell1.MPP».
8. Klicken Sie auf [Einfügen]. Ergebnis ist folgende Anzeige, nachdem über **Format/Zeitskala** eine Anpassung vorgenommen wurde:

	O	Vorgangsname	Dauer	Anfang	Ende
1		⊞ Modell1	70 Tage	Di 15.02.00	Mo 22.05.00
2		⊞ Vorstud1	50 Tage	Mi 05.01.00	Di 14.03.00
3		⊞ Vorstud2	50 Tage	Di 01.02.00	Mo 10.04.00

Das Beispielergebnis zeigt, daß die drei zusammengeführten Projekte als Sammelvorgänge dargestellt werden.

Reihenfolge der Anzeige optimieren
Die eingefügten Projekte entsprechen nicht immer der gewünschten Reihenfolge in der Anzeige. Dies ist auch im Beispielfall gegeben. Sie können jedoch problemlos selbst eine Änderung vornehmen. Per Drag-&-Drop-Technik sollten Sie die Reihenfolge so herstellen, daß sich die folgende Bildschirmanzeige ergibt:

	O	Vorgangsname	Dauer	Anfang	Ende
1		⊞ Vorstud1	50 Tage	Mi 05.01.00	Di 14.03.00
2		⊞ Vorstud2	50 Tage	Di 01.02.00	Mo 10.04.00
3		⊞ Modell1	70 Tage	Di 15.02.00	Mo 22.05.00

Anzeige der Projektdaten detaillieren

Nach dem Einfügen eines Projekts können Sie die ausgeblendeten Vorgänge eines eingefügten Projekts rasch einblenden, indem Sie auf das Gliederungssymbol des Sammelvorgangs klicken. Ein Gliederungssymbol gibt Auskunft darüber, ob die Teilvorgänge eines Sammelvorgangs angezeigt sind oder nicht. Im Beispielfall ergibt sich die folgende Anzeige nach Einblenden aller Teilvorgänge:

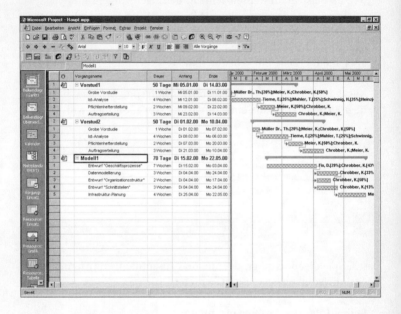

Daten aktualisieren

Im Fallbeispiel wurde eine verknüpfte Einfügung vorgenommen. Dies bedeutet, daß die Quelldateien mit der zusammengeführten Projektdatei verknüpft sind. Das hat zur Folge:

- Änderungen in der zusammengeführten Projektdatei werden automatisch in die zugehörigen Quelldateien übernommen.
- Umgekehrt werden Änderungen in einer Quelldatei automatisch auch in der zusammengeführten Datei ausgeführt.

Mehrere Projektdateien in einer zusammengeführten Datei verwalten 241

> **Beispiel:** Ändern Sie in der Quelldatei «Vorstud2.MPP» die Dauer für die Ist-Analyse auf 6 Wochen (statt 4 Wochen). Prüfen Sie dann die Auswirkungen auf die Hauptdatei.

Das angepaßte Ergebnis in der Hauptdatei zeigt die folgende Abbildung:

Beachten Sie noch folgende Hinweise für das Einstellen von Optionen im Dialogfeld *Projekt einfügen*:

- Soll das eingefügte Projekt nicht mit dem Quellprojekt verknüpft sein, so deaktivieren Sie das Kontrollkästchen *Mit Projekt verknüpfen*. Dieses Kontrollkästchen ist standardmäßig aktiviert.
- Falls die Änderungen am eingefügten Projekt nicht in das Quellprojekt übernommen werden sollen, aktivieren Sie das Kontrollkästchen *Schreibgeschützt*. Dieses Kontrollkästchen ist standardmäßig deaktiviert.
- Sollen die Vorgänge des eingefügten Projekts im zusammengeführten Projekt eingeblendet sein, so deaktivieren Sie das Kontrollkästchen *Teilvorgänge ausblenden*. Dieses Kontrollkästchen ist standardmäßig aktiviert. Die Vorgänge können auch nach dem Einfügen des Projekts ein- oder ausgeblendet werden. Dies wurde zuvor ja bereits deutlich.

Hierarchien von Projekten erstellen

Um besser erkennen zu können, wie die einzelnen Teile eines Projektes zusammengehören, können die eingefügten Projekte auch hierarchisch angeordnet werden. Jedes Projekt in der Hierarchie enthält Verknüpfungen zu den eingefügten Projekten, die sich unter ihm befinden, und ist seinerseits als eingefügtes Projekt mit dem über ihm befindlichen verknüpft. Der Vorteil: Auf diese Weise können Sie kleinere Blöcke des Projekts isoliert betrachten und wirkungsvoller verwalten.

Drucken von Informationen eines zusammengeführten Projekts

Nicht immer ist gewünscht, daß die Änderungen in der zusammengeführten Projektdatei in die Quelldateien übernommen werden sollen. In diesem Fall erstellen Sie am besten eine zusammengeführte Datei, in der die Kopien der einzelnen Projekte nicht mit den Quelldateien verknüpft sind. Dies empfiehlt sich beispielsweise für den Fall, daß Sie die einzelnen Projekte nur zusammenfügen, um rasch einen Bericht zu erstellen. Sie können die Verknüpfungen zu den Quelldateien auch nach Erstellen des zusammengeführten Projekts entfernen oder von Anfang an Kopien der Quelldateien zusammenführen.

So gehen Sie vor, um eine **Verknüpfung zu löschen**:

1. Klicken Sie doppelt auf den Vorgangsnamen für den Projektsammelvorgang der eingefügten Datei.
2. Aktivieren Sie das Register *Spezial*. Ergebnis:

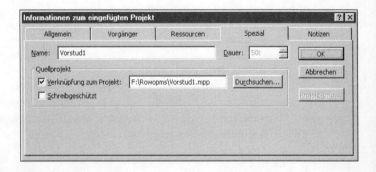

3. Deaktivieren Sie das Kontrollkästchen *Verknüpfung zum Projekt*, das Sie unter der Rubrik *Quellprojekt* finden.

Umfangreiche Projekte in mehrere Teilprojekte aufteilen

Hat sich ein sehr großes Projekt etabliert, bietet es sich an, dieses Projekt in mehrere Teilprojekte zu gliedern und diese in einem zusammengeführten Projekt zu verwalten.

Sie können in folgender Weise vorgehen:

1. Öffnen Sie das komplexe Projekt, und wählen Sie die Ansicht *Balkendiagramm (Gantt)*.
2. Markieren Sie die Zeilenüberschrift jedes Vorgangs, den Sie für ein eingefügtes Projekt ausgliedern möchten.
3. Wählen Sie aus dem Menü **Bearbeiten** den Befehl **Ausschneiden**.
4. Aktivieren Sie eine neue Datei, und geben Sie den Anfangstermin ein.
5. Wählen Sie nun nach Positionierung der Einfügemarke im Feld *Vorgangsname* den Befehl **Einfügen**.
6. Speichern Sie schließlich die Datei unter einem gesonderten Dateinamen.

Wiederholen Sie diese Aktivitäten für alle Teilprojekte. Diese Teilprojekte sind dann – wie vorstehend beschrieben – in einer Datei zusammenzuführen.

Merke: Teilprojekte dienen zur Unterteilung komplexer Projekte in einfacher zu handhabende Einheiten. Ein Teilprojekt wird auch als eingefügtes Projekt bezeichnet.

9.3 Ressourcen für mehrere Projekte gemeinsam nutzen

In der Praxis der Projektarbeit kommt es häufig vor, daß vorhandene Ressourcen auf mehrere Projekte verteilt werden müssen. Für die gemeinsame Nutzung und das sinnvolle Verteilen von Ressourcen auf mehrere Projekte bietet *MS Project* zwei grundsätzliche Möglichkeiten:

- Sie erzeugen eine neue Projektdatei, die nur Ressourcen enthält (keine Vorgänge). Die anderen vorhandenen Projekte können dann alle den Ressourcenpool dieses Projekts gemeinsam nutzen.
- Sie legen fest, daß ein vorhandenes Projekt das sogenannte Poolprojekt sein soll, dessen Ressourcenpool von den anderen Projekten gemeinsam genutzt werden soll. In diesem Fall werden alle Ressour-

cen im Poolprojekt und in den anderen Projekten, die diese Ressourcen mitbenutzen, zusammengefaßt. Auf diese Weise stehen die Ressourcen jedes Projekts jeweils den anderen Projekten zur Verfügung.

Ressourcen anderer Projekte im aktuellen Projekt verwenden

Um Ressourcen anderer Projekte in dem aktuellen Projekt verwenden zu können, gehen Sie in folgender Weise vor:

1. Öffnen Sie die Projektdatei, die die Ressourcen beinhaltet, die für eine gemeinsame Nutzung verwendet werden sollen.
2. Aktivieren Sie das Menü **Extras** und hier den Befehl **Ressourcen**.
3. Wählen Sie die Option **Gemeinsame Ressourcennutzung**.

Ergebnis:

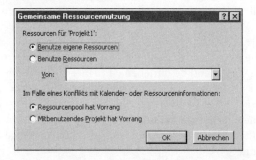

4. Wählen Sie das Optionsfeld *Benutze Ressourcen*, so daß im Feld *Von* eine Auswahl möglich ist. Aktivieren Sie hier die Projektdatei, die die Ressourcen enthält, die berücksichtigt werden sollen.
5. Nehmen Sie die Einstellungen zu den Optionsfeldern im unteren Bereich des Dialogfeldes *Gemeinsame Ressourcennutzung* vor, und führen Sie den Befehl durch Mausklick auf OK aus.

Die Ressourcen sind nun im aktiven Projekt verfügbar, und Sie können sie wie jede andere Ressource auch zuordnen. Falls Ihr Projekt bereits eigene Ressourcen hatte, werden die Ressourcen aus beiden Projekten zusammengefaßt.

Hinweis: Sollen die in der aktiven Projektdatei vorhandenen Daten Vorrang haben, wenn die aktive Datei und die Datei mit dem Ressourcenpool Kalender oder Ressourcen mit dem gleichen Namen enthalten, aktivieren Sie das Optionsfeld *Mitbenutzendes Projekt hat Vorrang*.

Separaten Ressourcenpool erstellen

Eine Variante, gemeinsame Ressourcen zu nutzen, besteht darin, eine gesonderte Projektdatei zu erstellen, die nur Ressourceninformationen enthält. Diese wird nun unter dem Namen «Ressou1.MPP» angelegt:
1. Wählen Sie aus dem Menü **Datei** den Befehl **Neu**.
2. Wählen Sie das Menü **Ansicht** und hier die Variante **Ressource:Tabelle**.
3. Geben Sie nun wieder die folgenden Ressourcendaten ein:

	❶	Ressourcenname	Kürzel	Gruppe	Max. Einh.	Standardsatz	Überstd.-Satz	Kosten/Einsatz	Fällig am	Basiskalender
1		Müller Dr., Th.	Mü1	U-Leitung	100%	240.000,00 DM/Jahr	0,00 DM/Std.	0,00 DM	Anteilig	Standard
2		Meier, K.	Mei1	DV-Leitung	100%	150.000,00 DM/Jahr	0,00 DM/Std.	0,00 DM	Anteilig	Standard
3		Müller, K.	Mü2	Systemadmin	100%	90.000,00 DM/Jahr	0,00 DM/Std.	0,00 DM	Anteilig	Standard
4		Seliger, F.	Sel	Systemadmin	100%	80.000,00 DM/Jahr	0,00 DM/Std.	0,00 DM	Anteilig	Standard
5		Chrobber, K.	Chro	DV-Organisa	100%	110.000,00 DM/Jahr	0,00 DM/Std.	0,00 DM	Anteilig	Standard
6		Mentor, I.	Men	Programmiere	100%	1.000,00 DM/Tag	0,00 DM/Std.	0,00 DM	Anteilig	Standard
7		Fix, D.	Fix	Programmiere	100%	1.000,00 DM/Tag	0,00 DM/Std.	0,00 DM	Anteilig	Standard
8		Schlau, F.	Schl	Programmiere	100%	1.000,00 DM/Tag	0,00 DM/Std.	0,00 DM	Anteilig	Standard
9		Kaufmann, K.	Kau	DV-Trainer	100%	95.000,00 DM/Jahr	0,00 DM/Std.	0,00 DM	Anteilig	Standard
10		Elektra, X.	Ele	Elektroniker	100%	85,00 DM/Std.	90,00 DM/Std.	0,00 DM	Anteilig	Standard
11		Installo, K.	Ins	Elektroniker	100%	85,00 DM/Std.	90,00 DM/Std.	0,00 DM	Anteilig	Standard
12		Meiler, K.	Mei2	DV-Technike	100%	110,00 DM/Std.	0,00 DM/Std.	0,00 DM	Anteilig	Standard
13		Bunger, F.	Bun	DV-Technike	100%	110,00 DM/Std.	0,00 DM/Std.	0,00 DM	Anteilig	Standard
14		Tieme, E.	Tie	Personalwes	100%	120.000,00 DM/Jahr	0,00 DM/Std.	0,00 DM	Anteilig	Standard
15		Mahler, T.	Ma	Finanzabteilu	100%	170.000,00 DM/Jahr	0,00 DM/Std.	0,00 DM	Anteilig	Standard
16		Schwinnig, H.	Schw	Controlling	100%	150.000,00 DM/Jahr	0,00 DM/Std.	0,00 DM	Anteilig	Standard
17		Heinzje, M.	Hei	Materialwirts	100%	110.000,00 DM/Jahr	0,00 DM/Std.	0,00 DM	Anteilig	Standard

Speichern Sie die Datei unter dem gewünschten Namen «Ressou1.MPP».

Öffnen Sie nun die Datei «Lager2.MPP», der bisher keine Ressourcen zugeordnet sind.
1. Aktivieren Sie das Menü **Extras** und hier den Befehl **Ressourcen**.
2. Klicken Sie auf die Option **Gemeinsame Ressourcennutzung**.
3. Wählen Sie das Optionsfeld *Benutze Ressourcen*, so daß im Feld *Von* eine Auswahl möglich ist. Aktivieren Sie hier die Projektdatei «Ressou1.MPP», die die Ressourcen enthält, die berücksichtigt werden sollen. Ergebnis:

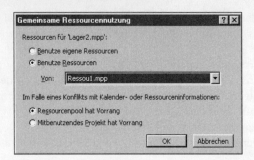

Nach dem Klicken auf OK kann eine entsprechende Einplanung vorgenommen werden. Testen Sie dazu einmal die Zuordnung einer Ressource über das Dialogfeld *Informationen zum Vorgang*.

10 Anhang

10.1 Literaturverzeichnis

Catapult: Microsoft Project 98. Schritt für Schritt. Microsoft Press 1998.

Kuppinger, Martin; Reinke, Helmut: Microsoft Project 98 – Das Handbuch. Microsoft Press 1998.

Kuppinger, Martin; Reinke, Helmut: Projektplanung und Ressourcenmanagement mit Project. Verlag Markt & Technik. Haar bei München 1995.

Microsoft Corporation: Microsoft Project 98. Umfassende Projektsteuerung, effizienter Informationsaustausch. Benutzerhandbuch. Unterschleißheim 1998.

Tiemeyer, Ernst (unter Mitarbeit von R. Chrobok): OrgTools. AfürO-Softwareführer für die Organisationsarbeit. Schäffer-Poeschel-Verlag. Band 3: Projektmanagement (Stuttgart 1997)

10.2 Sachwortregister

Access-Export 219ff.
Access-Import 228f.
Adreßbuchinformationen 97f.
Analysefunktionen 46, 146ff.
Anordnungsbeziehung 61
Ansichten drucken 193ff.
Arbeitstage 38
Arbeitswert 185
Arbeitszeiten 36ff., 94ff.
Ausfallzeiten 35
Ausgangsbildschirm 28f.
Auslastungsanalysen 154

Balkendiagramm 32, 60ff., 71ff.
Basiskalender 39, 95, 99ff.
Basisplan 168
Berechnungsmodus 59
Berichtswesen 191ff.
Beziehungsart 61

Datenaustausch 210ff.
Datenbank-Dateiformat 221f.
Datenexport 214
Datenimport 226f.
Dokumentation 21
Druckausgabe 81

E-Mail 232
Excel 215ff., 226ff.

Fertigstellungswert 185
Filter 78ff.
Fixtermine 140f.
Fortschrittslinien 189f.

Gantt-Darstellung 71ff.

Gesamtprojektkosten 164f.
Gliederungsfunktion 45f.

Hardwarevoraussetzungen 26
HTML-Vorlagen 229f.

Import-/Export-Abbildungen 215ff.
Importfilter 211
Installation 26f.
Internet-Verknüpfungen 229ff.
Ist-Daten 179

Jet-Datenbank 222

Kalenderorganisation 22, 35ff.
Kapazitätsausgleichsmaßnahmen 154
Kostenanalysen 163ff.
Kostenermittlung 118ff.
Kostenfälligkeit 123, 130f.
Kostenmanagement 185
Kostenrahmen 202f.
Kostensatztabelle 129
Kritische Vorgänge 146ff.
Kritischer Weg 76, 147

Materialkosten 119
Meilensteine 69ff.
Multiprojektmanagement 25, 233ff.

Netzplan 75ff.
Notizen 99

ODBC 213, 222
OLE 212

Sachwortregister

OLE-Verknüpfung 222 ff.
Outlook-Integration 98, 232

Personalbedarfsschätzung 86
Personalkosten 119
PERT-Technik 75 ff.
Plankosten 135
Planungs-Assistent 46, 142
Planungswerte 20, 23
Project, Leistungsspektrum 22 ff.
Projekt verknüpfen 234 f.
Projektauftrag 14 f.
Projektcontrolling 86
Projektdokumentation 191 ff.
Projektfortschritte 172 f.
Projektgenehmigung 20
Projekt-Gesamtkosten 137 f.
Projektkalender 35 ff.
Projektkosten planen 117 ff.
Projektleiter 34
Projektmanagement 15 f.
Projektstatus 175
Projektsteuerung 172 ff.
Projektstrukturplanung 22, 41 ff.
Projektübersicht 199
Projektverfolgungsdiagramm 176
Projektziele 13, 33 f.

Quellprojekt 242

Ressourcen 85 f.
Ressourcenauslastungen 109 ff., 155
Ressourcenauswertungen 107 ff.
Ressourcenbedarfsplanung 88
Ressourceneinsatz 108 f.
Ressourcengesteuerte Planberechnung 113 ff.
Ressourcenkalender 39, 87, 95 f.

Ressourcenkonflikte 109 ff.
Ressourcenkosten 166 f.
Ressourcenmanagement 185
Ressourcenplanung 85 ff.
Ressourcenpool 235, 243 ff.
Ressourcenrestriktionen 87
Ressourcenuntergruppen 93 f.
Ressourcenverfügbarkeit 93
Ressourcenzuordnung 102

Sachmittelbedarfsplanung 86
Sammelvorgänge 65 ff., 240
Sicherungskennwort 30
Softwarevoraussetzungen 26
Soll-Ist-Vergleich 186 ff.
Sortieren 72 ff.
SQL-Server 213
Standardarbeitszeit 36
Standardberichte 196 ff.
Standardkostensätze 124 ff.
Starttermin 30 f.
Statuserfassung 178

Teamarbeit 231 f.
Teamfunktionalität 24
Teamfunktionen 213
Termineinschränkungen 140 ff.
Terminkonflikte 145
Terminplan anpassen 153
Terminplanung, leistungsgesteuert 57, 113 ff.

Überlastung 155 ff.
Übersichtsberichte 199
Überstundensatz 125 ff.
Überwachungsdiagramm 177

VBA 211
Verknüpfungen 60 ff.

Vorgänge 51 ff.
Vorgänge filtern 151 f.
Vorgänge gliedern 65 ff.
Vorgänge sortieren 151 f.
Vorgänge verknüpfen 60 f.
Vorgangsbeziehungen 57 ff.
Vorgangsfortschritte 184
Vorgangskosten 165
Vorgangsliste 45, 47 ff.

Vorgangsstatus 198, 201
Vorlagen 46

Zeitachse 49
Zeitanalysen 146 ff.
Zoom-Funktion 76 f.
Zwischenablage 211 ff.
Zwischenplan 170

Grundkurs Computerpraxis

Grundkurs Computerpraxis bietet Schulungskurse im Taschenbuchformat, die systematisch die Grundlagen für gängige Anwendungsprogramme vermitteln. Von erfahrenen Didaktikern in der Ausbildungspraxis erprobt, bieten sie einen effektiven Zugang zu Standardsoftware, Betriebssystemen und Programmiersprachen.

Benno Brudermanns /
Gregor Kuhlmann /
Lutz Seemann
Office 97: Lösungen mit Access
(rororo computer 19870)
Access für Windows 95
(rororo computer 19832)

Reiner Backer
Assembler
(rororo computer 19249)

Helmut Erlenkötter /
Volker Reher
Programmiersprache C *Visual C, Quick C, MS-C/C++, Turbo-, Borland C++*
(rororo computer 18166)
C++ für Windows 95 / NT *32-Bit-Programmierung mit MFC*
(rororo computer 19866)
Objektorientiertes Programmieren in C++
(rororo computer 19282)

Gregor Kuhlmann /
Alexander Parkmann /
Joachim Röhl /
Johannes Verhuven
Computerwissen *für effiziente Nutzer*
(rororo computer 19896)

Helmut Erlenkötter /
Volker Reher
Delphi für Windows
(rororo computer 19858)

Paul Klimsa
Desktop Video *Videos digital bearbeiten (mit CD-ROM)*
(rororo computer 19885)

rororo computer wird herausgegeben vom *Ludwig Moos*. Ein Gesamtverzeichnis aller lieferbaren Titel finden Sie in der *Rowohlt Revue*. Vierteljährlich neu. Kostenlos in Ihrer Buchhandlung.

Rowohlt im Internet:
www.rowohlt.de

Grundkurs Computerpraxis

Benno Brudermanns
Office 97: Lösungen mit Excel
(rororo computer 19868)
Excel für Windows 95
(rororo computer 19831)
Excel 5 für Windows
(rororo computer 19281)

Benno Brudermanns /
Ernst Tiemeyer
Excel für Profis *Programmieren mit VBA*
(rororo computer 19257)

Helmut Erlenkötter /
Volker Reher
Java *HTML, Skripts, Applets und Anwendungen*
(rororo computer 19872)

Helmut Erlenkötter
Java-Applikationen *Anwendungsprogrammierung mit JFC*
(rororo computer 19898)

Werner Wehmeier /
Gregor Kuhlmann /
Bernhard Karrasch
KHK Classic Line 8 *mit Version 97*
(rororo computer 19845)

Peter Freese
MS-DOS *bis Version 6.2*
(rororo computer 19259)

Benno Brudermanns /
Ernst Tiemeyer
Office für Profis *Integrierte Lösungen mit VBA*
(rororo computer 19878)
Office 97: Lösungen mit PowerPoint
(rororo computer 19869)
PowerPoint für Windows 95
(rororo computer 19833)

Ernst Tiemeyer
Online mit Office *Web-Datenaustausch im Internet / Intranet*
computer 19890)

Peter Freese
PC-Starter *Computer einfach bedienen*
(rororo computer 19856)

Bernd Neuhaus /
Joachim Röhl /
Johannes Verhuven
Power für den PC *Sinnvoll aufrüsten, gezielt Schwächen beseitigen*
(rororo computer 19835)

rororo computer

rororo computer wird herausgegeben von *Ludwig Moos*. Ein Gesamtverzeichnis aller lieferbaren Titel finden Sie in der *Rowohlt Revue*. Jedes Vierteljahr neu. Kostenlos in Ihrer Buchhandlung.

Rowohlt im Internet:
www.rowohlt.de

Grundkurs Computerpraxis

Gregor Kuhlmann /
Friedrich Müllmerstadt
SQL *für DOS, Windows,
OS/2 und Unix*
(rororo computer 19289)

Gregor Kuhlmann
Turbo-Pascal *bis Version 7.0*
(rororo computer 18148)
Turbo-Pascal für Fortgeschrittene
bis Version 7.0
(rororo computer 18155)

Gregor Kuhlmann /
Ulrich Bornschein /
Lutz Seemann
Turbo-Pascal für Windows
*Objektorientierte
Programmierung und
Grafik (bis Version 7.0)*
(rororo computer 19235)

Hans-Josef Heck
UNIX
(rororo computer 18167)

Helmut Erlenkötter
Visual Basic 5
(rororo computer 19820)

Helmut Erlenkötter /
Volker Reher
Windows 95
(rororo computer 19801)

Windows 3.1 *bis Version 3.1*
(rororo computer 19230)

Windows NT *Version 4*
(rororo computer 19864)

Helmut Erlenkötter
Windows 98
(rororo computer 19893)

Joachim Röhl /
Johannes Verhuven
Office 97: Lösungen mit Word
(rororo computer 19867)
Word für Windows 95
(rororo computer 19830)
Word 6 für Windows
(rororo computer 19286)

rororo computer wird herausgegeben von *Ludwig Moos*. Ein Gesamtverzeichnis aller lieferbaren Titel finden Sie in der *Rowohlt Revue*. Vierteljährlich neu. Kostenlos in Ihrer Buchhandlung.

Rowohlt im Internet:
www.rowohlt.de

rororo computer

Online

Experten sind sich einig: Die Welt geht online. Die Telekommunikation, schon heute aus dem beruflichen und privaten Leben nicht mehr wegzudenken, gilt als eine Schlüsseltechnologie der Zukunft. Ob Telebanking oder computergestütztes Verkaufen, Austausch über Mailboxen oder das Nutzen des World Wide Web im Internet – mit den Online-Büchern bei *rororo computer* gehen Sie auf spannende und unterhaltsame Datenreisen.

Uwe Kreisel /
Pamela Ann Tabbert
E-mail English *Fit in Kommunikation und Technik*
(rororo computer 19876)

Phyllis Davis /
Deborah Craig
FrontPage *in 800 Bildschritten*
(rororo computer 19899)

Elisabeth Castro
HTML für das Web *in 500 Bildschritten*
(rororo computer 19894)

Martin Goldmann /
Gabriele Hooffacker /
Sven Mainka
Internet *Der Reiseführer zur Online-Welt*
(rororo computer 19877)

Ingo Steinhaus
Keine Panik! Internet *Sicher nutzen*
(rororo computer 19861)

Gabriele Hooffacker /
Rena Tangeus
**Online-Guide
Frauen & Netze**
(rororo computer 19873)

Gabriele Hooffacker /
Peter Lokk
**Online-Guide
Politik & Gesellschaft**
(rororo computer 19863)

Ernst Tiemeyer
Online mit Office *Web-Piblikationen und Datenaustausch im Internet / Intranet*
(rororo computer 19890)

Ingo Steinhaus
Online recherchieren *Ökonomische Wege zu Informationen*
(rororo computer 19875)

rororo computer wird herausgegeben von *Ludwig Moos*. Ein Gesamtverzeichnis aller lieferbaren Titel finden Sie in der *Rowohlt Revue*. Vierteljährlich neu. Kostenlos in Ihrer Buchhandlung.

Rowohlt im Internet:
www.rowohlt.de

Keine Panik!

Keine Panik! hilft mit eingängigen Anleitungen und griffigen Tips auch Computernovizen, die Computerwelt zu verstehen und die tägliche Arbeit sicher zu bewältigen. Für die Orientierung im Dschungel der Fachbegriffe sorgen die beiden Nachschlagewerke von Hans Herbert Schulze.

Keine Panik!:

Hans Ollig
Daten sichern, Daten schützen
(rororo computer 19879)

Excel für Windows 95 *Sicher nutzen*
(rororo computer 19837)

Ingo Steinhaus
Internet *Sicher nutzen*
(rororo computer 19861)
Windows 98 *Sicher nutzen*
(rororo computer 60061)
Windows 95 *Sicher nutzen*
(rororo computer 19821)
Word für Windows 95 *Sicher nutzen*
(rororo computer 19836)

Ingo Steinhaus / Hans Ollig
Personal Computer *Sicher nutzen*
(rororo computer 19838)

Nachschlagewerke:

Hans Herbert Schulze
PC-Lexikon *Fachbegriffe schlüssig erklärt*
(rororo computer 19828)

Computer-Englisch
(rororo computer 19871)

Computerkürzel *Lexikon der Akronyme, Kurzbefehle und Abkürzungen*
(rororo computer 19888)

rororo computer wird herausgegeben von Ludwig Moos. Ein Gesamtverzeichnis aller lieferbaren Titel finden Sie in der *Rowohlt Revue*. Vierteljährlich neu. Kostenlos in Ihrer Buchhandlung.

Rowohlt im Internet:
www.rowohlt.de

rororo computer

Katharina Hess

Die Schattenfrau

Erzählungen

Terra Grischuna

© 1995 Terra Grischuna Verlag
Chur und Bottmingen/Basel
Alle Rechte vorbehalten
Gestaltung: Marius Hublard, Ilanz
Satz: Typostudio Trin
Druck: Casanova Druck AG, Chur
Buchbinder: Buchbinderei Burkhardt, Mönchaltorf
Printed in Switzerland
ISBN 3 7298 1101 0

Inhalt

Die Schattenfrau
Seite 7

Erklär mir nichts
Seite 31

Die Stunde der Mondhunde
Seite 51

Janka
Seite 66

Die Kronviper
Seite 82

Im Namen der Karawane
Seite 105

Der Trudenfuss
Seite 121

Die Teufelsplatte
Seite 141

Der Weltend-Hof
Seite 164

Ein schwarzer Tag
Seite 188

Die Schattenfrau

Heute morgen, als die Hitze noch erträglich war, habe ich eine Hängematte gekauft. Jetzt, bei einer Temperatur von sechsunddreissig Grad im Schatten, versuche ich, sie zwischen den beiden Birnbäumen zu befestigen. Dabei kippt der Stuhl um, auf dem ich stehe. Auch der Ast hält nicht, an dem ich mich festzuhalten versuche. Ich falle zu Boden, auf das rechte Knie. Es tut weh.

«Ach ver...»

Ich presse die Lippen zusammen und ziehe mich am Baumstamm hoch. Langsam hinke ich zum Haus zurück. Drinnen lasse ich mich aufs Kanapee fallen. Ich bin schweissüberströmt, gleichzeitig jagt ein Kälteschauer über meine Haut. Ich bewege mich nicht, gebe keinen Laut von mir. Inwendig koche ich vor Wut. Es ist auch Enttäuschung in meinem Gefühl und eine Art von Verzweiflung, die dem Anlass nicht angemessen ist.

Schon als Kind hatte ich diese stummen Wüte. Sie entstanden aus einem unerklärlichen Wissen, das mir manchmal plötzlich zufiel – das heisst, sie entstanden aus der Reaktion der Erwachsenen auf dieses Wissen. Die Erwachsenen glaubten mir nicht. Sie negierten oder bagatellisierten mein Vorherwissen und Vorhersagen, selbst, wenn die prophezeiten Ereignisse wirklich eintrafen. Niemand wollte sich dann daran erinnern, dass ich bereits von dem Ereignis geredet hatte. Die Erwachsenen hatten Angst vor meiner unheimlichen Hellseherei. Heute kann ich das ein Stück weit begreifen. Es ist wohl sehr unheimlich, wenn ein sechsjähriges Kind zu seiner Mutter kommt und fragt: «Warum muss Kusine Barbara sterben?» – während diese Kusine am Morgen gesund

und munter zur Schule gegangen ist. Barbara ist nicht mehr nach Hause zurückgekehrt. Man hat sie Tage später tot aus dem Weiher gezogen. Nicht so tragisch, aber äusserst penibel ist es sicher auch, wenn eine naseweise Zwölfjährige aus dem Tabakbeutel Onkel Julians Ehering zieht, den er dort gut versorgt zu haben glaubte, bevor er auf die sogenannte Geschäftsreise ging. Ich erinnere mich heute noch an den Ausdruck von Hass und Empörung in Tante Bettys Augen, einen Ausdruck, der ebensosehr mir wie dem lügnerischen Ehemann galt.

Meine Hellseherei betraf auch unwesentlichere Dinge. Ich wusste zum Beispiel, dass das Brot ausverkauft war, als man mich in die Bäckerei schickte. Ich wusste auch, dass am nächsten Tag der Turnunterricht ausfallen würde. Der Kommentar meiner Mitschülerinnen: «Spinnst du?» Aber der Turnunterricht fiel aus.

Spinnst du? Hör auf, so zu reden! Warum willst gerade du das wissen?

Solche und ähnliche Kommentare lehrten mich schweigen. Ich schwieg nicht aus Weisheit oder aus Überlegenheit, sondern aus Wut. Diese Art stummer Wut ist eine Verhaltensweise von mir geworden, in die ich nicht nur verfalle, wenn ich etwas voraus weiss, sondern immer, wenn ich mich ärgere.

Lange Zeit liege ich auf dem Sofa. Allmählich klingt der Schmerz ab, und die Wut klingt ab. Ich verfalle in einen Halbschlummer. Es ist drückend heiss, auch im Haus.

Und dann bin ich plötzlich hellwach. Ich fühle mich klar und leer. Ich möchte mich wehren, ich habe Angst. Jahre sind vergangen, seit mich diese Klarheit, diese Leere das letzte Mal überfallen hat. Ich weiss, was sie bedeutet. Ich sehe keine Bilder, habe keine Visionen. Es ist ein einfaches, knappes, sicheres Wissen:

Ich werde jemandem begegnen. Jemandem, den ich lieb gehabt habe.

Nun, denke ich, wenn schon, dann möchte ich auch wissen, wem. Aber da ist kein Wissen mehr, keine Klarheit mehr. Erschöpft liege ich auf dem Sofa. Ich richte mich auf, probiere das Knie aus, zuerst im Sitzen, dann im Stehen. Ich humple in die Küche, hole mir etwas zum Trinken und gehe nach draussen, in der Hoffnung, unter den Bäumen etwas Kühlung zu finden.

Ich werde also jemandem begegnen. Jemandem, den ich geliebt habe. Aber bitte nicht Rolf, wenn es möglich ist! Der Schock dieser Jahre dauernden Beziehungskiste sitzt mir heute noch in den Knochen. Vielleicht Armin? Die kurze, zarte Episode ist mir damals unter die Haut gegangen. Wie würde er auf mich wirken, heute? Auch von Raeto kann ich sagen, dass ich ihn geliebt habe. Diese Liebe ist mit den Jahren in eine Kameradschaft übergegangen. Wir sehen uns hin und wieder. Eine Begegnung mit ihm ist also nichts Besonderes, kann jederzeit stattfinden, wird auch wieder stattfinden. Lienhard? Ihn habe ich gebraucht, in einer Phase der Not, also gewissermassen missbraucht. Damals habe ich das nicht klar gesehen, nicht klar sehen wollen. Eine Liebe aber ist er nicht gewesen.

Als es dunkel wird und sich unter den Bäumen ein winziger Hauch von Kühle einstellt, beschliesse ich, auch ohne Hängematte im Freien zu übernachten. Ich schleppe einen bequemen Liegestuhl unter die Birnbäume, hole eine leichte Decke und schliesse das Haus ab.

Ich habe ein kleines Haus und ein grosses Stück Land. Abschüssiges, wildes, natürliches Land mit schmalen, ebenen Terrassen zwischen den Abhängen. Die Birnbäume stehen auf einer Terrasse in der Verlängerung des Hauses und ziemlich weit davon entfernt.

Gegen Mitternacht wird es ganz dunkel. Wolken überziehen den Himmel. Am Horizont über dem Wald scheint von Zeit zu Zeit ein stummes Wetterleuchten auf.

Manchmal döse ich ein wenig. Aber ich schlafe nicht. Ich höre Tritte von Tieren, Rascheln im Laub und im Gras, kleine zögernde Laute der Vögel. Ab und zu streift ein schwacher Windhauch durch die Blätter über mir.

Und dann spüre ich, dass jemand in der Nähe ist. Ein Mensch. Ich höre nichts. Ich sehe nichts. Undurchdringliche Dunkelheit. Jetzt: ein leises, streifendes Geräusch, zögernd, Schritte, die sich durchs Gras tasten. Sie scheinen vom Haus her zu kommen. Ich bewege mich nicht. Lautlos lasse ich den Atem ein- und ausströmen. Angst habe ich nicht. Was geschehen muss, geschieht.

Eine Hand tastet nach meinem Liegebett. Jetzt drehe ich den Kopf. Dicht neben mir, auf gleicher Höhe wie mein Gesicht, glänzen zwei Augen. Langsam beginnt sich darum herum ein Gesicht zusammenzusetzen, ein grossflächiges, breites Gesicht, als schwacher Schein helles Haar darum.

Ragni? Eine Ahnung nur, ein Herzklopfen, ein Traum.

Ragni – ein Gedanke jetzt, ein Staunen, eine Möglichkeit.

Ragni! Ein Wort endlich, ein Ruf, ein Schrei.

Warum habe ich ausschliesslich an einen Mann gedacht, als ich wusste, am Nachmittag, dass ich einen geliebten Menschen wiedersehen würde? Ich habe Ragni tiefer geliebt, liebe sie tiefer als jeden Mann.

Aha, lesbisch also! Nein. Eine Freundin also, die beste Freundin? Nein. Eine Schwester, eine Zwillingsschwester sogar? Nein. Was dann?

Damals in Norwegen:
Neben mir am Spültisch stand eine Frau. Sie drehte mir ein grosses, ruhiges Gesicht zu.
«Ich bin Ragnhild.»
«Alice.»
«Ich bin davongelaufen.»

«Ich auch.»

Das breite Gesicht lachte. Ich reichte der Frau Geschirr hinüber. Berge von Geschirr. Sie spülte unter fliessendem Wasser vor. Zwei junge Mädchen schichteten die Teller, Tassen, Gläser in die Abwaschmaschinen ein.

«Wegen einem Mann, Sören», sagte Ragnhild.

«Ich auch, Rolf.»

Wir lachten beide.

«Wo kommst du her?» *fragte ich.*

Sie drehte den Kopf nach rechts. «Von Norden, von Bergen.»

«Ich komme von Süden, von der Schweiz.»

Ich liess das schmutzige Geschirr stehen. Ragnhild liess die roten, aufgeschwemmten Hände hängen. Wasser tropfte zu Boden. Wir starrten uns ins Gesicht.

«Sag, du, woher kennen wir uns? Wir sind uns nie begegnet, sicher nicht. Und doch...»

«Wir kennen uns», *nickte Ragni. Sie schüttelte das farblose Haar aus den Augen.* «Immer schon.»

Die Frau hinter uns reklamierte lautstark auf norwegisch. Ich verstand ihre Worte nicht, wohl aber den Sinn. Das Geschirr türmte sich auf vor mir. Ragni, die die Sprache natürlich beherrschte, beruhigte die Frau. Wir fuhren mit unserer Arbeit fort.

Teller, Teller, Platten, Tassen, Gläser, wieder Teller, schmutzig, fettig, unappetitlich. Ich spürte Ragnis ruhige Augen auf mir.

«Wann bist du geboren?»

«Am achtundzwanzigsten September 1950.»

«Und du?»

«Einen Tag früher», *antwortete Ragni.*

«Das gibt es nicht!»

«Doch, Alice, es gibt alles, fast alles!»

«Alice», flüstert das Gesicht neben mir.

«Ragni! Wie hast du mich gefunden?»
«Bin eine Weile lang umhergeirrt. Dann war es plötzlich leicht.» Sie kichert. «Hab dich gerochen, sozusagen.»
Ich richte mich auf. «Komm ins Haus!»
«Viel zu heiss! Hast du eine Matte oder einen Schlafsack zum Draufliegen?»
«Beides. Komm, wir holen es!»
Wir tasten uns zum Haus hinüber. Wir halten uns an den Händen. Ich hinke immer noch.
«Was hast du?»
«Bin aufs Knie gefallen.»
«Stütz dich auf mich!»
«Ja, danke.»
«Mach kein Licht!»
«Nein. Wir finden die Sachen auch so. Hast du Hunger?»
«Nein. Durst.»
«Was möchtest du? Wasser? Wein?»
«Beides. Ich helfe dir tragen.»
«Pass auf!»
«Du auch!»
«Geht es?
«Ja.»
«Ein Tischchen noch – und eine Decke.»
«Keine Decke! Mir ist so heiss.»
«Dass du da bist!»
«Bin wieder davongelaufen.»
«Vor was, dieses Mal?»
«Wieder Sören.»
«Verrückter Kerl!»
«Sag lieber: verrückte Ragni! Hab wieder geschlafen mit ihm, zweimal. Er hat so einen warmen Körper, weisst du, ich musste einfach. Nachher war es gut für mich. Aber er ist wieder kleben geblieben. Hat mich be-

lagert, mich beschworen, mich bedroht. Hat die Scheune angezündet vor Wut.»

«Wirklich, die Scheune? Die Scheune von Oevrebö?»

«Die Scheune von Oevrebö, ja. Abgebrannt.»

«Dann bist du weg?»

«In derselben Nacht.»

«Mit dem Flugzeug?»

«Hab doch kein Geld! Hab gejobt ein paar Tage lang, dann Zug, Schiff, Zug, endlos. Die Stadt hab ich gewusst, Chur. Und dann den Bach. Du sagtest etwas von einem Bach. Hab ihn schliesslich gefunden. Du hast auch von einem Friedhof erzählt, in dessen Nähe du wohnst. Ich las 'Totengut' und bog ab nach links, genau so, wie du es beschrieben hast. So hab ich dich gefunden.»

«Auf dein Wohl, Ragni!»

«Auf dein Wohl, Alice! Und gute Besserung!»

«Warum?»

«Dein Knie. Morgen ist es gut, glaub mir!»

«Ja. Heilst du immer noch?»

«Manchmal ja. Dich, heute, zum Dank, dass ich hier sein darf.»

«Herrlich, dass du da bist!»

«Find ich auch, ja!»

Wir liegen nebeneinander auf den Gartenliegen. Wir reden jetzt nicht mehr. Ich falle in einen leichten, glücklichen Schlummer.

«Ich möchte eine Weile hier bleiben», sagt Ragni neben mir.

«Gewiss, Ragni.»

Wieder sind wir still. Vielleicht ist jetzt Ragni eingeschlafen.

«Hast du die Flöte mit?» frage ich.

«Ja.»

«Spielen wir zusammen?»

«Morgen. Jetzt muss ich schlafen.»

«Telemann?» schwärme ich, «Händel? Boismortier, Mozart, Devienne? Und diese beschwingten, fremdartigen Tänze, die du mich spielen gelehrt hast?»

Auf dem Lager neben mir ist es still. Ragni schläft. Ich lausche ihren langsamen, beinahe lautlosen Atemzügen, passe den Rhythmus meines Atems ihnen an. So schlafe ich irgendwann ein.

Also wohnt Ragni bei mir. Tagsüber bin ich in der Apotheke, und Ragni durchwandert Graubünden. Oft sehe ich sie tagelang nicht, dann wieder lebt und wirkt sie eine Woche oder länger im Haus und im «Land». Garten kann man der Umgebung meines Hauses nicht sagen. Es ist mein Land, mein Abhang, mein Wald, meine Terrassen, meine Obstbäume, mein Teich, meine verdorrten Börter.

Manchmal ist sie kurz da gewesen, ohne dass ich sie gesehen habe. Ein Brot liegt dann vielleicht auf dem Tisch, ein Blumenstrauss steht unter dem Fenster, Holz ist gehackt vor dem Haus und zu einer ordentlichen Beige aufgeschichtet. Nie lässt sie Geschriebenes zurück, kein Wort, keinen Satz. Sie hat mir auch nie geschrieben in den Jahren, seit wir uns damals in Norwegen getrennt haben. Sie hat nie telefoniert. Ragni liebt auch Gespräche nicht. Sie ist keine Freundin von Worten. Sie verständigt sich lieber mit Gesten, mit dem Mienenspiel, mit Zeichen, mit Handlungen. Natürlich besprechen wir das Laufende. Sie ist ja nicht stumm. Ragni redet manchmal, sie zerredet nie.

An den Abenden und an meinen Frei-Tagen musizieren wir zusammen. Musik ist unser Gespräch. Stundenlang jubeln oder klagen die Melodien unserer Flöten über die Dächer des Quartiers. Ich habe verschiedene Flöten, dann auch ein Xylophon und eine kleine Trommel. Es kommt auch vor, dass Ragni singt. Kurze, einfache Tonfolgen, wiederholt und variiert oder einzelne runde, rufende Töne, ähnlich wie Vogelgesang am frühen Morgen. Wir vergessen Zeit und Raum.

Einmal, in der Nacht, als ich nicht schlafen kann, höre ich sie unten im Wohnzimmer spielen. Auf der Querflöte versucht sie, Tonfolgen verschiedener Vogelstimmen nachzuahmen. Leise tappe ich die Treppe hinunter. Sie hat ein paar Kerzen angezündet und spielt in ihrem zuckenden Schein. Silbern blitzt die Flöte auf. Ragnis bleiches Haar hat fast dieselbe Farbe wie die Flöte. Glatt, lang fällt es auf das weite, lose Hemd, das einzige Kleidungsstück, das sie trägt. Es ist immer noch heiss. Ich nehme die kleine Trommel von der Wand und trete dicht hinter Ragni. Sie dreht den Kopf und berührt mit der Wange mein Haar.

Oh doch, zuweilen ist ein Schuss Erotik in unserer Beziehung aufgeflammt, ich leugne das nicht. Kein Sex, aber Eros. Sicher, ich kenne die Lust auf Männer, ich habe mit Männern geschlafen. Mit Frauen nicht. Und doch finde ich Frauen sinnlicher als Männer. Frauen, nicht Männer, bringen die Erotik in die Welt.

Eine Stunde lang oder länger trommeln und flöten wir, leise, verhalten, lächelnd, wiegend – und gehen jede wieder in ihr Zimmer. Es fällt kein Wort zwischen uns.

Am nächsten Morgen muss ich reden, muss fragen:

«Du und die Musik heute nacht! Ich hab noch nie sowas erlebt. Wenn du bleiben könntest! Kannst du bleiben?»

Ragni lächelt. Sie berührt meinen Arm – nicht flüchtig und auch nicht zärtlich, so etwas zwischendrin.

«Machen wir das 'Frag-nicht-Spiel'!»

Ist das ein Kartenspiel? Nein. Oder eine Denksportaufgabe? Auch nicht. Vielleicht ein neuer Psycho-Test? Auch das nicht. Was dann?

Damals in Norwegen.
Ich fragte so viel:

«Gefällt es dir hier?»
«Warum nicht?»
«Finden wir einen anderen Job für uns beide?»
«Woher kennen wir uns?»
«Warum kam ich in diese Gegend von Norwegen?»
«Glaubst du an ein Leben vor diesem Leben?»
«Glaubst du an ein Leben nach diesem Leben?»
«Werden wir uns wieder verlieren?»
«Auf Zeit?»
«Auf Ewigkeit?»
«Wo finde ich dich?»
«Was ist Liebe?»
«Was ist Freundschaft?»
«Wer ist Gott?»
«Was soll der Tod?»
«Das Leiden?»
«Hast du Angst?»
«Was machen wir, wenn...?»

Ragni zuckte die Schultern. Ragni lächelte. Ragni wandte mir ihr grosses, ruhiges Gesicht zu. Sie gab keine Antworten. Sie stellte keine Fragen.

Eines Tages sagte sie: «Machen wir das 'Frag-nicht-Spiel'!»

«Was ist das?»

«Es ist verboten, Fragen zu stellen. Am Anfang spielen wir es nur eine Stunde lang.»

Sie legte ein Blatt Papier und einen Bleistift auf den Tisch.

«Für jede Frage, die wir stellen, machen wir einen Strich: du hier, ich da.»

Es war furchtbar. Nach der ersten Stunde hatte ich an die zwanzig Striche, Ragni hatte keinen einzigen.

Wir spielten das Spiel über immer längere Zeiträume hinweg. Allmählich gewöhnte ich mir das Fragen ab. Dabei erlebte ich eine Befreiung, die ich nicht für mög-

lich gehalten hätte. Ich lernte akzeptieren, wirklich akzeptieren. Ich lernte abwarten. Ich lernte, offen sein, neugierig sein. Ich verlor einige meiner Ängste. Denn mit der Zeit versiegten auch die inneren, die stummen Fragen. Ich wurde ruhiger, gelassener und ausgeglichener. Ich wurde freier.

Auch unsere Beziehung wurde freier. Die Beziehung zwischen Ragni und mir. Ich merkte, dass Fragen einengen, dass sie unsicher machen, Aggressionen wecken, Vertrauen untergraben können. Es gibt andere Möglichkeiten, Anteilnahme zu zeigen und Pläne zu schmieden.

«Wir sind schon fast Meisterinnen», schmunzelte Ragni eines Abends, als auf dem Blatt nur drei Striche von mir, einer von ihr zu sehen waren – und das während eines ganzen Tages.

Ragnis eine Frage hatte gelautet: «Gefällt dir das Frag-nicht-Spiel?»

Ich bin vierzig und ein paar Jahre mehr, und ich fühle mich gut. Es ist ein grosser Sommer voll Glut und voll Hitze, dazwischen Sintflut und Wetterschlag, gelb und schwarz mit roten Knallkörpern, und Hagelkörner prasseln wie Baumnüsse vom Himmel. Am nächsten Tag steht die Glut wieder oben am Waldrand. Gemächlich, schwer und glasig rollt sie auf uns herunter. Es ist ein grosser Sommer, und Ragni ist bei mir.

Mein Haus liegt ungefähr auf halber Höhe zwischen dem Talboden und der alten Landstrasse, die dem Hang entlang zu den höher gelegenen Dörfern führt. Ein schmaler, steiler Zick-Zackweg, der Jägerweg, verbindet die Talstrasse mit der alten Landstrasse. Ich habe einen Wiesenpfad getrampelt vom Haus in den Jägerweg hinüber. Dabei komme ich am Weiher vorbei, dem man nicht mehr ansieht, dass ich ihn vor Jahren künstlich angelegt habe. Er ist von Bäumen und Büschen überhangen, von

Wasserpflanzen fast völlig bedeckt und bevölkert von einer bunten Vielzahl verschiedenster Insekten und Wassertiere.

Früh am Morgen gehe ich aus dem Haus und zur Arbeit. Ich liebe meinen Morgenweg. Er ist schattig, und in den frühen Stunden dieses ungewöhnlich heissen Sommers ist die Luft hier noch frisch, aromatisch und kühl. Ein wenig silbriger Tau ist gefallen, und die Feuchtigkeit des Weihers ist unter den Bäumen spürbar. Eine Libelle zuckt scheinbar orientierungslos über meinen Kopf hinweg. Über der Stadt wölbt sich bereits ein dunstiger Hitzehimmel. Unter dem Blätterdach der dichten Hecke, entlang der sich mein Weg in schmalem Zickzack den Hang hinaufwindet, ist es dämmerig, klar und kühl.

Oben folge ich der Landstrasse bis zum Domplatz hinunter. Von hier aus habe ich nur noch über die lange Treppe zu gehen, rechts um die Kirche zu biegen und meinen Arbeitsplatz, die Apotheke, zu betreten. Ich bin da, bevor die ersten Kunden kommen. Eine Viertelstunde lang gehört der Laden mir. Ich öffne Türen und Fenster, überprüfe die Regale, Schubladen, den Verkaufstisch, den Schreibplatz. Die Chefin ist meistens auch schon da. Langsam trudeln die Kolleginnen ein. Ich freue mich auf den Tag. Ich arbeite gern.

Ich habe auch die Musse gern. Wenn ich den Weg zurückgehe am Abend, in brütender Hitze jetzt, wenn ich langsam gehen muss, um noch atmen zu können in der schweren, stickigen Luft, dann freue ich mich auf den Liegestuhl im Schatten der Birnbäume, auf ein kühles Getränk, auf das wohltuende Ausklingen von Hast und Spannung im Körper und im Geist. Ich freue mich auf die selbstverständliche Gegenwart von Ragni, freue mich auf unsere Fraglosigkeit.

Als ich heute abend zu den Birnbäumen hinüberkomme, ein Glas in der Hand, ein Buch unter dem Arm, finde ich die Hängematte leer. Ragni ist nicht da. Ich schwinge mich in das Netz, lasse es leise schaukeln zwischen den Zweigen. Ich schliesse die Augen.

Der Lärm eines Motorrades bricht in mein Dösen ein. Er nähert sich von unten her dem Haus. Das ist doch nicht möglich! Wie könnte ein Töff die steilen Kehren des Jägerweges herauffahren? Genau das aber scheint sich irgendein Verrückter in den Kopf gesetzt zu haben. Auf einmal bricht das Knattern ab. Stille kehrt zurück. Ich zucke die Schultern, lasse mich in die Hängematte sinken. Die Augen behalte ich offen.

So sehe ich ihn kommen. Er nähert sich auf meinem schmalen Wiesenpfad dem Haus. Er ist gross, übergross, eine lange, dünne Latte. Er hat halblanges, gelbes Haar. Er schlenkert mit den Armen. Kein Zweifel, das ist Sören!

Woher hat er...? Wie kann er...?

Nicht fragen! Sören ist da. Er kommt auf meinem Weg auf mein Haus zu. Sören. Ragnis Sören.

Ich starre ihm entgegen, regungslos, wortlos. Ich nehme meinen dumpfen Herzschlag wahr und die aufsteigende Hitze im Kopf. Da ist so ein Gefühl, etwas wie Angst.

Eine Liebe? Nein. Ein gefährlicher Kerl? Ich glaube nicht. Ein Rivale um die Gunst von Ragni? Auch das nicht. Was dann?

Hagelschlag ist angesagt. Nach Wochen der Hitze, der Dürre, der schweren, ungesunden Luft nähert sich ein Sturmtief. Es wird Gewitter bringen, heftige Gewitter mit Regenfluten und Hagelschlag. Eine schwarzgelbe Wand drängt von Westen heran. Gebannt beobachten wir ihr Kommen. Die Sonne verschwindet hinter der Wolkendecke. Windböen rasen durch die Baumkronen. Donner rollt, Blitze zucken in den Horizont. Als die er-

sten Regentropfen fallen, lachen wir vor Freude. Wir tanzen vor Freude. Die Wolken sind gelb, schwefelgelb, es wird Hagel geben und Schäden und Zerstörung. Trotzdem freuen wir uns. Wir lachen, wir tanzen.

Auch Sören nähert sich wie ein schwefelgelbes Gewitter. Und doch freue ich mich. Sören bringt das Leben mit, den Sturm, die Elemente, die Leidenschaften und alle die herrlichen Kräfte. Aber er bringt auch Hagelschlag und Verwüstung, Störung und Zerstörung. Manches Hagelwetter bedeutet das Ende eines Sommers. Was bedeutet Sören für meinen und Ragnis Sommer?

Als Ragni zurückkommt, haben Sören und ich Tisch und Stühle unter die Birnbäume getragen. Wir haben ein weisses Tuch über den Tisch gelegt und farbige Servietten verteilt. Sören hat mein bestes Geschirr aufgestellt, und ich habe Wein aus dem Keller geholt und eine kalte Platte gerichtet.

Wir sitzen am Tisch und schauen ihr entgegen. Ragni kommt langsam auf uns zu. Sie schüttelt den Kopf. Ragni spielt das Frag-nicht-Spiel nicht, sie lebt es. Sören steht auf. Ragni bleibt vor ihm stehen, ganz nah.

«Oh Gott, Sören», sagt sie, «das muss wohl so sein!»

Sie hebt die Arme und legt ihm die Hände in den Nacken, ganz langsam tut sie das – ich weiss nicht, fällt es ihr schwer, oder geniesst sie jede Phase dieser Bewegung, einer lang ersehnten und entbehrten Geste. Auch Sören greift hinter Ragnis Kopf. Er führt die Hand unter ihrem langen, farblosen Haar durch und dreht es mit einem raschen, geschickten Griff um seinen Arm.

Die ersten Tage mit Sören sind vergleichbar den wohltuenden, warmen Regenfluten eines Sommerabendgewitters, dem Feuerwerk eines Wetterleuchtens über dem Horizont, der Frische und Farbigkeit der Natur nach dem Regen. Am Abend gehen wir aus, zeigen Sören die

Stadt und ihre Umgebung, oder wir arrangieren ein Fest zu Hause, wir tanzen zu Sörens lauter, rockiger Musik, die er auf Kassetten mitgebracht hat. Wir tanzen allein, zu zweit und zu dritt. Wir trinken Wasser und Wein, wir stellen uns unter die Gartenbrause, bis wir frieren und uns einhüllen in grosse Badetücher, in denen wir dann wie Gespenster im Dunkeln unter den Bäumen umhertappen. Noch später in der Nacht spielen Ragni und ich auf unseren Flöten. Sören tanzt dazu, grotesk und wild wie ein Faun. Von einem Augenblick zum anderen hält er inne, lässt sich ins Gras fallen, rollt sich zusammen wie eine Katze und schläft ein.

Es wird mir bewusst, dass mir etwas an der Situation nicht passt, als Sören mich fragt, ob er das Motorrad neben meinem Haus, im Schutz des Vordaches parkieren dürfe. Man kennt das: Eine innere Stimme sagt, ohne Überlegung, ohne Begründung: Nein! Sofort meldet sich eine zweite Stimme, die des Anstandes, der Rücksichtnahme, des Gefallenwollens. Sie sagt: Warum nicht? So ein Töff frisst doch kein Heu. Es ist schade, wenn das teure, neue Motorrad in Sonne und Regen steht. Man kennt auch das: Was dann über die Lippen kommt, ist meistens die zweite Stimme:

«Ja, klar. Bring das Möbel her!»

Mit der Zeit lernt man, dass die erste Stimme die eigene ist, die ehrliche. Ihre häufige Missachtung führt von schlechter Laune über Depressivität und Magengeschwüre bis hin zu Todschlag und Herzinfarkt.

Diesmal bin ich sogar so blöd, dass ich vors Haus gehe und Sören mit Ratschlägen beim Parkieren des Vehikels helfe. Ich bewundere das stromlinienförmige, crèmefarbige Riesending, für das er vierzigtausend Franken hingeblättert hat, wie er sagt. Es ist ein breites Luxusmöbel, dem nur noch die beiden anderen Räder und ein Dach fehlen zur teuren Superlimusine. Ich stehe ja überhaupt nicht auf Motorfahrzeuge, finde sie ein grosses und nur zum Teil notwendiges Übel, bin selber nicht motorisiert, bin es nie gewesen. Bin ich nun doch ein bisschen beeindruckt von diesem technischen Wunderwerk, oder will ich ganz einfach Sören gefallen? Ich weiss es nicht. Auf jeden Fall steht das Ding jetzt da, es ist das Erste, was mir ins Auge fällt, wenn ich mich dem Haus nähere, und jeden Tag knattert es einmal oder mehrere Male den schmalen Jägerweg hinunter und wieder herauf.

Tagsüber bin ich in der Apotheke. Eines Mittags, als ich nach Hause komme, liegen Ragni und Sören noch im Bett. Kein Morgengeschirr ist gewaschen, kein Mittagessen vorbereitet. Sie lachen und flüstern in ihrem Zimmer. Ich stehe unter der Galerie und spüre, wie ein elendes Gefühl Besitz ergreift von mir, ein schwer steuerbares, zerstörerisches Gefühl: Eifersucht. Ich mache es mir bewusst, weiss es, atme tief durch, will es verjagen. Es gelingt mir nur oberflächlich, nur scheinbar.

Ohne mich bemerkbar zu machen, gehe ich in die Küche und verrichte trotzig die nötigsten Arbeiten, esse eine Kleinigkeit, sitze verloren am Tisch. Als die beiden vergnügt und zerzaust in der Tür erscheinen, ist es für mich schon wieder Zeit, zur Arbeit zu gehen.

Ein paar Tage lang habe ich mich im Griff. Ich bin freundlich, mache mit bei ihren Unternehmungen, und die beiden geben sich Mühe, mir nicht zur Last zu fallen. Und doch schwelt das Feuer unter der glatten, kühlen Oberfläche. Da ist sie wieder, diese stumme, innere Wut, diesmal nicht geschürt von Enttäuschung und Verzweiflung, sondern von Eifersucht. Es bedarf dann nur noch des berühmten Tropfens...

Ragni und ich stehen im Wohnzimmer. Wir spielen ein Flötenduett von Haydn. Es ist ein Stück, das ich besonders gerne mag. Wir haben es oft geübt, haben es zu einer gewissen Fertigkeit im Spiel und zu einer schönen Eigenständigkeit in der Interpretation gebracht. Noch nie, scheint mir, hat es so gut geklungen wie heute. Ich verliere mich im Spiel, im Zusammenspiel, bin glücklich und gelöst.

Da stürmt Sören ins Haus. Ragni setzt die Flöte ab.

«Spielen wir doch zu Ende!» bitte ich.

Aber Sören nimmt Ragni in die Arme, wirbelt sie herum.

«Wir gehen aus!» ruft er. «Jetzt sofort. Ich habe einen Landsmann getroffen. Macht euch schön!»

Ragni legt die Flöte achtlos auf den Tisch, wirbelt noch einmal mit Sören durch den Raum, hämmert mit beiden Fäusten gegen seine Brust: «Ein Landsmann! Ein Landsmann! Sag mir doch, wer er ist!»

Ich stehe da und sehe rot. Ich fühle rot, ich schmecke rot, ich höre rot, ich denke rot. Mir scheint, alle diese stummen Wüte meines Lebens ballen sich in dieser Minute zu einer einzigen enormen Wut zusammen. «Das ist gefährlich», denke ich. «Ich kriege einen Blutsturz oder eine Herzattacke, oder ich ersticke. Ich muss diese Wut hinauslassen, unbedingt!

Aber ich habe das ja nie geübt, nie vollbracht. Ich weiss nicht, wie man das macht. Auch jetzt sage ich nur – scharf zwar und eisig:

«Du schaffst das Motorrad von meinem Land weg, sofort und für immer, und zwar, bevor ihr zu diesem Typ geht!»

Ganz ruhig – äusserlich – steige ich die Treppe empor in den oberen Stock, trete in mein Zimmer und schliesse die Tür hinter mir zu.

Nun ja, ein wenig verrückt sind wir natürlich alle. In dieser Hinsicht hätte ich Sören nicht unterschätzen dürfen. Allerdings weiss ich nicht, dass ihm Ragni noch in derselben Nacht wieder einmal den Laufpass gibt – für ein paar Monate oder Jahre... Das ist nun mal die Form ihrer Beziehung. Wie gesagt: Ein wenig verrückt...

In der Nacht schlafe ich zwanzigmal ein und erwache zwanzigmal wieder. In meinem Innern toben die Wut, die Enttäuschung und der Schmerz. Ich erwäge, Sören wegzuschicken – und auch Ragni. Indem sie unser Flötenspiel so achtlos abbrach, wegwarf, hat sie mich tief verletzt. Ich werde es ihr sagen, muss es ihr sagen.

Nach Mitternacht höre ich die beiden zurückkommen. Auch nachher sind lange Zeit allerlei seltsame Geräusche ums Haus herum zu hören. Ich kümmere mich nicht darum. Erst gegen Morgen, als es leise zu regnen beginnt, kehrt Ruhe ein. Es gelingt mir, mich ein wenig zu entspannen. In der Folge schlafe ich noch einmal ein.

So erwache ich relativ spät. Ich stehe auf und öffne das Fenster. In der halben Bewegung halte ich inne. Was ist denn das? Bin ich über Nacht verrückt geworden, oder hat das ein anderer besorgt? Die Wiese neben dem Haus ist bis hinüber zu den Birnbäumen übersät mit Teilstücken von Sörens Motorrad. Er hat es völlig zerlegt und demoliert. Da liegen Räder, Taschen, Stücke der Karrosserie, der Sattelteil, aufgeschlitzt, Lenkstange, Benzintank, Haltegriffe, Lampen, Motorteile, Uhr und Tachometer, alles zerschlagen, zerfetzt.

«Du Idiot!» sage ich laut. «Das räumst du mir weg, und zwar neute noch!»

Aber im ganzen Haus und der Umgebung finde ich keine Spur von Sören und keine Spur von Ragni. Von Sören fehlen auch seine Habseligkeiten, hingegen sind der grosse Reisesack, die Bücher und Kleider von Ragni noch da. Auch die Flöte liegt noch auf dem Tisch, so, wie sie gestern von Ragni hingeworfen worden ist. Ihr Rucksack fehlt und die Wanderschuhe.

So ist das: Die einen gehen auf Reisen, die anderen zur Arbeit. Die einen sind Zugvögel, und die anderen sind sesshaft. Die einen singen das Lied, und die anderen setzen den Baum. Das muss wohl so sein.

Als ich am Abend von der Arbeit zurückkomme und durch das Chaos von Motorradteilen wate, finde ich meinen Sinn für Humor wieder. Ich finde auch meine Kreativität wieder, meine Möglichkeiten, mit den Wüten und den Verrücktheiten des Lebens umzugehen.

Ich schlüpfe in einen alten Overall, binde ein Tuch um den Kopf. Schräg unterhalb des Hauses steht ein Schuppen, in dem ich das Gartengerät aufbewahre. Ich beginne zu lachen. Ich schliesse den Schuppen auf und trage die Gartenwerkzeuge zum Haus hinauf. Unter dem geräumigen Vordach wird sich ein Platz für sie finden. Jetzt beginne ich damit, die herumliegenden Bestandteile des Motorrades einzusammeln. In einem Korb schleppe ich sie zum Schuppen hinunter. Als ich das letzte Stück in den Schuppen werfe, ist es fast Nacht. In der Dunkelheit tappe ich wenig später nochmals zum Schuppen hinunter. Ich schliesse die Tür ab und befestige ein Schild daran:

«Vorsicht! Hier drin befindet sich der Töff des Sören von Oevrebö.»

Lachend gehe ich ins Haus zurück. Wer allein lebt, muss lernen, sich ab und zu über sich selber und mit sich selber zu amüsieren.

Auch Ragnis Rückkehr am Mittag des vierten Tages kündigt sich mit einem Lachen an. Sie steht unten vor der Tür des Schuppens und krümmt sich vor Vergnügen.

«Du hast Ärger gehabt und Arbeit», sagt sie, als sie ins Haus kommt. «Ich bitte dich um Nachsicht.»

Sie zuckt die Schultern. «So ist er, siehst du. Ich habe ihm den Laufpass gegeben. Das letzte Mal war es der Schuppen von Oevrebö. Diesmal ist es der Töff.»

25

«Was wird es das nächste Mal sein?»
«Es gibt kein nächstes Mal.»
«Ja, ja!» brumme ich.
«Du bist wütend wegen dem Töff.»
«Nein. Das mit dem Töff war eher komisch. In gewisser Weise habe ich es auch als Hommage an mich aufgefasst, an meine Motorenfeindlichkeit. Aber was uns betrifft, dich und mich... Das Flötenduett – das hat weh getan, Ragni.»

Ragni nickt und schaut mich an. Sie rechtfertigt sich nicht. Sie entschuldigt sich nicht. Sie sitzt ruhig da und schweigt.

In der Nacht höre ich sie unten im Wohnzimmer spielen. Sie spielt das Flötenduett von Haydn. Sie spielt die erste Stimme, ihren Part, ganz durch, dann beginnt sie von vorn. Diesmal spielt sie die zweite Stimme, meinen Part. Nach dem Finale ist es eine Weile still. Auf einmal beginnt sie von neuem zu spielen, wieder die erste Stimme. Obwohl der Satz mit allegro überschrieben ist, spielt sie die Melodie langsam, schleppend fast, eher wie ein Andantissimo. Ich stehe auf, gehe auf die Galerie hinaus. Ich schaue hinunter auf Ragnis glattes, langes Haar, auf ihre Arme, ihre Hände, auf das blitzende Instrument. Meine Flöte und den Notenständer habe ich wieder auf die Galerie gebracht, wo ich meistens musiziere, wenn ich allein bin. Ich schlage die Noten auf, setze das Instrument an den Mund. Ein paar Takte gehe ich mit, ohne zu blasen, dann falle ich plötzlich in Ragnis Rhythmus ein, tief und klagend. Sie erschrickt nicht, spielt ohne Zögern weiter. So spielen wir, jedes allein und doch zusammen. Wir spielen das Allegro, das Menuett und das Allegretto, spielen das Andante, das Vivace und das Finale. Aber alles lassen wir tönen wie lento, maestoso, adagio und largo.

Am Ende bleiben wir eine Weile stehen, wortlos, bewegungslos. Dann bläst Ragni die Kerzen aus und kommt auf die Galerie herauf. Ich warte im Dunkeln auf sie. Sie nimmt mich in die Arme. Ein kleines Schluchzen schüttelt uns – oder ist es ein Lachen? Ragni geht in ihr Zimmer. Auch ich versuche, noch ein wenig zu schlafen.

Später habe ich Ragni «die Schattenfrau» getauft. Warum? Weil sie mein Leben gestreift hat wie ein Schatten? Ja. Weil ich sie als dunkel empfand, geheimnisvoll und unfassbar? Auch, ja. Weil sie eine unbewusste Schattenseite von mir verkörperte, eine Frau war, die ich nicht zu sein verstand? Das vor allem, ja.

Es ist wohl nicht zufällig, dass sich unsere Wege in der Mitte des Lebens gekreuzt haben, dann, wenn der eigene Schatten zum ersten Mal, von hinten kommend, neben und dann vor uns auftaucht und im Weitergehen lang und länger wird. In diesen Jahren wird das Beweisbare unwichtig, und das Geheimnisvolle nimmt an Bedeutung zu.

Vielleicht versuche ich, diese Geschichte aufzuschreiben, weil ich sie nie verstanden habe. Ich kann nichts begründen, nichts erklären, nichts beweisen. Ich kann nur erzählen. Auch das letzte Kapitel wirft kein helleres Licht auf Ragni und meine Beziehung zu ihr. Im Gegenteil: Das Geheimnis wächst.

Im September beginnt die Regenzeit. Ragni und ich leben in meinem kleinen Haus, selbstverständlich, wortlos fast, umgeben vom Tropfen, vom Rauschen und vom Strömen des Regens. Unsere Sprache ist die Musik. Wir spielen auf unseren Instrumenten, oder wir hören Musik von Platten und Kassetten.

An meinen Frei-Tagen streifen wir in langen Kapuzenmänteln durch den Wald. Im Regenwald fühlen wir uns wohl. Wer noch Ohren hat, wer noch hören kann, erkennt die Melodien, die der Wind, der Regen und die

Blätter singen. Für alle Töne, auch für diese, haben Ragni und ich ein feines Gehör.

Manchmal hoffe ich, Ragni werde bei mir bleiben. Dann wieder fürchte ich mich vor dieser Möglichkeit. Was überwiegt nun, Hoffnung oder Furcht? Ich weiss es nicht.

Natürlich frage ich nicht. In Ragnis Gegenwart ist auch für mich das Frag-nicht-Spiel selbstverständlich geworden. Auch Ragni äussert sich nicht. Sie redet nicht vom Bleiben und nicht vom Gehen. Ich gewöhne mich daran, mit ihr in den Tag hinein zu leben. Im heutigen Tag zu leben. Aber richtig wohl fühle ich mich dabei nicht. Ich bin eine Frau, die gerne weiss, was morgen sein wird.

An einem Abend sitzen wir in der Stube. Es regnet in Strömen. Ragni sitzt dem Fenster gegenüber. Plötzlich richtet sie sich auf und starrt gebannt in den dunklen, bewaldeten Abhang auf der anderen Seite des schmalen Tales.

«Es brennt!» sagt sie. «Dort drüben im Wald brennt es.»

Wir gehen beide ans Fenster. Tatsächlich, kleine unruhige Lichter zucken zwischen den Stämmen hin und her.

«Das sind Lichter», behaupte ich. «Fackeln vielleicht oder Kerzen.»

«Fackeln, Kerzen – unglaublich!»

«Und ein Brand bei dieser Nässe – unglaublich!»

Wir lachen beide.

«Gut, wir wissen es nicht. Aber merkwürdig ist es schon!»

Als es ganz dunkel ist, mutet uns der zuckende Schein immer gespenstischer an. Immer wieder starren wir aus dem Fenster. Es sind hüpfende, tanzende, ruhelose Lichter, ein Geisterzug, aber er bewegt sich an Ort.

Wir beschliessen, hinüberzugehen und das Phänomen an Ort und Stelle zu betrachten. Wir ziehen Stiefel an und Regenmäntel und nehmen Taschenlampen mit.

Ich kenne den Weg. Ich glaube auch zu wissen, dass die Lichter sich im Bereich des Fusspfades befinden, der auf halber Höhe den Hang traversiert. Der Lichtschein narrt uns. Manchmal scheint er ganz nahe, fast greifbar zu sein, dann wieder verlöscht er, verschwindet. Weit vorne taucht er plötzlich wieder auf.

Überrascht bleiben wir nach einer Wegbiegung stehen: Ein Baum brennt! Es sind kleine Flämmchen, Ketten von gelben und roten Flämmchen, die am Strunk eines halb geknickten Baumes auf und ab huschen, hin und her tanzen. Das Holz der alten Buche ist schwarz, glänzend und glatt. Es ist unbegreiflich, wie das tropfnasse Holz brennen kann. Regen strömt und tropft ununterbrochen in die Flammen. Er scheint sie nicht zu berühren. Die Intensität des Brandes nimmt nicht zu und nicht ab.

Ragni und ich stehen da. Wir löschen unsere Taschenlampen. Wir starren in die kleinen Flämmchen. Das Schauspiel ist unheimlich. Es ist grossartig. Vielleicht ist es auch gar nicht wahr. Vielleicht träumen wir.

«Komm!» sagt Ragni schliesslich und schiebt mich an der Schulter vorwärts. «Ich habe das Gefühl, als gehörten wir da nicht dazu. Ein Gefühl, als würden wir stören. Solche Gefühle nehme ich ernst.»

Ich lasse mich vorwärts schieben von ihr, widerwillig zuerst, und dann möchte ich fragen... Ich frage nicht. Es gibt keine Antworten, keine Erklärungen, auch Ragni kann mir keine geben. Am folgenden Morgen sitzt Ragni schon am Tisch, als ich in die Stube hinunterkomme.

«Es brennt immer noch», sagt sie.

Ja, in der Morgendämmerung glüht der Feuerschimmer immer noch hin und wieder auf. Er scheint mir allerdings schwächer zu sein als gestern abend.

Ich frühstücke mit Ragni, ziehe mich fertig an, nehme Mantel und Schirm. Ragni folgt mir zur Tür. Sie legt die Arme um mich, presst ihre Stirn gegen meine Stirn.

«Leb wohl, Alice!» sagt sie.

Ich lasse den Regenschirm fallen. Ich rücke Ragni ein wenig von mir ab, schaue ihr ins Gesicht.

«Du gehst fort.»

«Ja.»

«Die Flammen da drüben im Wald!»

«Auch die Flammen, ja.»

«Du glaubst, dass du hier an etwas teilnimmst, an dem du keinen Anteil hast.»

«Es geht in diese Richtung, ja.»

«Das stimmt nicht, Ragni.»

«Für mich stimmt es.»

«Dann musst du gehen.»

«Ich gehe nach Irland.»

«Da wolltest du schon immer hin.»

«Du auch.»

«Ja. Vielleicht komme ich nach, eines Tages.»

«Lassen wir es offen!»

Ich will nichts mehr sagen, und sie soll auch nichts mehr sagen. Ich nehme den Schirm vom Boden auf und gehe zur Arbeit wie jeden Tag. Als ich vom Jägerweg aus zurückschaue auf das Haus, sehe ich, dass die Tür offen steht.

Ein paar Tage später wähle ich für meinen Heimweg am Mittag eine andere Route. Von der Stadt her steige ich in den Wald hinauf, der meinem Haus gegenüberliegt. Auf dem fast ebenen Waldweg traversiere ich in halber Höhe den Abhang. Es ist jetzt heller Tag, und eine dünne Sonne scheint zwischen die Stämme.

Die halb geknickte Buche ragt mit kahlem Stamm in die Luft. Sie ist von den Wurzeln her bis zur Bruchstelle verkohlt. Ein wenig graue Asche hat sich auf der Oberfläche des Stammes gebildet. Unter meiner Hand bröckelt sie ab.

Erklär mir nichts

Um halb sechs geht Sissi, meine Praxisgehilfin, nach Hause. Wenn immer möglich, versucht sie, den Sechsuhrzug nach Ems zu erreichen. Heute ist es möglich. Ich begleite die letzte Patientin selber zur Tür. Dann öffne ich im Ordinationszimmer die Fenster und versorge die Krankengeschichte.

Ich höre ein Geräusch im Korridor. Ich stehe auf. Esther taumelt zur Tür herein. Sie ist weiss im Gesicht, grün um die Nasenspitze.

«Esthi, was ist los? Komm, sitz! Nein, leg dich besser hin! Du kippst mir sonst um.»

Ich lege ihr den Arm um die Taille und zwinge sie sanft, aber bestimmt auf die Liege. Ich nehme ihre Hand und suche den Puls. Sie zieht die Hand weg und richtet sich halb auf.

«Lass das, Luisa! Ich bin nicht krank. Ich bin nur... Ich weiss nicht... Es ist unglaublich. Etwas Unerhörtes ist geschehen!»

Ich sitze auf den Rand der Liege. «Was, Esthi?»

Sie fällt auf das kleine Kissen zurück. Sie schaut mich nicht an. Wieder kriecht die grünliche Blässe über ihr Gesicht.

Endlich sagt sie: «Linda hat Loretta wiedergesehen.»

Ich schweige eine Weile, lege die Hand auf Esthers Arm.

«Das kann nicht sein, Esthi, du weisst es. Wir haben Loretta letzte Woche zu Grabe getragen. Ich habe ihren Totenschein ausgestellt. Ihr Tod kam überraschend für den Moment, ja, nicht aber in Anbetracht ihrer Krankheit. Sie ist dreissig Jahre alt geworden. Das ist relativ alt für eine Mucoviszidose-Patientin. Sie starb an einem Herzversagen. Das war ihr zu wünschen, angesichts der Möglichkeit, dass sie auch hätte ersticken können. Das weisst du alles, Esthi. Du weisst auch das andere, nämlich, dass Linda und Loretta Zwillingsschwestern sind. Zwillinge sind sich oft sehr ähnlich und sehr nahe. Wenn das eine stirbt, stirbt das andere ein Stück weit mit. So ist es durchaus verständlich, dass Linda die Vision hatte, Loretta sei immer noch oder noch einmal da.»

Esther hat bis dahin zu meiner Rede geschwiegen, aber jetzt fährt sie auf.

«Linda hatte keine Vision! Loretta war da, unter ihnen! Gestern abend! Sie war am Treff im 'Kibitz' wie immer. Frag Karin! Frag Jeff oder Marco und Alma, frag Cornelia oder Joli! Sie alle haben Loretta gesehen, haben mit ihr geredet, haben sie berührt.»

Esther weint jetzt. «Das ist schrecklich für uns, verstehst du? Ich war ja nicht selber dabei, aber ich glaube ihnen. Wie viel erschreckender muss es erst für die sein, die Loretta tatsächlich gesehen haben! Am unfassbarsten ist es für Linda. Sie redet nicht mit mir, mit keinem von uns. Sie sitzt nur da und versucht, irgendwie zu ertragen, was sie erfahren hat. Heute morgen hat sie mich kurz angerufen und hat es mir gesagt. Sie könne nicht darüber reden, hat sie gesagt. Ich habe dann versucht, die anderen zu erreichen. Sie haben mir alles bestätigt. Da dachte ich, ich könnte zu dir kommen, vielleicht könnest du etwas erklären, schliesslich bist du die Älteste von uns und bist Ärztin. Vielleicht weisst du ein bisschen mehr über Leben und Tod, habe ich gedacht...»

Ich schüttle stumm den Kopf. Ihre Erzählung hat mir die Sprache verschlagen. Karin, meine Schwester! Alma und Marco, Cornelia, Jeff, Joli! Meine Freundinnen und Freunde! Ihnen muss ich glauben. Weder lügen sie alle, noch haben sie alle durchgedreht. Mir ist unheimlich zu Mute.

Esther sitzt jetzt neben mir auf dem Rand der Liege.

«Luisa, ich habe Angst!» sagt sie.

«Ich auch», antworte ich.

Ich stehe auf und zünde das Licht an. Sekundenlang blendet mich die plötzliche Helligkeit.

«Wissen Lorettas Eltern das?»

Esther schüttelt den Kopf. «Loretta hat Linda gebeten, die Eltern nicht zu unterrichten. Sie hat die Clique gebeten zu schweigen.»

Sie steht auf, wandert durch das Zimmer. «Ich gehe jetzt wieder, Luisa. Natürlich kannst du mir Lorettas Erscheinen nicht erklären. Niemand kann das. Ich dachte nur... Du bist die Älteste von uns... Du hast Erfahrung mit dem Sterben, mit dem Tod...» Ich schaue in Esthers bleiches Gesicht. Jetzt kommt mir die Routine zu Hilfe. Ich gehe zum Kasten, entnehme einer Schachtel ein paar Tabletten. Ich lasse sie in eine kleine Papiertüte gleiten.

«Hier! Ein leichtes Beruhigungsmittel. Am besten schluckst du jetzt gleich eine Tablette und auf die Nacht noch eine. Wenn du ruhig bist, kannst du besser überlegen und besser integrieren als im Zustand der Erregung und des Schreckens.»

Zu meiner Überraschung schluckt Esther die Pille, trinkt durstig ein Glas Wasser nach.

«Komm wieder!» sage ich zu ihr, «wann immer du das Bedürfnis hast! Du bist jederzeit willkommen, auch zur Zeit der Sprechstunde, unangemeldet. Ich nehme mir Zeit für dich. Das weisst du, ja?»

Was würde ich darum geben, gestern am wöchentlichen Treff der Clique dabei gewesen zu sein! Leider bin ich oft nicht dabei, seit ich die Praxis eröffnet habe. Dreimal in der Woche habe ich Abendsprechstunde. Dafür bin ich an drei Nachmittagen zu Hause, was wichtig ist, wegen Gioia und Men, meinen Kindern.

Ich bin vierzehn Jahre älter als Joli, die Jüngste in der Clique. Ich bin erst spät zu ihnen gestossen. Die anderen kennen sich seit der Sekundarschule, waren schon damals eine treue, aufgestellte Bande. Natürlich gehörten damals noch mehr junge Leute dazu. Einige sind weggezogen oder haben sich der Clique allmählich entfremdet. Heute besteht nur noch der «harte Kern». Er setzt sich aus denen zusammen, die in der Stadt geblieben oder nach der Ausbildung hierher zurückgekehrt sind. Die meisten sind noch unverheiratet, obwohl fast alle schon dreissig und mehr Jahre alt sind. Nur Alma und Marco sind ein Paar und Ursin und ich. Die anderen bringen manchmal ihre Freundinnen mit und ihre Freunde. Mit dazu gehören bisweilen auch schon unsere Kinder: Almas Silvio und unsere beiden: Gioia und Men.

Karin, meine Schwester, die elf Jahre jünger ist als ich, half die Clique gründen. Sie ist es denn auch gewesen, die mich eines Abends gerufen hatte, verzweifelt, entsetzt, als Cornelia den Unfall hatte und sie ihren Hausarzt nicht holen wollten und nicht wussten, was sie tun sollten. Ich war zu jener Zeit Assistenzärztin auf der Anästhesie, hatte also Erfahrung mit Notfällen und konnte die erste Hilfe leisten. Ich konnte Cornelia ins Spital einweisen und verhindern, dass ihre Familie benachrichtigt wurde. Ich glaubte, das verantworten zu können, da Conny am folgenden Tag schon aus dem Spital entlassen wurde. Ja, ich habe Cornelia gedeckt damals. Ich habe gelogen, um ihr zu helfen. Conny hat die Chance gepackt. Ich war sehr glücklich darüber und bin es heute noch. Conny hat die Lehre fertig gemacht und ist heute Rayonchefin in einem Warenhaus. Nur die Clique weiss, wie hart über dem Abgrund sie einmal hing.

Sie haben mich dann gebeten, bei ihnen mitzumachen, die jungen Leute, und das tat ich gerne, besonders, weil mir daran lag, Conny nicht aus den Augen zu verlieren.

Das Zusammensein mit der Clique wurde für mich rasch mehr als ein Gefühl der Aufsichtspflicht Conny gegenüber. Auch Ursin, mein Mann, kommt ab und zu an die Treffs, besonders, seit wir die Kinder abends für einige Zeit allein lassen können. Ich fühle mich wohl in der Clique. Sie gibt mir Hoffnung. Solange junge Leute so sein können: lebendig, offen, herzlich und kameradschaftlich, so lange habe ich Hoffnung für die Zukunft.

Natürlich bin ich auch ein bisschen die Ärztin in der Gruppe geblieben. Das ist bei all den Problemen junger Menschen von heute nicht anders möglich. Ich mache das gern. Ich berate sie gern, diskutiere gern mit ihnen über Fragen meines Fachs. Und dann waren da die Zwillinge: Loretta mit ihrer Mucoviszidose, gegen die sie sich tapfer wehrte, entschlossen, so intensiv wie möglich zu leben in der kurzen Zeit, die ihr zum Leben blieb. Und neben ihr Linda, unzertrennlich, die mir oft mehr zu leiden schien als die kranke Schwester.

Ich habe Loretta begleitet, je schlechter es ihr ging, umso intensiver. Ich habe mit ihr über das Sterben geredet, über den Tod, über das Wie und Wo des Nachher und über die Unmöglichkeit, etwas Sicheres darüber zu wissen. Ich habe versucht, mit ihr zusammen Angst und Ungewissheit auszuhalten. Ich bin viele Tode mit ihr gestorben – nur den letzten dann nicht, ich kam zu spät. Sie lag auf dem Bett, als ich eintraf, friedlich, locker, wie im Schlaf. Ein Herzversagen hatte sie aus wochenlanger Atemnot erlöst, bevor es zu eigentlichen Erstickungsanfällen kam, bevor sie ausschliesslich unter dem Sauerstoffzelt leben musste. Wie froh war ich für sie, wie traurig war ich für mich, für Linda, für ihre Eltern, für die Clique! Ich sass eine Weile an ihrem Bett und schaute auf ihr stilles Gesicht. Ich hätte um alles in der Welt so gern gewusst, wo und wie sie jetzt war, ob nah, ob fern, ob überhaupt nicht mehr...

Ich habe ihr dann den Totenschein ausgestellt und bin in die Praxis zurückgekehrt, wo meine Patienten warteten, es war ja mitten am Vormittag. Vier Tage später haben wir Loretta zu Grabe getragen. Es war ein warmer, sanfter Nachmittag, und die Abschiedsfeier fand draussen statt zwischen den Gräbern, und die Clique stand eng beisammen, ein kleiner, trauriger Haufen. Wie Kinder kamen sie mir vor, so jung und verletzt, und der Tod hat in sie eingeschlagen wie ein greller, grausamer Blitz.

Das ist vor einer Woche gewesen. Und gestern war der erste Treff seit Lorettas Tod. Und sie ist an dem Treff erschienen, sagen sie... Wie soll ich das jemals verstehen, erklären, mir oder irgend jemand anderem?

Zu Hause erzähle ich es Ursin. Er nimmt es ruhig auf, gelassen fast, wie selbstverständlich. Während mein medizinisch-wissenschaftlich geschulter Verstand Mühe hat, Unbegreifliches zu akzeptieren, fällt das Ursin leichter. Als Maler und Kunstpädagoge beschäftigt er sich immer wieder mit Mythen und Märchen, verlässt sich in seinem Schaffen auf Träume und Fantasien. Er sieht, dass ich verstört bin, nimmt mich in den Arm und sagt: «Du solltest mit Linda reden!»

Ja, ich werde mit Linda reden. Aber zuerst will ich mit Karin reden, mit meiner vernünftigen, sachlichen «kleinen» Schwester.

«Dich hab ich erwartet!» sagt sie zur Begrüssung.

Ich frage: «Warum bist du nicht zu mir gekommen?»

«Esthi versprach, es dir zu sagen. Und – ehrlich gesagt – ich fürchtete, du könntest es zerstören.»

«Ich? Zerstören? Was denn? Und weshalb? Ich weiss ja nicht, was gestern wirklich geschehen ist. Esthis Gestammel war nicht sehr aufschlussreich. Ich weiss nur, dass das Ereignis sie arg mitgenommen hat und dass es sich dabei um Loretta handelt.»

«So setz dich!» sagt Karin. «Und lach nicht und schrei nicht 'nein!' und 'unmöglich!', Luisa! Ich könnte es nicht ertragen.»

Ich lasse mich aufs Kanapee fallen. «Gut», verspreche ich, «ich sitze jetzt nur da und höre dir zu.»

«Loretta ist gestern abend bei uns gewesen, Luisa. Sie ist am Treff im 'Kibitz' gewesen. Ich weiss, Loretta ist vor zehn Tagen gestorben, und wir haben sie am letzten Mittwoch begraben. Ich weiss, du hast ihren Tod einwandfrei festgestellt. Ich selber habe ihren leblosen Körper gesehen. Und doch ist Loretta gestern unter uns gewesen. Sie war tot, und sie ist immer noch oder auch jetzt wieder tot. Gegen Morgen ist sie verschwunden, hat Linda gesagt. Und doch ist sie da gewesen, lebendig, körperlich, Loretta, so wahr ich Karin Demarmels und deine Schwester bin, so wahr ich dreiunddreissig Jahre alt bin, so wahr diese Stuhllehne aus Holz ist, und so wahr es draussen regnet. Sollten diese Tatsachen nicht stimmen, so könnte auch Lorettas Erscheinen gestern eine Täuschung gewesen sein. Da ich aber so geartet bin, meinen Namen, mein Alter, das Holz und den Regen als wirklich anzusehen, muss ich auch Lorettas Da-Sein gestern als wirklich anerkennen.»

«Ja», sage ich. «Karin, bitte, es würde mir helfen, wenn du mir den Ablauf des gestrigen Abends schildern könntest.»

«Ich war gestern als erste im 'Kibitz', zusammen mit Jeff und Alma und Marco. Sie kamen miteinander, Linda und Loretta, so wie immer, so wie all die unzähligen Male vorher. Das war wohl der Grund, weshalb wir im ersten Augenblick nicht erschraken. Erst eine oder zwei Sekunden später sagte Jeff: 'Aber Loretta ist doch...'

Jetzt schrie Alma auf, und ich versteckte das Gesicht in den Händen. Ich wollte Loretta nicht sehen. Ich hatte Angst, verrückt geworden zu sein. Nun kamen auch

Conny und Joli herein. Conny blieb stehen und starrte Loretta sprachlos an. Joli drehte sich um und lief davon. Jetzt begann Linda zu reden, laut und bestimmt und ganz ruhig.

'Seid doch vernünftig, Leute!' sagte sie. 'Ich habe Lori unterwegs angetroffen. Sie möchte noch einmal mit uns zusammen sein. Sie möchte nicht, dass wir weinen und klagen. Sie möchte, dass es noch einmal ist wie immer. Nicht wahr, Lori?'

Loretta nickte. 'Ja, bitte!' sagte sie mit ihrer normalen, gewohnten Stimme.

'Können wir das tun für sie?' fragte Linda. 'Können wir akzeptieren, dass die Situation ungewöhnlich ist, indem wir denken, dass auch Lori ungewöhnlich ist und unsere Zusammengehörigkeit in der Clique? Schaffen wir das?'

'Doch, ja!' sagten wir alle.

Jeff berührte sie als erster. Er berührte ihre Schulter. 'Es soll ein schöner Abend werden, Loretta', versprach er.

Ehrlich gesagt, ich weiss nicht, woher wir die Kraft und die Selbstverständlichkeit nahmen, mit unserer verstorbenen Freundin diesen Abend zu verbringen. Mit der Zeit wurden wir wieder so vertraut und so sicher, dass wir auch Fragen zu stellen wagten.

'Bleibst du jetzt bei uns?' fragte Conny.

Loretta hob die Schultern. 'Ich bin wohl irgendwie auf der Durchreise', meinte sie.

'Kannst du uns sagen, wie es drüben ist?' wollte ich wissen.

'Nein', antwortete Loretta. 'Ich weiss nichts. Ich kann mich an gar nichts erinnern, als dass ich in meinem Zimmer ohnmächtig geworden bin. Das ist das Letzte. Vorhin kam ich zu mir zurück und wusste: Es ist Montag, und wir haben Treff, und ich möchte noch einmal bei euch sein.'

'Warum sagst du noch einmal?' fragte Joli.

Loretta überlegte. 'Es wird wohl das letzte Mal gewesen sein', meinte sie zögernd.

'Wo bist du heute erwacht?' wollte Marco wissen.

'In welchem Raum, meinst du?' Loretta zögerte. 'Ich war schon unterwegs zum 'Kibitz', glaube ich...'

Die ganze Zeit über hielt Linda Loretta im Arm.

'Geht es dir gut?' fragte sie immer wieder. Und immer nickte Loretta. Sie hatte eine Stille im Gesicht, ich kann es nicht anders sagen. Sie hatte ein stilles Gesicht.

'Ich kann atmen wie nie in meinem Leben', sagte sie. 'Das geht leicht und weich, wie Seide geht mein Atem ein und aus und ein und aus!'

Es war ein seltsamer Abend, Luisa. Loretta hatte sich gewünscht, es solle sein wie immer. Aber nichts war so wie immer. Ich hatte ein Gefühl von Unwirklichkeit, von Unsicherheit auch, ja, von extremer Unsicherheit sogar, bis hin zu Beklemmung und Angst.

Auch Loretta war anders.

Sie war still und gelassen, unbeteiligt auch, weit fort irgendwie. In gewissem Sinn war ich erleichtert, als Linda und Loretta erklärten, heimgehen zu wollen. Heimgehen – was mochte das heissen? Was hiess es für Loretta? Was für Linda?

Loretta umarmte uns alle, eines nach dem anderen, wortlos, zärtlich. Dann war sie fort, Linda auch, und wir anderen bröckelten ebenfalls auseinander, wortlos fast – es war einfach zuviel. Verstehst du das, Luisa?»

Ich schaue meine Schwester an und nicke. «Es ist auch für mich zuviel, Karin. Wie soll ich das verstehen? Es löst Angst aus in mir.»

«Das ist keine Sache zum Verstehen», behauptet Karin. «Aber es ist ein Stück weit zum Fürchten, da hast du recht.»

«Was sollen wir tun?» frage ich.

«Aushalten, denke ich, akzeptieren», antwortet sie. «Das Nichtverstehenkönnen aushalten und das Fürchten.»

Ihre Einladung zum Kaffee lehne ich ab. «Ursin wartet. Morgen versuche ich, mit Linda zu reden.»

«Ja», nickt Karin. «Vielleicht redet sie mit dir. Bitte, kümmere dich um sie. Ich denke, sie hat es nötig.»

Das Telefon schellt in meinen unruhigen Schlaf. Ich fahre hoch. Die Morgendämmerung schleicht ins Zimmer. Ursin nimmt den Hörer von der Gabel.

«Was?» fragt er verschlafen. «Wer? – Sie wird bei Peter sein. Nein, beruhige dich doch! Linda ist erwachsen. Sie weiss, was sie tut. Ihr seid jetzt aufgeregt, alle, verständlicherweise. Ihr habt die Dimensionen verloren, den Sinn für die Realität. Doch, natürlich kannst du mit ihr reden. Sie ist wach.»

Er gibt mir den Hörer herüber. «Es ist Esther. Linda sei verschwunden, sagt sie.»

«Esthi?» frage ich. «Was ist denn?»

Esther atmet schnell und flach. Sie redet unter Tränen.

«Linda ist fort. Seit gestern mittag hat niemand sie gesehen. Sie ist nicht bei Peter. Sie ist nicht zu Hause oder öffnet mir jedenfalls nicht, gibt keine Antwort, nimmt kein Telefon ab.»

«Was fürchtest du, Esthi?»

«Ich fürchte, dass Linda mit Loretta gegangen ist. Wenn Loretta zu ihr zurückkehren konnte, kann Linda auch mit ihr fortgehen. Das fürchte ich.»

Ich schweige zuerst, frage dann: «Konkret gesagt: Fürchtest du, Linda könnte sich das Leben genommen haben, um bei Loretta zu sein?»

Esther sagt: «Ich meine es so, wie ich es gesagt habe: Linda könnte mit Loretta mitgegangen sein. Ich habe lange mit Joli geredet. Joli sagt, ich müsste das erlebt haben, dieses sanfte Kommen und Gehen von Loretta, dieses Kommen und Gehen wie ein milder Wind, wie ein langsam anschwellender Ton, wie ein warmer Regen, der zögernd zu tropfen beginnt. So kam sie, und so ging sie, sagt Joli.»

Esther weint jetzt wieder. «Weisst du, was ich denke, warum sie zurückgekommen ist? Um Linda mitzunehmen. Sie kann nicht sein ohne Linda, auch im Tod nicht.»

«Esthi, bist du allein?»

«Ja», antwortet sie. «Ich bin in der Telefonkabine bei Lindas Haus.»

«Leg jetzt auf und komm durch die Ahornstrasse gegen unser Quartier herüber! Ursin kommt dir entgegen. Das tust du jetzt! Versprichst du es mir?»

«Ja», schluchzt sie, «ich komme.»

Im Lauf des nächsten Vormittags melden sich alle bei mir oder bei Ursin. Sie rufen an, kommen in die Praxis oder erscheinen bei uns zu Hause: Alma und Marco, Joli, Jeff und Cornelia. Alle sagen und fragen sie dasselbe: «Linda ist verschwunden. Wo könnte sie sein? Was sollen wir tun?»

Zum ersten Mal erlebe ich den Umstand, die Älteste in der Clique zu sein, als Bürde, als übergrossen Anspruch, als erdrückende Verantwortlichkeit. Aus einem für mich unbegreiflichen Grunde halten sie mich nicht nur wegen meines Alters, sondern auch wegen meines Berufes für weiser, für erfahrener, für zuständiger als sich selber. Das mit der Erfahrung mag stimmen, alles andere nicht. Dass ich weiss, welche Erreger für Windpocken verantwortlich sind und welches Heilmittel am besten gegen Bluthochdruck wirkt, bedeutet nicht, dass ich auch weiss, wo sich Linda befindet. Dennoch verspreche ich ihnen, mein Möglichstes zu tun.

Ich stelle mir Linda vor, die Eigenschaften, die Verhaltensweisen, die Reaktionen, die ich an ihr kennengelernt habe. Was sind ihre Stärken und was ihre Schwächen? Wo packt sie zu, und wo weicht sie aus? Hat sie Prinzipien? Zeigt sie auch Fahrlässigkeiten? Was ich auf diese Weise in dichter Form über sie in Erfahrung bringe, gibt mir keine Sicherheit darüber, dass sie sich auf keinen Fall das Leben nehmen würde. Leider nicht. Eines aber scheint mir sicher zu sein: Was Linda auch unternommen hat gestern mittag, sie hat es nicht getan, ohne irgend jemandem eine Nachricht zu hinterlassen. Nie würde sie die Menschen, die ihr nahe stehen, in einer solchen Ungewissheit hängen lassen. Wem also hat sie gesagt, wohin sie geht? Der Clique nicht. Wer steht ihr sonst noch nahe? Ihre Eltern und Peter. An die Eltern will ich mich nicht wenden, weil sie nicht erfahren sollen, dass Loretta nach ihrem Tod noch einmal einen Abend lang mit der Clique zusammen gewesen ist. Also bleibt Peter.

Er gibt nicht gern Auskunft. «Dir muss ich es wohl sagen», meint er widerstrebend. «Linda hat sich zurückgezogen für eine Weile, von allen und von allem. Sie möchte allein sein. Sie möchte ungestört sein.»

«Wohin ist sie gegangen?» frage ich.

«Das sag ich dir nicht», antwortet er.

«Aber du weisst, wo sie ist?»

«Ja, ich weiss es.»

«Warum willst du es nicht sagen? Hat sie dich darum gebeten?»

«Nicht direkt», gibt er zu. «Aber sie soll Ruhe haben. Niemand soll sie stören jetzt, auch die Clique nicht, auch du nicht!»

Als erstes beruhige ich die Clique. Ich rufe jeden einzelnen an.

«Linda hat sich zurückgezogen für eine Weile», erkläre ich. «Es geht ihr verhältnismässig gut. Habt Geduld! Wenn die Zeit richtig ist, wird sie zurückkommen.»

Das sage ich den anderen. Auch mir selber versuche ich, es weis zu machen. Aber da ist ein Gefühl in mir, ein Gefühl, das mir sagt, dass Linda Hilfe braucht. Ich habe Loretta in den Tod begleitet. Vielleicht ist es meine Aufgabe, Linda ins Leben zu begleiten?

Ich zerbreche mir den Kopf darüber, wo Linda sein könnte. Ich frage mich, wo sie gerne hinfährt, welche Gegenden sie bevorzugt, ob und wo sie Freundinnen und Freunde hat, bei denen sie untertauchen könnte.

Und dann habe ich eine bessere Idee. Wohin wäre Loretta gegangen? Gab es einen Lieblingsort für Loretta, einen Menschen, zu dem sie Vertrauen hatte? Ich muss nicht lange überlegen. Fast auf Anhieb fällt es mir ein. Es ist zwar lange her und dauerte nur kurze Zeit. Aber dann kam, kurz vor ihrem Tod, ihr überraschender Wunsch, jenen Ort noch einmal zu sehen. Leider ist dann nichts mehr daraus geworden. Ich glaube zu wissen, wo ich Linda finden kann.

Am Samstag packe ich eine Reisetasche.

«Willst du wirklich hinfahren?» fragt Ursin. «Linda möchte ungestört sein. Das gilt wohl auch für dich.»

«Sie kann mich wegschicken, Ursin. Dann komme ich sofort nach Hause zurück. Aber ich habe das bestimmte Gefühl, dass sie es nicht tun wird.»

Ich fahre mit dem Zug ins Engadin. Es ist eine lange, beschauliche Fahrt, die ich schon unzählige Male unternommen und schon unzählige Male genossen habe. Auch heute. Ich bin nicht ungeduldig, nicht mehr unruhig. Wenn Linda dort ist, wo ich sie vermute, dann wird sie sich auffangen. Nein, es gibt, soviel ich weiss, keine grossen Weisen dort. Es gibt auch keine gelehrten Kurse, Therapien oder Programme. Auch die Landschaft ist dort nicht im allgemein gültigen Sinn «schön». Und doch hat der Ort Loretta wohl getan, und ich denke, dass er auch Linda wohl tun wird.

Ich steige in Samedan um und fahre das Engadin hinunter. In Scuol nehme ich das Postauto, und dann habe ich noch eine knappe Stunde zu gehen. Auf dem kleinen See blühen die Seerosen. Die Wiesen stehen kniehoch und blühen in allen Farben. Schwere Düfte wehen vom Hügel herunter. Oben steht linkerhand das Kreuz und rechterhand der Fernsehmast. Und dann nimmt der Wald mich auf. Ein Waldsträsschen im Sommer. Heisse Sonnenbahnen und kühle Schatteninseln in rascher Folge. Blumen am Wegrand. Orchideen, Glockenblumen und gelber Eisenhut. Weisser Staub wirbelt auf, wenn ab und zu ein Auto vorüberfährt. Dann die Lichtung. Rechts der Weg dem Waldrand entlang. Vor mir die grosse, sanft abfallende Wiese, unten der Gasthof, eingebettet in Blumen. Und linkerhand die Abzweigung, die zur Schule hinüberführt.

Ich gehe am Badeweiher vorbei, komme durch den Schulgarten, eine üppige Wildnis, um die sich der Himmel allein kümmert – ein Eindruck, den mir die ganze Schule macht, den sie mir schon bei meinem ersten Hiersein vor drei Jahren gemacht hat: Sonne und Regen segnen sie, Wolken und Nebel umhüllen sie, Hitze und Kälte prüfen sie, Fülle und Dürre lehren sie schwelgen und lehren sie darben. Im Hof spielen drei Mädchen Flöte, zwei andere sitzen im Fenster, lassen die Beine nach draussen hängen.

«Suchst du Dietrich?» fragt eine von ihnen.

Ich nicke, obwohl ich nicht weiss, wer Dietrich ist.

«Er ist in der Küche», ruft sie. «Es gibt Bohnen».

Ich weiss. Bohnen gab es hier schon immer. Bohnen und eingemachte Zwetschgen. Dazu Tomatenspaghetti. Einige Kinder essen bloss Zwetschgen. Die meisten Spaghetti. Bohnen isst kaum jemand. Muss auch niemand. Trotzdem werden am nächsten Tag wieder Bohnen gekocht. So eine Schule ist das.

Ich gehe durch den hellen Korridor. Die Türen der Schulzimmer stehen offen. Mein Blick fällt auf bunt bemalte Wände, auf riesige, selbstgebastelte Schmetterlinge, auf ernste, tief konzentrierte Gesichter, die zu Kindern gehören, die einen kunstvollen Reigen tanzen. Ich bleibe stehen und schaue ihnen zu. Lachen ertönt aus dem Zimmer nebenan. Ein Knabe kommt auf mich zu. Er hat einen nervösen Tick im Gesicht und hinkt. Er nimmt meine Hand.

«Komm!» sagt er. «Dietrich ist in der Küche.»

Nun, denke ich, zu Lorettas Zeiten hat er Ralf geheissen. Sein Nachfolger heisst nun offensichtlich Dietrich. Ich lasse mich in die Küche ziehen.

«Hier», sagt mein kleiner Führer zu einem dicken, grossen, graulockigen Mann, «hier ist eine Frau für dich!»

Dietrich und ich lachen. Ich gebe ihm die Hand. «Ich bin Luisa. Ich suche Linda. Ihre Zwillingsschwester war eine Zeitlang Lehrerin bei euch. Sie hiess Loretta. Sie ist gestorben. Vor kuzer Zeit. Ich dachte mir, dass ich Linda vielleicht bei euch finden würde.»

Der dicke Dietrich nickt. «Ja, Linda ist hier. Du findest sie im Garten.»

Ich zögere. «Sie ist von uns fortgegangen mit dem Wunsch, ungestört zu bleiben. Der Verlust ihrer Zwillingsschwester trifft sie hart. Im Zusammenhang mit Lorettas Tod hatte sie ein seltsames Erlebnis...»

«Ich weiss», sagt der Dicke. «Sie hat Loretta wiedergesehen.»

«Ach!» staune ich. «Sie hat es dir erzählt?»

«Sicher», nickt er.

«Es ist so seltsam», sage ich, «erschreckend auch. Wie soll man sich das erklären?»

Dietrich schaut mich lange an. «Erklären? Wie kommst du darauf? Hier erklären wir nichts. Und sind eine Schule. Verrückt, nicht wahr?»

«Es war Lorettas Wunsch, noch einmal hierher zu kommen», erzähle ich. «Er hat sich nicht mehr erfüllt. Statt ihrer ist Linda gekommen. Und jetzt habt ihr einen neuen Fan: Luisa.»

Ich schaue aus dem Fenster. Ein gelber Fleck bewegt sich zwischen den Bohnenstangen. Das ist Lindas Sommerkleid. Ich trete vom Fenster zurück.

«Würdest du bitte jemanden schicken, der Linda fragt, ob sie mich sehen will?»

Dietrich bindet die Schürze los und sagt: «Ich gehe schnell selber.»

Dietrich kommt mit Linda durch den Bohnengarten zum Haus zurück, und ich gehe ihnen entgegen.

«Schön, dass du gekommen bist!» sagt Linda und hängt sich bei mir ein.

Sie legt Dietrich die Hand auf den Arm. «Ich esse mit Linda in der Ustria drüben. Sei nicht böse, aber ich mag heute keine Bohnen sehen. Ausserdem haben wir zu reden.»

Dietrich lacht. «In der Schule von Brida ist alles freiwillig, auch das Beleidigtsein. Du bist willkommen rund um die Uhr, Luisa», fügt er hinzu. «Verpflichtet bist du zu nichts. Arbeit haben wir immer, und Geld haben wir nie. Ein Bett ist meistens frei, und zu essen gibt es genug.»

«Bohnen!» stöhnt Linda.

Kopfschüttelnd blicke ich über den riesigen Bohnengarten. «Tomaten sind auch gut», schlage ich vor, «und Kartoffeln sind nahrhaft. Himbeeren wären ein Traum. Warum eigentlich nur Bohnen?»

«Die Bohnen sind ein Andenken an Ralf», lacht Dietrich. «Er konnte nicht genug kriegen davon. Aber wir haben Pläne, das zu ändern. Die Kinder helfen mit.»

Linda und ich sitzen im Garten vor der Ustria und reden. Von Loretta. Linda beginnt zu erzählen, ohne dass ich sie frage.

«Ihr denkt, ich sei verzweifelt, deprimiert und geschockt. Das stimmt nicht, Luisa. Ich habe etwas Wunderbares erfahren, etwas Einzigartiges. Lori hat mich gebeten, keine Fragen zu stellen und keine Erklärungen zu suchen. Sie hat es selber auch nicht getan. So bleibt mir, als Geschenk anzunehmen, was ich erhalten habe. Ich bin am letzten Montag durch die Jochgasse gegangen, kurz vor acht Uhr. Es war noch hell. Auf einmal bemerkte ich etwa zehn Meter vor mir eine junge Frau. Sie trug einen Sportsack über die Schulter gehängt und hatte das dunkle Haar im Nacken zusammengebunden. Sie glich Lori. Ich ging schneller, verringerte so den Abstand zwischen uns. Auch in der Art, wie sie ging und wie sie den Arm schlenkerte, erinnerte sie mich an Lori. Sie drehte mir das Profil zu, und ich sah, dass sie Lori war. Im Gegensatz zu den anderen aus der Clique war ich nie erschrocken, Luisa, von Anfang bis zum Ende nie. Im Gegenteil: Als ich so hinter ihr durch die Jochgasse ging und wusste: Es ist Lori, da war ich unsinnig glücklich. Einmal, so dachte ich, ein einziges Mal in der Geschichte der Menschheit hat jemand die absoluteste Regel durchbrochen, die es auf der Welt gibt, die Regel, dass die Toten nicht wiederkommen. Und ausgerechnet Lori hat sich über die Regel hinweggesetzt!

Gerade, als ich zu ihr aufschliessen wollte, drehte sie sich um und sagte: 'Hey, Lindi!'

'Hey, Lori!» antwortete ich.

'Frag nicht!' bat sie im Weitergehen, 'und erklär nicht! Ich weiss ohnehin nichts, weniger noch als du. Ich weiss nicht einmal, was genau geschehen ist. Es spielt keine Rolle mehr. Ich weiss bloss, dass Montag ist und dass ich noch einmal mit euch zusammen sein möchte.'

Das Weitere hat dir Esthi erzählt, Luisa, nicht wahr?»

Ich nicke. «Es geht Esthi nicht besonders gut. Mir auch nicht, übrigens.»

Linda nimmt meine Hand. «Das ist, weil ihr nicht dabei gewesen seid. Loris Erscheinen war so schön und so selbstverständlich, dass Schrecken und Fragen verstummt sind.»

«Ich habe mit Karin geredet», wende ich ein. «Sie hat das Ereignis nicht ganz so glücklich erlebt.»

«Ja», gibt Linda zu. «Karin fühlte sich am wenigsten wohl. Sie ist deine Schwester. Sie ist scharfsinnig und klug wie du und hat einen logischen Verstand. Es fällt ihr schwer, Unerklärliches fraglos hinzunehmen.»

«Auch mir fällt das schwer», seufze ich.

«Kann sein», räumt Linda ein, «dass ich mein eigenes Erleben auf die Clique übertrage. Es ist für alle schwerer als für mich, das sehe ich nun ein.»

Ich schenke uns Wein nach. Linda will noch einmal anstossen. Sie lauscht dem silbrigen Klang der Gläser.

«Lori ist dann noch mit mir heimgekommen», erzählt sie weiter. «Es war noch warm, und wir haben das Fenster weit geöffnet. Licht haben wir nicht angezündet. Wir lagen in den Kleidern auf dem Bett und hielten uns an der Hand. Geredet haben wir nur noch ganz wenig. Einmal hat sie gesagt, dass sie dich gern nochmals gesehen hätte, besonders dich. Ein bisschen später redete sie von Brida. Von der Schule von Brida. Sie wäre gern noch einmal hinaufgefahren, meinte sie. Ich fragte sie nach dem Grund, und sie meinte, dass der Sommer in Brida die beste Zeit ihres Lebens gewesen sei, dass Brida ihr entsprochen habe, ganz. Sie wurde dann schwer krank und musste den Job aufgeben. Aber das weisst du.»

Ich nicke. «Ich bin später einmal mit ihr hier heraufgefahren, vor ungefähr drei Jahren. Loretta wollte, dass ich Brida kennen lerne. Damals habe ich nicht recht begriffen, welchen Zauber Brida auf Loretta ausübte. Heute begreife ich es besser.»

Die Dämmerung legt sich über den Garten. Die Blumen duften. Ihre Farben leuchten noch einmal auf. Linda und ich schweigen.

Schliesslich frage ich: «Wann ist Loretta von dir fortgegangen?»

«Gegen Morgen», antwortet Linda. «Die genaue Zeit weiss ich nicht. 'Ich muss jetzt gehen, Lindi,' hat sie gesagt. Ich habe geweint, und sie hat wieder meine Hand genommen. Ich bin dann eingeschlafen. Als ich erwachte, war sie nicht mehr da. Im Zimmer war es schon hell. Deutlich sah ich den Abdruck ihres Kopfes im Kissen neben mir.

Ich wollte mit niemandem reden. Nur Esthi habe ich kuz angerufen und sie gebeten, es dir zu sagen. Am Mittag bin ich hier heraufgefahren. Hier bin ich nun seit ein paar Tagen. Ich habe im Sinn, sommersüber hier zu bleiben. Nachher sehen wir weiter.»

«Dein Job zu Hause?» frage ich.

Jetzt lacht Linda. «Das hat Dietrich geregelt. Er hat dem Chef erzählt, dass er eine Schule für verhaltensgestörte Kinder leitet. Der Chef wird denken, dass Dietrich manchmal auch junge Erwachsene aufnimmt. Jedenfalls hat er mich bis auf weiteres beurlaubt.»

Ich habe noch eine Bitte: «Könntest du mit Esther reden, Linda? Es würde ihr gut tun, dich zu sehen, zu erleben, wie gut es dir geht. Auch die Art von Dietrich könnte heilsam für sie sein und die ganze Atmosphäre von Brida.»

«Ich rufe sie an», verspricht Linda. «Sie soll heraufkommen.»

«Ach, Linda», gestehe ich, «ich habe mich getäuscht. Ich habe gemeint, dir helfen zu müssen, helfen zu können. Aber jetzt ist es so, dass du mir hilfst.»

Wir sitzen im Garten, bis es gänzlich dunkel ist. Auf der Strasse am Hang von San Silva kriechen ab und zu die Scheinwerfer eines Autos vorüber. Der Wind raschelt in den Blättern. Die Grillen zirpen. Vom Schulgebäude wehen die Klänge einer Harmonika herüber, süss und zögernd, sehnsüchtig und manchmal falsch.

Die Stunde der Mondhunde

Ich bin Marusja Lendi nie persönlich begegnet. Ihre Bücher habe ich gelesen, einige ihrer Bilder habe ich gesehen. Zweimal habe ich versucht, ihr zu schreiben, über ihren Verlag. Die Briefe kamen zurück. Die Autorin wünsche keine Briefe und keine Telefonanrufe. Es gelang mir nicht, ihre Adresse ausfindig zu machen.

Warum habe ich das Bedürfnis, sie kennenzulernen? Ich habe ihre Bücher nicht nur gelesen, ich habe sie erlebt. Ihre Bilder habe ich nicht nur betrachtet, ich bin in sie hineingegangen. Ich möchte wissen, wie eine Frau aussieht, was eine Frau ausstrahlt, die so schreibt, die so malt.

Als die Anfrage vom Stiftungsrat kam, war ich knapp fünfzig Jahre alt. Die Stiftung plante ein Museum zu Ehren des Malers Milo Baffa. Er hatte einige Jahre im Tal gelebt und gemalt. Nach seinem Tod wurde er berühmt. Er hat es verdient, finde ich. Er hätte es schon zu Lebzeiten verdient.

Das Baffa-Museum ist an der Strada alta gelegen, ungefähr in der Mitte zwischen dem oberen und dem unteren Dorfteil. Es ist ganz aus Glas und Holz und Beton erbaut, ein kühner, moderner Bau, der die Gemüter der Dorfbewohner erregt. Dem Maler Baffa hätte er gefallen, und seinen Bildern gefällt er auch. Damit will ich sagen, dass Bilder und Bau ein Ganzes bilden. Das Haus ist für Baffas Bilder gebaut, und Baffa könnte seine Bilder für dieses Haus gemalt haben.

Man hat mich angefragt, ob ich im Baffa-Museum arbeiten möchte. Zum ersten Mal erinnerte sich jemand an meine kunsthistorischen Kenntnisse. Ja, ich wollte im Museum arbeiten. Ich wollte es leidenschaftlich gern.

Seit zwei Jahren, ungefähr, arbeite ich hier. Kasse, Eintritte, Aufsicht, Führungen. Aber auch Mitspracherecht bei Anschaffungen, bei der Gestaltung der Räume, bei den Jahresausstellungen. Wir machen zwei Ausstellungen pro Jahr für Künstler der Region, eine im Sommer, eine im Winter. Wir tragen den ganzen Baffa in den Keller hinunter. Wochenlang jurieren wir. Tagelang hängen wir auf, hängen um und wieder um. An jeder Ausstellung hat es ein paar «Gäste», Bilder von Malerinnen oder Malern ausserhalb unserer Region. Und an jeder Ausstellung kommen in letzter Minute noch zwei, drei Bilder dazu. Jemand vom Stiftungs- oder Verwaltungsrat schleust sie ein. Das Umhängen beginnt von vorn.

Am Tag vor der Vernissage gibt es einen Empfang für die Ratsmitglieder, die Jury, die Künstlerinnen und Künstler und für uns Angestellte.

Ich bin die Erste an diesem siebzehnten Dezember. Ich will mich überzeugen, dass alles vorhanden ist, dass alles klappt. Der Imbiss wird vom Party-Service geliefert. Ich bin für die Organisation verantwortlich. Ich stecke den Schlüssel ins Schloss, öffne die Eingangstüre und schliesse sie hinter mir wieder ab. Ich stelle den Schirm in den Ständer. Draussen fällt Schnee. Ich schalte die Beleuchtung ein. Den Mantel hänge ich in die Garderobe. Hier wechsle ich auch die Schuhe. Ein Blick auf Frisur und Make-up, dann folgt der wichtigere Blick über die Tische und Stühle im grossen Foyer. Alles in Ordnung. Es ist still. Leise schnurrt der Verkehrslärm draussen auf der Strada. Fast unhörbar singt die Ventilation über meinem Kopf.

Ich gehe in den grossen Saal, lasse auch hier die Beleuchtung aufflammen. Oh, nein! Das darf nicht – was ist das für ein Bild? Was ist das für ein unerhörtes Bild? Ich gehe ein paar Schritte vorwärts. Ich weiche wieder zurück. Am besten Platz, an der hellen Wand gegenüber dem Eingang vom Foyer hängt ein neues Bild, ein grosses blaues Bild, nein, ein weisses Bild, nein, ein irisierendes Bild, ein Bild, das sich bewegt, ein Bild, das rast, das dahinjagt, ein Bild, das dreht, rotiert, schaukelt, ein Bild, das faucht und heult und jault – ein Bild, das gleichzeitig den tiefsten Frieden ausstrahlt, eine blaue Sanftheit, die weinen macht. Der Schlaf kommt, er lauert im Mond, er singt ein Lied und rollt dahin auf den blauen Schatten der Nacht.

Das Bild hing gestern noch nicht hier. Fast furchtsam schleiche ich näher. Rechts neben dem Bild steckt die Tafel mit dem Namen des Künstlers und dem Titel des Bildes. Ich starre auf die Buchstaben und schüttle langsam den Kopf.

«Nein», sage ich laut, «nein, das ist wahnsinnig!»

Auf der Tafel steht: «Marusja Lendi: Die Stunde der Mondhunde.»

Dieses Bild hat Raffael Ehrendinger aufgehängt. Er ist Präsident des Verwaltungsrates. Er kennt Marusja Lendi persönlich. Wahrscheinlich hat sich die Malerin bis zum letzten Augenblick geweigert, ein Bild in die Ausstellung zu geben. Spät am Abend erst ist er gestern angekommen, das weiss ich. Er muss das Bild in der Nacht noch aufgehängt haben.

Immer noch stehe ich im Durchgang zum grossen Saal. Was für ein Bild! Wie macht sie das, soviel Dramatik in ein Bild zu bringen, soviel Bewegung und gleichzeitig soviel Ruhe, soviel Frieden, soviel Müdigkeit? Und wo hat sie die wunderbaren weissen Hunde her? Obwohl sie eigentlich nur drei weisslich-goldene Schwünge gemalt hat, erlebe ich sie als Hunde, als die schönsten Tiere, die ich je gesehen habe. Kraftvoll-realistisch und märchenhaft-zerbrechlich zugleich. Ich möchte wissen... Man müsste sie fragen... Ich muss ihr sagen... Ach ja, ich will sie sehen, will ihr die Hand geben, will reden mit ihr! Mir kommt ein freudiger Gedanke: Vielleicht nimmt

Marusja Lendi heute am Empfang teil oder morgen an der Vernissage? Ich gehe zurück ins Foyer, fülle Mineralwasser in ein Glas und trinke einige Schlücke. Ich habe Herzklopfen. Marusja Lendi wird hier sein. In diesem Raum wird sie stehen, und ich werde auf sie zu gehen. Zwar scheut sie jeden Rummel und jedes Aufsehen rund um ihre Person, aber das Baffa-Museum in Salin wird sie sehen wollen.

Mit dem Glas in der Hand gehe ich noch einmal zurück in den grossen Saal. Wieder stehe ich dem Bild gegenüber. Da hat ein Mensch, hat eine Frau die Grenzen gesprengt. Sie ist einen Schritt über das hinausgegangen, was ich bis dahin für aussagbar, für darstellbar gehalten habe. Ich empfinde Glück, aber auch Trauer. Das Bild ist so schön, dass es weh tut. Noch einmal betrachte ich die Anschrift rechts daneben: «Die Stunde der Mondhunde.» Darunter steht in kleinen Lettern – und eine winzige, eine wahnwitzige Hoffnung zerbricht in mir – darunter steht: unverkäuflich. Die Mondhunde werden mir nie gehören. Auch wenn ich alles, was ich besitze, zusammentrage und es der Malerin anbiete.

Aus dem Foyer tönen Stimmen. Ich reisse mich von dem Bild los und gehe den Ankommenden entgegen. Es ist Raffael, wie ich gedacht habe, und zwei andere Verwaltungsratsmitglieder.

«Kommt, kommt!» lärmt Raf, «seht euch an, was ich ergattert habe! Ha! Was sagt ihr jetzt?»

«Lendi», antwortet sein Kollege trocken. «Typisch Lendi. Dass du den sentimentalen Schinken aufhängen magst!»

Ich spüle mein Glas aus, reibe es trocken und stelle es auf den Tisch zurück.

«Marusja», denke ich, «bitte, verzeihen Sie!»

Und weiss im gleichen Augenblick, dass dieser Verriss ihr gleichgültig ist. Genauso wie meine Begeisterung. Bevor die anderen Geladenen hereinströmen, ziehe ich Raf beiseite.

«Dieses Bild, Raf! Ich bin sprachlos!»

Er schmunzelt. «Das freut mich, Annatina. Ich dachte mir, dass das Bild dir gefallen werde.»

«Kommt Frau Lendi auch?»

Raf schüttelt den Kopf. «Heute sicher nicht.»

«Und morgen?»

Er zuckt die Schultern.

Ich klammere mich an einen Strohhalm von Hoffnung. Morgen wird sie da sein. Doch, das wird sie. Sie muss. Sie muss ihr Bild in diesem Museum hängen sehen. Sie muss sehen, wie ihre Mondhunde rennen und hecheln, wie sie abheben vom Boden, vom Schnee und hinausfliegen durch die riesigen Glaswände direkt in den Himmel. Das muss sie sehen!

Während des Empfangs bin ich unaufmerksam und zerstreut. Ich, die ich normalerweise zuverlässig bin, umsichtig und gewandt. Dank des gut organisierten Party-Services geht der Anlass trotzdem beinahe reibungslos über die Runden. Als die Gäste gegangen sind, trödle ich noch.

«Du kannst das morgen vormittag in Ordnung bringen», meint Raf.

Ich schüttle den Kopf. «Lieber räume ich heute abend noch auf.»

Raf schlüpft in den Mantel. «Die Runde habe ich gemacht. Es ist niemand mehr da. Ich schliesse dich ein. Und du schliesst wieder ab, wenn du gehst, klar?»

«Selbstverständlich. Bis morgen, Raf!»

«Bis morgen!»

Die Wahrheit ist, dass ich noch einige Minuten mit den Mondhunden allein sein möchte. Von allen Seiten gehe ich auf das Bild zu, einmal schnell, einmal langsam. Ich dämpfe das Licht, drehe es dann wieder hell an. Ich laufe am Bild vorbei, betrachte es von der Seite, drehe mich mehrmals um mich selber, sodass das Bild um mich kreist und verschwimmt, als ich still stehe.

«Verrückt!» denke ich. «Dieses Bild ist verrückt, und ich werde es auch, wenn ich mich noch länger darauf einlasse.»

Ich mache nochmals die Runde, lösche der Reihe nach die Lichter in den Sälen. Ich stelle die Ventilation zurück und schalte das Alarmsystem ein. Ich ziehe Mantel und Stiefel an und schliesse sorgfältig die innere und die äussere Tür ab.

Tief ziehe ich die frische, kalte Luft in meine Lungen. Ich bin schwerelos und glücklich. Am liebsten würde ich tanzen über die Strada und singen dazu und Fackeln tragen und mit roten Kugeln jonglieren. Statt dessen gehe ich mit raschen, normalen Schritten dem Trottoir entlang, steige weiter vorn in den überfüllten Bus und fahre nach Hause.

Ich bin allein daheim. Andres hat die Leitung eines Bauvorhabens im Unterland übernommen und kommt nur am Wochenende nach Hause. Timo ist im Militärdienst und Natalie an der Uni. Nach dem Betrieb im Museum habe ich die stillen Abende zu Hause gern. Ich bereite einen Imbiss zu und setze mich mit einem Buch in die Stube.

Später am Abend öffne ich die Balkontür. Es hat aufgehört zu schneien. Ein weissliches Licht überstrahlt den Himmel in breiten Bahnen. Dazwischen schwimmen dunkle Wolken. Die Loipe entlang dem Salinerbach, der direkt neben meinem Haus vorüberfliesst, glänzt verlockend. Tausende von winzigen Funken sprühen auf in ihren Spuren.

Rasch bin ich umgezogen, und rasch habe ich die Skis aus dem Einstellraum geholt. Herrlich, das einsame Gleiten in der seltsam verwölkten Nacht! Leise singen die

Skis in der vereisten Loipe. Noch leiser murmelt der Bach. Meine Augen haben sich an das Nachtlicht gewöhnt. Die Schneelandschaft mit den vereinzelten schwarzen Ställen und den Baumgruppen dazwischen wirkt wie ein beweglicher Scherenschnitt. Mühelos erkenne ich die Spuren der Loipe. Kein Mensch begegnet mir. Bei einem Hof auf der anderen Seite des Baches bellt ein Hund. Selten brummt der Motor eines Autos über die Strasse, die parallel zum Bach verläuft. Fast schlagartig wird es hell: Der halbe Mond steigt über dem Grat des Schattenberges auf.

Ich fahre bis hinunter in die sogenannten Böden. Im Schlittschuhschritt gleite ich über die Brücke und tauche, nach links abbiegend, in den Wald ein. Hier ist es dunkel. Dank dem Mondlicht, das zwischen die Stämme sickert, kann ich den Lauf der Loipe erkennen. Mein Ziel ist die alte Mühle. Kurz vorher führt die Spur über eine Lichtung. Ich bleibe stehen. Die Lichtung liegt gross, unberührt, vom Mondlicht und vom frisch gefallenen Schnee verzaubert. Die Schneekristalle glitzern und flimmern, als bewegten sie sich, als tanzten sie einen leisen, heimlichen Tanz.

Vor den Tannen am gegenüberliegenden Rand der Lichtung taucht ein Schatten auf, ein weisser Schatten, wenn es das gibt. Ich halte den Atem an. Der Schatten ist ein Tier, ein Fuchs, ein weisser Fuchs – ein Hund! Er bliebt stehen, wittert, tritt auf die Lichtung hinaus. Er löst sich aus dem Schatten der Tannen und wird so fast unsichtbar. Aber jetzt erscheint ein zweites Tier, ein ähnliches, ein gleiches, ein weisser Hund. Hinter ihm wird sogleich ein drittes Tier sichtbar. Auch diese beiden verlassen den Waldrand, bewegen sich beinahe unsichtbar auf mich zu. Nur die Schatten, die sie werfen im Mondlicht, verraten, wo sie sich befinden.

«Die Hunde!» denke ich, «die weissen Mondhunde!»

Während des ganzen Nachtlaufes hierher habe ich an das Bild gedacht. An das Bild und an Marusja Lendi, die ich morgen sehen will.

«Das ist eine Sinnestäuschung», versuche ich mir zu erklären, «ausgelöst durch die Erschütterung, die das Bild in mir bewirkt hat und durch die fantastische Stimmung auf der nächtlichen Waldwiese.»

Ich schliesse die Augen für zwei oder drei Sekunden und öffne sie dann wieder. Die Schatten sind immer noch da. Sie bewegen sich auf mich zu.

Der Mond verschwindet hinter einer Wolkendecke, und jetzt sehe ich nichts mehr. Der Zauber zerreisst. Ich stosse mit den Stöcken ab und gleite mit weit ausholenden Schritten durch die Loipe. Der Mond taucht wieder auf, und jetzt sehe ich sie drüben am dunklen Waldrand dahinfliegen: drei weisse, langgezogene Schemen, in herrlichen, federnden Sprüngen jagen sie dahin, die weissen Hunde, die Mondhunde.

Auf dem Rückweg nehme ich kaum etwas von meiner Umgebung wahr. Ich bin ausser mir, tatsächlich, bin in dem Bild drin, verschmelze mit dem Bild.

Zu Hause ziehe ich mich rasch um, nehme die Schlüssel an mich, starte das Auto vor dem Haus und fahre zum Museum hinüber. Es ist eine halbe Stunde nach Mitternacht. Ich schliesse die äussere Tür auf, dann stelle ich die Alarmanlage ab und gehe durch die innere Tür ins Foyer. Um keine Passanten auf mich aufmerksam zu machen, schalte ich kein Licht ein. Das ist auch nicht nötig, denn das Mondlicht fällt voll durch die breiten Glasfronten.

Ich bin noch im Foyer, als ich bemerke, dass die Wand leer ist. Kalt fällt das Licht des Mondes auf den hellgrauen Sichtbeton. Das Bild ist fort. Wo ist die Stunde der Mondhunde? Ich wage nicht, mich zu bewegen. Vielleicht ist der Dieb noch im Haus, hält sich versteckt, wartet, dass ich wieder weggehe. Wenn ich ihn aufstöbere, schlägt er mich zusammen oder tötet mich.

Ich zittere und ringe um Luft. Kalter Schweiss bricht mir aus. Einige Sekunden lang befürchte ich, das Bewusstsein zu verlieren. Die Verzauberung, die Euphorie der letzten Stunden weicht einer entsetzlichen Angst. Nur vordergründig ist das die Angst vor dem Räuber des Bildes. Dahinter lauert eine andere Angst, eine Urangst, die Angst vor dem Unbegreiflichen, vor all dem, was unserem Menschenverstand entgleitet, was ihn übersteigt.

Keinen Augenblick lang denke ich daran, das Bild zu retten, indem ich den Räuber suche oder suchen lasse. Auch der Räuber als Täter ist nur vordergründig. Dahinter steht die Ahnung, dass die Hunde sich aus dem Bild davongemacht und es dadurch aufgelöst haben könnten. Natürlich weiss ich, dass es das nicht gibt, das heisst, ich weiss es eben auf einmal nicht mehr so genau. Ich schleiche durch die beiden Türen ins Freie. Hastig schliesse ich ab. Ich renne ins Auto, schlage die Tür zu und gebe Gas.

Ein paar Stunden lang schlafe ich tief. Gegen acht Uhr stehe ich auf. Was soll ich tun? Soll ich Raf benachrichtigen? Zuerst will ich mich selber noch einmal überzeugen. Wieder setze ich mich ins Auto und fahre vor das Museum. Als ich die Eingangstür öffne, sehe ich, dass ich in der Nacht vergessen habe, die Alarmanlage einzuschalten. Eine Weile lang wage ich es nicht, zum Durchgang in den grossen Saal hinüber zu gehen. Schliesslich gebe ich mir einen Ruck. An der Wand gegenüber hängt das Bild. Im dämmerigen Morgenlicht wirkt es stumpf. Die Hunde schlafen. Das innere Strahlen ist erloschen. Aber es ist das Bild, ist die Stunde der Mondhunde, und es hängt genau dort, wo ich es gestern zum ersten Mal gesehen habe. Es bleibt mir nichts anderes übrig als den

Kopf zu schütteln. Nur macht das bekanntlich auch nicht klüger.

In der kleinen Küche hinter dem Foyer haben wir eine Kaffeemaschine. Ich frühstücke auf einem der Hocker neben der Durchreiche. Ich trinke Kaffee und knabbere etwas von dem Gebäck, das für die Vernissage bestimmt ist. Ich mache mir keine Gedanken. Ich bin leer und durchaus bereit, auch das Unglaublichste zu glauben, zu akzeptieren. Wozu mich wehren? Und wogegen?

Beim Hinausgehen werfe ich noch einmal einen Blick in den Saal. Doch, das Bild ist noch da. Schon irisiert das Blau im Hintergrund wieder, und die weissen Gestalten beginnen sich zu regen.

«Bitte», sage ich laut, «wie ihr wollt!»

Die Vernissage beginnt am späten Nachmittag. Wieder bin ich als Erste im Museum. Ich will da sein, wenn Marusja Lendi hereinkommt. Ich will sie kommen sehen. Keinen Augenblick lang zweifle ich daran, dass ich sie erkennen werde.

Natürlich habe ich Raf gefragt, wie sie aussehe.

«Normal», hat er geantwortet, «unauffällig. Warum sollte sie besonders aussehen?»

«Weil sie besonders ist, weil sie besonders schreibt, weil sie besonders malt.»

Ich stehe hinter dem langen Tisch und biete den Besuchern Wein an oder Orangensaft. Ich lächle, ich grüsse, ich mache Konversation. Aber meine Blicke wandern immer wieder zur Eingangstür hinüber. Frauen und Männer strömen herein, vereinzelt auch Kinder. Marusja Lendi ist nicht unter den Ankommenden. Oder ich habe sie verpasst. Oder ich habe sie nicht erkannt.

Sobald ich mich für einen Augenblick frei machen kann, suche ich Raf, zupfe ihn am Ärmel.

«Ist sie da?»

Unwillig schüttelt Raf den Kopf.

Ich kehre zum Tisch zurück, stelle die benützten Gläser auf ein Tablett. Ich bin enttäuscht, ich bin sogar verzweifelt. Ich kenne mich selber nicht mehr. Warum liegt mir soviel daran, eine fremde Frau kennenzulernen? Sie malt Bilder, die mich erschüttern, ja. Sie schreibt Bücher, in denen ich mich selber erlebe, ja. Das ist viel. Das sollte mir genügen.

Aber das Bedürfnis, der Malerin zu begegnen, ist hartnäckig. Es ist mehr als ein Bedürfnis. Es ist eine Sehnsucht, es ist ein Heimweh.

Die Leute drängen sich vor den Bildern, in den Sälen, in den Durchgängen. Und doch kann ich feststellen, dass die «Stunde der Mondhunde» Aufmerksamkeit erregt. Viermal muss ich jemanden, der das Bild kaufen will, an Raffael Ehrendinger verweisen, muss mich durch die Räume schlängeln, um ihn ausfindig zu machen. Das Bild ist unverkäuflich. Raf bleibt hart.

«Ist es in Privatbesitz?» frage ich ihn, als er wieder einen Interessenten abgewimmelt hat.

«Ja», lacht er, «im Privatbesitz von Marusja Lendi.»

«Sie würde viel Geld einnehmen, wenn sie das Bild verkaufte», sage ich.

«Marusja Lendi braucht andere Dinge als Geld, Annatina», bemerkt Raf.

Ein bitterer Zug prägt sich aus um seinen Mund. Ich will weiterfragen, aber er wendet sich einer Frau zu, die schon eine Weile neben uns wartet.

Über den Lautsprecher rufe ich aus, dass die Besucher gebeten seien, sich im Foyer zu versammeln. Längst nicht alle finden Platz. Die anderen stehen in den Durchgängen zu den Sälen oder schauen sich im Hintergrund die Bilder an. Zwei junge Frauen spielen Flöte. Ein älterer Herr redet lange und laut über die Bilder. Noch einmal hören wir ein kurzes Flötenduett. Zum Schluss sagt Raffael ein paar Worte über das Baffa-Museum, über den Maler Baffa, von dem auch einige ausgewählte Bilder zu sehen sind, und über die Idee unserer Jahresausstellungen.

Als ich an diesem Abend nach Hause komme, beschliesse ich, die Suche nach Marusja Lendi aufzugeben. Ich weiss, dass ich der Marusja in mir begegnen muss. Das bedeutet vielleicht, dass ich meine eigene Kreativität finden sollte. Vielleicht ist auch das noch zu vordergründig, vielleicht muss ich noch tiefer schürfen.

Am Morgen stehe ich auf, erfrischt, unternehmungslustig und zuversichtlich. Den ganzen Weg von meinem Haus bis zum Museum gehe ich zu Fuss. Es schneit leicht aus einer dünnen Wolkendecke. Wahrscheinlich wird am Mittag die Sonne scheinen.

Im Museum ist die Putzequippe am Werk. Auch für mich bleiben nach der gestrigen Vernissage einige Aufräumearbeiten zu erledigen. Am Nachmittag, wenn wir das Museum öffnen, sollte wieder Ordnung herrschen. Zuerst ordne ich die Bücher und Publikationen über die ausstellenden Künstlerinnen und Künstler. Ein unübersichtliches Durcheinander herrscht auf dem Tisch. Auch das Gästebuch liegt noch aufgeschlagen da. Ich überfliege die Namen, die viele Seiten bedecken.

Glücklicherweise stehen Stühle um den Tisch. Ich falle auf den nächstbesten und stöhne leise vor mich hin. Ich starre auf die drittletzte Zeile.

«Irma Bertogg mit Marusja Lendi.»

Sie ist also dagewesen! Ich habe sie nicht erkannt, und Raf hat mich belogen. Die Enttäuschung treibt mir die Tränen in die Augen. Ich schaue hinüber zu den Mondhunden, die schräg in meinem Blickfeld hängen. Fragen drängen: Warum hat Raf gelogen? Wer ist Irma Bertogg? Warum schreibt sie: «...mit Marusja Lendi?» Warum trägt sich Marusja nicht selber ins Buch ein?

Mechanisch fahre ich fort, Ordnung zu bringen in die Bücher und Broschüren auf dem Tisch. Nachher stehe ich einige Augenblicke unschlüssig im Raum. Schliesslich gehe ich hinüber zur Kasse, nehme den Hörer vom Telefon und tippe Raffaels Geschäftsnummer ein.

«Raf», sage ich, als er sich meldet, «Frau Lendi ist gestern an der Vernissage gewesen. Ich bitte dich um eine Erklärung.»

«Ja», antwortet er, «die ist jetzt fällig. Aber ich gebe sie dir nicht am Telefon. Wie lange bist du noch im Museum?»

«Sicher bis zwölf Uhr.»

«Gut. Ich komme vorher vorbei.»

Er kommt schon nach einer halben Stunde. Er schiebt mich in die Küche, stellt zwei Tassen in die Kaffeemaschine.

«Du nimmst doch auch?»

Ich nicke.

Er bringt die Tassen zum Tisch herüber, lehnt sich an die Kante der Durchreiche.

«Ja, du hast recht, Annatina, Frau Lendi ist gestern mit ihrer Schwester hier gewesen. Nur kurze Zeit war sie da und erst nach der Feier. Ich musste ihr versprechen, niemandem zu erzählen, wer sie ist. Ich musste so tun, als ob ich sie nicht kenne.»

Raf zieht die Tasse zu sich herüber und trinkt einen Schluck.

«Das ist mir nicht leicht gefallen. Ich kenne Frau Lendi nämlich ziemlich gut, ich...ja.»

Er bricht ab. Ich spüre, dass das Gespräch ihm nahe geht. Ich stelle meinen Ärger, meine Enttäuschung zurück. Da ist etwas, das wichtiger ist, schwerwiegender ist.

«Warum hat sich Marusja Lendi nicht selber ins Gästebuch eingetragen?» frage ich.

Raf stellt die Tasse ab.

«Ja, warum wohl? Warum kommt und geht sie überallhin mit ihrer Schwester? Warum besucht sie höchst selten ihre Ausstellungen? Warum möchte sie nicht in Kontakt treten mit fremden Leuten? Warum trägt sie eine dunkle Brille? Kannst du dir keinen Reim darauf machen, Annatina?»

Ich stütze den Kopf in die Hand, schliesse die Augen.

«Sie könnte blind sein», sage ich zögernd.

Raf kommt an den Tisch, setzt sich mir gegenüber.

«Ja, Marusja Lendi ist blind.»

«Wie lange schon?»

«Vor ungefähr zwei Jahren ist eine schwierige Augenoperation misslungen. Seit damals sieht sie auf dem linken Auge nichts mehr. Mit dem rechten kann sie noch hell und dunkel unterscheiden. Diese Fähigkeit hoffen die Ärzte aufrechterhalten zu können.»

Ich sitze am Tisch. Ich schweige.

Raf steht auf. Er bleibt hinter mir stehen. Schwer legt er mir die Hände auf die Schultern.

«So ist das», sagt er.

Er nimmt die Tassen vom Tisch und stellt sie in den Ausguss.

«Wann hat sie die Mondhunde gemalt?» frage ich.

«Im Sommer, glaube ich. Ja, mitten im Sommer, obwohl es ein Winterbild ist.»

«Letzten Sommer?»

Raf nickt.

«Dann hat sie sie nie gesehen!»

«In unserem Sinn nicht, nein», antwortet Raffael.

«Ich komme mit dir», erkläre ich, als er sich verabschieden will. Ich steige zu ihm ins Auto.

«Danke für dein Vertrauen!» sage ich. «Nun möchte ich dir auch etwas erzählen. In der Nacht nach dem Empfang war ich unten in den Böden, mit den Langlaufskis. Dort habe ich die Mondhunde gesehen. Drei weisse Tiere, Hunde. Sie kamen über die Lichtung auf mich zu. Nur ihre Schatten verrieten mir, wo sie waren. Ich bin dann noch einmal ins Museum gefahren. Ich habe kein Licht gemacht, um kein Aufsehen zu erregen. Trotzdem konnte ich im Mondlicht deutlich erkennen, dass das Bild weg war. Eine leere Wand, sonst nichts. Ich habe das Museum fluchtartig verlassen. Am Morgen hing das Bild an seinem Platz wie immer.»

Raf brummt und kratzt sich im Nacken.

«Man muss wohl eine blinde Malerin sein», meint er dann, «um soviel in einer Betrachterin auszulösen.»

Ich seufze. «Du denkst, ich spinne. Begreiflicherweise denkst du das. Aber das Bild fehlte wirklich, Raf!»

«Du wolltest der Frau ja immer schon begegnen, wolltest sie kennenlernen. Vielleicht bist du ihr da wirklich begegnet.»

Ich schaue ihn fragend an.

«Eben ja», versucht er zu erklären. «Du hast das Bild nicht gesehen in jener Nacht. Und Marusja Lendi hat es auch nicht gesehen, nie.»

Vor der Post hält Raf den Wagen an.

«Hier lasse ich dich aussteigen. Ich habe noch Briefe zum Schalter zu bringen.»

Ich lege die Hand auf seinen Arm.

«Das war eine wichtige Stunde, Raf. Ich danke dir dafür.»

Ich gehe der Strada alta entlang mit lockeren, federnden Schritten. Etwas von dem Tanz schwingt jetzt darin, den ich am Abend tanzen wollte, als ich die Stunde der Mondhunde zum ersten Mal gesehen hatte; etwas von dem Singen jubelt in mir, und meine Hände fühlen sich an, wie wenn sie Fackeln trügen oder mit roten Kugeln jonglierten.

Janka

Einmal lebte ich auf einem Bahnhof im Engadin. Das war zu Beginn meiner Ehe mit Juli Zuckerschwert. Genau genommen war der Bahnhof Julis Hochzeitsgeschenk.

«Wenn du mich heiratest», sagte er, «kriegst du einen Bahnhof. Jedenfalls wohne ich dort, und du bist eingeladen, dasselbe zu tun.»

«Muss ich dich unbedingt heiraten dazu?» fragte ich.

«Ja», nickte er ernsthaft, «unbedingt. Bahnhöfe sind sehr seriös. Sie dulden kein Konkubinat.»

Nun, ich war vierundzwanzig und frei und unternehmungslustig.

«Abgemacht», sagte ich. «Ich heirate dich und kriege als Dreingabe den Bahnhof.»

Der Bahnhof gehörte uns natürlich nicht. Er war nach wie vor Eigentum der Rhätischen Bahn, auch wenn er nicht mehr bedient wurde. Die Wohnung des Vorstandes war frei geworden, und Julius hatte sich dort eingemietet. Mir war auch klar, dass ich die Miete bezahlen würde, denn ich hatte einen Beruf, während Juli studierte.

Ganz so kühl, wie sich das hier liest, war unser Arrangement nicht. Ich mochte den stillen, versponnenen Juli sehr, und er war bis über beide Ohren verliebt in mich.

Vor dem Bahnhof gab es einen schmalen Perron und zwei Geleise. Jenseits der Geleise wiegten sich die Esparsetten im Wind. Zehn lange Sommer lang wiegten sie sich im Wind. Nie vergesse ich ihr diskretes Rosarot und nie die Unendlichkeit der Zeit, das Aufgehobensein der Zeit. Nie vergesse ich das Bimmeln der Barriereglocke und die Einfahrt der roten Züge im Stundentakt. Immer erinnere ich mich an die zitternde Hitze über den Schwellen der Geleise, an das Wippen der Esparsetten im Wind. Zehn lange, zeitlose Sommer. So schön war das!

Als ich Juli Zuckerschwert heiratete, dachte ich, der Bahnhof sei ein Gag, eine originelle Episode, und wir würden bald wieder in einer Wohngemeinschaft in der Nähe der Universität landen, von wo wir auch gestartet waren. Aber ich hatte mich in mir selber getäuscht.

Der Bahnhof weckte die andere Seite in mir. Er gab der Beschaulichkeit Raum, dem Bedürfnis nach Geborgenheit, nach Einfachheit. Ich spürte es nach wenigen Wochen schon: Meine wilden Jahre waren vorüber. Ich fand eine Halbtagesstelle in einem Kurort im Tal, den ich mit der Bahn in einer Viertelstunde erreichte. Juli arbeitete an der Universität an einem Pilotprojekt mit, eine Tätigkeit, die uns auch noch etwas einbrachte. Zum Leben hatten wir genug. Komfort brauchten wir nicht. Die Landschaft des Engadins war unser Komfort.

Der Bahnhof stand abgeschieden unten an den Geleisen. Das Dorf befand sich ungefähr zweihundert Meter oberhalb. Ein kleines Postauto hielt die Verbindung zwischen Bahnhof und Dorf aufrecht. Neben unserer Wohnung befand sich im Bahnhofsgebäude noch der Dienstraum der Chauffeuse. Annadeta hiess sie und war eine fröhliche, resolute Frau mittleren Alters. Zu ihr fasste ich Zuneigung und Vertrauen. Neben dem Bahnhof gab es einen kleinen Garten, den ich bepflanzte und pflegte. Juli fuhr an zwei Tagen in der Woche in die Universität nach Zürich. In der übrigen Zeit arbeitete er zu Hause. Er arbeitete am Abschluss seines Studiums einerseits und an dem Pilotprojekt andererseits. Den Abschluss hat er in jenen zehn Jahren nicht geschafft, aber die Forschung brachte ihm neue Erkenntnisse und auch einigen Erfolg ein.

Juli war ein stiller, friedliebender Mann, intelligent und feinfühlig. Mit vollem Namen hiess er Gideon Julius Ammann-Zuckerschwert. Ich nannte ihn von Anfang an Juli. Juli Zuckerschwert. Von mir hörte er es gern. Bei anderen Leuten war er lieber Gideon. Gideon Ammann.

Juli war kein Mann, der ungestüme Leidenschaften weckte oder einen zu verrückten Abenteuern hinriss. Er war ein Mann zum Liebhaben, zum Sichwohlfühlen, zum Ruhigwerden.

Nach anderthalb Jahren bekamen wir ein kleines Mädchen, Gina, ein zufriedenes Kind mit Julis Charakter, das seine ersten Wochen und Monate im Garten neben dem Bahnhof verschlief und verplauderte.

Der Sommer kam, die hohen Wolken, die bunten Wiesen, die Vogelrufe und das Summen der Insekten, die Hitzesäulen über dem weichen Asphalt, über den Schwellen zwischen den Schienen – und die Esparsetten wiegten sich im Wind. Der Sommer ging. Es kam der Herbst: mit Farben rot und gold und blau, dann braun – und der Blick durch alles hindurch. Der Herbst kam mit der Trauer des Abschieds, jeden Abschieds, der Reif am Morgen, die Stürme, der Regen. So kam der Winter. Eines Tages, mit leisen Flocken, unaufhaltsam, aber sanft. Er sagte: Ich muss dir wehtun, aber ich mache es zart. Liebevoll deckte er alles zu, gab Schutz, behütete den grossen Schlaf. Und dann kam die Kälte: klirrend, unbarmherzig, hart. Es kamen die Tage, da der Bahnhof im Schatten versank. Die Sonne erschien nicht mehr über dem Grat des Mittagberges. Es waren fünfundvierzig dunkle Tage, ich habe sie gezählt. Am sechsundvierzigsten Tag schickte die Sonne die ersten blassen Strahlen in unsere Stube. Sonnenwende für uns, am zehnten Februar! Der Winter ging spät, zu spät für mein Bedürfnis. Der Frühling kam zögernd und litt unter Rückfällen. Er hatte gesiegt, wenn es blühte an den Sonnenhängen, golden und blau, und wenn die wilden Wasser von den Bergen herabstürzten. Gleissende Schneefelder blendeten noch von den Gipfeln, aber die Sonne schien warm, heiss manchmal schon vor der dunklen Holzfassade auf der Windschattenseite des Bahnhofs.

Die Züge fuhren ein und aus. Jede Stunde. Zuerst nahte der Zug von oben, zehn Minuten später fuhr der Zug von unten ein. Die Kondukteure stiegen kurz aus, winkten, grüssten, gaben dem Lokführer das OK-Zeichen, stiegen wieder ein. Die Türen schlossen sich, der Zug zog langsam an. Eine Weile roch es noch nach heissem Eisen, dann wehte ein Wind den Duft von Blumen oder Schnee über den schmalen Perron.

Juli und ich lebten eine Idylle. Ganz wohl war es mir nicht dabei. Ich wusste, dass Idyllen nicht von Dauer sind, dass Glück ein flüchtiges Geschenk zu sein pflegt. Zudem lebt der nicht voll, der nur die eine Seite lebt. Ich wusste damals noch nicht, dass jemand die andere Seite für mich lebte, dass sich jemand ins bunte, äusserliche Leben warf, während ich meine Jahre auf einem winzigen Bahnhof verträumte. Heute weiss ich, dass es so war. Erklären kann ich es nicht. Ich kann nur erzählen.

Es begann damit, dass Juli im Auftrag der Universität für einen Monat nach London fuhr. Ich vermisste Juli, und es war mir langweilig. Denn ich hatte Urlaub nehmen müssen, um die kleine Gina betreuen zu können, da Juli als Babysitter ausfiel.

Juli war vielleicht zehn Tage fort, als etwas Unerwartetes geschah. Es ging gegen Mittag. Ich lief schnell zum Briefkasten hinunter. Dort traf ich Annadeta. Wir redeten ein paar Worte miteinander. Ein Zug fuhr aus dem oberen Teil des Tales im Bahnhof ein. Eine junge Frau stieg aus dem Zug. Sie stellte den Rucksack ab und blieb vor mir stehen.

«Hey, Carla!» sagte sie.

Ich lehnte mich ans Holz der Tür. Meine Knie wurden zitterig.

«Janka!» staunte ich.

Ich konnte mir nicht erklären, weshalb es mich so glücklich machte, sie wiederzusehen. Zwar war sie zu mir gekommen, und doch fühlte ich mich, wie wenn ich heimgekehrt wäre, heim zu mir selber. Ich hatte Janka nie wiedergesehen seit jenem Jahr, das wir in derselben Wohngemeinschaft in Zürich verlebt hatten. Das war nicht die Wohngemeinschaft, in der ich später zusammen mit Juli wohnte. Ich hatte nie mehr etwas von Janka gehört.

Nach ihrer Abreise hatte ich sie heftig vermisst. Als ich Juli heiratete und Gina bekam, verblassten die Erinnerungen ein wenig. Jetzt aber war all das wieder da: Jankas ungestümes Temperament, ihre Verrücktheit, ihr Tanz auf den Strassen, ihr jubelndes Flötenspiel, ihr nachtschwarzes Haar im Wind. Da war unsere seltsame Freundschaft, die ungewöhnliche Übereinstimmung zwischen uns.

«Janka», wiederholte ich, «du bist da! Du kommst zu mir?»

«Klar, zu dir», nickte sie. «Zu wem denn sonst?»

Sie stieg hinter mir die Treppe hinauf.

«Ach», rief sie, «du hast ein Kind!»

Sie sah mich an und dann Gina und wieder mich – und brach in Tränen aus.

Ich war so überrascht und so verlegen, dass ich nicht darauf eingehen konnte. Ich tat, wie wenn ich ihre Tränen nicht bemerkt hätte.

«Ich habe dir geschrieben von mir, von uns, vom Bahnhof», sagte ich, «und du hast mich gefunden.»

«Ich finde dich immer», antwortete Janka, «wenn ich dich finden will.»

«Schade, dass Juli nicht da ist! Er ist in London. Aber vielleicht bleibst du eine Weile hier. Juli kommt am Zwanzigsten zurück.»

Janka antwortete nicht. Sie legte mir bloss den Arm um den Hals und schluchzte noch einmal kurz auf.

Am Abend gelang es mir dann, auf ihren Kummer einzugehen.

«Was hat das Kind ausgelöst?» fragte ich, als wir Gina zu Bett gebracht hatten.

«Lass mich von Anfang an erzählen, ja?» bat Janka.

Sie begann zu lachen und schüttelte den Kopf.

«Hör dir das an: Du erinnerst dich doch an Erich, den komischen Pfarrer, der mir den Hof machte? Lange Zeit ging er mir auf den Nerv, aber eines Tages flocht ich meine Mähne in einen sittsamen Zopf, zog ein weisses Kleid an und heiratete den Pfarrer von Saalheim.»

«Diesen Erich, tatsächlich?» fragte ich und schüttelte nun ebenfalls den Kopf. «Ich hatte nicht den Eindruck, dass du verliebt seist in ihn.»

«War ich auch nicht. Sein Plan hatte es mir angetan. Er wollte als Wanderprediger gehen, von Ort zu Ort. Mitnehmen wollte er mich nur, wenn ich seine Frau wäre. Also wurde ich seine Frau. Warum nicht?»

«Aber du warst doch gar nicht gläubig, warst nicht fromm, Janka. Oder doch?»

Sie schüttelte den Kopf. «Fromm nicht. Aber friedliebend. Ich brauchte doch nicht fromm zu sein, um für den Frieden zu predigen, oder? Ja, so eine Art Friedensapostel waren wir, Erich und ich, verstehst du? Wir trampten um die halbe Welt und sangen und redeten für den Frieden. Ich spielte auf der Flöte. In Städten, in Dörfern, in Überlandbussen, im Zug.»

Janka stand auf und schaute aus dem Fenster. Sie schwieg.

«Soll ich Kaffee machen?» fragte ich.

Janka drehte sich um.

«Warte!» sagte sie. «Der Einsatz für das Gute, was auch immer du darunter verstehen willst, zahlt sich nicht aus, Carla. Du musst es ausschliesslich der Sache wegen tun, wenn du es tun willst. Persönlich hast du nichts davon. Im Gegenteil: Du zahlst drauf!»

«Was ist geschehen, Janka?»

Sie kam zum Tisch zurück, liess sich wieder auf den Stuhl fallen. Blicklos schaute sie gegen die Wand.

«Ich wurde zusammengeschlagen. In einer kleinen englischen Stadt. Ich verlor das Kind. Im sechsten Monat. Das war vor ungefähr einem Jahr. Gina ist ein Jahr alt, nicht wahr?»

Ich konnte nur nicken.

«Weine nicht!» bat Janka. «Gina ist da. Sie lebt. Dein Kind. Seit ich das weiss, kann ich meine Trauer tragen.»

Später, als wir zusammen Kaffee tranken, fragte ich: «Was ist mit dem Pfarrer von Saalheim?»

«Erich? Ich habe ihn verlassen. Kurz nachdem ich das Kind verloren hatte.»

«Deswegen?»

Sie schüttelte den Kopf. «Ich konnte seine Phrasen nicht mehr ertragen, seine Blindheit, seine Kritiklosigkeit. Und ich konnte nicht mehr den Frieden predigen. Ich kann nichts mehr predigen, Carla, nie mehr.»

Janka blieb bei mir bis zum Vorabend von Julis Heimkehr.

«Bleib doch!» drängte ich. «Du solltest Juli kennenlernen und er dich!»

«So», lächelte sie, «sollte ich? Behalt du deinen Juli für dich, Carla! Das zwischen dir und mir, das ist etwas Besonderes. Du weisst es. Unsere Begegnungen haben ihre Zeit. Das ist eine Bewegung wie Ebbe und Flut. Eines Tages wird die Flut mich wieder an deinen Strand werfen. Oder dich an meinen. Dessen können wir sicher sein.»

Am Abend ihrer Abreise stand sie neben mir auf dem schmalen Perron. Auf einmal hatte sie die Flöte in den Händen. Sie stand am Geleise in einem rostroten, langen Kleid, das ihr der Wind um die Beine wehte. Sie blies eine strahlende Melodie, die mir bekannt vorkam, die ich aber nicht benennen konnte. In ihrem langen dunklen Haar blitzten silberne Fäden auf. Sie hatten dieselbe Farbe wie die Flöte. Als ich Janka so hörte und sah im Abend-Gegenlicht, so unkonventionell, so mutig, so anders, da dachte ich, sie sei eine ungestillte Sehnsucht in mir, ein ungelebter Anteil von mir, der nun in den Zug stieg und sich von mir entfernte, langsam zuerst und dann schneller und schneller...

An diesem Abend war ich traurig. Ich hatte etwas Wichtiges erfahren, gewonnen, und ich fürchtete, es wieder zu verlieren, wenn Janka nicht bei mir war. Kaum war sie fort, als ich mich auch schon fragte, ob sie überhaupt da gewesen sei, oder ob ich mir ihre Gegenwart bloss eingebildet hätte. Natürlich war sie da gewesen, lebendig, hell und schillernd, und ich wollte es bloss nicht wahrhaben, um sie nicht allzu schmerzlich vermissen zu müssen.

Ich habe Juli nur wenig von Janka erzählt. Sie war meine Freundin, meine Betroffenheit, meine andere Seite. Ich war nicht gewillt, das Unerklärliche unserer Übereinstimmung zu zerren.

Die Idylle auf dem kleinen Bahnhof dauerte fort. Je länger sie währte, umso sicherer fühlte ich mich. Ich glaubte, dass Janka die andere Seite für mich lebte, als Reisebegleiterin auf Achse in allen Ländern der Erde. Ich glaubte auch, dass ich für sie die Beschaulichkeit lebte, die Stille und die Sesshaftigkeit. Beides gehörte zum Leben eines Menschen, und wir hatten uns das Leben auf diese Weise geteilt.

Ich stellte mir vor, wie wir auf dem Bahnhof alt würden, Juli und ich, wie nichts und niemand unser ruhiges Glück stören konnte. Die Jahre kamen und gingen. Eines Tages nahm Annadeta unsere Gina mit dem Morgenkurs ins Dorf hinauf – in den Kindergarten. Zwei Jahre später ging sie bereits zur Schule.

Im zehnten Sommer, den wir auf dem Bahnhof verbrachten, besuchte Juli einen zweimonatigen Sprachkurs an der Universität von Siena. Ich hatte im Sinn gehabt, mit Gina nachzufolgen, sobald sie Ferien hatte. Aber ich fuhr dann nicht nach Siena, fand diese und jene Ausrede, um zu Hause bleiben zu können. Warum? Ich weiss es nicht. Es war alles sehr seltsam in jenem Sommer. Manchmal spielen wir dem Schicksal in die Hände, unbewusst und doch unbeirrt, damit sich erfüllen kann, was sich erfüllen muss.

Ich habe den Sommer ohne Juli genossen. Ich habe es genossen zu tun, was ich wollte und wann ich es wollte. Ich fuhr mit Gina ins Strandbad und stieg mit ihr auf die Berge. Drei Wochen lang war ich ganz allein. Gina fuhr mit einer Schulkameradin und deren Eltern nach Spanien. In dieser Zeit begann ich zu schreiben. Ich schrieb über alles, was mir in den Sinn kam. Ich schrieb über meine Herkunft, meine Kindheit, über den grünen Fluss im Tal, über die Esparsetten am Bahndamm. Ich schrieb über Annadeta, ich schrieb über die Wirtin vom «Panorama» und über Viola, die bildhübsche Kondukteuse, die werktags den Morgen- und den Mittagszug begleitete.

Ich schrieb meine Gedanken auf über die Gesetzmässigkeiten des menschlichen Lebens, die ich herausgefunden zu haben glaubte. Ich schrieb über mein Leben auf dem winzigen Bahnhof, über Juli Zuckerschwert und über Gina, meine Tochter.

Über Janka schrieb ich nicht. Ich dachte oft an sie, suchte Worte zusammen, brachte aber kein einziges zu Papier.

Im September kam Juli nach Hause. Er schien mir verändert. Er widmete sich Gina, ganz intensiv, mir ging er aus dem Weg. Er zeigte eine Flüchtigkeit, die nicht zu ihm passte. Er war kaum zärtlich zu mir. Ich machte das ein paar Tage mit, dann bat ich ihn um ein Gespräch.

«Juli», begann ich, «was ist da unten in Siena gewesen?»

Er wich nicht aus. «Ich habe eine Frau kennengelernt, Carla, und habe mich verliebt in sie.»

«Gideon!» rief ich.

Gideon nannte ich ihn nur ganz selten. Nur, wenn ich sehr wütend war auf ihn.

Ich hatte mich für eine aufgeschlossene, selbstbewusste und tolerante Frau gehalten. Aber jetzt, angesichts dieser sehr realen «Anderen», schmolzen meine Gelassenheit und mein Verständnis dahin wie Butter in der Sonne. Ein Anfall von wilder Eifersucht packte mich. Es war wie ein Wahnsinn. Ich konnte mich nicht wehren. Ich verlor Mass und Würde und Verstand. Ich schrie, ich tobte. Ich gab Juli keine Chance, etwas zu erklären. Ich gab uns beiden keine Chance, einen Weg zu finden. Ich packte einen Koffer und fuhr weg. Drei Tage später war ich wieder da. Um erneut über Juli herzufallen mit Vorwürfen und Beschimpfungen.

«Carla», bat Juli, als ich in Tränen halb erstickte und nicht mehr weiterschreien konnte. «Hör mir doch einmal zu! Nur zwei, drei Sätze. Damit ich dir erklären kann, wer sie ist, was sie will oder nicht will, wie sie aussieht, wie sie heisst, was ich fühle und nicht fühle für sie, bitte!»

Ich schnappte nach Luft und schrie weiter:»Untersteh dich, Gideon! Ich will nichts von ihr wissen, absolut nichts! Sie ist eine gemeine Hure, die mir den Mann wegnimmt und Gina den Vater. Das genügt, ein für allemal!»

Mit der Zeit begann mein Verstand wieder so weit zu funktionieren, dass mir auffiel, dass Juli die andere Frau offenbar gar nicht mehr traf. Jedenfalls war er regelmässig zu Hause, ging nicht nach Italien oder sonstwo hin. Ich beruhigte mich einigermassen, war wieder normal und freundlich im Umgang mit Juli. Aber ich brachte es nicht über mich, über diese andere Frau und seine Beziehung zu ihr zu reden.

Wochen später kam Juli auf das Thema zurück.

«Also», begann er. «Diese Frau, die ich in Siena kennengelernt habe, ist jetzt für einige Tage in der Schweiz. Ich möchte sie treffen, aber nicht ohne dich. Ich möchte, dass ihr euch kennenlernt. Das würde vieles klären, für dich, für sie und für mich.»

Ich war schon wieder aufgebracht: «Du möchtest, du möchtest, du möchtest! Und wenn ich nicht möchte?»

«Carla, bitte! Mach doch keine solche Geschichte daraus! Vielleicht ist diese Bekanntschaft ja nur ein Strohfeuer gewesen. Ich bin selber unsicher. Ich weiss nur wenig von ihr und sie kaum etwas von mir. Wir haben Gefallen gefunden aneinander, ja, aber dann war es auch schon wieder vorbei. Sie reiste ab, und mein Kurs war bald darauf ebenfalls zu Ende.»

«Warum denn jetzt dieses Wiedersehen?» fragte ich misstrauisch.

«Um sicher zu sein», antwortete Juli. «Ich möchte nicht, dass da unterschwellig etwas weitermottet, das vielleicht gar kein Gewicht mehr hat.»

Ich spürte, dass ich nun doch ein wenig neugierig war. Schliesslich wollte ich es auch wissen, nicht nur er.

«Gut», sagte ich. «Wo treffen wir uns?»

«In Chur, habe ich mir gedacht. In einem Café am Bahnhof. Auf diese Weise kommen wir einander entgegen.»

Ich sass in dem Café und wartete. Juli war auf den Perron hinüber gegangen, um die Frau vom Zug abzuholen. Ich war nervös und schon wieder verärgert. Warum hatte ich mich in diese unmögliche Situation hineinziehen lassen? Warum mutete mir Juli so etwas zu? Eine andere Stimme in mir fragte: Wie sieht sie wohl aus? Wie ist sie? Welche Art Frau bringt es fertig, den stillen, versonnenen Juli aus der Reserve zu locken?

In diesem Augenblick öffnete sich die automatische Tür, der ich gegenübersass. Ich vergass das Atmen. Eine unbändige Freude packte mich: Durch die Tür kam Janka! Ich sprang auf und flog ihr entgegen.

«Janka!» rief ich. «Wie gut, dass du da bist!»

Wir fielen einander um den Hals. Wir staunten und lachten. Und dann fiel mein Blick auf Juli, der hinter Janka stand – mit einem unbeschreiblich dummen Ausdruck im Gesicht. Erst jetzt begriff ich. Aber dafür blitzschnell und alles.

«Janka!» rief ich wieder. «Bist du die Frau aus Siena?»

Langsam folgte sie mir zum Tisch.

«Siena? Doch, ja – du meinst... wegen Gideon? Aber er – nein! Er erzählte nichts von einem Bahnhof. Und dein Mann heisst doch Juli. Und etwas wie Zucker oder Sirup...»

Sie hielt inne. Wir schauten uns an. Schauten auf den immer noch sprachlosen Juli, der auf der vordersten Kante seines Stuhles sass, bereit zum Absprung. Wie aus einem Mund begannen wir zu lachen. Wir bogen uns vor Lachen. Die Leute um uns herum waren auf uns aufmerksam geworden, beobachteten uns offen oder verstohlen. Wir aber konnten nicht aufhören mit Lachen. Es war einfach allzu komisch.

«Oh, Juli», stöhnte ich, «armer Juli! Du hast gemeint, zwei Frauen zu lieben, aber du liebst nur eine. Janka und ich sind nur eine Frau.»

Juli verstand gar nichts, begreiflicherweise. Stockend begann er zu fragen, woher wir uns kennten, warum er Janka nicht durch mich schon kennengelernt hätte, warum ich ihm nie von ihr erzählt und was unser Lachen zu bedeuten hätte und meine Behauptung, wir seien nur eine Frau.

So gut als möglich gaben wir Juli Auskunft, erzählten von unseren seltenen, immer überraschenden Begegnungen, von der Übereinstimmung zwischen uns. Aber es gab eine Grenze, es gibt immer eine Grenze des Erklärbaren. Das war Janka und mir bewusst. Das musste auch Juli einsehen und akzeptieren.

Wir fuhren dann alle drei zurück ins Engadin, auf den Bahnhof – für drei Tage. Nachher musste Janka eine Reisegesellschaft nach Argentinien begleiten. Es waren merkwürdige drei Tage, jedenfalls für mich. Ich empfand sie als vollkommen schön und auch wieder als unerträglich absurd. Beide Gefühle lagen oft haarscharf nebeneinander.

Es war Sommer, noch einmal, ein letztes Mal, und die Esparsetten wiegten sich im Wind. Dumpf ahnte ich, dass es der letzte Sommer der Esparsetten war, der letzte Sommer auf dem winzigen Bahnhof im Engadin. Die Zeit der Idylle war vorüber.

Unser Gespräch zu dritt am Abend vor Jankas Abreise bestätigte es mir.

«Du warst wütend, Carla, verletzt, nicht wahr, als du von Gideon und mir erfuhrst?»

Janka fragte ganz offen.

Ich machte eine wegwerfende Handbewegung. «Sicher», gab ich zu. «Aber das ist vorbei.»

«Wisch deine Gefühle nicht einfach unter den Tisch!» sagte Janka. «Wir mögen uns, das macht das Verstehen und Vergessen leichter, gewiss. Aber etwas Zeit braucht es dennoch. Du solltest darauf zurückkommen, Carla, jetzt, da die erste Freude des Wiedersehens vorbei ist.»

«Vor allem muss ich herausfinden, was mit mir nicht stimmt, dass ich in diesem Ausmass den inneren Halt verloren habe.»

Ich schwieg und schaute die beiden an, zuerst Juli, dann Janka.

«Wie ist das nun mit dir und Gideon?» fragte ich geradeheraus.

«Da ist nichts mehr, Carla», anwortete Janka. «Die Luft ist raus.»

«Bist du sicher?»

«Ja, ich bin sicher.»

«Juli?» fragte ich und legte ihm die Hand auf den Arm.

«So einfach ist es für mich nicht», antwortete er. «Ihr seid euch so ähnlich und seid doch so verschieden! Ich glaube, ich bin ein bisschen eifersüchtig. Eifersüchtig auf euer Einverständnis. Da ist etwas zwischen euch, das ich in unserer Beziehung nie gespürt habe, Carla, und erst recht natürlich nicht in der kurzen Begegnung mit dir, Janka. Ich fühle mich als Fremder zwischen euch. Ich bin überzählig, und nicht eine von euch!»

Janka nickte. «Ich verstehe, dass du so fühlst, Gideon. Aber eifersüchtig musst du nicht sein. Vor sieben Jahren haben Carla und ich uns das letzte Mal gesehen. Jetzt reise ich ab nach Argentinien. Wir werden kein Wiedersehen vereinbaren. Das haben wir nie getan, Carla und ich. Wenn es richtig ist, werden wir uns wieder begegnen, hier auf dieser Welt oder später in einer anderen Zeit und in einem anderen Raum. Was wissen wir?»

Juli wandte sich mir zu. «Etwas möchte ich dir sagen, Carla, solange Janka noch da ist. Ich werde nächsten

Monat nach Zürich zügeln und endlich mein Studium beenden. Ich habe mich zur Lizenziatsprüfung angemeldet. Es wäre schön, wenn du und Gina mit mir kommen möchtet, aber wenn du deine eigenen Wege gehen willst, so versuche ich, das zu verstehen.»

Ohne zu überlegen, sagte ich: «Gina und ich kommen mit dir – wohin auch immer. Aber für mich geht jetzt alles sehr schnell. Ich weiss nicht, wie ich den Bahnhof, das Dorf, das Tal verlassen soll. Der Gedanke tut weh.»

Ich stützte den Kopf in beide Hände. Gedanken, Gefühle, Erinnerungen jagten sich. Die Idylle, die Esparsetten, Ginas Geburt, ihre ersten Tage und Jahre, Annadeta, der Garten, die roten Züge, die langen Sommer, das Bimmeln der Barriereglocken, die Ankunft von Janka, ihr Flötenspiel vor den Geleisen, ihr Profil im Abend-Gegenlicht, Julis ruhige, liebevolle Gegenwart, dann meine ohnmächtige Wut, meine Eifersucht, und schliesslich meine Neugierde auf die andere Frau.

«Ihr habt es besser», sagte ich endlich. «Du, Janka, fährst nach Argentinien und dann weiter durch ganz Südamerika. Du lernst Menschen kennen und fremde Kulturen und fantastische Landschaften und andere Lebensweisen. Und du, Juli, nimmst deine Lizentiatsarbeit in Angriff, büffelst auf die Examina, kniest dich in das Studium. Und ich? Ich hänge im Leeren. Ich verliere den Bahnhof, die Idylle. Was nun?»

Janka fragte: «Und Gina?»

Am folgenden Nachmittag standen wir zu dritt auf dem schmalen Perron vor den beiden Geleisen, über denen der Sommer zitterte. Wir redeten jetzt nur noch die belanglosen Sätze, die man auf Bahnhöfen austauscht: «Reis gut!» und «Schreib, wie es dir geht!» und «Danke noch einmal für alles!»

Ich hasse Abschiede. Besonders Abschiede auf Bahnhöfen. Insgeheim wünschte ich mir, dass der Zug endlich da wäre und wieder wegführe. Janka stand zwischen Juli und mir. Wieder trug sie eines von ihren langen, flatternden Kleidern, genau so wie bei jenem Abschied vor sieben Jahren. Jetzt aber war Nachmittag, kein Abend-Gegenlicht verklärte die Situation. Janka nahm die Flöte nicht zur Hand, und der Wind strich ihr nicht durchs Haar. Die silbernen Fäden in ihrem Haar waren zahlreicher geworden, und um die lebhaften dunklen Augen lagen ein paar müde Fältchen. Ich unterdrückte das Bedürfnis, Janka in die Arme zu nehmen. Nachher, als sie abgefahren war, als es zu spät war, tat es mir leid. Ich unterdrückte das Bedürfnis, weil ich in ihren Armen geweint hätte.

Aber Juli hat es dann getan, er hat Janka in die Arme genommen. Ich bin daneben gestanden, allein. Und ich bin noch einmal eifersüchtig gewesen, oder einfach traurig in dem unbestimmten Gefühl, beide verloren zu haben, Juli und Janka, und auch den winzigen Bahnhof und die Idylle und alles... Ich habe dann doch noch geweint. Ich habe mich abgewandt und deshalb nicht gesehen, wie Janka die Flöte auspackte. Die jubelnden Töne habe ich dann aber gehört, während der Zug langsam anfuhr, habe die silbernen Töne gehört, die leiser wurden und leiser. Es war dieselbe Melodie wie damals vor sieben Jahren.

Die Kronviper

In der Nacht träume ich, dass ich auswandere nach Basso Goretta. Mit Koffern, Büchern, Möbeln und Kleidern auf einem kleinen Brückenwagen stehe ich in der schmalen Gasse des winziges Dorfes in der Bregaglia und suche eine Bleibe. Ein olivgrünes Pferd zieht meinen Wagen über das Kopfsteinpflaster. Langsam folge ich ihm. Ich weiss, dass es mich zu dem Haus führen wird, in dem ich wohnen kann.

Hier endet der Traum. Ich träume ihn im Morgengrauen und stehe auf, nachdem ich erwacht bin. Der Traum war unheimlich wirklich, war mehr eine Vision als ein Traum. Was soll ich damit anfangen?

Drei- oder viermal bin ich durch Basso Goretta gewandert, einmal habe ich dort übernachtet. Ein Dorf mit Atmosphäre, sicher. Häuser in italienischem Baustil, zu gross für das kleine Kaff, Gärten, deren blühende Fülle überrascht in der steilen, gebirgigen Landschaft. Auch das Tal, die Bregaglia, hat seinen Reiz, ohne Zweifel. Wenn man das mag, diese himmelhohen, schroffen Zacken und Türme, diesen schmalen Himmel, den sie frei lassen zwischen den beiden Bergflanken, die sich steil aus dem Tal aufbauen. Mir ist diese Art Landschaft zu schroff, zu bizarr. Ich mag das Sanfte lieber, das Weite, das Harmonische, auch in den Bergen.

Warum also behauptet mein Traum, dass ich auswandern werde nach Basso Goretta? Ich koche Kaffee und schreibe den Traum in mein Notizheft. An der Wand neben der Tür hängt meine Terminliste. Ich suche den sechsten September: ein ruhiger Tag, glücklicherweise. Nur um elf Uhr habe ich eine Besprechung im Verlag wegen der Anthologie über Schweizer Künstler – jetzt weiss ich, weshalb ich von Basso Goretta geträumt habe.

«Ich möchte noch eine jüngere Schweizer Künstlerin in das Buch aufnehmen», sage ich zu Hans Hager, dem Verleger. «Es fehlen Frauen, wie gewohnt, und es fehlen jüngere Leute, wie gewohnt.»
«An wen denkst du?» fragt Hans.
«An Valeria Rapp.»
«Valeria Rapp? Also Moni, ich weiss nicht... In dem Buch soll unter anderem die Rede sein von Segantini, Giacometti, Amiet, Hans Arp und Sophie Täuber, dann auch von Hug und Erni – da passt nun eine Valeria Rapp wirklich nicht hinein!»
«Du redest von Erni, zum Beispiel», wende ich ein. «Was sagst du zu seinen dicken Rössern und wuchtigen Frauen? Ich meine, dass sich daneben die Skulpturen der Rapp nicht schlecht ausnehmen. Sie sind vielleicht abstrakter, aber von ungebändigter Kraft. Ich finde sie gut.»
«Kennst du die Rapp?» fragt Hans.
«Bis jetzt noch nicht, leider. Aber das könnte man ändern, was meinst du?»
«Gut», antwortet er, «such sie auf, mach ein Interview, schiess Fotos von ihr, von ihren Arbeiten, von ihrem Ambiente. Wo wohnt sie eigentlich?»
«In Basso Goretta», sage ich.

Eine tiefe Stimme gehört zu Valeria Rapp und eine langsame, knappe Ausdrucksweise.
«Ein Buch?» fragt sie, als ich ihr telefoniere. «Ich in einem Buch? Nein!»
«Wir sollten darüber reden», schlage ich vor.
«Ein Buch? Nein!» wiederholt die Rapp. «Aber kommen Sie zu mir, ja!»

Einige Tage später fahre ich über den Julier- und über den Malojapass hinunter in die Bregaglia. Am frühen Nachmittag erreiche ich Basso Goretta und halte an vor dem grossen grauen Palazzo, den mir Valeria Rapp beschrieben hat. Ich finde die Künstlerin im Hof hinter dem Haus. Sie hängt mit dem Oberkörper über einem hellgrauen Steinbrocken und umspannt ihn mit beiden Armen. Sie wirkt riesig auf mich, dick, klobig, wie verwachsen mit dem wuchtigen Klotz. Lange, schlampige Kleider wickeln sich um sie herum, bedecken zum Teil auch den Klotz. Die Frau bewegt sich nicht. Ist sie betrunken? Oder krank?

«Hallo, Frau Rapp!» rufe ich.

Tief aus den Tüchern knurrt eine Stimme. Die unförmige Gestalt regt sich. Sie rutscht vom Stein hinunter, sackt in die Knie. Ich will ihr zu Hilfe eilen. Das hat sie nicht nötig. Mit erstaunlicher Behendigkeit schnellt sie aus der Hocke hoch. Sie ist dick, üppig und gross. Sie hat ein verschwommenes Gesicht und krauses, mittellanges Haar.

«Ich bin Valeria», sagt sie. «Und du?»

«Ich bin Moni. Ich habe telefoniert. Du sagtest, ich solle kommen.»

Valeria Rapp betrachtet mich eingehend. «Die Dame mit dem Buch», sagt sie. «Eine elegante, eine gescheite Dame, scheint mir. Komm mit ins Haus!»

Ich gehe hinter ihr her und bin enttäuscht. Ich habe keine ausgeflippte, ungehobelte Schlampe erwartet, als ich den Wunsch hatte, Valeria Rapp kennenzulernen.

Warum bin ich bloss so unduldsam, so ausfällig sogar? Das frage ich mich, während die Rapp Kaffee kocht und in der riesigen alten Küche wirtschaftet. Ich bin es doch von meinem Beruf her gewohnt, mich auf allerlei Arten von Menschen einzustellen. Ich mag die ungewöhnlichen besser als die gewöhnlichen. Diese Valeria Rapp ist ja nun wirklich keine gewöhnliche Frau! Und doch geht sie mir auf die Nerven, vom ersten Augenblick an.

Sie stellt die Kaffeekanne auf den Tisch. Sie legt ein Stück Holz auf die Glut im Cheminée. Jetzt setzt sie sich mir gegenüber, schiebt mir Tasse und Krug über den Tisch.

«Da! Nimm!»

Sie schaut mir zu, wie ich Kaffee einschenke, Zucker und Milch hineinrühre.

«Hast du ein Tonbandgerät dabei?» fragt sie.

«Nein», antworte ich, «Ich arbeite nie mit dem Tonband.»

«Wenn das nicht stimmt», droht sie, «dann verklage ich dich.»

Sie schenkt sich Kaffee ein, trinkt einen Schluck. Ihr Blick liegt auf meiner Fotoausrüstung.

«Gib mir das Ding!» befiehlt sie.

Ich schüttle den Kopf. «Ich fotografiere nicht gegen deinen Willen. Aber der Apparat bleibt bei mir.»

«Leg ihn auf den Kasten hinter dir!» verlangt sie.

«Nein!»

Valeria Rapp steht auf. «In diesem Fall ist unsere Sitzung beendet.»

Ich habe die grösste Lust, ebenfalls aufzustehen und grusslos wegzugehen. Andererseits bin ich neugierig. Ich bin auch überzeugt davon, dass ich etwas verpasse, wenn ich nicht versuche, dieser merkwürdigen Frau näher zu kommen. Also stehe ich auf und deponiere meine Fotoausrüstung auf dem Kasten hinter mir.

«So», sage ich, als ich wieder vor meinem – übrigens vorzüglichen – Kaffee sitze: «Und jetzt möchte ich dich trotzdem gern ein wenig kennenlernen. Mir gefallen nämlich deine Sachen, begreifst du?»

Aus ihrer grossen, fülligen Brust rollen knurrende Laute. Es könnte auch ein Schnurren sein, das laute

Schnurren einer dicken, bunt gefleckten Katze. Sie ist immer noch misstrauisch.

«Was ist mit dem Buch?» fragt sie. «Was gibt das für ein Buch?»

Immerhin, denke ich erleichtert, jetzt können wir wenigstens darüber reden. Ich erkläre ihr ausführlich, was für ein Buch wir planen, wer darin Erwähnung findet und was wir damit erreichen möchten. Als ich von der Verbreitung einheimischer Kultur und Kunst rede, unterbricht sie mich: «Hör auf damit! Geld verdienen wollt ihr, basta!»

«Geld verdienen wollen wir auch», präzisiere ich. «Selbst ein Verleger und seine Angestellten müssen leben. Ich finde aber, es spielt eine Rolle, welche Art Bücher er herausgibt, mit was er sein Geld verdient.»

Wieder knurrt oder schnurrt es tief in der Brust der Valeria Rapp. Sie schaut mich drohend an.

«Was willst du von mir wissen?»

«Wissen eigentlich nichts. Ich möchte dich kennenlernen, ein Stück weit.»

«Das tönt besser», nickt Valeria. «Moni und Valeria lernen sich kennen. Warum nicht? In einem Buch erscheine ich nicht, ein für allemal nicht, capito? Und nun kannst du entscheiden, ob du gehen oder bleiben willst.»

Jetzt lache ich. «Ich bleibe.»

Ich habe die Hoffnung nicht aufgegeben, dass sie doch noch in das Buch-Projekt einwilligen werde. Und ich bin, trotz meiner Antipathie, nun richtig neugierig auf diese Frau. Ich möchte auch gerne einige ihrer Arbeiten sehen, wenn ich schon nach Basso Goretta gereist bin.

«Ein Teil meiner Sachen steht im Hof», sagt Valeria. «Du kannst sie dir jederzeit anschauen.»

«Komm doch mit!» bitte ich.

Valeria schüttelt den Kopf. «Erklären kann ich nichts. Was ich weiss, ist im Stein. Dort erkennst du es – oder eben nicht.»

Der Hof ist eigentlich ein ummauerter Garten. Das Gras wächst wild und hoch. Efeu und wilder Wein ranken sich der Mauer entlang. Da und dort blüht eine verwilderte Rose. Dazwischen stehen und liegen die Steinblöcke. Es sind keine Statuen, keine Köpfe, keine fertigen Gegenstände. Ich muss nahe zu den Steinen herangehen, muss sie von allen Seiten betrachten, bis ich erkenne, wo die Rapp an ihnen gearbeitet, was sie in den Stein oder aus dem Stein heraus gehauen hat. Es gibt Gesichter, halbe oder Dreiviertelgesichter, kräftige Nasen ragen aus dem Stein, Augen liegen in tiefen Höhlen und starren mich an, von Händen halb bedeckt. Es gibt Tiere, Anfänge, Entwürfe von Tieren. Riesige Pfoten, üppige Schwänze, schnuppernde Schnauzen. Der lange, gewundene Körper einer dicken Schlange legt sich rund um einen eckigen Stein. Den Kopf finde ich seitwärts unten, vom hohen Gras halb verdeckt. Dieser Stein – ich taufe ihn Schlangenstein – dieser Stein fasziniert mich. Schaudernd taste ich mit der Hand dem glatten Schlangenkörper entlang. Unter meiner Berührung scheint er zu vibrieren.

Es gibt auch Steine, auf denen ich keine konkreten Sujets entdecken kann. Sie sind auf eine meisterhafte Art behauen, auf einer oder zwei Seiten nur, sodass die Maserung des Steines immer wieder anders sichtbar wird. Da gibt es Rundungen, in die ich meine Hände oder mein Gesicht schmiegen möchte, und es gibt Spitzen und Zacken, an denen ich die Haut aufkratze. Oder Landschaften gibt es, Ausschnitte aus abstrakten Landschaften, Mondländer vielleicht oder Sternengefilde oder kurze Einblicke in die Unendlichkeit.

Als ich in die Küche zurückkomme, erzähle ich Valeria von meinen Eindrücken.

«Einblicke in die Unendlichkeit, das gefällt mir!» lacht sie.

Zum ersten Mal, seit ich sie kennengelernt habe, lacht die Rapp. Sie lacht nicht etwa rauh und kehlig und dröhnend, nein, sie lacht das leichte, das helle, das vergnügte Lachen eines jungen Mädchens. Ihr verschwommenes Gesicht erhält Strukturen, erhält Charakter. Dieser Ausdruck bleibt ihrem Gesicht erhalten, auch als sie zu lachen aufhört.

«Darum arbeite ich am Stein», sagt sie. «Wo könnte ich einen Hauch Unendlichkeit finden, wenn nicht im Stein?»

Sie hört mir zu, während ich ihr meine Erfahrungen am «Schlangenstein» zu schildern versuche.

«Die Schlange», erzählt Valeria, «diese Schlange gibt es. Sie haust oben in Caslani. Es ist eine sehr alte Schlange. Uralte Leute im Dorf können sich erinnern, sie als Kinder schon oben angetroffen zu haben, als sie am Hüten waren.»

Ich schmunzle. «Das waren wohl die Vorfahren dieser Schlange, Valeria!»

«Das verstehst du nicht. Es war diese Schlange. Dieselbe Schlange. Sie ist ein langes Menschenalter alt. Kennst du Caslani, Moni?»

Ich nicke. «Ich kam da vorbei vor ein paar Jahren, als ich von der Forcletta nach Basso Goretta hinunter stieg. Ich erinnere mich an einige Hütten, lose in der Gegend verstreut, an Felsbrocken dazwischen. Ein schöner Flekken mit einer unvergesslichen Aussicht. Mir persönlich etwas zu steil, das Ganze, zu wild, zu schroff.»

«Hast du die Felsbrocken genauer angeschaut?»

«Nein. Was ist mit ihnen?»

«Einige von ihnen habe ich behauen. Auch die Schlange habe ich dort noch einmal verewigt. Schliesslich wohnt sie ja in Caslani.»

«Was ist es für eine Schlange?» frage ich.

«Eine Kronviper», antwortet Valeria.

«Kronviper? Das gibt es nicht.»

Valeria lacht spöttisch. «Du bist typisch eine von den Universitäten drunten. Was nicht in deinen Büchern steht, das gibt es nicht, è vero?»

Der alte Ärger gegen sie erwacht wieder in mir.

«Ja, gut», entgegne ich. «Es steht dir natürlich frei, jede Menge Namen zu erfinden. Nur können wir uns nicht einigen, wenn wir uns nicht an die offiziellen Namen halten.»

«Einigen – wozu?» fragt sie. «Im übrigen erfinde ich nichts. Ich erfahre, und dann weiss ich.»

Ich versuche, meinen Ärger abzuschütteln.

«Morgen steige ich nach Caslani hinauf. Wie lange habe ich zu gehen?»

«Drei Stunden», antwortet Valeria. «Du kannst hier übernachten.»

«Ich schlafe im Hotel, danke», lehne ich ab.

«Nichts da! Du schläfst hier! Hol deine Sachen im Auto! Ich zeige dir das Gastzimmer.»

Wieder packt mich der Groll gegen sie. Warum nur lasse ich mich von ihr herumkommandieren? Warum wehre ich mich nicht? Gehorsam trotte ich zum Auto hinüber und hole die Reisetasche und den Rucksack. Ich beziehe das Gastzimmer und lege mich auf das Bett, währen die Rapp noch eine Stunde lang im Hof arbeitet. Helle regelmässige Hammerschläge begleiten mich in einen leichten Schlaf.

Zum Nachtessen treffen wir uns wieder in der Küche. Es gibt Polenta und Coniglio, ein ausgezeichnetes Essen. Kein Wunder, dass die Rapp so dick ist, wenn sie so gut kocht! Sie ist jetzt viel gesprächiger als bei meiner Ankunft.

«Ich freue mich, dass du da bist. Ich bin keine Einsiedlerin. Ich habe gern Gesellschaft.»

Sie schenkt Wein ein. Sie trinkt ihn grosszügig und mit Genuss.

«Die Steine im Hof machen nur einen kleinen Teil meiner Arbeiten aus. Die meisten Sachen stehen oder liegen 'im Feld', dort, wo sie hingehören.»

Sie beginnt wieder zu lachen, lacht ihr überraschendes Mädchenlachen, während sie die Geschichte vom Preilerpass erzählt.

«Ich habe dort einen riesigen Stein an der Strasse behauen, gleich gegenüber dem Passhotel. Ich habe etwas Nacktes gemacht – Kleider sind Verstecke. Die Mönche, die zeitweise dort oben wohnen, waren gar nicht empört, im Gegenteil, sie freuten sich darüber. Sie assen und tranken mit mir und baten, ich solle wiederkommen. Aber dem Wirt war meine halbe Nackte ein Dorn im Auge. Er beschloss, das sei scheusslich, es sei kein Kunstwerk, und es müsse entfernt werden. Da das Land ihm gehört, gehört ihm auch der Stein. Ich musste wieder anrücken und die Nackte wegmeisseln. Ich hämmerte und schlug und meisselte drauflos, bis er zufrieden war. Er fand, nun sei der Stein so, wie die Natur ihn gewollt habe. Einer der Patres merkte sofort, dass ich etwas anderes herausgemeisselt hatte, etwas Abstraktes, das der Wirt nicht einmal bemerkt hat, ha, ha! Die Patres und ich haben dann noch einmal gefeiert, und der Wirt wollte durchaus wissen, was wir denn so lustig fänden, aber wir verrieten es ihm nicht.»

Ich lache mit, kann mir die Szene auf dem Pass droben lebhaft vorstellen.

«Wo stehen denn noch Steine, die du behauen hast?» erkundige ich mich.

Valeria holt mit dem Arm weit aus. «Überall da herum. Du musst nur die Augen offen halten. Das Schönste, das ich gemacht habe, steht auf einem einsamen Übergang. Einige Pfadspuren führen hinüber, das ist alles. Nur wenige Wanderer gehen da vorbei im Sommer oder im Herbst. Ich weiss nicht, ob überhaupt schon jemand meine Arbeit gesehen hat. Der Stein steht nicht am Weg. Ich wandere jedes Jahr einmal da hinauf. Es ist die Arbeit, die mir am besten gefällt.»

«Verrätst du mir, wo ich den Übergang finde?»

«Nein. Du gehst hin, machst Fotos, schreibst einen Artikel darüber, meinst wohl noch, mir damit einen Dienst zu erweisen. Das kommt nicht in Frage.»

«Ohne deine Einwilligung würde ich nichts Derartiges tun», versichere ich.

«Nein», wiederholt sie, «trotzdem nicht. Ich verrate den Übergang nicht.»

Am folgenden Tag steige ich nach Caslani hinauf. Der Aufstieg ist steil, heiss und beschwerlich. Nach ungefähr einer Stunde erreiche ich Planin, die Vorwinterung, nach einer weiteren Stunde Cresta, das Maiensäss und schliesslich die Alp, Caslani. Ein Steinschlag muss vor langer Zeit das Gebiet verwüstet haben. Riesige Felsbrocken liegen da und dort im Gelände. Zwischen ihnen stehen – wie zufällig hingesetzt – die einfachen Hütten und Ställe. Zum Teil unterscheiden sie sich kaum von den Felsblöcken. Sie sind aus Stein gebaut, mit Granitplatten gedeckt.

Erschöpft setze ich mich in den Schatten einer Hütte und trinke den Tee, den ich mitgenommen habe. Erst nachher beginne ich, die Felsbrocken genau anzuschauen. Es braucht Geduld und Aufmerksamkeit, bis ich die Spuren von Valeria Rapp entdecke. Natürlich hat sie nirgends den ganzen Stein behauen, sondern immer nur einen begrenzten Ausschnitt. Sie hat diese runden, sanften Mulden in den Stein gehauen, die ich bereits als typisch für ihre Arbeiten erkannt habe, dann aber auch, oft dicht daneben, spitze Zacken und verschlungene Linien.

Ganz am Rand der Siedlung entdecke ich den Stein mit der Schlange. Eingerollt hat die Rapp sie dargestellt.

Ich kauere mich nieder, um das Werk besser betrachten zu können. Dabei fällt mein Blick auf eine Steinplatte schräg unter mir. Gebannt starre ich hinunter. Auf der Platte sonnt sich die Schlange. Ohne Zweifel ist es die alte Schlange, von der Valeria erzählt und die sie in den Stein gehauen hat. Es ist eine überraschend grosse, olivgrüne Schlange mit einem kupfernen Schimmer. Sie hat keine auffallende Zeichnung, aber den typischen Kopf einer Viper. Eine Kupferviper, nehme ich an. Und dann weiss ich, weshalb Valeria die Schlange Kronviper getauft hat. Das Reptil trägt hinten auf dem Kopf eine Erhebung. Von der Seite gesehen, kann man sie mit etwas Fantasie durchaus als eine Krone ansehen.

Vorsichtig lasse ich mich auf die Steinplatte hinuntergleiten, jeden Augenblick gewärtig, dass die Schlange sich entrollen und ins Gras kriechen wird. Aber sie bleibt. Sie regt sich nicht, auch als ich mich vorsichtig neben ihr niederlasse. Das Tier fasziniert mich. Angst habe ich keine. Ich habe noch nie gehört, dass eine Schlange einen friedlichen Menschen angegriffen hätte.

Obschon sie mich nicht anschaut, übt die Schlange eine seltsame Anziehung auf mich aus, eine Sogwirkung, die fast schon einer Hypnose gleichkommt. In der prallen Sonne sitzend, das olivgrüne Reptil unverwandt anstarrend, verfalle ich in eine Art Trance, in eine Art Halbschlaf, in dem ich mich träge hin- und herzuwiegen beginne. Diese Farbe, denke ich, olivgrün, da war doch etwas, olivgrün, was war denn das? Im Halbtraum kommt es mir wieder zum Bewusstsein: Das Pferd, das den Wagen mit meiner Habe zog über das holperige Strassenpflaster von Basso Goretta, dieses Pferd in meinem Traum war olivgrün, genau wie diese Schlange!

Später kann ich nicht mehr sagen, ob ich zu weit nach links geschwankt bin, sodass ich in gefährliche Nähe der Schlange geriet, oder ob das Reptil mich angegriffen hat.

Auf jeden Fall spüre ich plötzlich einen scharfen Schmerz im linken Arm. Ich bin wach, weiche zurück, sehe noch, wie die Schlange im Gras verschwindet. Schon färbt sich die Bissstelle rot, schwillt an, brennt heftig. Und wieder kann ich nicht erklären, was geschieht. Obwohl ich weiss, dass ich die Wunde aufschneiden, den Arm herzwärts abbinden und dann unverzüglich, auf kürzestem Weg, nach Basso Goretta hinunterrennen müsste, tue ich nichts dergleichen. Ich lehne mich auf der Steinplatte zurück, fühle Schultern und Kopf gestützt von einem grösseren Stein hinter mir, und schliesse die Augen. Die Schmerzen und das Brennen sind erträglich, ziehen aber mehr und mehr den Arm empor und in die Schulter hinein. Kupfervipern sind giftig, das weiss ich. Warum unternehme ich nichts? Bin ich lebensüberdrüssig? Will ich sterben? Waren alle meine Aktivitäten und Interessen oberflächlich und unbedeutend, während tief in mir ein verneinender Trieb herrscht, der keine Freude am Leben hat? Ich weiss es nicht. Ich denke nicht darüber nach. Ich lasse mich treiben. Ich empfinde ein Glücksgefühl dabei, mich treiben zu lassen. Ich fühle mich jedem Zwang zum Handeln enthoben, jeder Verpflichtung, jeglicher Verantwortung. Jemand anderes tut das jetzt für mich. Jemand anderes hat die Fäden in die Hand genommen und lenkt die Geschicke – oder lässt sie blind durcheinander tappen. Wie schön, sinniere ich, schon wieder oder jetzt erst recht in einem tranceähnlichen Zustand: Wie schön, mich gehen zu lassen, mich leben oder sterben zu lassen! Wie schön, hier oben auf Caslani in der Sonne zu liegen, verschwistert mit einer uralten Schlange, mit einer olivgrünen Legende, die mich in sich aufnimmt oder neu entstehen lässt!

Die Sonne wandert über mich hin, vom Mittag in den Abend hinein. Ich spüre, wie sie verschwindet, wie ein Wind aufkommt. Ich friere nicht. Die Steine speichern die Hitze des Tages und geben sie nun langsam ab. Manchmal schlafe ich. Dann wieder erwache ich über meinem eigenen Stöhnen. Der Arm tut weh, die Schulter, der Nacken, der Kopf. Ich liege unbequem auf der harten Platte. Auf einmal bin ich wieder unten in Basso Goretta und reite auf einem grünen Ross. Valeria Rapp steht mitten auf der Gasse, eingewickelt in dicke Tücher.

«Pass auf!» lache ich. «Ich reite über dich hinweg!»

Sie aber wartet, bis ich neben ihr bin und schwingt sich hinter mir auf den Sattel.

«Hü-a-ho!» ruft sie, und das grüne Ross hebt vom Boden ab – wir fliegen!

Als ich das nächste Mal das Bewusstsein erlange, ist es Nacht. Der volle Mond hängt über Caslani. Ich beschliesse, ins Tal abzusteigen. Indes zieht mir jemand den Boden unter den Füssen weg, und ich falle, falle immerzu. Und wiederum erwache ich, und jetzt schüttelt sich mein ganzer Körper im Fieber. Ich habe heiss und kalt zur gleichen Zeit. Mein Puls rast. Immer noch blendet mir der Vollmond in die brennenden Augen. Ich wollte doch ins Tal hinuntersteigen...

Ein Schatten fällt über mich. Der Mond verschwindet hinter einer massigen Gestalt.

«Qui!» höre ich sie rufen. «Qui! Venite qui! L'ho trovata!»

Zwei Männer eilen herbei, beugen sich ebenfalls über mich.

«Moni!» ruft Valeria Rapp. «Que cosa fai? Bist du abgestürzt? Hast du etwas gebrochen?»

Sie berührt meinen Arm, und ich schreie auf.

Valeria lässt sich neben mir auf die Knie fallen.

«Dein Arm? Er ist ja ganz heiss! Und geschwollen! Moni! Hat die Schlange dich gebissen?»

Ich schüttle den Kopf. Da ist wieder der Groll, die Abneigung gegen diese Frau. Sie soll sich um ihre eigenen

Angelegenheiten kümmern! Warum schleicht sie mir nach? Warum bemuttert sie mich? Warum bestimmt sie über mich?

Inzwischen besieht sich einer der beiden Männer im Schein seiner Taschenlampe meinen Arm.

«Schlangenbiss!» sagt er auf deutsch. «Schau dir die beiden Einstiche an!»

«Hach, die alte Hexe!» ruft Valeria und schaut wild um sich, wie wenn sie die Schlange irgendwo entdecken könnte.

«Lasst mich!» stöhne ich. «Mit geht es gut.»

Die Rapp poltert auf mich los: «Hach, so siehst du gerade aus, du...»

«Wir nehmen die Bahre», unterbricht sie der Mann, der deutsch spricht. «Ich glaube nicht, dass sie sich auf den Beinen halten kann. Ausserdem schadet ihr die Anstrengung noch zusätzlich.»

Niemand achtet auf meinen schwachen, stöhnenden Protest. Die beiden Männer richten mich auf und zwingen mich, ein Glas Flüssigkeit zu trinken. Doch, das tut gut. Gierig trinke ich ein zweites Glas des kühlen, leicht salzigen Getränks.

Nachher heben sie mich auf die Bahre und binden mich fest. Valeria Rapp geht voraus und beleuchtet mit der hellen Stablampe den Weg.

Der Abstieg muss lang und beschwerlich gewesen sein, auch für mich. Glücklicherweise bin ich immer wieder eingeschlafen. Wenn ich erwache, habe ich Schmerzen, empfinde Übelkeit und stöhne laut.

Viel später werde ich dann durch einen Gang geschoben und in ein Bett gelegt. Jemand legt mir kühle, feuchte Tücher auf Stirn, Füsse und Oberarm – wie gut das tut! Dann tauche ich weg, tief, schmerz- und traumlos, und als ich zu mir komme, kann das ein Augenblick gewesen sein oder eine Woche, ich weiss es nicht.

«Eine Nacht und ein Tag», sagt Valeria Rapp. Sie steht oben an meinem Bett und dirigiert die Krankenschwestern herum.

«Bringen Sie ihr Tee, sie ist erwacht. Aber frischen, nicht dieses ungeniessbare, kalte Gebräu! Und sehen Sie nicht, dass sie friert? Sie braucht etwas Warmes um die Schultern, um den Hals. Vergessen Sie nicht, den Arzt zu rufen, Schwester Gerda! Er will sie sehen, wenn sie erwacht.»

Bald schon bin ich wach und klar im Kopf. Ich fühle mich zwar schwach, aber sonst wohl. Und schon ärgere ich mich wieder über das Auftreten und das Gebaren von Valeria Rapp. Diese Frau irritiert mich auf Schritt und Tritt. Sie imponiert mir auch, das gebe ich zu.

Zwei Tage lang liege ich noch im winzigen Regionalspital des Bregaglia, dann steht ein klappriger Lieferwagen vor dem Tor, und Valeria Rapp packt meine Tasche und mich selber und verstaut beides in der Führerkabine ihres Vehikels.

«Fahr mich ins Hotel!» bitte ich.

«Was hast du bloss mit diesem Hotel?» fragt sie. «Du wohnst bei mir!»

Wieder gebe ich nach, wieder lasse ich sie über mich bestimmen. Jetzt bin ich mehr über mich selber wütend als über Valeria.

Während ich in ihrem Gastzimmer liege oder kleine Spaziergänge unternehme, überdenke ich die Frage, ob ich nur ihr gegenüber oder auch in anderen Lebensbereichen so nachgiebig sei. Am besten komme ich im Beruf weg. Im Verlag versehe ich eine selbständige Stellung und weiss mich dort im allgemeinen zu behaupten. Hans Hager, dem Verlagsleiter, gegenüber wage ich allerdings nur selten zu widersprechen. In gewissen Bereichen gehorche ich, auch mit mehr als vierzig Jahren, immer noch meinen Eltern, besuche sie auf ihren Wunsch hin jede Woche. Auch meinen Freundinnen rede ich oft nach dem Mund, gebe ihren Vorschlägen nach, auch wenn ich selber andere hätte. Und da gibt es ein dunkles Kapitel in meinem Leben: Richard. Mit ihm unterhalte ich eine Beziehung, für die ich mich schäme. Richard ist verheiratet. Unsere Liebschaft ist eine heimliche. Richard zeigt sich nicht mit mir in der Öffentlichkeit. Ich weiss, dass die Situation unwürdig ist, dass sie nicht nur seiner Familie Kummer machen würde, sondern auch meinem Selbstwertgefühl schadet. Warum beende ich die Beziehung nicht? Sicher auch, weil ich Richard gern habe. Noch mehr aber, weil er sie nicht beenden will.

Und nun lerne ich Valeria kennen, und Valeria kann nein sagen. Sie bestimmt ihr Leben selbst. In jeder Hinsicht. Ist das, was mich irritiert an ihr, eine Art von Eifersucht?

Über Basso Goretta hängen die Wolken. Der Regen trommelt auf die hellen Steinplatten der Dächer und auf das dunkle Kopfsteinpflaster in den Gassen. Im Ristorante sitzen zwei Handwerker bei der Kaffeepause und ein Vertreter auf der Durchreise. Es gibt alte Nussgipfel und starken Espresso. Im Laden stehen drei schwatzende Frauen. Es gibt Waschpulver und Brot und Gemüse. Eine tropfnasse Ziegenherde rennt durch die Dorfstrasse. Das ist alles. Im Gastzimmer von Valeria Rapp ist es kühl und düster. Valeria hämmert im Hof. Sie trägt eine riesige rote Pelerine. Sie singt. Zum Essen gibt es Risotto con coniglio. Der coniglio will nicht enden.

Am dritten Tag habe ich genug davon. Genug vom coniglio, vom Regen, vom Ristorante, vom Laden, genug von Basso Goretta, von Valeria Rapp, von ihrem Hämmern und ihrem Belcanto. Ich reise ab. Genugtuung und Stolz erfüllen mich, als ich ins Auto steige und der protestierenden Valeria zuwinke.

Und dann bin ich wieder in Zürich. Voller Energie, mit Verbissenheit fast, wende ich mich meinem Stadtleben zu. Ich bringe meine moderne Wohnung auf Hochglanz, rede, verhandle und schreibe im Verlag, besuche meine Eltern, treffe mich heimlich mit Richard und gehe mit meinen Freundinnen zum Töpfern. Zwischendurch hetze ich zum Essen, in die Läden, auf die Bank, zum Zahnarzt, zum Coiffeur.

Ungefähr einen Monat nach meiner Rückkehr von Basso Goretta kommt Hans Hager auf das Künstlerbuch zu sprechen.

«Und?» fragt er. «Hast du die Dokumentation über Valeria Rapp beisammen?»

Ich zünde eine Zigarette an. «Wir machen das Buch ohne die Rapp.»

«Und warum?» möchte Hans wissen.

«Sie wollte nicht mitmachen, um keinen Preis», antworte ich. «Du machst mich neugierig auf sie», lacht er. «Hast du wenigstens eine Foto von ihr, von ihren Arbeiten?»

«Nichts», gebe ich zu. «Ich musste die Fotoausrüstung auf dem Küchenkasten deponieren.»

Hans schüttelt den Kopf. «Und das hast du getan?»
Ich nicke.

«Sie muss dir tüchtig imponiert haben!» stellt er fest.
Wieder nicke ich.

Und dann ist nichts mehr wie vorher. Meine weiss lackierten Möbel empfinde ich als steril und kalt. Meine Arbeit auf dem Verlag erscheint mir hohl und sinnlos. Die Eltern empfinde ich als dominant und nörglerisch. Richard langweilt mich. Die Töpferei kommt mir vor als ein Mittel, die Langeweile frustrierter Mittvierzigerinnen auszufüllen. Ich haste durch die Strassen der Stadt, durch die Räumlichkeiten des Verlags, durch die Zimmer meiner Wohnung, durch Restaurants und Geschäfte und sehe dabei das Kopfsteinpflaster von Basso Goretta vor mir, glänzend im Regen, und eine tropfnasse Ziegenherde rennt vorbei. Oder ich sehe den Gartenhof von Valeria Rapp vor mir, ihre Steine, ihre teilweise aus dem Stein gehobenen Figuren, sehe sie selbst, ihre Fülle, ihre erstaunliche Behendigkeit, höre ihr Mädchenlachen, ihr melodisches Singen. Und dann sehe ich die Hütten von Caslani, die Felsbrocken, die Steinplatten, sehe die Schlange, die mich gebissen hat, die Kronviper.

Ich habe nie viel Verständnis gehabt für Sehnsucht und Heimweh und Eifersucht, überhaupt nicht für das fruchtlose Verlangen nach Dingen, die man nicht haben kann. Darauf habe ich mich nicht eingelassen. Aber jetzt packt mich das Heimweh nach Basso Goretta und Caslani mit nie erlebter Gewalt. Tränen drängen in die Augen. Ich habe nicht gewusst, dass das so ist.

Es geschieht jetzt alles sehr schnell und sehr plötzlich. Ich kann nichts mehr dazu tun, muss auch nicht. Mein Skript steht. Ich habe nur noch die Rolle zu spielen, die mir zugeschrieben ist.

Am Freitagabend reise ich ins Bündnerland, nach Andina. Der Ort liegt im Nachbartal der Bregaglia. Am folgenden Tag will ich über die Forcletta wandern, will Caslani wiedersehen und Basso Goretta. Ich will wissen, ob die Realität der Erinnerung, der Sehnsucht stand hält. An diesem Abend in Andina, an diesem Vorabend meiner «Heimkehr» bin ich so zufrieden, so von Ruhe erfüllt, dass ich durchschlafe bis gegen Mittag des nächsten Tages. Und ich wollte doch über den Pass! Ein Aufstieg von gut drei Stunden, steil und steinig! Zuvorkommenderweise serviert man mir im Gasthof auch am späten Vormittag noch ein reiches Frühstück. Ich lasse mir Zeit. Ich habe jetzt Zeit. Ich werde über den Pass wandern und absteigen nach Caslani. Dort werde ich eine Weile ruhen. Dann werde ich heimkehren nach Basso Goretta.

Im Aufstieg zum Pass schimpfe ich allerdings über meinen langen Schlaf und mein ausgedehntes Frühstück. Diesen Weg müsste man in der Kühle des frühen Morgens unter die Füsse nehmen. Mitten am Nachmittag stehe ich oben auf der Passhöhe. Erst während den letzten anstrengenden Schritten auf rutschendem Geröll stehen die steilen Türme und Kanten der berühmten Kletterberge der Bregaglia langsam hinter dem Einschnitt auf. Wieder schreckt mich ihre Schroffheit beim ersten Anblick ab. Aber dann bin ich gewillt, mich auf dieses Harte, Zackige, Schwindelnde einzulassen. Ich folge mit den Augen den zum Teil senkrechten Kanten bis hinunter ins Tal. Oder ich lasse den Blick aufwärts wandern bis in den Himmel. Mich schwindelt, mich schaudert. Da ist etwas, das ich nicht verstehe. Muss ich es verstehen?

Als ich die Hütten von Caslani erreiche, geht es gegen Abend. Ein sanftes Licht mildert die Steilheit des Abhanges, die Enge des Tales. Das kleine, ebene Plateau von Caslani liegt noch in der Sonne. Die Hitze staut sich zwischen den Hütten und den grossen Steinbrocken. Ein niedriger Wall aus grasüberwachsener Erde und Steinen schützt Caslani vor dem Abgrund. Kleine, struppige Bäumchen wachsen zwischen den Steinen. Ich gehe hinaus an den Rand und schrecke zusammen. Unten auf der Platte liegt zusammengerollt die Schlange. Die Kronviper. Ich lasse mich im Gras nieder, aber ich bleibe oben neben der Hütte. Die Schlange hat ihr Revier abgegrenzt, deutlich. Sie hat ein Recht auf ihre Grenzen, so wie wir alle. Ich grolle ihr nicht. Ich grüsse sie. Ihr Leib schimmert grün und kupferfarben in der schrägen Sonne. Sie atmet rasch und regelmässig. Lautlos, langsam ziehe ich mich zurück. Sie ist meine Freundin, die Schlange, sie ist die Priesterin, sie hütet diesen Ort.

Ich steige ab in den Schatten, in den Abend. Am Rande von Planin trete ich aus dem Wald. Unten im Dorf blitzen schon die ersten Lichter auf. Bergspitzen und Himmel grüssen noch hell vom Wiederschein der untergegangenen Sonne. Der Plattenweg, die Stufen aber sind dunkel, und ich muss jetzt langsamer gehen. Auf dem letzten Wegstück über dem Dorf muss ich meine Schritte ertasten. Unvermittelt geht der steile Wiesenweg in eine schmale Gasse über – und dann biege ich neben dem Palazzo um die Ecke und stehe auf dem Dorfplatz. Ich halte inne.

Ich lasse den Rucksack von den Schultern gleiten und stehe eine oder zwei Minuten lang mit hängenden Händen auf dem dunklen Platz, auf dem alten Kopfsteinpflaster und horche auf die wenigen, verhaltenen Laute eines Abends im Dorf. Als Kind und als junges Mädchen habe ich ein paar Mal eine solche Freude gespürt. Jetzt ist sie wieder da, zwanzig Jahre, fünfundzwanzig Jahre später.

Ich schleppe den Rucksack ins Hotel hinüber. Nein, sagt man mir, leider sei alles besetzt. Damit habe ich rechnen müssen: Samstag und Spätsommer und schönes Wetter. Ein bisschen enttäuscht, aber immer noch federleicht vor Glück gehe ich die Dorfstrasse entlang und ins Ristorante hinunter. Ich bestelle Tee, viel Tee und etwas zu essen.

Als der Wirt das Essen bringt, frage ich ihn nach einem Zimmer, einem Privatzimmer im Dorf.

«Die Wohnung hier im Haus ist frei», sagt er. «Wenn Sie wollen, richtet Ihnen meine Frau ein Bett für die Nacht her.»

Sofort bin ich hellwach. «Ist die Wohnung möbliert?»

«Zum Teil», antwortet der Wirt. «Die Mieter sind Ende Juli ausgezogen, und neue Interessenten haben sich bis jetzt keine gemeldet. Es ist schwer, in einem winzigen, abgelegenen Dorf Dauermieter zu finden, wissen Sie. Wir werden dazu übergehen müssen, die Wohnung an Ferienleute zu vermieten, wochenweise. Meine Frau wehrt sich allerdings dagegen, und auch ich hätte lieber Dauermieter.»

«Doch», sage ich, «machen Sie mir bitte ein Bett bereit!»

So schlafe ich denn in dieser Nacht zum ersten Mal in meiner neuen Wohnung, denn dass ich die Wohnung mieten werde, das weiss ich, seit ich durch die drei einfachen, aber gemütlichen Räume gegangen bin.

Es passt alles zusammen, wie bei einem Puzzle. Am nächsten Tag bin ich daran, die letzten Stücke einzufügen zu einem Ganzen. So einfach ist das, wenn man die Unwiederruflichkeit begriffen hat, wenn man das Bild erkannt hat, wenn man den Sinn gespürt hat.

Nach dem Frühstück unterschreibe ich den Vertrag. Zum Mittagessen bin ich bei Valeria Rapp. Es gibt pasta und coniglio.

«Ich wusste sehr bald, dass du eines Tages hier leben würdest», behauptet Valeria kauend.

«Warum?» frage ich erstaunt. «Ich war doch gar nicht besonders entzückt, als ich vor sechs Wochen hier war!»

«Nein», lacht Valeria, «weder über mich, noch über Basso Goretta. Ich wusste es trotzdem.»

«Warum?» frage ich noch einmal.

«Warum? Weil du es geträumt hast, und weil die Schlange dich gebissen hat. Basta, o no?»

Ich nicke. «Wie du siehst, genügt es, ja.»

Valeria trinkt Wein. Besser würde ich sagen, sie geniesst Wein.

«Du magst mich nicht», sagt sie offen. «Jedenfalls irritiere ich dich, nicht wahr? Wie soll das werden mit uns zwei, wenn du hier lebst? Das Kaff ist winzig, weisst du, Moni. Man kann sich nicht aus dem Weg gehen.»

«Das ist nicht meine Absicht», sage ich, «nicht mehr. Ich glaube, dass wir das hinkriegen werden, Valeria, du und ich!»

Sie lächelt dieses Lächeln, das Konturen in ihr Gesicht zaubert.

«Wann ziehst du ein?»

«Nächste Woche.»

Jetzt lacht sie. «Du gehst ziemlich an die Sachen ran, ja?»

«Wenn sie reif sind, ja», bestätige ich.

Als wir am Nachmittag auf das Postauto warten, mit dem ich die Rückreise antreten will, steht Valeria schweigend neben mir.

«Ich mache dir ein Geschenk zum Einstand», so beginnt sie plötzlich zu reden. «Dieser Stein, diese Arbeit, von der ich dir erzählt habe, die Arbeit, die mir die liebste ist und deren Standort ich bis jetzt niemandem verraten habe, du findest sie oben auf der Fuorcla digl Leget in der Gegend des Julierpasses.»

Drunten in Zürich komme ich mir vor wie Valeria Rapp: Zu Hans Hager sage ich: «Ich wohne ab nächster Woche in Basso Goretta. Wenn ich als Lektorin für dich arbeiten kann, mache ich das gern. Andernfalls finde ich andere Verlage, für die ich lektorieren werde.»

Zu Richard sage ich: «Ich löse unsere Beziehung auf. Sie ist schlecht für alle Beteiligten. Ab Freitag wohne ich in Basso Goretta. Das erleichtert die Trennung.»

Zu den Eltern sage ich: «Wir werden uns jetzt seltener sehen. Aber es gibt die Post und das Telefon. Ab Freitag wohne ich in Basso Goretta.»

Zu den Freundinnen sage ich: «Ich steige aus. Schaut nicht so blöd! Ihr könnt mich besuchen in der Bregaglia, in einem kleinen Kaff. Es heisst Basso Goretta. Ich vermute, dass es einigen von euch dort gefallen wird.»

Den Einwänden, Protesten, Beschuldigungen und Klagen, die mir diese Eröffnung einträgt, begegne ich mit ruhiger Festigkeit, beende sie schliesslich mit Entschiedenheit und bestelle einen Lieferwagen, mit dem ich den grössten Teil meiner Habseligkeiten nach Basso Goretta befördern lassen will. So macht man das, Valeria Rapp, nicht wahr?

Am Freitagnachmittag stehe ich vor dem Ristorante in Basso Goretta und weise den Lieferwagen in die Einfahrt ein. Der Chauffeur und sein Mitfahrer steigen aus. Sie öffnen die hintere Tür und schlagen die Plane zurück. Möbel, Koffer und Bücherkisten kommen zum Vorschein. Ein paar Augenblicke lang sehe ich mich so dastehen neben dem Wagen, so wie in meinem Traum, dem Traum mit dem olivgrünen Pferd, das mich zu meiner Bleibe führt. Ein Pferd ist nicht dabei heute, aber oben auf Caslani gibt es eine olivgrüne Schlange, die an diesem späten Nachmittag auf ihrer Steinplatte liegt und die Sonne einfängt auf ihrem glatten, glänzenden Leib.

Der Chauffeur und sein Helfer gehen hinein ins Ristorante zu dem Imbiss, den ich für uns bestellt habe. Ich zögere noch. Das Bild des Traumes lässt mich nicht los. Mit dem Traum damals hat alles begonnen. Heute hat der Traum sich erfüllt. Aber eines begreife ich nicht. Das Pferd und die Schlange. Nur die Farbe verbindet sie. Aber da muss noch mehr sein.

Muss ich es begreifen? Was hat Valeria gesagt?

«Du hast es geträumt, und die Schlange hat dich gebissen. Basta, o no?»

Im Namen der Karawane

Da sind immer noch die Brüste von Lorelej. Ihr brauner Zopf. Ihre runden Schultern. Ihre Sinnlichkeit. Die Brüste. Die Brüste von Lorelej.
Da ist immer noch das Lachen von Minou. Ihre rote Bluse. Ihr schwarzes Haar. Ihre Fantasie. Das Lachen. Das Lachen von Minou.
Da ist immer noch das Schweigen von Rabadindra. Sein rundes Gesicht. Seine ruhigen Augen. Seine Geduld. Das Schweigen. Das Schweigen von Rabadindra.
Da ist immer noch das Heimweh von Mack und Tonk. Unsere schwarzen Brüder. Ihr krauses Haar. Ihre breiten Lippen. Das Heimweh. Das Heimweh von Mack und Tonk.
Da ist immer noch die Wut von Damian. Seine finsteren Brauen. Seine breiten Hände. Seine Gier nach Lorelej. Die Wut. Die Wut von Damian.

Ich sehe uns wandern immer noch durch die sonnenverbrannten Steilhänge des Reservats. Ich sehe unsere «Karawane» drunten auf der «Brücke der Gefahr» hoch über dem dunkel-blaugrünen Wasser des «Fjords». Ich sehe uns auf der vorderen und auf der hinteren Alp. Dadora – Dadaint. Ich sehe unsere Zelte. Ich höre unsere Stimmen. Ich höre uns lachen, fluchen, singen und streiten. Ich kenne unsere Stimmen. Jede einzelne. Auch die selten vernommene von Rabadindra. Ich sehe uns Steine wälzen, Holz schleppen und Mauern bauen. Ich sehe uns Kies sammeln und Äste, sehe uns Schlamm wegtragen, Eimer um Eimer. Ich sehe uns Fenster einsetzen, Dächer flicken und Böden schrubben.

Aber am deutlichsten sehe ich die Karawane in den sonnenversengten Abhängen des Reservats. Ich sehe uns wandern von Dadora nach Dadaint.

Und sehe uns plötzlich nicht mehr. Auf dem Weg von Dadaint nach Plan da l'Aua. Ich sehe die Karawane nicht mehr. Wo ist sie geblieben? Was ist geschehen?

Es war so eine Idee von Karl. Er ist befreundet mit einem der Bauern der Alpgenossenschaft. Nach den Rüfenniedergängen vom Herbst hat er spontan versprochen, im kommenden Sommer eine Equippe von Freiwilligen zusammenzustellen. Sie würden mithelfen, die betroffenen Alpen zu säubern. Einen ganzen Monat lang. Acht oder zehn junge Leute. Ob das etwas wäre?

Natürlich war das etwas. Vor allem war es so eine Idee von Karl. Denn es genügt nicht, dass Karl etwas tut. Er muss immer noch ein Zweites oder Drittes damit verbinden. So wollte er in jenem Sommer nicht nur die Alpen säubern, sondern auch die Völker verbrüdern. Als Sozialarbeiter hat er Verbindung mit den verschiedensten Jugendorganisationen. Es fiel ihm nicht schwer, einige junge Ausländer zu finden, die bereit waren, einen Monat lang Steine zu wälzen und Holz zu schleppen. Es kamen Lore aus Deutschland, Minou aus Frankreich, Rabadindra aus Indien, Mack und Tonk aus Afrika, und es kam Damian, der Ungar.

Vielleicht müsste ich auch noch Klara vorstellen und Kurt, alias Küdel, die ebenfalls mit von der Partie waren. Und ich müsste wohl auch von Karl und mir berichten. Aber wir vier sind Schweizer, sind fleissig und leicht verdrossen, zuverlässig, genau und wenig aufregend – wie wir eben so sind. Wer findet das spannend?

Von meiner Begeisterung müsste ich vielleicht erzählen, von meinem Idealismus und von meinem Schmerz, dem Verlustschmerz über jene Zeit. Aber davon rede ich ja schon von Anfang an. Davon rede ich, indem ich die Geschichte jenes Sommers erzähle, die Geschichte der Karawane, die Geschichte von Lorelej, von Minou, von Rabadindra, von Mack und Tonk, die Geschichte von Damian.

Weil dieser Weg kürzer war, benützten wir den Zugang durch das Reservat. Ein Lastwagen, der unsere Werkzeuge brachte, das Baumaterial und die Verpflegung, fuhr vom Haupttal aus über das kurvenreiche, schmale Alpsträsschen hinauf nach Dadora.

Wir stiegen oben an der Passtrasse aus dem Postauto und rannten durch den steilen Wald hinunter zum Stausee, den Minou sofort «Fjord» taufte, weil er so schmal war und dunkelgrün und still. Die luftige, bebende Brücke, auf der wir den Fjord überschritten, nannte sie die «Brücke der Gefahr» und die auf der anderen Seite dicht hintereinander den Abhang emporkeuchenden Kameraden die «Karawane». Küdel stieg dann in das Spiel ein, nannte unsere Unternehmung die «Expedition» und die eingedrückte Hütte auf der Alp Dadora «Das alte Haus von Rocky-Docky.»

Jener Sommer! Da ist immer noch diese holz- und steinübersäte, verschlammte Alp, da ist die beschädigte Hütte, da sind die tiefen Furchen in den blühenden Alpwiesen, diese Einrisse und Aufrisse in magerer, steiler Erde. Über all dem zittert die Julihitze, weissliche Schmetterlinge gaukeln, wilde Erdbeeren wuchern, der Waldrand duftet nach Pilzen und Harz.

Ich brauche keine Fotos, keine Landkarte und kein Tagebuch. Die Bilder der Erinnerung sind hell, scharf, sind deutlicher als manche Gegenwart. Meine Seele erzählt mir davon Tag für Tag und Nacht für Nacht. Sie erzählt mir vom wiedergefundenen Paradies. Denn es ist ein Paradies gewesen für mich, ein paar Tage lang. Zwei oder drei Wochen lang vielleicht.

Wer hat mich daraus vertrieben und warum? Welchen Ungehorsam habe ich begangen, und welcher Verführung habe ich nicht widerstanden? Oder – wen habe ich zu was verführt?

Warum hat die «Expedition» einen solchen Zauber ausgeübt auf mich? Welche Erfüllung meinte ich darin zu finden? Welche Heilung? Welche Wiedergutmachung einer Schuld oder eines Verlustes?

Ich weiss es nicht. Wir haben hart gearbeitet, brutal hart bisweilen. Es hat auch Streit gegeben und Missverständnisse, bedingt allein schon durch die sprachlichen Verständigungsschwierigkeiten. Es gab Aufregungen, als Mack den Pickel auf den Fuss fallen liess und Minou kotzte einen Tag und eine Nacht lang. Und wir erlebten die grosse Wut von Damian, diese Wut, der er keinen Namen geben konnte, und die allem und jedem galt. Es war erlösend für ihn, den Pickel in die Erde zu schlagen und Steine zu lösen, zu bewegen, zu wälzen. Es war gut für ihn zu schreien und zu fluchen. Vielleicht war es auch gut für ihn, dass er sich in die träge, sinnliche Lorelej verliebte, die ihn zwar nicht erhörte, die aber seine Wut umleitete in eine andere Art von Leidenschaft. Dann litten wir auch unter dem Wetter, meistens unter einer grossen Hitze, welche uns zu schaffen machte bei der schweren körperlichen Arbeit. Wir hatten unglückliche Liebesgeschichten, so eine Art «Rundum-Liebe», in deren Verlauf fast jedes einem anderen hinterher lief, aber nie zwei einander entgegen.

Und doch schwebte etwas Paradiesisches über jener Zeit, ein Anflug von Vollkommenheit, von Einfachheit und von Unschuld, ein Gefühl von Neuanfang und von Sorglosigkeit. Wir hörten auf, diese sinnlosen, quälenden Fragen zu stellen, die Fragen nach dem Warum, zum Beispiel, nach dem Woher und Wohin.

Wie schön war das, wenn der Nachmittag über die Weide trödelte und Lorelej oben am Bach unter der «Dusche» stand, die Küdel gebastelt hatte! Sie war nackt und üppig und sonnenbraun, und Damian stand unten im Holz, krallte die Hände um den Pickel und krümmte sich vor Verlangen nach ihr. Sie aber drehte und wendete sich unter dem kalten Strahl für Tonk, den schlacksigen Schwarzen, der seinerseits die Augen verdrehte nach der zierlichen Minou, der Kunststudentin aus Paris.

Ich muss noch erwähnen, dass Karl und ich fünfzig waren, Aussenseiter ein bisschen, bedingt durch den grossen Altersunterschied zu den anderen und durch unsere Leiterfunktion. Wir waren die interessierten, bezauberten Beobachter eines neuen, uralten Spiels auf einer jungen, eben erst improvisierten Bühne.

Wir hatten einen Radio mit und diverse Walk-mans, natürlich. Schon nach drei oder vier Tagen interessierten wir uns nicht mehr für die Reden der Politiker oder die Entdeckung neuer Fichen in irgendwelchen brisanten Organisationen. Auch vom Wetterbericht wandten wir uns ab und vom Echo der Zeit. Nach und nach stöpselten sich die Jungen den Walk-man aus den Ohren, zuerst während der Arbeit, dann vergassen sie ihn auch, wenn sie im Gras lagen, die Augen schlossen und die Anstrengung ausebben liessen aus ihren Muskeln und Sehnen.

Natürlich hat Minou das Mädchen so getauft. Lore sass vor der Hütte. Sie hatte hautenge Jeans an und sonst gar nichts. Sie teilte ihr langes, hellbraunes Haar in drei Strähnen und flocht es zu einem Zopf. Minou sass neben ihr und schaute ihr zu.

Sie begann zu trällern: «Lore, Lore, Lore-lej...»

Sie brach ab und lachte. Dieses Lachen von Minou! Sie sog Perlen aus der Luft in den Mund und blies sie durch die Nase wieder aus. So klang es, das Lachen von Minou.

«Natürlich, du bist Lorelej! Zwar müsste dein Haar blond sein und deine Haut weiss, aber sonst ist es richtig, du Nixe! Du machst die Männer verrückt, und es lässt dich kalt. Stimmt doch, oder?»

Lorelej schob die Zungenspitze zwischen die Lippen und hob die nackten, samtigen Schultern.

Ich bin ja nun wirklich nicht irgendwie andersrum gewickelt, aber es war ein Genuss, sie anzuschauen, auch für mich. Sie hatte herrliche Brüste, üppige, aber keineswegs schwere oder hängende. Sie waren zart gebräunt und spitzten sich zu in eine kleine, braune Warze. Das Mädchen liess sie tanzen bei jeder Bewegung, auch beim Reden, beim Atmen, beim Lachen. Mit ihrer blossen Gegenwart lud Lorelej ihr Umfeld auf. Der prickelnde Funke Eros sprang über von ihr auf Menschen, Gegenstände und Örtlichkeiten.

Küdel trat aus der Hütte, blieb stehen und gaffte hemmungslos. Klara kam ebenfalls heraus, gaffte ebenfalls, aber mit einem anderen Ausdruck im Gesicht. Schliesslich war er ihr Küdel – was brauchte er so zu gaffen? Und was brauchte sie sich so schamlos zur Schau zu stellen?

«Das ist hier nicht unbedingt ein FKK-Strand», feixte sie, drückte den Sonnenhut auf den Kopf, packte einen Rechen und marschierte davon. Nun, zu FKK fehlte tatsächlich nicht viel, denn die hautengen Jeans betonten mehr, als dass sie verbargen. Wahrscheinlich hatte sich Lorelej in den Bach gelegt mit dem Ding.

Ich blieb liegen in der Mulde auf der Weide, wo ich Siesta hielt. Aus der Distanz fuhr ich fort zu «gaffen», auch als Klara und Küdel verschwunden waren. Lorelej hatte ihren Zopf fertig geflochten und lag nun auf der Bank, entspannt, faul und träge wie ein schönes, geschmeidiges Tier.

Lorelej wirkte erregend, ja, aber sie war natürlich, kräftig und echt – so eine Art Urweib war sie. Ich spürte

Eifersucht in mir, oder einfach Bedauern, Schmerz darüber, dass ich nie so gewesen war und nie so sein würde, ich, differenziert, kompliziert und zivilisiert, wie ich war.

Die beiden Mädchen redeten, sie lachten. Lorelej stand auf, führte Minou etwas vor, eine Gebärde, eine Grimasse: Minous Lachen hüpfte über die Weide, der Zopf und die Brüste von Lorelej hüpften mit.

Am zwölften Juli verliessen wir die Alp Dadora und zogen hinein nach Dadaint. Wieder wählten wir den Weg durch das Reservat, obwohl die offizielle Verbindung zwischen den beiden Alpen kürzer war und der Weg bequemer.

Karl und ich verliessen Dadora als letzte. Wir schlossen die wieder instand gestellte Hütte ab und schlüpften auf dem gesäuberten Vorplatz in die Schulterriemen der hohen Rucksäcke. Unser Aufbruch hatte sich verzögert, und es war fast Mittag, als wir losmarschierten. Die jungen Leute hatten schon einen rechten Vorsprung, und wir entdeckten sie bald auf dem schmalen Pfad, der die steilen Ostabhänge des Piz da l'Aua durchquerte. In ungefähr gleichbleibendem Abstand bewegten sie sich vor uns her, verschwanden hinter bewaldeten Flanken, tauchten wieder auf in den sonnenversengten Lichtungen, schoben sich vorwärts zwischen den struppigen, halbhohen Arven, die kaum Schatten spendeten. Minous rote Bluse malte grelle Flecken in das stumpfe Grün und in die Silberfarben des Geröll. Die nackten Oberkörper der schwarzen Brüder wippten zwischen dem blauen Shirt von Lorelej und dem weissen Tuch von Rabadindra. Hinter ihm schwankten die riesigen Rucksäcke von Damian und Küdel, und mit einem kleinen Abstand folgte die blonde Klara mit dem grossen Sonnenhut.

Man wandert von Dadora nach Dadaint bequem in zwei Stunden. Mir scheint es, wir seien tagelang so dahingezogen, in einem wohltuenden Gleichmass, in einem unbeschreibbaren Frieden, seien so dahingezogen durch die seit bald hundert Jahren von Menschen unangetastete Landschaft. Ich hatte heiss, ich hatte Durst, und der Rucksack drückte. Aber das hat dazu gehört: Die alltägliche Mühsal, die das Einmalige, das Unwiederholbare der Stunde um so deutlicher, umso heller aufleuchten liess.

Mack und Küdel brachten das Programm aus dem Dorf mit. Sie waren mit dem Jeep drunten gewesen, hatten eingekauft für die nächste Woche. Sofort herrschte im «Lager zwei» die grösste Aufregung. Mit Lager zwei bezeichneten wir am Anfang die Alp Dadaint. Bald schon hiess sie dann «Ford Karlibabs» – nach Karl und mir benannt, denn ich bin Babs: Barbara.

Es herrschte grosse Aufregung unter den jungen Leuten. Das Programm enthielt eine Einladung zum Weltjugendtag. Der Weltjugendtag fand ende Juli in den Kurorten des oberen Tales statt. Genau genommen dauerte er vier Tage. Die Einladung richtete sich an alle jungen Ausländer in der Schweiz.

Sie redeten, lachten, schrien und gestikulierten. Sie bekamen grosse, sehnsüchtige Augen. Sie wollten alle dabei sein. Zwar waren einige Bedingungen an die Teilnahme geknüpft, und die Anmeldefrist war auch schon abgelaufen. Aber Karl meinte, er werde das hinkriegen für unsere jungen Leute.

Sie erdrückten ihn beinahe vor Freude. Geschmückt mit Klaras Strohhut, mit Macks Elfenbeinzahn, mit Minous Amulett und mit Rabadindras indischem Tuch, schritt er zum Jeep, um das Gesuch im Dorf drunten telefonisch einzureichen. Das Los hatte Tonk und Minou zu seinen Begleitern bestimmt.

Klara und Lorelej buken Kuchen, ich band kleine Sträusse aus Wiesenblumen, und die Burschen bereiteten das Feuer vor für den Festschmaus. Denn es sollte ein Fest geben, wenn Karl und die beiden anderen mit der Bewilligung zurückkamen. Auf dem Bretterboden vor der Alphütte errichteten wir einen improvisierten Tisch und deckten ihn mit dem Geschirr, das wir in der Küche fanden. Die Hütte auf der Alp Dadaint war unversehrt geblieben. Karl und ich schliefen drinnen, während die jungen Leute am Waldrand ihre Zelte aufgeschlagen hatten.

Es war ein wunderschöner Abend. Und ein wehmütiger Abend – für mich. Wir tauften Ford Karlibabs und schrien vor Begeisterung, als Karl verkündete, dass alle unsere jungen Helfer am Weltjugendtag teilnehmen durften.

«Es gibt zwei Auflagen, Leute», erklärte Karl, als der Lärm und das Lachen verebbten. «An einem der Abende müsst ihr im grossen Veranstaltungszelt berichten über euren Einsatz hier auf den Alpen Dadora und Dadaint. Das müsst ihr vorbereiten in dieser Woche noch, und zwar an den Abenden, nach der Arbeitszeit. Denn gearbeitet wird noch bis und mit Donnerstag nächster Woche. Ihr habt die Weiden von Dadaint – von Ford Karlibabs – gesehen, seht sie von hier aus. Sie sind begraben unter Steinen, Holz und Schlamm. Wir wollen dafür sorgen, dass im nächsten Sommer hier wieder Kühe weiden und der Senn mit seiner Familie hier wohnen kann. Andererseits könnt ihr am Freitag zu den Festlichkeiten abreisen, und ich stelle es euch frei, ob ihr nachher für die restlichen Tage nochmals hier heraufkommen wollt oder nicht. Ihr müsst das nicht jetzt entscheiden. Das ist eine Abmachung, ein Vertrag. Gilt er?»

«Ja!» schrien die jungen Leute, «yes!» und «oui!»

Karl ging hinüber zu Damian, streckte ihm die Hand entgegen. «Dein Handschlag, Damian, und du tauschst ihn mit mir im Namen der Karawane.»

Damian packte Karls Hand. «Im Namen der Karawane!» sagte er.

«Wir werden wiederkommen», versprachen die jungen Leute. Sie meinten es ernst, gewiss, in jener Stunde meinten sie es ernst. Karl sagte nicht viel dazu, ich sagte gar nichts. Es gibt ein paar Sachen, die wissen die älteren Leute besser als die jungen. Nicht, weil sie intelligenter wären oder klüger, sondern einfach, weil sie ein paar Erfahrungen gemacht haben, sich wiederholende Erfahrungen in sich wiederholenden Situationen – und daraus auf einige menschliche Verhaltensweisen schliessen dürfen oder müssen.

Und dennoch genoss ich den Abend, der – in dieser Jahreszeit – nie ganz zur Nacht wurde, den Abend mit diesem Orangenschnitz von einem Mond über dem Munt la Rossa, mit dem Geruch nach Rauch und aromatischem Fleisch, mit dem Lachen und Schwatzen der jungen Leute, mit diesen Sätzen und Wörtern aus unverständlichen Sprachen, eingebettet in die Gesänge und Melodien aus fremden Ländern, zurückgeholt in das schweizerische Ford Karlibabs von den flinken, tanzenden Fingern auf den Knöpfen von Küdels Handharmonika.

Ein bisschen genoss ich wohl auch meine Wehmut, die Wehmut einer älter werdenden Frau, die weiss, dass sie eine paradiesische Insel verlassen muss. Aber ich genoss es auch, dass ich die Insel hatte kennenlernen dürfen.

An diesem Abend begann der stumme Rabadindra zu reden. Er redete nicht mit mir oder mit Karl. Er redete mit Küdel, der recht gut englisch konnte. Ich verstand ihn nicht. Sein gebrochenes, mit dem Slang seiner Muttersprache vermischtes Englisch ergab für mich keinen Sinn. Aber ich hörte seine Stimme, den Klang seiner Stimme. Wider Erwarten tönte sie nicht dunkel und samten, sondern eher scheppernd und hoch. Hätte ich nicht hingesehen, ich hätte gedacht, es sei die Stimme einer Frau.

Ausgesprochen redselig gab sich auch Mack, der eine der beiden schwarzen Brüder. Er stolperte fast über seine eigene Zunge in dem Bemühen, uns alles zu erzählen; über sich, über seinen Bruder Tonk, über seine anderen Brüder, über das Land, in dem er geboren war und in das er zurückkehren wollte – Afrika.

«Ich lerne Krankenpfleger», berichtete er. «Ich bin im zweiten Lehrjahr. Ich mache vier Jahre, weil ich mich noch als Intensivpfleger ausbilden lassen will. In drei Jahren fahre ich nach Hause. Ich zähle die Wochen, die mich von jenem Tag trennen. Tonk macht Medizin, wird Arzt. Das dauert viel länger. Er kann erst drei Jahre nach mir heimkommen. Ob er so lange durchhält?»

Mack zuckte die Schultern und blickte zu seinem Bruder hinüber.

Tonk sagte nichts. Seine Augen folgten den Bewegungen von Minou, die zu Küdels Ländlertakten tanzte. Es war klar zu erkennen, dass noch eine andere Sehnsucht Tonk quälte als die nach seinem schwarzen Kontinent.

Und Minou? Sie ihrerseits hätte gern den braunen Inder, den schweigsamen Rabadindra zum Lachen gebracht, zum Reden gebracht. Sie hätte wohl auch gern seine Zärtlichkeit geweckt oder sogar seine Leidenschaft. Ich habe sie einmal beobachtet, wie sie Rabadindra umarmte, spontan und ganz natürlich, und der stumme Inder stand bloss da und rührte sich nicht. Er sah Minou an mit diesen Augen von weither und bewegte kaum merklich den Kopf. Da ist sie still geworden, Minou, hat die glatten schwarzen Haare über die Augen fallen lassen, und ihr Lachen ist einen ganzen Tag lang verstummt.

Sie haben die Alp Dadaint noch gesäubert, die jungen Leute, wie Damian es im Namen der Karawane versprochen hatte. Sie haben gut gearbeitet, sie haben sich willig gezeigt, je nach ihrem Vermögen. Natürlich gab es auch in dieser letzten Woche Unterschiede in der Einsatzfreudigkeit – abgestuft vom Eifer des schwarzen Mack über die Gewissenhaftigkeit der blonden Klara bis hin zu der Trägheit der schönen Lorelej. Auf jeden Fall sind sie noch da gewesen.

Sie sind noch da gewesen mit ihrem Leben, ihrer Natürlichkeit und ihrer Fröhlichkeit, sind diese Woche lang noch da gewesen in Ford Karlibabs. Nur am Abend manchmal, wenn sie an ihrem Vortrag für den Weltjugendtag arbeiteten, wenn sie davon redeten, was sie sagen wollten und ob die Zuhörer es auch verstehen würden, dann waren sie mit ihren Gedanken, mit ihren Wünschen nicht mehr bei uns. Da waren sie dann schon bei dem grossen Fest, waren schon bei ihren Landsleuten, bei den Kameraden aus ihrem Volk, aus ihrem Land, aus ihrem Kontinent. Bei denen, die ihre Hautfarbe trugen und ihre Sprache sprachen. Bei denen, die ihre Herkunft kannten, ihre Erinnerungen teilten und ihre Träume träumten.

Das war verständlich. Mir wäre es bei einem langen Aufenthalt in einem fremden Land ebenso ergangen. Und doch befielen mich Trauer und Bitterkeit. Dagegen ist kein Kraut und kein Altwerden gewachsen: gegen das Auseinanderklaffen von Verstand und Gefühl. Gegen den schizophrenen Zwang, verstehen zu müssen, aber nicht ja sagen zu können.

Und ich weiss ja immer noch nicht, warum mir das alles so viel bedeutet hat: die Expedition, die Karawane, Ford Karlibabs, die Brüste von Lorelej, das Lachen von Minou, das Schweigen von Rabadindra, das Heimweh von Mack und Tonk, die Wut von Damian. Eine ganze Welt ist das für mich gewesen, eine runde, bunte Welt. Als ich sie verlor, dachte ich, ich hätte das Beste im Leben verloren. Es war ein bisschen wie sterben – ja, so war es für mich.

Ich schlief schlecht in der Nacht vor dem letzten Tag. Ganz früh am Morgen hörte ich die jungen Leute schon umherhuschen und flüstern und kichern.
«Die sind aber früh dran!» dachte ich wütend und bohrte mir die Finger in die Ohren. Ich muss noch einmal eingeschlafen sein, denn später weckte mich ihr Gesang vor unserer Tür. Karl und ich sprangen aus dem Bett. Wir stiegen in ein paar Kleider und öffneten das Fenster. Als wir vor die Tür traten, sassen sie alle schon am langen Tisch: gewaschen und gestriegelt, möchte ich sagen, angetan mit den Kleidern, den Trachten ihres Landes, soweit sie sie mitgebracht hatten. Sie hatten glückliche Gesichter und lachten uns entgegen. Sie hatten den Frühstückstisch reich gedeckt: dunkles Brot und Butter und Honig und Käse, eine Schale mit Obst und Kannen mit Milch und Kaffee. Neben jedem Teller lagen ein Stein und ein Stück Holz. Sie hatten beides in durchsichtige Folie eingeschlagen, mit einem Schweizerfähnchen geschmückt und eine Etikette darangehängt. «Ford Karlibabs», stand darauf, «Sommer 1992». Sie lachten und redeten, sie umarmten und küssten einander und auch uns, Karl und mich, die Butter zerfloss in der Morgensonne – und nicht nur die Butter: Auch meine Tränen tropften in den Milchkaffee.

Da haben sie mich kurzerhand gepackt, haben mich auf ihre Schultern gehoben und über die Weiden von Dadaint getragen. Ich begann zu zappeln und zu schreien, meine Tränen versiegten, und bald sang ich mit ihnen und lachte mit ihnen. Sie weigerten sich, mich auf den Boden zu stellen, nur die Träger wechselten ab. Eine richtige Prozession war das, «Alpsegen» nannten sie es. Klara, Lorelej und Küdel schmiedeten Verse dazu, alle sangen mit.

Zum Beispiel:
«Wer nicht lacht in Karlibabs,
der kriegt Schelte oder Schnaps.»
Oder:
«Es trägt dich fort die Karawane
auf einer alten Ottomane.»
Und:
«Unsere Chefs sind Karl und Babe,
sie ist ein Mädchen, er ein Knabe.»
Es war dann ein einziges riesiges Gaudi, bis sie alle in dem Jeep verstaut waren und unter Glockengebimmel, Johlen und Singen davonfuhren.

Ich stand da, schaute ihnen nach und dachte, dass ich sie nie wiedersehen würde.

Es gibt ein schepperndes Geräusch: schschrrrp! Die Steine rutschen in das Bachbett hinunter. Der Kessel ist leer. Langsam schlurfe ich auf die Weide zurück. Ich habe keine Lust mehr, Steine in einen Kessel zu sammeln, den Kessel zum Bach hinunter zu schleppen und dann wieder neue Steine zu holen. Ungefähr nach dem zwanzigsten Mal wird es öd. Und anstrengend.

Vom Waldrand her ruft Karl. Er hat Tee gekocht und ihn abgekühlt im Eiswasser des Bachs. Ich stelle den Kessel ab und sitze zu ihm in den Schatten. Er giesst Tee in einen Becher. «Da! Trink!»

Die Kühle tut wohl. Ich streiche das Haar aus der klebrigen Stirn.

«Du trauerst ihnen nach, nicht wahr?» fragt Karl.

«Ja», gebe ich zu. «Jedem Einzelnen von ihnen und auch dem Ganzen, diesem bunten Leben, das sie mir gebracht und wieder weggenommen haben.»

Karl lacht. «Sie waren wie Knallbonbons: Immer wieder gab es eine Explosion, und dahinter wartete die Überraschung.»

Ich trinke den Tee aus und stehe auf. Mein Blick wandert über Plan da l'Aua.

«Ob wir fertig werden bis ende Woche? Wir sind ja nur noch vier.»

«Macht nichts!» tröstet Karl. «Wir säubern noch diese Weide hier, und dann machen wir zwei Tage Ferien. Das war von Anfang an geplant, und wir verzichten nicht darauf.»

Küdel ist dabei, einen umgestürzten Baum zu entästen. Klara schleppt die Äste zum Waldrand hinüber. Im Zurückkommen trällert sie vor sich hin. Sie trauert der Karawane nicht nach. Hat sie doch endlich ihren Küdel wieder allein!

Plan da l'Aua ist schön. Es ist die abgelegenste und unberührteste der drei Alpen. Der Bach teilt sich oberhalb der Hütte in viele kleine Arme. Am unteren Ende der Weiden stürzen die einzelnen Wasserläufe über senkrechte Felswände fast fünfzig Meter tief in den Fjord. Das dröhnt und tost – je nach Windrichtung und Tageszeit laut – oder sanft, wie von weit her.

Wir sitzen am Abend mit Klara und Küdel am Feuer. Wir braten Würste und legen Kartoffeln in die Glut.

«Sie sind nicht zurückgekommen», bemerkt Küdel. Am Nachmittag ist er noch einmal am Waldrand oben gestanden und hat mit dem Feldstecher den Weg beobachtet, der von Dadaint nach Plan da l'Aua herüberführt. Ein paar Wanderer hat er entdeckt, den Parkwächter und zwei Gemsen – aber weder den langen Zopf seiner üppigen Schönen, noch ihre samtbraunen Brüste unter dem dünnen Shirt.

«Sie machen alles ganz, weisst du», sage ich. «Sie sind ganz bei uns gewesen, bei der Säuberung der Alpen, dann sind sie ganz bei diesem Fest gewesen, bei ihren Landsleuten wohl auch, und jetzt haben sie sich einer neuen Aufgabe zugewandt – ganz. Sie können zupacken und sich hineinknien, sie können Abschied nehmen und weitergehen...Wir aber sind so klebrig, so schwerfällig sind wir!»

«Nicht so negativ, Babs, bitte!» ruft Karl. «Die Expedition ist unsere Idee gewesen. Wir haben sie organisiert, ausgerüstet und durchgezogen. Du, Klara, Küdel und ich. Wir sind am Anfang dabei gewesen, und wir sind am Ende immer noch dabei. Gilt das nichts?»

Es gibt nicht mehr viel zu berichten. Wir haben noch zwei Tage Ferien gemacht. Wir haben eine Wanderung unternommen. Wir haben Werkzeuge und Material aufgeräumt.

Der Senn ist noch heraufgekommen am letzten Tag. Er ist zuvor auf Dadora und auf Dadaint gewesen. Er kann kaum glauben, dass wir in diesem einen Monat so viel aufgeräumt haben. Er freut sich, dass die Alpen im nächsten Jahr wieder bestossen werden können.

Er sitzt noch mit uns vor der Hütte, trinkt eine Tasse Kaffee.

«Ich soll euch grüssen lassen», berichtet er. «Eine junge Frau hat mich angeredet auf der Strasse, eine tolle Biene. Sie serviert seit kurzem im Hotel Bertini. Sie sei Lore Heidreich, hat sie gesagt, und ob ich nicht der Senn sei von der Alp Dadora. Ich solle euch grüssen lassen, hat sie gesagt, euch alle, vor allem aber Babs, solle sie grüssen lassen im Namen der Karawane.»

Der Trudenfuss

Anfangs war alles wie immer: Die Brücke über den Bach, der Wurzelweg durch den Wald, der Wiesenpfad über die Lichtung, die Steinstufen durch das Bachbett. Auch das Wetter hielt sich an das Gewohnte: Sonne über dem Tal, Wolken um die Grate und Gipfel. Es war warm, Nachmittag, Sommer, Düfte nach Kraut und warmem Holz, Insektengesumm in der Luft.

Am Mittag war ich mit der Arbeit fertig geworden. Ich hatte den Himmel betrachtet und beschlossen, über den Pass nach Hause ins Nachbartal zu wandern. Ich hatte meinen Mann angerufen und ihn gebeten, mich gegen Abend auf der Alp abzuholen. Ich hatte etwas Proviant in den Rucksack gepackt, und dann war ich losmarschiert.

Zum Teil war es heiss. Der Wald im Tal bestand vor allem aus Föhren, aus diesen langsam wachsenden, zähen Bergföhren, die nur am Morgen und gegen Abend Schatten spendeten. Jetzt, am frühen Nachmittag, brannte die Sonne fast senkrecht auf den Weg. Einige Wanderer begegneten mir, nicht viele, es war ein stilles Tal und ein rauher, hoher, wenig begangener Pass. Zuoberst stand eine Schutzhütte. Sie wurde von Zöllnern Jägern und Parkwächtern besucht. Und manchmal von mir.

Bei der Bärenplatte verschwand die Sonne. Fast von einem Schritt auf den anderen. Mir schien, als hätten sich die Wolken gesenkt. Sie brandeten bis gegen die Alp hinunter. Die Bärenplatte hiess so, weil hier ein Bär erlegt worden sein sollte, der im Tal sein Unwesen getrieben hatte. Wahrscheinlich war er – wie so vieles andere auch – dem Jagdfieber der Menschen zum Opfer gefallen.

Die Stille im Wald war schön. Eine eigenartige Ruhe herrschte dort. Das Gemurmel des Baches war nicht zu hören. An diesem Tag, im schattenlosen, gedämpften Licht, in der schwülen Wärme des Nachmittags, schien mir der Platz besonders still und geheimnisvoll. Selbst das Gesumm der Insekten war verstummt. Vögel flogen tief und unruhig zwischen den Bäumen hin und her. Sie sangen nicht. Ich sass auf einem Stamm, der am Boden lag, und horchte und sann. Schritte eines Wanderers liessen mich auffahren. Ich ging bald darauf ebenfalls weiter, marschierte zügig durch bis zur Alp hinauf. Die Sonne zeigte sich nicht mehr. Auf der Alp wehte ein auffrischender Wind. Ich schlüpfte in die Wetterjacke. In einer geschützten Bodensenke streckte ich mich aus, bevor ich den Aufstieg zum Pass unter die Füsse nahm. Bis zur Höhe des Übergangs hatte ich noch fast zwei Stunden zu gehen.

«Heute würde ich nicht mehr da hinauf steigen», sagte ein Wanderer, der sich zum Rückmarsch bereit machte.

«Auf der Alp drüben werde ich abgeholt», erklärte ich.

«Es hat Nebel oben», berichtete er. «Bleiben Sie auf dem Weg!»

Ich schulterte den Rucksack, lächelte und nickte ihm zu. Der brauchte mich gewiss nichts zu lehren über meinen Pass! Ich war sicher dreissig- oder vierzigmal da hinübergegangen, auch bei Nebel. Bei Regen, Schnee, Gewitter und Sturm, auch in der Dunkelheit schon.

Kurz oberhalb den letzten Legföhren tauchte ich in den Nebel ein. Dämmerung umhüllte mich. Der Nebel war ungewöhnlich dicht. Steinblöcke, Gestrüpp oder Markierungen am Weg waren plötzlich da und Augenblicke später wieder verschwunden. Ich musste aufpassen, dass ich die Spuren meines Weges nicht verlor. Anfänglich hoffte ich, dass der Nebel sich weiter oben wieder etwas lichten würde. Diese Hoffnung erfüllte sich nicht, im Gegenteil. Immer dunkler, immer dichter, immer beengender schlang sich der Nebel um mich herum. In gewisser Weise war die Stimmung fantastisch. Ich ging wie im Luftleeren. Im Raumlosen ging ich. Gummiartige Wände umgaben mich, hinter welchen ich seltsame Geräusche hörte, überlaut im allzu Lautlosen: das Rieseln von feinem Geröll, das Tropfen von Wasser, das Knirschen meiner Schritte. Jemand ging, und ich wusste, dass ich selber es war. Und doch gehörte das Geräusch meiner Schritte nicht zu mir. Es ist unmöglich zu beschreiben, wie es war. Ich empfand Begeisterung und Beklemmung, beides. Mit der Zeit stieg ich mich in eine Art Trance hinein. Ich meine, ich stieg tatsächlich, stieg auf dem steinigen Weg steil in die Höhe, und ich stieg auch innerlich, stieg in einen Bereich von aussergewöhnlicher geistiger Klarheit, ja sogar Transzendenz hinein.

In diesem Zustand geriet ich vom Weg ab. Ich merkte es erst, als ich hinfiel. Vielleicht stolperte ich über einen Stein, über eine Wurzel – ich weiss es nicht. Jedenfalls knackte es in meinem rechten Fuss, und der Schmerz, der langsam anschwoll, gefiel mir nicht. Mit Hilfe des unverletzten Beines richtete ich mich auf, versuchte, auch den verletzten Fuss zu belasten. Im nächsten Augenblick sass ich wieder im Geröll. Das gab es doch nicht! Noch einmal stand ich auf das gesunde Bein, noch einmal setzte ich den anderen Fuss sorgfältig auf. Noch einmal fiel ich hin. Ich konnte den verletzten Fuss nicht belasten. Der Schmerz war unerträglich. Was nun? Ich schaute mich um. Ich erkannte zwei markante Blöcke in nächster Nähe, sonst Nebel um und um. Vom Weg sah ich keine Spur. Ich hatte auch keine Ahnung, wo ich hergekommen war, als ich stolperte. Ich zählte langsam bis zehn, bis zwanzig, bis dreissig und atmete tief durch, um den

Ansätzen von Panik gewachsen zu sein, die mich zu überfallen drohten.

Minuten später war ich wieder imstande, meine Möglichkeiten durchzuchecken. Ich konnte an dieser Stelle ausharren, mich schlecht und recht einrichten, bis meinem Mann auf der jenseitigen Alp drüben die Sache nicht mehr geheuer war und er aufbrach, mich zu suchen. Ich konnte aber auch die Schmerztablette schlucken, die ich immer im Rucksack mittrug, konnte eine halbe Stunde warten, konnte den zusammenklappbaren Bergstock ausziehen und mich mit seiner Hilfe zur Schutzhütte hinaufschleppen. Sie befand sich nicht mehr allzu weit von meinem Standort entfernt. Normalerweise hätte ich noch ungefähr eine halbe Stunde zu gehen gehabt. In meinem jetzigen Zustand konnte allerdings leicht das Drei- bis Vierfache daraus werden. Jetzt war halb sechs Uhr nachmittags. In zwei Stunden würde es immer noch hell oder doch nebeldämmerig sein.

Ich kramte die Tablette aus dem Rucksack, schluckte sie mit dem Tee aus der Thermosflasche. Nun suchte ich herauszufinden, in welcher Art der Fuss verletzt war. Ich hütete mich allerdings, den Schuh zu lockern oder gar auszuziehen. Wenn der Fuss anschwoll, passte er nachher nicht mehr in den Schuh hinein. Im besten Fall handelte es sich um eine Verstauchung. Auch eine Bänderzerrung wäre nicht allzu schwerwiegend. Schlimmer war ein Bänderriss und am schlimmsten ein Knochenbruch. Bei einem Bruch dürfte ich den Fuss nicht mehr belasten. Das wusste ich. Trotzdem beschloss ich, den Weitermarsch zu wagen und in der Hütte auf meinen Mann zu warten, der spätestens am folgenden Morgen zur Passhöhe aufsteigen würde. Da ich auch schon in der Hütte genächtigt hatte, würde er mich vielleicht nicht mehr an diesem Abend suchen kommen. Das war der Grund, weshalb ich nicht hier liegen bleiben wollte.

Bei den ersten Schritten dachte ich: Das geht nicht! Ich jammerte laut. Dann merkte ich, auf welche Weise ich den Fuss aufsetzen musste, damit das Gehen knapp erträglich war. Ich wusste auch, dass ich jetzt ohne Unterbruch weitergehen musste bis zur Hütte. Glücklicherweise stiess ich schon bald wieder auf den Weg. Ich kam nur langsam vorwärts. Immer wieder musste ich Steinen und groben Unebenheiten des Weges ausweichen. Ich hinkte jämmerlich, trotz des Stockes. Zudem musste ich aufpassen, dass ich den Weg nicht wieder verlor. Stumpf und stur schleppte ich mich durch den Nebel. Ich wusste, ich musste die Hütte erreichen. Dort konnte ich mich hinlegen und auf Donat warten.

Beinahe wäre ich an der Hütte vorbeigestolpert. Im letzten Augenblick erst erkannte ich, dass ich einer Mauer entlang ging. Ich musste ein paar Schritte zurückhumpeln und stand vor der Tür. Ich öffnete sie und schleppte mich in die Stube. Am Tisch sass eine Frau.

Ich war so erschöpft vor Schmerzen, dass ich mich kaum wunderte. Ich freute mich, dass ein Mensch da war. Ich stöhnte tief auf und sank auf einen Stuhl. Die Frau stand auf.

«Sie haben sich verletzt», sagte sie. «Am Fuss. Darf ich ihn sehen?»

«Später», bat ich. «Lassen Sie mir ein bisschen Zeit!»

Die Frau beugte sich über die Pritsche im Hintergrund des Raumes und warf ein Kissen und eine Decke auf das obere Lager.

«Ich schlafe oben», erklärte sie. «Sie können nicht über die Leiter steigen.»

Sie legte auf der unteren Pritsche eine Decke bereit, schichtete einige Kissen aufeinander. Sie ging zur Kochstelle hinüber und blies in die Asche. Oder war da noch Glut vorhanden? Jedenfalls flackerten in Sekundenschnelle Flammen auf. Die Frau legte Holz nach. Es knisterte und prasselte im Ofen. Sie schöpfte Wasser aus dem Kessel in eine Pfanne, setzte sie auf die Platte. Sie stellte einen Krug bereit und streute aus einer Dose grosszügig Kräuter hinein. Jetzt ging sie vor mir in die Hocke und nahm meinen rechten Fuss behutsam in die Hände. Dabei schaute sie mir in die Augen.

«Ich bin die Truda», sagte sie, «und du?»

«Ich bin Bigna.»

Die Truda löste die Verschnürung meines Bergschuhs und zog mir den Schuh langsam vom verletzten Fuss. Ich stöhnte auf. Wir konnten beide zusehen, wie sich der Fuss in wenigen Sekunden in einen unförmigen Klumpen verwandelte.

«Die Schwellung», nickte die Truda. «Das war vorauszusehen. Jetzt hüpfst du zur Pritsche hinüber», schlug sie vor, «legst dich lang und lagerst das Bein hoch. Ich bring dir Decken zum Unterlegen.»

Die Truda bewies viel Geschick im Umgang mit dem verletzten Fuss.

«Bist du Krankenschwester oder so etwas?» fragte ich.

Sie lachte. Sie brachte mir eine Schale mit Tee.

«Nein, ich bin eine Wanderfrau und ein Kräuterweib. Hin und wieder, wenn ich unbedingt Kleingeld brauche, arbeite ich als Serviererin.»

«Danke für den Tee! Ich habe Durst. Wo servierst du?»

«Draussen im Südtirol, in Schluderns oder in Glurns, wie's gerade so geht.»

«Bist du von dort?»

«Von Trafoi bin ich. Das ist ein verlorenes Kaff hinter dem Stilfserjoch. Kennst du dich aus?»

«Soweit schon, ja.»

«Hör Bina (so sprach sie meinen Namen aus), ich gehe jetzt hinaus und suche ein paar Kräuter für deinen Fuss. Du hältst dich solange still, ja?»

«Darauf kannst du dich verlassen», versprach ich grimmig.

Die Truda ging hinaus. Der Nebel stand wie eine Wand vor der Tür. Er war jetzt grau-braun, düster in der zunehmenden Dämmerung. Ich lag im Halbdunkel und war glücklich. Ja, so ein bisschen ausser mir war ich, so nicht ganz auf dem Boden, in einer Art Tanz oder Taumel oder Trance, obwohl ich ruhig lag, bewegungslos, mit halb geschlossenen Augen. Die Truda strahlte etwas aus, das Mut machte, Freude und Hoffnung. Sie war originell, stark und auch unheimlich, ja, das auch.

Sie kam mit einem Tuch voll Kräutern wieder in die Hütte.

«So», verkündete sie, «jetzt kriegst du einen Wickel, und dann lassen die Schmerzen nach. Du wirst sehen.»

Sie legte die Kräuter auf ein Brett und schlug mit einem Holzstab auf sie ein. Die rhythmischen Schläge erinnerten mich an ein magisches Getrommel. Dann begann die Truda leise und monoton zu singen, während sie weiter auf das Kräuterbrett niederhämmerte. Wieder spürte ich dieses glückhafte Rauschgefühl – ich fragte mich, wie sie das fertig brachte.

Sie hörte auf zu klopfen, sang aber weiter, während sie eine Schüssel bereit stellte, eine Holzkelle vom Gestell nahm, eine Flasche aus ihrem Bündel klaubte und sie lange und sorgfältig schüttelte.

Die Truda war schön und hässlich zugleich. Sie hatte halblanges, graubraunes, strähniges Haar, sie hatte kleine, eng stehende Augen und ein grobes Kinn. Sie trug schlampige, schlecht sitzende Kleider. Sie wirkte ungepflegt. Wenn sie sich aber drehte und streckte, wenn sie ging, wenn sie lachte oder sang, dann war sie trotz all dem schön.

Sie bewegte sich mit einer Anmut, hinter der Kraft stand und nicht Zerbrechlichkeit. Das Geheimnisvolle, das Unheimliche, das sie umgab, verlieh ihr einen unentrinnbaren Reiz.

Sie hatte die zerdrückten Kräuter mit einem Schuss Öl aus der Flasche gemischt und die Pappe auf ein Tuch gestrichen. Dieses Tuch legte sie mir nun um den schmerzenden Knöchel. Sie band ein anderes, grösseres Tuch darum, sodass der Verband fest sass.

«Bist du auf einer Wanderung?» fragte ich, «oder wohnst du hier oben, einstweilen?»

«Ich bin seit einigen Tagen hier. Aber morgen ziehe ich weiter.»

«Warum?» wollte ich wissen.

Die Truda schaute auf. «Warum? Was warum?»

Sie schüttelte den Kopf. «Ich ziehe eben weiter, darum.»

Sie bewegte beide Hände über meinem Fuss hin und her, ohne ihn zu berühren. Dazu murmelte sie etwas. Dann stand sie auf.

«So», sagte sie, «auch du kannst morgen weiterziehen.»

«So schnell geht das nicht», behauptete ich skeptisch. «Und wenn es ein Bruch ist?»

«Es ist kein Bruch», sagte die Truda. «Mit diesem Wickel heilt das schnell.»

«Nun, hexen wirst du ja wohl auch nicht können», lachte ich.

«Reden wir morgen wieder über dieses Thema, ja?» schlug die Truda vor.

«Wahrscheinlich kommt mein Mann herauf», erzählte ich. «Vielleicht noch heute abend, sicher aber morgen früh. Er erwartet mich auf der Alp drunten.»

Die Truda nickte. «Ich mache Suppe», erklärte sie.

«Toll, wie du für mich sorgst! Lass mir deine Adresse da, ich werde mich irgendwann revanchieren.»

Sie schüttelte sich. «Verlang doch gleich noch die Telefon- oder die Autonummer von mir! Beides besitze ich nämlich nicht.»

Fasziniert schaute ich ihr zu, wie sie in der Kochnische hantierte.

«Ich arbeite da drunten im Kurort», erzählte ich. «Immer in der zweiten Wochenhälfte. Ich mache die Abrechnungen und die Korrespondenz für ein kleines Hotel. Bei gutem Wetter wandere ich über den Pass zurück ins Nachbartal, wo ich wohne. Bei schlechtem Wetter fahre ich mit dem Postauto, mit dem Zug und wieder mit dem Postauto. Das ist recht umständlich. Deshalb bin ich auch heute zu Fuss gegangen – zu Unrecht offensichtlich.»

Als ich zum Tisch hinüberhumpelte, um mit der Truda Suppe zu essen, staunte ich, wie sehr die Schmerzen im Fuss nachgelassen hatten.

«Du kannst so ziemlich alles», sagte ich anerkennend. «Suppe kochen jedenfalls und Schmerzen heilen auch.»

Die Truda lachte. «Ich kann noch einiges mehr», behauptete sie mit unverblümter Offenheit und in gesundem Selbstbewusstsein. Immer noch lachte sie. Sie schüttelte mich am Arm.

«He, du! Glotz nicht so! Alles kann ich natürlich nicht. Ich hab da meine Grenzen.»

«Hast du eine Familie?» fragte ich plötzlich. «Einen Mann? Kinder?»

«Beides», nickte die Truda. «Männer und Kinder.»

«Wie alt sind deine Kinder?»

«Der Älteste wird dreissig, die Jüngste geht noch nicht zur Schule. So, und nun iss! Du fragst mir ja Löcher in den Bauch!»

Erst jetzt wurde mir bewusst, dass die Truda mir keine einzige Frage gestellt hatte. War sie uninteressiert, egozentrisch oder einfach nicht neugierig? Mir schien, als lebe sie auf einem anderen Stern. Und doch konnte sie sich auch völlig normal geben, gewöhnlich fast. Sie reklamierte über die schlecht eingerichtete Hütte, sie schwatzte über Gäste in den Restaurants, in denen sie serviert hatte, sie befühlte den Stoff meiner Jacke, schlüpfte sogar hinein, fand, die würde ihr auch noch passen.

Von einem Augenblick auf den anderen war sie wieder das Kräuterweib, packte meinen Fuss neu ein und beschwor ihn mit magischem Gemurmel und Gesang. Sie braute mir Tee und mixte irgendein Schlafkraut hinein. Jedenfalls schlief ich plötzlich ein.

In der Nacht hörte ich, dass jemand um die Hütte ging. War Donat heraufgestiegen? In der Dunkelheit? Ich fiel in einen bleiernen Schlummer zurück. Wenig später hörte ich wieder Schritte. Sie entfernten sich. Und dann hörte ich aus der Ferne Gesang. Die Töne erinnerten mich an das Singen der Truda, als sie die Kräuter für den Wickel bearbeitete. Ob die Truda über mir auf der Pritsche lag und schlief? Oder war sie draussen und sang? Ich wollte rufen, sie wecken, aber es kam kein Ton über meine Lippen. Ich war eingesponnen in ein klebriges Gespinst aus schwerem Schlaf und dumpfer Müdigkeit. Ich sank wieder weg.

Als ich am Morgen erwachte, war es hell draussen. Auf dem Tisch stand ein Krug mit warmem Tee, und auf einem Teller lag ein Rest Brot.

«Truda!» rief ich. «Bist du wach?»

Sie gab keine Antwort. Von meinem Lager aus konnte ich auch ihren Rucksack nirgends sehen. Ihre Wetterjacke hing nicht mehr am Haken. Ich wickelte mich aus den Decken und stand langsam auf. Der Fuss schmerzte kaum mehr. Ich stellte mich mit dem gesunden Fuss auf die unterste Sprosse der Leiter und spähte auf die obere Pritsche. Sie war leer. Ich suchte auf dem Tisch, am Boden, bei der Tür nach einem Zettel, einer Nachricht – nichts. Die Truda war fort.

Ich trank von dem warmen Tee, fand in meinem Sack ein Stück Käse, ass es zu dem Rest Brot.

Dann hörte ich das Lachen. Die Truda! Ich sprang auf und eilte vor die Tür. Das Lachen war verklungen. Ich ging rund um die Hütte, spähte in alle Winkel, schaute in die Weite, die sich klar im Morgenlicht abzeichnete. Nichts. Kein Mensch, kein Geräusch. Enttäuscht wandte ich mich der Hütte zu.

Und da war es wieder. Ein herrliches, freies Lachen, in dem ein bisschen Spott mitschwang, ein glücklicher Triumph vielleicht auch. Es klang von ziemlich weit her und schien sich zu entfernen. Es wurde leiser, bis es schliesslich verklang.

Erst jetzt nahm ich richtig wahr, wie frisch der Morgen war. Die letzten Nebelreste drängten sich noch in den hintersten Tälern. Die Sonne liess Grate und Gipfel aufleuchten. Sie blendete mich. Ich wusch mich an dem Rinnsal, das in der Nähe tropfte, fuhr mir mit dem Kamm durch die Haare. Ich ordnete meine Kleider. Das grösste Problem war, den immer noch leicht geschwollenen Fuss in den Schuh zu kriegen. Die Prozedur schmerzte, aber schliesslich war der Fuss drin und liess sich ganz gut belasten.

Während ich abzusteigen begann gegen die Alp hinunter, spürte ich, dass ich enttäuscht war über Donat. Eigentlich hatte ich ihn am Abend schon erwartet, ganz sicher aber jetzt, in der Morgenfrühe. Wie konnte er so sicher sein, dass mir nichts zugestossen war? Es war mir aber etwas zugestossen: Der Fuss und die Truda.

Donat war betroffen, als er mir auf halbem Weg entgegenkam und sah, dass ich hinkte. Er nahm mich in die Arme und brummte beruhigend.

«Was ist geschehn, Bigna?»

Ich erzählte, während wir Rast hielten.

«Ich weiss doch, dass du gern allein oben in der Hütte bist», erklärte Donat sein Verhalten. «Gestern dachte ich, das sei so ein Abend für dich, mit dem dichten Nebel und der seltsamen, warmen Stille. Aber wenn ich natürlich gewusst hätte... Und die Truda habe ich auch verpasst!» Er lachte. «Das ist hart.»

«Lach du nur!» entgegnete ich. «Du hast tatsächlich etwas verpasst. Sie ist die eigenartigste Frau, die mir je begegnet ist.»

Am Donnerstag der folgenden Woche war ich wieder im Hotel drüben im Nachbartal und sass vor dem Computer.

Am Abend, nach der Arbeit, erzählte ich der Mutter des Patrons von meiner Begegnung mit der Truda. Die Mutter hatte früher das Hotel geführt. Vor ein paar Jahren hatte sie die Leitung ihrem Sohn übergeben. Aber sie half immer noch da und dort mit.

«So, so, der Truda sind Sie begegnet! Das ist ein seltsames Frauenzimmer. Sie haust da drüben im Südtirol irgendwo. Ich weiss nicht, ob sie überhaupt einen festen Wohnsitz hat. Sie treibt sich oft in unseren Wäldern, auf unseren Bergen herum.»

Die alte Frau lachte. «Manchmal nächtigt sie auf der Bärenplatte. Sie behauptet, es gäbe immer noch Bären im Tal. Sie sagt, sie hätte sie wieder zum Leben erweckt.»

Sie schwieg eine Weile. Dann fuhr sie ernsthaft fort:

«Dabei kommt mir eine alte Geschichte in den Sinn, eine Art Märchen oder Legende, die man sich erzählt hat, als ich jung war.»

«Oh, ich möchte sie gern hören!» drängte ich.

«Das war so», begann die alte Wirtin, «oder es ist immer noch so: Vor hundert Jahren und noch viel mehr hundert Jahren hausten noch Wölfe in unseren Wäldern. Zusammen mit ihnen trieb sich eine seltsame alte Frau in den Tälern und auf den Bergen herum. Trotz ihres Alters war sie beweglich und stark. Sie war braun gebrannt von der Sonne, sie trug langes weisses Haar und lange weisse Kleider. Meistens lief ein Wolf mit ihr oder ein ganzes

Rudel von Wölfen, oder sie sass mitten unter ihnen. Ab und zu einmal konnte man sie aus der Ferne sehen, einen Schimmer ihres weissen Kleides erhaschen, oder man hörte ihr Jauchzen in den Felsen und ihren Gesang in der Tiefe der Wälder.

Allmählich wurden die ebeneren Gebiete gerodet und besiedelt. Man glaubte, dass die Wölfe gefährlich seien. Also kamen die Jäger. In wenigen Jahren waren die Wölfe ausgerottet. Die Wolfsfrau aber blieb im Gebirge. Man sah sie jetzt kaum mehr, und auch ihr Gesang war nicht mehr zu hören.

Eines Tages aber sah ein einsamer Berggänger sie wieder mit einem Wolf. Es war ein grosses, grauweisses Tier, und sie ging in ihrem weissen Kleid neben ihm, fast verwoben in den Wolf war sie, man konnte die beiden kaum unterscheiden. Niemand schenkte der Erzählung des Wanderers Glauben. Aber im Lauf der Zeit berichteten mehrere Leute von dieser und ähnlichen Erscheinungen. Also brachen die Jäger wieder auf. Sie durchkämmten die Wälder, das Gebirge. Auch sie sahen den Wolf. Die Frau und den Wolf. Aber keinem gelang es, das Tier zu erlegen. Sie schossen auf alles und jedes, auch auf einander. Schliesslich gaben sie es auf. Taten die Erscheinung als einen dummen Spuk ab. Zwei, drei Unentwegte suchten heimlich immer noch nach dem grauweissen Tier. Vielleicht tun sie es heute noch.»

Die alte Frau schwieg.

«Und die Wolfsfrau?» fragte ich. «Hat man sie nie mehr gesehen?»

Die Wirtin lachte leise auf. «Meine Mutter behauptete steif und fest, die weisse Frau gesehen zu haben auf dem Grat unter dem Piz Tort. Sie will ihr Haar gesehen haben, wehend im Wind und ihr weites, helles Kleid. Auch ihr Lachen will sie gehört haben, ihr wildes, herrliches Lachen, das ein fast unendliches Echo warf in die

Geröllkessel der hintersten Val Tort. Seither hat niemand mehr die Wolfsfrau oder ihren Wolf gesehen. Aber wir sehen ja immer weniger und hören immer weniger und spüren immer weniger. Was ist es da verwunderlich, dass uns die Wolfsfrau nicht mehr erscheint?»

Ich fragte: «Und Sie glauben, die Truda...»

«Ach, nein!» wehrte die alte Wirtin ab. «Die Truda ist ein verrücktes Frauenzimmer mit alternativen Ideen. Sie versteht etwas von Kräuterheilkunde, ja. Aber sie ist auch eine recht ordinäre Gelegenheits-Serviererin, die sich nicht scheut, den dümmsten Klatsch zu verbreiten. Mit der Wolfsfrau aus der Legende hat sie nichts zu schaffen. Ausser dem Lebenswandel in den Wäldern, ja. Es kann auch sein, dass sie von der alten Geschichte gehört hat, dass die alte Geschichte es ihr angetan hat.»

«Das ist begreiflich», sagte ich. «Auch mir hat sie es angetan.»

«Ja,» nickte die alte Wirtin, «jede Frau ist fasziniert davon, sofern sie wenigstens teilweise noch bei ihren Ursprüngen lebt.»

An diesem Abend sassen wir lange in der Gaststube zusammen, die alte Frau und ich. Sie erzählte mir noch andere seltsame Geschichten aus dem Tal, aber keine berührte mich so, wie die der weissen Frau mit ihrem grossen, hellen Wolf.

Ich war nicht so überzeugt davon, wie die Wirtin, dass die Truda nichts mit der Wolfsfrau zu schaffen hatte. Ich hatte ihr Singen gehört und erlebt, wie sie meinen Fuss heil gemacht hatte. Ich hatte ihr herrliches Lachen gehört, das Lachen der Wölfin in der Freiheit. Natürlich wusste ich nicht, auf welche Weise ich die Truda mit der Wolfsfrau aus der Legende in Verbindung bringen sollte. Es ging ja bei diesen Erzählungen und Erscheinungen nicht um Wissen – eben gerade nicht. Es ging um Intuition, um Ahnung, um Gespür.

Der Fuss blieb nicht auf die Dauer geheilt. Er schmerzte mich, wenn ich längere Zeit ging, und oft spürte ich ihn auch nachts. Der Arzt fand keine Ursache für die Beschwerden, und die Röntgenbilder zeigten nichts Aussergewöhnliches.

Donat konnte das Spotten nicht ganz lassen. «Dein Trudenfuss», pflegte er zu sagen, wenn ich davon redete, die Truda wiederfinden und das Rezept für ihre Kräuterumschläge erhalten zu wollen. Mit dem «Trudenfuss» spielte er nicht nur auf die Truda an, sondern auch auf das magische Zeichen, das die Geister, die Druden, vertreiben sollte, die nachts Alpträume verursachen. Ich dachte dabei natürlich an die Nacht in der Hütte, an das klebrige Gespinst aus bleiernem Schlaf, aus dem ich mich nicht zu befreien vermochte, und an das wundersame Singen, das mich zu rufen schien.

Die Zeit verging. Es waren ruhige Jahre. Sie waren geprägt von einem etwas eintönigen Gleichmass. Kein Unglück zog mich in die Tiefe, kein Glück hob mich über die Erde. Von Zeit zu Zeit erinnerte ich mich an die Truda. An den Abend, die Nacht und den Morgen auf dem Übergang. War die Begegnung mit der Truda ein Aufruf gewesen, ein Ruf des Lebens an mich, den ich nicht verstanden hatte, dem ich nicht gefolgt war?

Allmählich entwickelte sich aus dem eintönigen Gleichmass der Zeit Unzufriedenheit, dann Lustlosigkeit, Traurigkeit und Apathie. Ich empfand kaum mehr Freude am Leben. Unerklärliche Ängste bedrückten mich.

Jetzt begann ich, zielgerichtet nach der Truda zu suchen. Ich reiste mit Donat durchs Südtirol. Ich begann meine Nachforschungen in Trafoi, wo die Truda angeblich herzukommen schien. Tatsächlich traf ich dort einen Sohn von ihr, der mir aber ihren gegenwärtigen Aufenthaltsort nicht angeben konnte. Immerhin nannte er mir einige Restaurants, in denen sie schon öfters serviert hatte. Ich klapperte diese Lokale ab, von Glurns über Schluderns bis hinunter nach Meran. Überall kannte man die Truda. Aber niemand konnte mir sagen, wo sie sich gegenwärtig aufhielt. Ihre Spur verlor sich an einem Grenzkiosk bei Taufers, den sie bis vor wenigen Wochen aushilfsweise geführt hatte.

Natürlich stieg ich auch auf den Pass. Es war jetzt Herbst und klares Wetter, grossartige Fernsicht, und ich hatte keine Schwierigkeiten, die Hütte zu finden. Sie war leer. Ich blieb eine Nacht und einen Tag, bildete mir ein, die Truda mit der Kraft meiner Gedanken herbeirufen zu können – vergebens. Die Truda erschien nicht. Ich begab mich auf den Abstieg. Kurz oberhalb der Alp machte ich einen Fehltritt und verknackste den Fuss ein zweites Mal. Ich kam spät und hinkend nach Hause. Die Schmerzen im Fuss waren wieder fast unerträglich geworden.

Ein Spezialarzt, den ich zu Rate zog, stellte fest, dass damals bei meinem Sturz im Nebel doch ein Bänderriss entstanden sein könnte. Er schlug mir vor, den Fuss operieren zu lassen.

Anfangs Dezember trat ich in unser Regionalspital ein, nachdem der Spezialist sich bereit erklärt hatte, die Operation hier auszuführen. Eine Schwester begleitete mich ins Zimmer. Sie wies mich an, mich auf das Bett zu legen, bis der Arzt Zeit hätte zur Eintrittsvisite. Ich schaute mich im Zimmer um. Es war ein heller Raum mit zwei Betten. Vor dem Fenster lag ein Balkon. Man hatte Aussicht über das Tal, Richtung Süden, Richtung Grenze. Mein Bett stand bei der Tür. Im vorderen Bett neben dem Fenster lag eine reglose Gestalt. Sie war in den Kissen und Tüchern fast gänzlich verschwunden. Da sie sich nicht gerührt hatte, als ich ins Zimmer getreten war, wagte ich es nicht, sie anzusprechen. Als ich mich auf das

Bett niederliess, hob sie plötzlich den Kopf aus den Kissen. Einen grauen, strähnigen, verstrubbelten Kopf. Es war die Truda!

Sie war sofort wach, setzte sich auf, schwang die Beine über den Bettrand herab.

«Schau her, die Bina!» rief sie. «Das haben die gut gemacht, dich zu mir ins Zimmer zu legen!»

«Truda!» staunte ich. «Dich suche ich doch schon so lange! Deinetwegen bin ich durch das ganze Südtirol gereist, habe die Spelunken abgeklopft, in denen du jeweils serviert hast. Sogar in Trafoi bin ich gewesen, habe dort einen deiner Söhne angetroffen, der mich bis nach dem Dorf Tirol hinunterschickte.»

«Sicher der Albertel, der faule Kerl!» lachte die Truda.

«Und schliesslich bin ich auf den Pass gestiegen, in die Hütte hinauf, habe beim Abstieg den Fuss wieder verknackst – und da bin ich nun. Sie wollen versuchen, ein damals gerissenes Band zu flicken.»

Die Truda liess sich in die Kissen zurückfallen, deckte sich wieder zu.

«Und du?» fragte ich. «Was macht eine Frau wie die Truda im Spital?»

«Sie lässt sich den Blinddarm herausnehmen», brummte sie. «Geplatzt. Natürlich wollte ich die Bauchschmerzen mit Tee und mit Wickeln selber kurieren. Habe zu lange gewartet. War dann eine mühsame Sache. Bin schon über eine Woche hier. Aber jetzt geht's schon ein wenig besser.»

Aufmerksam schaute die Truda zu, wie der Arzt eine Weile später meinen Fuss untersuchte und dann wieder einbandagierte. Die Operation wurde auf den folgenden Tag festgesetzt.

«Tut ganz schön weh», bemerkte die Truda. «Ist auch wieder geschwollen. Fast wie damals. Hast du mich deswegen überall gesucht?»

«Ja», antwortete ich. «Der Fuss machte mir bald nach unserer Begegnung wieder Beschwerden. Als alles Doktern nichts half, dachte ich, deine Umschläge könnten vielleicht Linderung bringen. So wie das erste Mal.»

Die Truda drehte den Kopf auf dem Kissen hin und her.

«Sicher ist das nicht», meinte sie. «Es ist auch nicht sicher, dass die Operation dir die Beschwerden wegnimmt. Vielleicht ist dein Fuss die Stelle, an der deine Seele weint.»

Ich schlief schlecht in dieser Nacht, trotz des Schlafmittels, das die Schwester mir brachte. Ich dachte über die Worte der Truda nach. In gewisser Weise gab ich ihr recht. Zwar war es möglich, dass die Operation mir Linderung brachte. Wenn ich ohne Hoffnung gewesen wäre, hätte ich mich dem Eingriff nicht unterzogen. Aber wenn meine Seele es nötig hatte, dann würde sie sich eines Tages an dieser oder an einer anderen Stelle meines Körpers wieder ausweinen. Und es wäre nicht richtig, sie an dieser Möglichkeit zu hindern.

Nach der Operation, die nicht in Vollnarkose vorgenommen wurde, war ich bald wieder wohlauf. Und doch musste ich noch einige Tage im Spital bleiben, die Truda auch. Ich stelzte auf Krücken durch die Gänge, während die Truda, die sich den Bauch hielt, neben mir her schlurfte. Es tat mir weh, sie so zu sehen. Sie war jetzt wirklich ein altes Hutzelweiblein, gebückt, zerzaust, geschwächt. Sie hatte die Kraft, die Ausstrahlung und das Geheimnis der Wolfsfrau verloren. Sie benahm sich anders als damals auf dem Pass. Sie war geschwätzig, gewöhnlich, laut, schimpfte mit den Schwestern, war unordentlich und ungeduldig. Mir half der Gedanke, dass sie schwächer und kränker war, als sie es wahrhaben wollte, und dass sie mit zunehmender Genesung wieder mehr und mehr die Alte werden würde.

In dieser Richtung schien sie sich im Lauf der Tage auch tatsächlich zu entwickeln. Jedenfalls wies sie mich nicht so brüsk ab wie damals auf dem Pass, als ich sie ernsthaft bat, mir eine Adresse zu hinterlassen, über die ich sie erreichen könnte.

«Ich glaube nicht an blinde Zufälle, Truda», sagte ich. «Es hat eine Bedeutung für mein Leben, dass ich dir begegnet bin, zweimal sogar. Es könnte sein, dass ich dich wieder einmal brauche oder einfach, dass ich den dringenden, den drängenden Wunsch habe, dich wiederzusehen, Kraft zu holen bei dir und Mut. Denn das ist es, was du mir gibst.»

Ich glaube, nun war sie doch ein wenig gerührt.

«Frag einfach den Albertel, den kennst du ja jetzt. Schreib dem Albertel Roppisch in Trafoi oder fahr hin zu ihm! Er wird dir sagen, wo du mich finden kannst – wenn es mich noch gibt.»

Und dann, in einer Nacht, schon gegen den Morgen hin, da sang sie wieder. Ich erwachte über den wundersamen Tönen, die ich schon einmal gehört und nie wieder vergessen hatte. Ich wusste sofort: Das war der Gesang der Truda! In ihrem Bett drüben war sie nicht, aber die Tür zum Balkon stand einen Spalt breit offen. Ich stand auf, griff nach den Krücken und humpelte zur Tür. Da sah ich sie stehen draussen am Geländer in dem weissen Nachthemd und einem weissen Tuch, das sie um sich geschlungen hatte. Sie hielt den Kopf zurückgebogen, und ich sah, dass ihr Haar weiss geworden war. Sie hatte es wachsen lassen, und es fiel ihr in dieser Haltung bis auf die Schultern herab.

Sie sang. Sie sang diese melodisch auf- und abschwellenden Tonfolgen, sang mit ihrer warmen, tiefen Stimme in einer fremden Sprache, wenn es überhaupt eine menschliche Sprache war. Sie hob die Hände vom Geländer und schrieb mit grossen, ausholenden Gebärden Zeichen in die Luft, ähnlich, wie sie es damals über meinem kranken Fuss gemacht hatte.

Ich stand und hörte ihr zu. Im Osten, über den Bergen an der Grenze, erwachte der Tag. Die Truda stand im Zwielicht und sang. Ihre Gestalt und ihr Wesen strahlten wieder jene Wildheit aus und jene Sehnsucht und jenen Mut. Sie stand da, bereit zum Abflug in die Höhe, in die Freiheit, während nun auch zwischen den Häusern im Tal drunten der Morgen graute. Ich wusste, dass die Truda heute von mir fortgehen würde. Und ich wusste, dass ich die Freiheit, den Mut und die Sehnsucht nicht fortgehen lassen durfte, wenn mein Fuss je wieder heil werden sollte.

Die Teufelsplatte

Sieben Jahre später gehe ich wieder durch die Strasse von Tardin. Nebel drückt sich um die Hausecken. Es regnet. Die gerade Strasse, Autos, Geschäfte rechts und links. Sieben Jahre nach Castellalt. Sieben Jahre nach Vera. Ich kaufe einen Regenschirm. Ich kaufe ein Buch. Der originelle Laden ist noch da. Unverändert. Auch die Strasse unverändert. Die Autos, die Geschäfte. Der Regen. Castellalt. Vera.

Zuoberst im Dorf, dort, wo sich die Strassen verzweigen, blicke ich hinauf zur Ruine. Sie ist unsichtbar. Wolkenfetzen hangen um die Steilwand. Der Wald klettert in den Nebel. Sieben Jahre. Vera zerschmettert unten auf der Teufelsplatte. Die Gruppe oben. Erstarrt. Kalt. Feindselig. Ich mittendrin.

Der Ofen mit der Glut. Der Brennofen. Der Hexenofen aus Hänsel und Gretel. Stosst mich hinein! Macht schnell! Bringt es hinter euch! Stosst mich – so, wie ihr Angeli beschuldigt, Vera gestossen zu haben! Ich sage nichts. Schweige. Warum bin ich nach Tardin zurückgekommen? Sieben Jahre nachher? Will ich aufsteigen nach Castellalt? Will ich Vera sehen? Die Gruppe? Will ich noch einmal im Ofen glühen, das Feuer des Schweigens im Mund?

Ich gehe ins Restaurant, mitten unter die Leute, in Lärm und Betrieb. Ich denke: Hör auf! Ich denke: Das bringt nichts. Ich denke: Fahr nach Hause! Ich fahre nicht. Am Nachmittag verlasse ich das Dorf. Gehe der Strasse entlang. Weit. Ziemlich weit. Biege ab in den Wald. Beginne zu steigen. Soll das zufällig sein? Die Reise hierher, der Gang durch die Strasse von Tardin, der

Aufstieg zur Burg? Die Erinnerungen? Der Tag, der neunzehnte August?

Es tropft von den Bäumen. Der Nebel lichtet sich. Oder sind es meine Augen? Werden sie schärfer, durchdringender? Sehen sie klarer? Das ist es! Ich will klarer sehen. Etwas stimmt nicht an der Erinnerung. Ich misstraue ihr. Die Glut im Ofen hat mich geblendet. Oder die Kälte in der Gruppe. Beides. Sie raubten mir die Klarheit im Kopf und die Scharfsichtigkeit der Augen.

Ich steige schneller. Atme hastig. Will die Burg sehen, den Bergfried, die Werkstatt, die Blutbuche, die Wiese über dem Abgrund. Doch, ich weiss schon, weshalb ich da hinaufsteige, sieben Jahre später. Es ist wegen Angeli. Die seltsame, schmale Angeli. So jung noch, damals. Angeli – meine Tochter. Hat sie Vera vergessen? Und Castellalt? Und Tardin? Die Teufelsplatte? Sie redet nicht davon. Ich helfe ihr schweigen. Was weiss sie? Was weiss sie noch?

«Ich bin es nicht gewesen», sagt sie bebend vor der Glut im Ofen.

«Doch, du!» Sagt die Gruppe. Finster. Entschlossen. Eisig.

«Wenn du nicht parierst», sagen sie, «geht es dir wie ihr. Wie Vera.» Finster ziehen sie die Brauen zusammen.

«Es war ein Unfall. Was war es?»

«Ein Unfall», sage ich zitternd.

Angeli steht daneben. «Ich bin es nicht gewesen.»

«Was war es?» fragen sie drohend. «Angeli, was war es?»

«Ein Un- Unfall», stottert mein Kind. Angeli.

Ich verlasse die Erinnerung. Verlasse den Wald. Ich folge dem Weg durch die Wiesen schräg unterhalb der Burg. Eine Kurve um hundertachzig Grad. Der Weg führt zurück, aber weiter oben jetzt. Schon bin ich am

Tor. Es steht offen. Ich gehe über den Platz vor dem Bergfried. Die Blutbuche tropft. Regen? Die Tür zur Werkstatt ist nicht abgeschlossen. Ich stosse sie auf. Die Werkstatt ist leer. Ist sie wirklich leer? Ich lehne mich mit dem Rücken an den Türrahmen. Die Augen kneife ich zu schmalen Schlitzen zusammen. Ich stelle mir vor, sie sind da drinnen, alle. Sie sind am Formen, am Kneten, am Rollen, am Drehen. Sie sind am Schleifen, am Wässern, am Bemalen. Sie sind am Wägen, am Mischen, am Eintauchen, am Übergiessen, am Glasieren. Sie sind am Brennen. Sie knien vor der Glut. Sie brennen, sie glühen. Immer noch stehe ich an der Tür.

«Hallo!» rufe ich. «Wer seid ihr? Ich bin Brigit. Und dort steht meine Tochter, Angeli. Draussen am Abgrund kauert Vera. Wer aber seid ihr?» Ich rufe lauter. «Könnt ihr nicht reden? Kennt ihr euren Namen nicht? Seid ihr stumm? Was ist los mit euch?»

Sie nehmen die Hände vom Ton. Sie lassen die Arme sinken. Sie drehen sich um, langsam, eine nach der anderen. Sie bleiben stehen, dort, wo sie sind. Nur Angeli macht ein paar Schritte, setzt sich zum Feuer.

«Rede!» sage ich zu der grossen, eckigen Frau in meiner Nähe.

Die Frau macht eine halbe Drehung, überblickt den Saal. Ihre Haltung strafft sich, ein Lächeln verzieht ihren Mund. Es ist mehr herablassend als herzlich.

«Ich bin Barbara. Ich bin Barbara von Mont. Mir gehört Castellalt, die Werkstatt, das Wohnhaus, der Ofen. Ich leite die Kurse. Arbeiten mit Ton. Einen Kurs gebe ich in der Stadt, einen in Tardin. Jeden Sommer führe ich einen Kurs durch auf Castellalt. Ich habe Arbeitsplätze und Betten für acht Personen. Die Woche auf Castellalt ist intensiv, anstrengend, befriedigend und spannend. Sie ist ein Erlebnis. Das spricht sich herum. Diese Woche vor sieben Jahren, in der Brigit dabei war, die ging daneben. Von Anfang an. Es klappte nichts. Die Zusammensetzung der Gruppe war schlecht, das Wetter auch, der Ton war hart, der Ofen spukte, das Essen war mangelhaft – und Vera entpuppte sich als Hexe. Ich weiss, was ich sage. Sie löste sich in nichts auf, wenn man sie brauchte. Sie flirrte in der Nacht umher wie eine Fledermaus. Sie arbeitete draussen, allein. Unter einem alten Regenschirm. Unter der Buche. Sie lachte über uns. Kalt, hässlich lachte sie. Sie zerschlug unsere Arbeiten. Sie löschte die Glut im Ofen. Sie schwang sich auf die Bäume, auf die tropfnassen Bäume. So war sie, Vera. Eine Hexe. Aber sie formte eine vollendet schöne Figur. Kunst. Vollkommenheit. Was sie formte? Sie formte einen Engel.»

«Wo ist der Engel?» frage ich dazwischen.

«Sie hat ihn mitgenommen.»

«Mitgenommen? Ha-ha! In den Sarg vielleicht? In den Sturz über die Felswand? Ein gefallener Engel vielleicht?»

Jetzt entgleitet mir Barbara. Sie wendet sich ab. Sie wird unkenntlich, löst sich auf.

Aber da ist Ursula. Sie reckt den Hals, drängt sich heran, will etwas sagen. Immer wollte Ursula etwas sagen. Verlor dann den Faden, verhaspelte sich, begann von vorn, ermüdete die Zuhörerinnen, blieb allein.

Ursula, eifrig: «Ich kann es dir sagen, Brigit. Ich weiss, was mit dem Engel geschehen ist.»

«Du warst dabei?»

«Es hat geregnet, die ganze Woche, du weisst es. Vera wollte draussen arbeiten, trotzdem. Sie sass unter einem riesigen Regenschirm und modellierte.»

«Der Engel war gebrannt. Wie konnte sie da noch modellieren?»

«Vorher meine ich, vor dem Brennen.»

«Ich frage aber nach dem Verschwinden des fertigen Engels.»

«Wir hatten nur Brot zum Essen am Mittag und Käse, weil die Polenta verkohlt war. Helen war am Kochen. Und hat alles vergessen über dem komischen Krug, den sie formte.»

«Was hat das mit dem Verschwinden des Engels zu tun?»

«Die Stimmung, verstehst du, die üble Laune, die uns beherrschte, die Feindseligkeit, die Aggressivität. Du hast sie selber erlebt, Brigit.»

«Ja. Aber sie war nicht die Folge der verbrannten Polenta. Da steckte anderes, Gewichtigeres dahinter. Und dem möchte ich auf die Spur kommen.»

«Ich denke, du willst wissen, was mit dem Engel geschah, mit Veras Engel?»

«Ja.»

«Wir anderen hatten nicht so viel Glück mit unseren Formen und Figuren wie Vera. Das Zeug geriet uns nicht. Es war stümperhaft.»

«Angelis kleine Frau? Und die Schale von Jutta? Nennst du diese Sachen stümperhaft?»

«Auf Angeli trifft das nicht zu, nein. Deine Tochter ist begabt. Aber ihre kleine Frau sprang entzwei. Sie steckte in jenem Brand, den Vera hütete. Bei dem die Glut ausging. Beim Wiederaufheizen sind die Sachen gesprungen. Das war Absicht. Vera war gemein, böse.»

«Sie ist tot.»

«Trotzdem. Gemein. Böse.»

«Der Brand mit dem Engel gelang. Die Stücke kamen tadellos gebrannt aus dem Ofen.»

«Sicher. Dafür hat Vera gesorgt.»

Ich versuche, Ursula auf mein Anliegen zurückzuführen: «Was geschah mit dem Engel, nachdem Vera ihn aus dem Ofen genommen hatte?»

«Sie war unerträglich hochmütig. Und wir waren neidisch. Irgendwie waren wir alle neidisch auf sie. Von Anfang an. Sie war selbständig, stark, schön und jung. Ziemlich jung. Jünger jedenfalls als die meisten von uns. Nur Angeli war jünger. Aber Angeli war bescheiden, still, scheu. Wir mochten Angeli. Bis dann am Schluss. Da mochte keine mehr eine von den anderen. Doch, du natürlich. Du mochtest Angeli. Sie ist deine Tochter.»

«Bitte, Ursula! Hast du gesehen, wie Vera den Engel wegtrug? Wohin sie ihn stellte? Wer sich allenfalls daran zu schaffen machte?»

«Es regnete in Strömen. Die Wolken hingen wie nasse Säcke zwischen den Bäumen. August zwar, aber alles war nass und kalt. Auch die Werkstatt, auch unsere Schlafzimmer. Auch die Küche, auch der Wohnraum. Eklig war es. Und Barbara verknurrte mich dazu, mit Jutta nach Tardin hinunterzugehen. Einkaufen. Pfui Teufel!»

«Du ermüdest mich, Ursula. Das alles habe ich selber erlebt. Ich war ja dabei. Du aber hast vorhin behauptet zu wissen, was mit dem Engel geschehen sei. Bitte, sag es mir!»

«Vera sass unter der Blutbuche, als ich mit Jutta vorbeiging. Sie sass unter dem Regenschirm und schnitt ein drohendes Gesicht.»

«Hatte sie den Engel dabei?»

«Nein.»

Ich entlasse Ursula. Sie ist die geblieben, die sie war. Sieben Jahre verändern einen Menschen nicht. Meistens nicht.

Ich stosse mich vom Türrahmen ab, strecke mich, vertrete die Füsse. Der Rücken ist steif, schmerzt. Ich schüttle mich, streiche mit beiden Händen übers Gesicht. Die Werkstatt ist leer. Verstaubt. Sie macht einen verwahrlosten Eindruck. Einen einsamen Eindruck. Ob es keine Kurse mehr gab nach dem letzten, keine Kurse nach Vera? Keine Kurse nach dem Engel? Ist das der Grund, dass der Geist der Gruppe noch in diesem Raum schwebt, dass er lebendig ist, deutlich spürbar, wie vor sieben Jahren? Ist das der Grund, dass die Frauen da sind, dass sie leben, reden, handeln? Ist das der Grund für die seltsame Trance, in der ich mich befinde?

Ich drehe mich um. Verlasse den Raum. Stehe in einem dünnen Sonnenschein. Ein Blick auf die Uhr: Das Datum stimmt, neunzehnter August. Der Tag, an dem der Kurs begann.

Auf dem Abstieg begegnen mir Ursula und Jutta. Jede trägt einen prallvollen Rucksack und in jeder Hand eine Tasche. Alle paar Schritte halten sie inne. Ihre Gesichter sind mürrisch, verspannt, böse.

«Hallo!» sage ich und bleibe neben ihnen stehen

Sie antworten nicht, nehmen keine Notiz von mir. Ich bin gestaltlos für sie, stimmlos, aber nicht seelenlos. Sie schauen sich unruhig um.

«Eine Hexe ist sie!» knurrt Ursula. «Barbara sagt das auch. Weisst du, dass sich in Tardin eine der berüchtigtsten Hexengerichtsstätten befand? Ob sie eine von denen ist? Ob sie keine Ruhe gefunden hat in den Jahrhunderten seither? Ob sie auf Erlösung wartet?»

«Besorg das Erlösen selber!» So Jutta. Und dann: «Gestaltet eine Hexe einen Engel?»

«Das könnte der Ansatz zur Erlösung sein.»

«Komm! Schleppen wir das Zeug hinauf!»

«Am liebsten würde ich die Ware abstellen, hier am Weg, würde mich umdrehen und nach Hause fahren. Mir ist verdammt nicht wohl in meiner Haut!»

Ich stehe und schaue den beiden nach, wie sie sich langsam aufwärts schleppen. Wieder schliesse ich die Augen bis auf zwei winzige Schlitze. Wieder lasse ich mich in diese seltsame Trance fallen.

«Jutta!» rufe ich. «Jutta, warte noch!»

Sie hält inne, dreht sich um, erkennt mich und kommt langsam zu mir zurück.

«Du, Brigit? Was suchst du hier? Sieben Jahre nachher?»

«Ich denke nach. Über damals. Etwas in meiner Erinnerung stimmt nicht. Bitte, hilf mir überlegen! Hilf mir rekonstruieren, Jutta! Du warst die Kühle, die Sachliche, die Praktische. Du musst wissen, wie es war, wie es sich abgespielt hat, alles, besonders aber das mit Vera und dem Engel.»

«Wir waren eine schlechte Gruppe. Das weisst du, Brigit. Im Grunde genommen mochte keine die andere. Von Anfang an nicht. Bloss du und Angeli, ihr wart ein gutes Team.

Wir anderen waren uns ähnlich. Allzu ähnlich vielleicht. Vielleicht war das der Wurm im Holz. Im Alter waren wir uns ähnlich, ein wenig sogar im Aussehen, in der Begabung oder eher Nichtbegabung, im Hang zu schlechter Laune, im Neid.»

«Aber Vera...»

«Darauf komme ich. In diese so undifferenzierte Gruppe platzte nun Vera hinein. Zu spät kam sie natürlich, mit grossem Auftritt, jünger, schöner, leidenschaftlicher, begabter als wir – oh je!»

«Oh je?»

«Sie hatte keine Chance. Bei uns nicht. Barbara behauptete, Vera sei die Hexe. Ich glaube, wir sind die Hexen gewesen. Aber ich muss hinauf. Zuspätkommen macht alles noch schlimmer – was sage ich? Schlimmer als was? Hey, Brigit! Zerbrich dir nicht deinen gescheiten Kopf! Was da geschehen ist, hat nichts mit dem Kopf zu tun, nichts mit dem Denken, nichts mit der Logik.»

«Womit denn?»

Jutta versucht, die Schultern zu zucken. Die Riemen des schweren Rucksacks hindern sie daran.

Ich gehe zurück nach Tardin, trete in das kleine, direkt an der Strasse gelegene Hotel, beziehe mein Zimmer. Warum dieses laute Hotel? Laut vom Strassenlärm? Ich weiss es nicht. Ich kam vom Bahnhof heute morgen, fuhr mit dem Lift hoch und stand dem Hotel nach wenigen Schritten gegenüber. Warum weitersuchen? Tardin besteht ohnehin nur aus dieser Strasse, sozusagen. Ein langgezogenes, lautes Passdorf voller Leben. Trotz der Geschichte mit Vera, trotz der unseligen Woche auf Castellalt gefällt mir Tardin. Etwas an dem Ort fasziniert mich. Mir ist wohl hier. Warum?

Vielleicht, weil ich damals noch Hoffnung hatte für Angeli. Weil ich hoffte, dass sie es schaffen würde, ein selbständiges Leben zu führen. Die Hoffnung hat sich nicht erfüllt. Angeli lebt heute in einem Wohnheim für geistig behinderte Menschen, arbeitet an einem geschützten Arbeitsplatz. Angeli hat insofern Glück, dass sie als Keramikerin arbeiten kann und ihre Sachen sich gut verkaufen. Natürlich hätte sie nach wie vor zu Hause wohnen können, aber ihre Betreuerin riet uns, sie selbständig wohnen zu lassen in einer diskret betreuten Gruppe im Wohnheim. Angeli passt nicht ganz in dieses Wohnheim. Sie ist geistig nicht behindert. Sie ist den anderen intelligenzmässig überlegen. Ihre Behinderung besteht darin, dass sie nicht lebenstüchtig ist. Sie hat zu wenig Kraft, um das Leben in dieser Welt, in dieser Zeit bewältigen, ertragen zu können.

Ich denke an Angeli, während ich an der offenen Balkontür stehe und auf die Autos und die Menschen hinunterschaue, die sich durch die Strasse bewegen. Ich weiss, dass sich Angelis Unvermögen, mit dem Leben zurecht zu kommen, in jener Woche auf Castellalt noch verstärkt hat. Etwas Unheimliches ist dort oben geschehen – oder genauer gesagt, etwas Heimliches ist dort oben geschehen. Etwas, über das ich nichts weiss, etwas, über das Angeli mehr weiss – und Vera. Da Vera tot ist, ist Angeli mit ihrem Wissen allein.

Die Gruppe? Ich glaube, dass die Gruppe geblufft hat. Sie weiss nichts. Sie hat Angst gehabt. Barbara um den Ruf ihrer Kurse, die anderen vor Befragungen und Verdächtigungen. Ich brauchte keine Angst zu haben. Ich war nicht vorn auf der Wiese. Ich sass in der Werkstatt beim Ofen.

Ich drehe mich um, blicke in das überraschend gemütlich eingerichtete Zimmer. Ich habe Hunger. Aber ich habe keine Lust, allein in eines der Restaurants an der Strasse zu sitzen. Gegenüber liegt eine Bäckerei. Ich gehe über die Strasse, kaufe mir Brot und Kuchen, erstehe weiter vorn etwas zum Trinken. Der Abend ist hell. Die Wolken haben sich verzogen. Nur im Westen hängt noch eine rötliche Nebelbank über dem Grat.

Oben in meinem Hotelzimmer richte ich mich ein. Ich stelle den Lehnsessel unter die offene Tür, schiebe den kleinen Tisch dazu, verteile meine Esswaren darauf. Wenn ich mich vorbeuge, erkenne ich über den Dächern gerade noch die Turmspitze der Kapelle auf Castellalt.

Wer war denn eigentlich noch mit dabei in jener Woche? Wer ausser Vera, Barbara, Ursula und Jutta? Wer ausser Angeli und mir? Lies natürlich, die finstere Lies und dann Helen, die farblose, die es allen recht machen wollte.

Ich weiss, weshalb mir Lies erst jetzt wieder in den Sinn kommt. Ich habe die Erinnerung an sie verdrängt. Sie war es, die Angeli am deutlichsten beschuldigte, Vera gestossen zu haben. Sie stand da, stand vor Angeli, sagte:

«Du bist es gewesen. Du hast Vera gestossen!» Finster sah sie aus, böse mit ihren geraden schwarzen Brauen, die über den Augen fast zusammenwuchsen.

«Lies,» frage ich, «hast du es gesehen?»

«Ha-ha! Ich sehe alles.»

«Das ist keine Antwort, Lies.»

«Warum hast du deine Tochter überhaupt mitgebracht, dieses Hätschelpüppchen? Sie passte nicht zu uns.»

«Hier passte keine zu keiner.»

«Ha-ha! Aber ich passe zu mir. Ich wollte zu keiner von euch passen.»

«Warum hast du dich für diese Woche angemeldet, Lies?»

«Ich mag den Ton in meinen Händen, das kühle, weiche, feuchte Material. Und ich mag unheimliche Orte, düstere Orte, gefährliche Orte wie diesen. Mir hat das Wetter gepasst. Je finsterer, je kälter, je nässer, umso besser. Oft sass ich draussen unter dem Vordach und drehte meinen Klumpen Ton in den Händen. Ich wollte nichts formen, nichts gestalten, ich wollte nur kneten. Dabei schaute ich Vera zu, die unter ihrem riesigen Regenschirm arbeitete. Ringsum tropfte das Wasser vom Schirm. Sie sass im Trockenen. Der Engel entstand unter ihren Händen wie von selbst.»

«Du weichst mir aus, Lies. Ich muss wissen, ob du gesehen hast, wie Angeli Vera hinunterstiess. Sieben Jahre lang habe ich gewartet und geschwiegen. Jetzt ertrage ich die Ungewissheit nicht mehr. Jetzt muss ich es wissen.»

«Ha-ha! Typisch Brigit. Jetzt muss sie es wissen! Du wirst es nie wissen. Es sei denn, dass dein zartes Töchterlein eines Tages reden will. Es wird sich hüten davor.»

Bei Lies erreiche ich nichts. Sie war mir von Anfang an unsympathisch. Sie war unkollegial und grob. Barbara behauptete, Vera habe Ursulas Schale vom Tisch gestossen, sodass sie zerbrach. Das stimmt nicht. Es war Lies. Ich habe ihr zugeschaut. Vera – Vera war nicht böse, nicht berechnend. Sie war nur anders. Sie wollte allein sein. Sie wollte ihren Engel formen und brennen. Sie wollte im Regen sitzen und nachdenken. Vielleicht wollte sie auch unglücklich sein. Allein mit ihren Gedanken, mit ihrem Engel, mit ihrem Unglück. Was weiss ich. Keine kannte die andere. Wir blieben uns fremd. Ich habe nur ein wenig beobachtet. Dieses oder jenes. Leider nicht, wie Vera und Angeli zum Felsen hinaus gingen. Ich war beauftragt, das Feuer im Ofen zu hüten. Ich wollte nicht versagen wie Vera. Also blieb ich. Mit einem schlechten Gefühl im Magen. Mit Angst im Genick.

«Eines muss ich euch gleich am Anfang sagen –», so Barbara, als wir angekommen waren und uns in der Werkstatt versammelt hatten. «Der Platz ist gefährlich. Das Plateau, auf dem die Gebäude von Castellalt stehen, bricht auf drei Seiten in einer Steilwand ab. Sie ist ungefähr zweihundert Meter hoch. Vor einigen Jahren ist ein Kind zu Tode gestürzt. Es gehörte zu einer Klasse, die ihre Schulreise hier herauf unternahm. Früher einmal stürzte ein Knabe aus dem Dorf ab. Und noch viel früher jagte, so sagt man, ein grausamer Ritter mit seinem Pferd über die Felswand hinaus. Also haltet euch bitte vom Rand des Plateaus fern! Die Abbrüche kommen unvermutet, werden zum Teil durch den Wald verdeckt. Geht nicht weiter als bis zur Kapelle! Die Kapelle wächst mit ihrer Nordmauer direkt aus dem senkrechten Felsen.»

Das zweite Mal seit meiner Ankunft auf dem Hügel von Castellalt beschlich mich ein ungutes Gefühl. Nicht nur die Gruppe war mir unheimlich, fremd, sondern auch der Ort. Obwohl er eine eigenartige Schönheit verbarg. Ja, die Schönheit des Ortes war verborgen. Nicht nur wegen des Regens, wegen des Nebels, des trüben Lichtes – es war noch etwas anderes. Etwas, das erlöst werden müsste, vielleicht. Ein Bann? Ein Fluch?

«Wir werden ein Konzert haben zum Empfang», fuhr Barbara fort. «Heute abend in der Kapelle. Drei junge

Musiker spielen für uns: eine Flötistin, eine Geigerin und ein Cellist.»

Angeli stiess mich an. Sie lächelte. Musik ist alles für sie. Auch ich freute mich auf das Konzert.

«Spielen sie nur für uns?»

«Ja. Ausschliesslich für uns!»

Es gibt eine glückliche Erinnerung an Castellalt. Es gibt eine verzauberte Stunde. Ich empfing sie, als ich in der alten Kapelle sass auf einer Holzbank ohne Lehne und fror. Die kleinen Musikstücke unbekannter barocker Meister klangen so weich und golden und warm zwischen den rohen Bruchsteinmauern und unter dem dunklen, morschen Gebälk, dass ich alle Unannehmlichkeiten vergass. Ich tauchte erst wieder auf, als die Musiker schon ihre Instrumente versorgten und Angeli mich an der Schulter berührte.

Und dann war nichts mehr gut.

Ich strecke die Beine auf den Balkon hinaus. Längst habe ich meine Mahlzeit beendet. Die Dämmerung verdunkelt das Zimmer. Sie schleicht durch die Dorfstrasse, ruft den ersten Lichtern. Über dem Hügel von Castellalt ist der Himmel noch hell.

Nie in den sieben Tagen vor sieben Jahren haben wir einen hellen Himmel gesehen. Ob das unsere Gemüter verdüstert hat, unsere Aggressionen geweckt, unsere Verletzungen entblösst, unsere Verzweiflungen aufgedeckt hat? Geredet haben wir nicht davon. Es wurde spürbar in unserem Verhalten, in unserem So-Sein. Es wurde spürbar in der Unverträglichkeit der Gruppe. Es wurde spürbar im Absturz von Vera. In den Beschuldigungen. In den Verdächtigungen. Im Verschweigen der Wahrheit.

Während sich der Himmel verdunkelt über Castellalt, frage ich mich, ob es einen Sinn hat, mit Helen zu reden.

Ob sie etwas anderes weiss, mehr weiss, und ob sie, wenn sie es weiss, es auch sagen wird? Helen wirkte wie eine Frau, die keine eigene Meinung zu haben wagt.

«Doch», sagt Helen, «ich weiss etwas. Und ich sage es dir. Dir sage ich es.»

«Was weisst du, Helen?»

«Es war beim Glasieren. Erinnerst du dich? Wir waren den ganzen Nachmittag in der Werkstatt beschäftigt, tauchten unsere Formen und Figuren in verschiedenen Glasuren, überschütteten sie, bepinselten sie, stellten sie zum Trocknen hin. Vera war nicht drin. Sie sass draussen unter der Buche und redete mit dem Engel. Ja, ich habe sie murmeln gehört, als ich an ihr vorbei ging auf dem Weg zum Wohnhaus.»

«Ich weiss, ja. Vera wollte den Engel nicht glasieren. Barbara war wütend. Sie sagte, das Glasieren gehöre zum Lehrgang, zum Lehrstoff der Woche. Vera beharrte. Der Engel sollte aus Ton sein, aus dem rohen Ton.»

«Lies war noch wütender: 'Mensch, die wächst noch an unter ihrer Buche! Meint, ihr Engel sei weiss was. Man sollte sie schütteln, zerren, stossen!' Ja, Brigit, stossen hat sie gesagt!»

«Wir sagen vieles. Meistens tun wir es nicht.»

«Angeli sagte: 'Der Engel ist schön.' Sie hatte recht, nicht wahr, Brigit? Der Engel war schön?»

Ich nicke. Die Autos unten auf der Strasse, die Autos mit ihren blendenden Lichtern fahren über meine Erinnerungen, walzen sie platt.

Ich stehe auf, ziehe meine Turnschuhe an, eine leichte Jacke, mache einen Lauf zum Bahnhof hinunter, durch die untere Strasse dem Rhein entlang bis zum Schwimmbad. Ein heller Nachthimmel ohne Mond spendet genügend Licht auf dem Weg. Ob ich Barbara aufsuchen soll morgen? Lebt sie überhaupt noch in Tardin? Gibt es das Atelier noch, den Kursraum, den Laden? Ich laufe zum

Hotel zurück, versuche, das Geschehen auf Castellalt in einen Abstand zu bringen, der mir erlaubt, anderes zu tun und zu denken. Das gelingt mir im Laufen gut. In dieser Stimmung gehe ich zu Bett, schlafe tief zunächst, später schleudere ich durch fetzenhafte, wild wechselnde Traumbilder, stehe frühzeitig auf, sitze mit den ersten Geschäftemachern unten im Restaurant beim Frühstück. Vor acht Uhr schon bin ich auf der Strasse.

Es gibt den Laden noch. Das Atelier, den Werkraum. Barbara von Mont, Töpferin und Bildhauerin. Sie ist drinnen. Sie hebt den Kopf, schaut mich an. Ich stehe und schaue zurück. Die Schaufensterscheibe trennt uns. Jetzt lacht Barbara, steht auf. In der Tür treffen wir uns.
«Du bist die Brigit von...»
«Ja, ich bin die Brigit von...»
«Komm herein! Hast du Zeit für eine Tasse Kaffee? Mein Kurs beginnt erst um neun Uhr.»
Ich folge ihr in den Laden, ins Atelier. Hier steht in der Ecke eine Kaffeemaschine. Barbara füllt Wasser ein, stellt die Tassen unter den Hahnen.
«Gibst du immer noch Kurse?»
«Wie du siehst, ja.»
«Auch oben?»
Barbara schüttelt den Kopf. «Ich war nie mehr oben, seit ich sie gefunden habe damals, zusammen mit der Polizei, unten auf dem Teufelsstein. Kannst du dir das vorstellen? Ich wohne in Tardin und gehe nie mehr nach Castellalt. Sieben Jahre lang. Die Sachen hat man mir heruntergebracht. Die Verwaltung habe ich meinem Bruder übergeben.»
«Doch, ich kann es mir vorstellen.»
Barbara stellt eine Tasse vor mich hin, gibt mir Zucker und Rahm dazu.
«Es gibt Dinge, weisst du...»

«Ich glaube, ich weiss, ja.»
«Wie geht es dir? Erzähl doch, Brigit!»
«Gut, doch, normal, so wie es uns geht, wenn wir von groben Schicksalsschlägen verschont sind. Und du? Und dir?»
«Doch, auch, ja. Man lernt mit den Bildern leben. Mit dem Bild der Zerschmetterten zum Beispiel. Jahrelang war es farbig, das Bild, blutig, schrill, ätzend. Jetzt ist es schwarz-weiss, eine Bleistiftzeichnung, Faktum, deutlich, sachlich, wahr. So geht es.»
Sie rührt im Kaffee. Wir schweigen. Seltsam, wie wenig es zu sagen gibt nach sieben Jahren.
«Und Angeli? Wie geht es Angeli? Was macht sie?»
«Ja, Angeli. Sie lebt in einem Wohnheim, arbeitet in einer geschützten Werkstatt. Als Keramikerin. So geht es.» Ich wiederhole Barbaras Worte.
«Ist sie...?»
«Nicht so, wie du denkst. Sie hat nicht durchgedreht. Sie ist nicht geistesgestört. Aber sie braucht Schutz. Sie ist nicht für unsere Welt und unsere Zeit gemacht. Sie braucht eine ständige fachkundige Begleitung.»
Wieder breitet sich das Schweigen aus zwischen uns.
Barbara bricht es als erste: «Kommst du mit zur Teufelsplatte? Am Nachmittag?»
«Zur Teufelsplatte?»
«Warst du jemals dort?»
Mich schaudert. «Nein. Wozu denn?»
«Wenn ich dich darum bitte?»
«Es wäre gut für dich?»
«Vielleicht. Ich möchte es versuchen. Mit dir zusammen.»
«Doch, ja. Wir gehen. Am Nachmittag.»

Es führt kein Weg zum Teufelsstein. Das weiss ich. Man muss sich durchs Unterholz kämpfen. Ich ziehe

Jeans an und Turnschuhe. Ich hole Barbara im Laden ab. Während wir durch die Strasse von Tardin gehen, habe ich ein gutes Gefühl. Die vertraute Strasse, Barbara neben mir. Wir plaudern, wir lachen. Einmal bleibe ich stehen, schaue Barbara an.

«Warum war das damals nicht möglich? Vor sieben Jahren? Diese Selbstverständlichkeit zwischen uns, dieses Verständnis, diese Sympathie? Und nicht nur zwischen uns, warum war in der ganzen Gruppe nichts davon möglich, nichts davon spürbar? Gibt es so etwas wie einen Bann, einen Fluch?»

«Ja, das gibt es. Ich glaube daran.»

«Am Ort kann es nicht liegen. Du hattest vorher andere Gruppen auf Castellalt, gute Gruppen.»

«Vielleicht lag es am Zeitpunkt. Vielleicht war irgend ein Jahrestag, ein uralter, ein vorzeitlicher Jahrestag sozusagen, von dem wir nie Kenntnis hatten und nie Kenntnis haben werden – und trotzdem wirkte er. Er zog Vera in die Tiefe.»

«Du nanntest Vera eine Hexe damals. Empfindest du immer noch so?»

«Wir waren wohl alle auf eine Art Hexen damals da oben. Und ich musste einen Sündenbock haben, verstehst du? Bis zu einem gewissen Grad war ich verantwortlich für das, was geschah. Vera diente mir als Sündenbock. Heute sehe ich das klar. Sie war nicht schlimmer als wir. Im Gegenteil: Sie liess uns in Ruhe. Sie wollte allein sein. Sie wollte ihren Engel modellieren.»

«Und die Glut, die sie ausgehen liess?»

«Ich weiss es nicht. Es war Unachtsamkeit oder Absicht. Ich weiss es nicht.»

«Du denkst, dass Vera selber gesprungen ist?»

«Das ist es, was ich denke, ja.»

Barbara kennt die Stelle, an der wir vom Weg abbiegen müssen.

«Man hat damals ein bisschen gerodet hier. Sie mussten ja mit der Bahre durchkommen.»

«Hör auf, du!»

«Nein, Brigit. Heute muss ich noch einmal hinschauen. Genau, aufmerksam, tapfer.»

Es ist ein warmer Nachmittag. Im Unterholz duftet und summt es. Wir klettern steil aufwärts. Jetzt befinden wir uns am Fuss der Felsen. Mich schwindelt, während ich der Wand entlang hochblicke. Oben entdecke ich die Mauer der Kapelle. Wir reden jetzt nicht mehr. Barbara geht mir voraus dem Fuss der Felsen entlang. Vor einer flachen, grossen Steinplatte bleibt sie stehen.

«Also, hier war's.»

«Warum Teufelsplatte?»

«Auch der Teufel ist einmal über die Steilwand von Castellalt abgestürzt. Als die Kapelle gebaut wurde, missfiel das dem Teufel sehr. Er fürchtete sich vor dem Kreuz auf dem Turm. Es vertrieb ihn vom Plateau von Castellalt, das er als sein Territorium betrachtete. Da er der Kapelle nicht nahe kommen konnte, löste er eine mächtige Felsplatte aus der Wand hinter sich und warf sie mit aller Kraft gegen das Kirchlein. Er verfehlte es knapp, und der Stein sauste in die Tiefe. Ausser sich vor Wut sprang der Teufel hinterher. Er landete auf dem Stein, den er geworfen hatte. Hier erkennst du noch, wo er mit dem Kopf, den Händen und den Knien aufgeschlagen hat.»

Sie zeigt auf die eigenartigen Vertiefungen im flachen Stein. Sie geht in die Hocke, legt sich dann so auf die Platte, dass ihr Kopf, ihre Hände und ihre Knie in die Vertiefungen passen. Sie dreht den Kopf.

«Er war etwas kleiner als ich, der Teufel.»

«Ist er davon gekommen?»

«Er kommt immer davon – wusstest du das nicht?»

Ich denke an Barbaras Vorsatz, genau hinschauen zu wollen, und frage:

«Wie hat Vera gelegen?»
«Quer», antwortet Barbara.
Sie rückt auf dem Stein nach links, so weit, bis sie quer zu den Vertiefungen zu liegen kommt. So verharrt sie regungslos. Ich sitze neben sie, in eines der Knielöcher des Teufels, und warte. Es ist heiss. Die Sonne sticht. Trotz der makabren Situation kommt Ruhe über mich. Der Sommernachmittag erhellt das Dunkle, mildert die Feindseligkeit, tilgt die Schuld.
Barbara regt sich neben mir. Sie sitzt jetzt, wie ich, steht auf.
«Komm!»
Wir folgen der Spur unseres Aufstiegs, erreichen rasch wieder die Einbiegung in die Strasse.
«Danke, dass du mitgekommen bist!»
«War es gut für dich?»
Barbara nickt. «Für heute genügt es. Ein anderes Mal werde ich dich bitten, mich nach Castellalt hinauf zu begleiten. Kommst du?»
«Ja. Ich war gestern schon oben.»
«Ich dachte es mir, als ich dich sah.»
Barbara und ich werden uns wiedersehen. Ich werde nach Tardin zurückkommen. Das erfüllt mich mit Freude und mit Glück. Ich stehe auf dem Perron und warte auf den Zug, der mich ins Unterland zurückbringen wird. Ich werde wiederkommen, bald.

«Ich möchte mit meiner Tochter reden, mit Angeli Sartorio.»
«Angelina ist heute nicht da.»
«Nicht da? Aber...»
«Ja, Frau Demian hat ihr Urlaub gegeben.»
«Ist Angeli allein unterwegs?»
«Ja, sie durfte allein reisen.»
«Reisen? Wohin denn?»

«Sie ist nach Tardin gefahren.»
«Tardin? Nein! Das hätte Frau Demian ihr nicht erlauben dürfen! Wissen Sie, was das bedeutet? Wissen Sie, was Angeli in Tardin erlebt hat? Wissen Sie, dass sie seit Tardin so ist, wie sie ist?»
«Bitte, Frau Sartorio! Regen Sie sich nicht auf! Nein, ich weiss das alles nicht. Muss es auch nicht wissen. Aber ich denke, dass Frau Demian es weiss.»
«Was macht Angeli in Tardin?»
«Sie macht einen Besuch. Sie wird erwartet. Ich weiss zufälligerweise, dass das mit Frau Demian abgesprochen wurde.»
«Von wem wird sie erwartet?»
«Von Frau von Mont, Barbara von Mont, glaube ich.»
Ich stehe neben dem Telefonapparat, bleibe dort stehen, auch nachdem ich den Hörer abgelegt habe. Barbara! Warum hat sie mir nichts gesagt? Sie hat mich hintergangen, sie hat... Sie hätte doch... Ich schaue auf die Uhr. Ich rechne nach. Doch, ich könnte es schaffen, bis am Nachmittag in Tardin zu sein.

Während ich mich umziehe, halte ich plötzlich inne. Was mache ich da? Warum lasse ich Angeli nicht gewähren? Sie ist volljährig. Warum habe ich kein Vertrauen zu Barbara? Sie denkt, dass Vera selber über die Felswand gesprungen ist. Sie hält Angeli für unschuldig. Vielleicht kann sie ihr helfen? Und: Bin ich ein Stück weit schuld an Angelis Unselbständigkeit, an ihren Ängsten, ihrer Unfähigkeit? Ich, ihre Mutter? Bin ich schuld, weil ich kein Vertrauen in sie habe, keinen Mut, weil ich mich nicht gelöst habe von ihr?

Vielleicht lernt Angeli leben.

Ich werde nicht nach Tardin fahren, heute nicht. Ich kann nicht verhindern, dass ich sehr unruhig bin an diesem Tag, nichts zuwege bringe, nichts in Angriff nehme, zerstreut durchs Haus und durch die Strassen gehe, immer an Angeli und Barbara denke. Hat Barbara Angeli eingeladen? Oder hat Angeli Barbara angerufen? Was könnte der Auslöser dazu gewesen sein? Der Jahrestag? Der Siebenjahrestag? Kennt Angeli das Datum, das Jahr? Erinnert sie sich? Doch, natürlich erinnert sie sich. Sie entschloss sich zu handeln, hinzufahren und hinzuschauen, hinzuhören.

Vielleicht lernt Angeli leben.

Ich gebe ihr die Chance. Ich fahre nicht nach Tardin.

Vier Tage später besucht mich Angeli. An einem Nachmittag.

«Darfst du das?»

«Ja, Frau Demian sagt, ich hätte ab sofort Ausgang an meinem freien Nachmittag. Gut, nicht wahr?»

«Wenn du es dir zutraust, ja.»

«Ich war letzte Woche in Tardin. Allein. Bei Barbara von Mont.»

«Ich weiss es. Ich habe dich angerufen und den Bescheid bekommen, du seist in Tardin. War es schön? Ist alles gut gegangen?»

«Ich werde einen Kurs besuchen bei Barbara. Einen Töpferkurs in der Stadt. Frau Demian ist einverstanden. Nächsten Monat beginnt der Kurs.»

«Du wirst in die Stadt fahren, allein?»

«Ja. Jeden Dienstag.»

Ich bin überrascht. Weiss nicht, ob die Freude überwiegt oder der Groll. Frau Demian ist gefragt. Nicht ich. Und: Angeli weiss, was sie will. Das ist neu.

Die Freude, die Hoffnung überwiegen.

Vielleicht lernt Angeli leben.

Ich koche Tee. Angeli deckt den Tisch.

«Ich bin mit Barbara auf Castellalt gewesen. Und beim Teufelsstein. Wir haben ein Stück des Engels gefunden.»

«Angeli!»

«Ja. Am neunzehnten August waren es sieben Jahre her. Ich beschloss, Barbara zu sagen, wie es gewesen ist damals mit Vera und dem Engel. Barbara war die Kursleiterin. Sie ist die Besitzerin von Castellalt. Ein Stück weit trug sie die Verantwortung. Es war unfair von mir, sie so lange im Ungewissen zu lassen.»

«Es war auch dir gegenüber unfair», sagt Angeli, als wir am Tisch sitzen. «Ich konnte es nicht sagen. Ich habe sieben Jahre gebraucht, bis ich es sagen konnte.»

Ich mache eine hilflose Bewegung mit dem Kopf. Schaue an Angeli vorbei. Ich habe Angst.

«Die Gruppe war auf der Wiese zurückgeblieben. Ich stand mit Vera neben der Kapelle, vorne am Abgrund. 'Weisst du, dass der Teufel da runtergesprungen ist?' fragte mich Vera. Ich war unglücklich, weil meine Tonfrau zersprungen war. Ich wusste, dass Vera die Glut hatte ausgehen lassen, dass sie schuld war daran. 'Nicht nur der Teufel', sagte ich und riss ihr den Engel aus der Hand. Ohne zu überlegen, schleuderte ich ihn in den Abgrund. Ohne zu überlegen, sprang Vera ihm nach.»

Ich presse die Hände auf das Tischtuch. Ich zittere.

«Sag nichts!» bittet Angeli. «Du siehst, ich habe Vera nicht gestossen – und habe sie doch gestossen.»

«Sag nichts!» bittet Angeli noch einmal. «Veras Körper schlug irgendwo auf, bevor er auf der Teufelsplatte landete. An einem Felsvorsprung wahrscheinlich. Ich hörte das dumpfe Aufklatschen und das Brechen von Ästen. Ich kehrte in die Werkstatt zurück und war nie mehr dieselbe. Etwas ging kaputt in mir.»

«Und heute? Und weiter?» frage ich.

«Der Kurs bei Barbara wird möglich sein, denke ich. Alles andere...» Angeli zuckt die Schultern.

An diesem Nachmittag vertauschen wir die Rollen, Angeli und ich. Sie wirkt ruhig, sachlich, sicher. Ich zittere, ich vergiesse Tränen, ich frage...

«Wir haben einen intensiven Tag gehabt, Angeli und ich», berichtet Barbara am Telefon. «Einen gespenstischen Tag auch – und einen hoffnungsvollen Tag am Ende. Hat sie mit dir geredet?»

«Ja.»

«Auch für mich war es gewaltig, Brigit. Ich war auf Castellalt. Nach sieben Jahren zum ersten Mal. Eigentlich wollte ich mit dir hingehen, du weisst es. Aber dann hat Angeli angerufen und wollte herkommen, wollte mich sehen, wollte Castellalt wiedersehen und die Teufelsplatte. Da bin ich mitgegangen. Habe gedacht: Wenn Angeli es kann, dann kann ich es auch. Es war gut, es war sehr gut, Brigit.»

«Ich bin froh für dich, bin froh für Angeli. Sie kommt in deinen Kurs. Seit sieben Jahren hat Angeli nichts mehr unternommen, ist nirgendwohin allein gefahren. Weisst du, was es für sie bedeutet, dass sie deinen Kurs besucht? Und was es für mich bedeutet?»

«Weisst du, weshalb Angeli zu diesem Schritt fähig wurde, Brigit?»

«Nein. Weisst du es?»

«Ich kann es mir denken.»

«Was ist es?»

«Sie hat ein Stück des Engels gefunden.»

Der Weltend-Hof

Francesca bin ich. Oder bin ich Irmelin? Ist Irmelin Francesca? Oder tatsächlich Irmelin? Ich fürchte, ich verliere den Verstand. Ich bin vierundfünfzig Jahre alt. Und verliere den Verstand.

Dachte, ich kenne mich aus. Hielt mich für erfahren, illusionslos, tragfähig. Und dann geschieht mir etwas wie dieses. Etwas, mit dem ich mich schon oft im Leben beschäftigt hatte – in der Theorie. Und jetzt geht es mich an. Ich bin gemeint, betroffen, direkt.

Es begann damit, dass diese Kusine aus Istanbul in die Schweiz zurückkehrte. Diese Botschafterin, die Gescheite, Gewandte, auf die die Familie so stolz war. Ich hatte sie einmal gesehen, als Teenager, in Rom, man hatte sich getroffen zu einer weitläufigen Familienfeier. Wir haben uns verstanden, auf Anhieb, und hatten die beiden Tage genossen, indem wir zusammen schwatzten und lachten und uns ab und zu aus den Festivitäten davonstahlen. Ich habe ihr dann einige Briefe geschickt, die sie nicht oder nur flüchtig beantwortete – sie war keine Briefeschreiberin. Dafür rief sie mich einmal an aus Istanbul. Ein Telefon für mich allein aus Istanbul! Natürlich war sie damals noch nicht Botschafterin, sie befand sich ja ungefähr im gleichen Alter wie ich. Aber ihre Familie lebte dort. Sie nannte sich Arta, eigentlich hiess sie Marta, aber das war ihr zu bünzlig.

Ich vergass Kusine Arta mehr oder weniger, nachdem unser Kontakt versiegt war. Ich habe sie nie wiedergesehen bis zum letzten März, als sie mich anrief aus Zürich und mir sagte, sie sei aus Istanbul in die Schweiz zurückgekehrt, für immer – vorläufig für immer – sagte sie lachend, und sie würde mich gern treffen. Wir verbrachten einen angeregten Tag zusammen, verstanden uns wieder auf Anhieb, vereinbarten, uns in Zukunft regelmässig zu besuchen.

Und dann wurde es April, und im April erhielt ich diesen Brief von Arta, der mich im Alter von vierundfünfzig Jahren aus der Kurve warf.

«Mit fünfzehn konnte man dich eher noch in die Familie einschmuggeln», schrieb sie. «Jetzt, im Alter einer reifen Frau, kannst Du Dich nicht mehr für eine Casanova ausgeben. Eine Erdfrau bist Du mit Deinem wilden grauen Gelock und Deiner üppigen Statur. Das ist keine Kritik an Deinem Aussehen, Francesca, vielmehr ist es der Neid einer klapprigen dünnen Latte, wie ich es bin. Wie wir Casanovas alle es sind.

Hast Du eigentlich je herausgefunden, woher Du stammst, wer Deine Eltern sind, oder doch, wer Deine Mutter ist? In der Familie durfte man ja kein Sterbenswörtchen darüber verlieren. Warum eigentlich nicht?»

Ich war erst spät losgekommen im Büro, es war schon fast sieben Uhr, ich hatte noch nichts gegessen. Dennoch liess ich mich zuerst in einen Sessel fallen und lagerte die Beine hoch. So las ich Kusine Artas Brief. Ich las ihn nicht zu Ende. In meinem Bauch regte sich ein elendes Gefühl. Es dehnte sich aus, füllte mich an, drohte mich zu zersprengen. Jetzt kommen die Tränen, dachte ich. Obwohl ich mit weit offenen Augen auf die Tränen wartete, dauerte es noch eine Weile, bis sie flossen und mir Erleichterung brachten. Was man von einem Schulkind, einem Teenager und einem jungen Menschen weiss, erwies sich auch bei einer Frau meines Alters als ein tiefer Schock: Ich war nicht das Kind meiner Eltern!

Merkwürdigerweise glaubte ich es sofort. Nicht einen Augenblick lang zweifelte ich an Kusine Artas Worten.

Ich war nicht das Kind meiner Eltern! Niemand hatte es mir gesagt. Die Familie hatte geschwiegen. Wäre da nicht Kusine Artas unbeschwerte Geschwätzigkeit – ich hätte es vielleicht zeit meines Lebens nie erfahren. Ich fühlte mich betrogen und heimatlos. Ich sass in meinem Sessel und weinte. Ich versuchte, die anstürmenden Gefühle auszuhalten, ohne sie analysieren oder verändern zu wollen. Das kam später. Auch Folgerungen würde ich erst später ziehen, Pläne schmieden, handeln, alles später. Aber ich spürte, dass ich jetzt jemanden brauchte zum Reden, zum Weinen, zum Fragen. Ich ging zum Telefon und wählte Artas Nummer. Sie war zu Hause.

«Arta», sagte ich, «das hab ich nicht gewusst. Niemand hat mir gesagt, dass ich nicht das Kind meiner Eltern bin. Seit wann weisst du es? Was weisst du? Weisst du mehr?»

Meine tränenheisere Stimme gefiel Arta nicht.

«Wo ist Pietro?» fragte sie.

«Fort», antwortete ich. «Sie sind meistens fort, wenn man sie braucht.»

Arta lachte. «Du kannst dich nicht beklagen, glaube ich.»

«Im allgemeinen nicht», gab ich zu. «Aber heute ist mir ums Klagen.»

Arta sagte: «Leg dich hin! Entspanne dich! Iss etwas! Trink etwas! In anderthalb Stunden bin ich bei dir.»

Es war schön, Arta bei mir zu haben. Mit ihr zusammen ass ich dann endlich etwas. Ich lag auf dem Kanapee, sie sass daneben und gab lautstark ihrer Empörung darüber Ausdruck, dass mir meine Eltern, also meine Adoptiveltern, nicht die Wahrheit gesagt hatten.

«Was wäre dabei gewesen?» fragte sie. «Wer regt sich darüber noch auf? Ist es eine Schande, keine eigenen Kinder haben zu können?»

«Ja», antwortete ich, «das war es wahrscheinlich. Meine Eltern – ich sage halt immer noch so – bemühten sich, möglichst vollkommen zu sein, untadelig, alles leisten, bewältigen, vollbringen zu können. Das Eingeständnis der Unfähigkeit, Kinder zu bekommen, wäre unerträglich gewesen für sie. Ich verstehe bloss nicht, warum sie darauf vertrauten, die Adoption würde niemals publik werden in der Familie.»

«Sie lebten ein gutes Jahr lang in Istanbul», erzählte Arta, «eben in dem Jahr, bevor du geboren wurdest. Sie mussten meine Eltern einweihen. Aber das waren die einzigen Menschen ausser der Adoptionsvermittlungsstelle und der Vormundschaftsbehörde, die davon wussten. Auf ihre Verschwiegenheit konnten sie sich verlassen.»

«Warum weisst du denn...?»

«Das war ein dummer Zufall – oder ein gescheiter Zufall. Ich war ungefähr zwölf Jahre alt. Wir waren bei euch in Rom zu Besuch. Du warst nicht daheim. Du warst irgendwo in den Ferien. Ich schlief im Nebenzimmer, das heisst, ich schlief eben nicht, obwohl es schon spät in der Nacht war. Ausserdem war die Tür nicht ganz geschlossen. Ich hörte, wie deine Mutter meiner Mutter ans Herz legte, nie etwas davon verlauten zu lassen, dass du nicht ihr leibliches Kind seist. Auch das Wort Adoption fiel, und ich wusste damals schon, was dieses Wort bedeutete.

Ich schlief weiterhin schlecht in jener Nacht. Am Morgen – als wir allein waren natürlich – fragte ich meine Mutter, ob das wahr sei, was ich in der Nacht gehört hatte. Meine Mutter hielt nichts von Lügen. Ausserdem besass sie Vertrauen zu mir. So teilte sie das Geheimnis mit mir. Sie bat mich eindringlich, den Wunsch deiner Eltern zu respektieren und keinem Menschen ein Wort darüber zu sagen. Sie selbst sei jederzeit bereit, meine Fragen zu beantworten, meine Gedanken und Überlegungen anzuhören. So wusste ich bereits damals an jenem Familienfest in Rom, dass du ein fremder Vogel im Nest warst, und das machte mich neugierig auf dich. Du gefielst mir.»

Ich blickte auf mein Leben zurück, auf meine Kindheit, auf meine Jugend – und begriff jetzt so vieles. Ich begriff, dass den Eltern mein schwarzes, krauses Haar missfiel und meine zur Fülle neigende Figur. Ich begriff, dass es sie mit übermässsigem Stolz erfüllte, dass ich eine gute Schülerin war und einen akademischen Abschluss machte. Denn die Casanovas sind intellektuell und gebildet. Ich bin spontan, machmal bin ich laut. Beides versuchten meine Eltern zu unterdrücken. Die Casanovas sind distinguiert, sie haben Stil.

Auf einmal begriff ich auch, welhalb meine Eltern sich geweigert hatten, in die Schweiz zurückzukehren. Mir wurde klar, weshalb sie gegen Pietros Plan gekämpft hatten, eine Stelle in Bern anzunehmen. Natürlich sind Pietro und ich dennoch in die Schweiz gekommen, haben uns in Bern niedergelassen, wo wir heute noch wohnen. Meine Eltern, die ganze Familie Casanova, waren Schweizer, Auslandschweizer, und ich vermute, dass auch meine leiblichen Eltern Schweizer waren oder sind. Indem man im Ausland blieb, versuchte man mich von jeder Möglichkeit fernzuhalten, meine wirkliche Herkunft zu entdecken.

Aber da war Kusine Arta, die sich nach dem Tod meiner Adoptiveltern nicht mehr an das einst gegebene Versprechen gebunden fühlte. Die anderseits auch annehmen durfte, ich sei früher oder später doch noch über meine Herkunft unterrichtet worden.

Nun wunderte ich mich auch nicht mehr darüber, dass ich kein enges, warmherziges Verhältnis zu meinen Eltern gehabt hatte. Das war nicht so, weil sie nicht meine leiblichen Eltern waren, sondern, weil sie mich belogen hatten. Ich begriff die Gefühle von Unbehaustheit und Einsamkeit, die mich durch mein Leben begleitet hatten. Mir fehlte der Boden unter den Füssen, aber auch die Luft zum Atmen. Das war alles nicht unerträglich, nicht verheerend, aber es bestimmte mein Grundlebensgefühl, meine tiefste Befindlichkeit.

Ich kenne meine Mutter nicht, kenne meinen Vater nicht, ich kenne meine Geschwister nicht – falls ich überhaupt Geschwister habe. Ich kenne meine Grosseltern nicht, meine Tanten und Onkel nicht, meine Sippschaft kenne ich nicht, meine Tradition, meinen Boden. Ich kenne den Landstrich nicht, in dem meine Sippe lebt, kenne die Erde nicht, auf der sie geht, kenne die Luft nicht, die sie atmet. Ich weiss nicht, wie sie aussehen, meine Leute, weiss nicht, wie sie reden, wie sie lachen, was sie fühlen, was sie denken. Ich weiss nicht, welcher Notstand, welche Unfähigkeit, welche Tragik hinter meiner Freigabe zur Adoption stand.

Man kann Vorbehalte haben, Abneigungen, Zorn, ja sogar Entsetzen empfinden, das Kind seiner Familie zu sein. Aber man sollte seine Wurzeln kennen. Man sollte wissen, wo sie sind, welcher Art sie sind, um sich noch tiefer eingraben oder aber um sich umpflanzen zu können. Es ist schwer, um keinen Hintergrund zu wissen, um keinen Boden, nur von Ahnungen umgeben zu sein, von Vermutungen verunsichert, von Befürchtungen bedrängt, von Hoffnungen verführt. Oder, um es persönlicher zu sagen: Für mich ist das schwer.

Jetzt ist Mai. Ich habe versucht, über Artas Eröffnung Zeit vergehen zu lassen und ruhiger, besonnener zu werden. Es ist mir nicht gelungen. Seit heute morgen, als die schwarze Wand der Depression mich wieder kaum aufstehen liess, weiss ich, dass ich meine Mutter suchen und finden muss. Es gibt keinen anderen Weg für mich, zur Ruhe zu kommen. Es ist mir bewusst, dass sie vielleicht nicht mehr lebt. In diesem Fall werde ich meinen Vater suchen, eventuelle Geschwister auch, und so viel wie möglich über meine Mutter in Erfahrung bringen. Irgendwo wird es auch ein Grab geben.

Mein Weg beginnt bei einem anderen Grab. Er beginnt auf dem Friedhof vor dem Grabstein meiner Adoptiveltern. Ich stehe dort. Wenn Leute vorübergehen, tue ich so, als ob ich mit kleinen Verrichtungen auf dem Grab beschäftigt sei. Dabei rede ich unhörbar mit den Eltern.

«Man macht an einem Grab keine Vorwürfe, ich weiss», murmle ich. «Und doch muss ich euch sagen: Das habt ihr nicht gut gemacht. Die Wahrheit hätte uns einander näher gebracht als die Geheimhaltung einer lebenswichtigen Tatsache. Es war ja doch so, wie es war. Ihr wusstet es, und ich wusste es nicht. Das ist unfair. Ich spürte eine Ungereimtheit, die ich mir nicht erklären konnte. Als Kind spürte ich sie am intensivsten. Zeitweilig habe ich mich als Monster gefühlt. Als Wesen, das nicht richtig lieben kann. Denn ich liebte euch nicht so, wie ich andere Kinder ihre Eltern lieben spürte und lieben sah.

Ihr habt Gründe gehabt für euer Verhalten, sicher. Für euch waren sie gewichtig, für mich sind sie es nicht. Als ich erwachsen war, litt ich weniger unter dem Gefühl des Andersseins, des Nichtdazugehörens. Es war jetzt natürlicher, kein enges Verhältnis zu den Eltern zu haben. Ausserdem hatte ich Jura studiert und eine Praxis als Anwältin eröffnet. Das gefiel euch, und ich fühlte mich ein Stück weit akzeptiert.

Äusserlich habt ihr gut für mich gesorgt. Ihr wart weder grob noch böse. Ihr habt mir gegeben, was ihr hattet, was ihr geben konntet. Nur die Wahrheit habt ihr mir nicht geschenkt. Ich mache mich jetzt auf den Weg, sie zu suchen. Wenn ich sie gefunden habe, komme ich hierher zurück. Ich hoffe, dass ich dann meinen Frieden mit euch finden kann.»

Der langwierige Weg über die Zivilstandsämter und Vormundschaftsbehörden von Bern, Istanbul und Rom führt mich schliesslich zur Adoptivkindervermittlung der Ostschweiz in St.Gallen. Von hier weist man mich an die Vormundschaftsbehörde von Bramün, einem Dorf in Graubünden. Mein ausführlicher Brief um Auskünfte über meine Mutter kommt fast postwendend zurück. Unten auf dem freien Rand am Ende des Briefes steht, von Hand geschrieben:

«Die Adresse Ihrer Mutter lautet: Augusta Gadient, Hof Sot Muglin, Bramün.»

Wochenlang habe ich telefoniert und geschrieben – und nun habe ich plötzlich Namen und Adresse, hingekritzelt auf den Rand meines Briefes – Namen und Adresse meiner Mutter: Das müsste eine Erfüllung sein für mich, eine Freude, aber nein, es tut mir weh. Eine liebevolle Frau, meine Adoptivmutter, müsste mich im Arm halten und mir das erzählen, erklären, alles. Dieses unpersönliche Blatt Papier, dieser Sudel, dieser eilig, lieblos hingekritzelte Satz – er enthält mein Leben, meine Herkunft, meine Identität, meinen Kern.

Zuerst habe ich im Sinn, mich nochmals an diese Behörde zu wenden, um mehr über meine Familie in Erfahrung zu bringen. Ich möchte wissen, ob meine Mutter verheiratet ist, mit meinem Vater oder mit jemand anderem. Dann interessiert es mich, ob ich Geschwister habe, Vollgeschwister oder Halbgeschwister. Aber das knappe Gekritzel unter meinem Brief macht mir wenig Mut zu diesem Versuch.

Dann denke ich daran, der Frau zu schreiben, dieser Augusta Gadient, die meine Mutter ist. Aber vielleicht ist sie steinalt, kann kaum mehr lesen, kaum mehr schreiben, begreift die Zusammenhänge nicht mehr, will sie nicht mehr begreifen nach all der Zeit. Wenn sie mich abweist, habe ich sie verloren. Dann werde ich sie nie sehen, nie hören, nie spüren.

Also werde ich nach Bramün fahren, werde auf diesen Hof Sot Muglin gehen, unangemeldet, werde vor Augusta Gadient hintreten und sagen: «Grüss dich, Mutter! Ich bin deine Tochter. Ich habe erst vor wenigen Monaten erfahren, dass ich das bin.»

Irgend etwas wird sie dann sagen, tun. Auf jeden Fall werde ich sie kennenlernen, auch wenn sie mich wieder fortschicken sollte.

Ich steige am Bahnhof von Bramün aus dem Zug. Als sich die automatische Tür hinter mir schliesst und ich spüre, dass die Wagen sich wieder in Bewegung setzen, packt mich die Angst. Werde ich dem gewachsen sein, dem ich mich da aussetze? Werde ich den Anblick der alten Frau ertragen, die meine Mutter ist? Werde ich meine Gefühle bewältigen können, die Gefühle von Bitterkeit und von Mitleid? Werde ich mit den Reaktionen umzugehen wissen, die meine Mutter zeigt? Was werde ich sagen? Was tun?

Und doch setze ich Fuss vor Fuss, mache Schritt um Schritt. Vom Bahnhof führt ein Strässchen ins Dorf hinunter. Bramün ist ein stattliches Pass-Dorf mit schönen Häusern, die meisten davon im Engadiner Baustil errichtet. Jetzt, am frühen Nachmittag im Juni, wirkt das Dorf fast ausgestorben, still, heiss, sommerträg.

Auf dem Dorfplatz frage ich einen alten Mann nach dem Weg.

«Sot Muglin?» wiederholt er. «Da haben Sie eine Viertelstunde zu gehen. Wenn Sie sich anmelden, holt man Sie aber sicher im Dorf ab.»

Er schaut mich neugierig an. «Wollen Sie Ferien machen auf dem Hof?»

Ich schüttle den Kopf. «Einen Besuch. Und ich gehe gern zu Fuss.»

«Also», erklärt der Alte, «dann folgen Sie der Dorfstrasse bis zum Brunnen da vorne. Sie biegen rechts ab, kommen zum Bach, gehen hinüber und biegen sofort links ab. Jetzt folgen Sie dem Fussweg dem Bach entlang. Es ist ein hübscher Weg. Nach zehn Minuten ungefähr erreichen Sie den Hof. Sie können ihn nicht verfehlen.»

Der Mann hat recht: Der Weg ist abwechslungsreich und lieblich. Der Bach führt viel Wasser. Bunte, kniehohe Sommerwiesen begleiten den Pfad. Kleine Waldpartien spenden Schatten.

Unvermutet trete ich auf eine grosse, ebene Lichtung hinaus. Am unteren Ende, nahe am Bach, steht der Hof. Ich bleibe stehen. Es ist ein Bild aus vergangener Zeit. In der Mitte das Haus: Ein breites Gebäude aus dunklem, sonnenverbranntem Holz. Davor der Garten. Sommerblumen beginnen zu blühen. Daneben der Miststock. Hühner gackern. Linkerhand der Bach, rechts die weitläufige Wiese, dann der Wald. Kein anderes Haus weit und breit. Hinter dem Haus, bei der Scheune, brummt leise ein Motor. Insekten summen. Der Bach rauscht.

«Einer dieser Weltend-Höfe», hat Pietro lachend gesagt, als ich ihm von Sot Muglin erzählte. «Und da willst du herstammen, du Stadtkind du?»

Ein Weltend-Hof, ja, das ist Sot Muglin. Meine Heimat wäre, ist auf einem Weltend-Hof.

Ich habe keine Angst mehr. Wenn ich von diesem Hof stamme, dann gehe ich jetzt heim. Wenn irgend jemandem ein Irrtum unterlaufen ist und ich hier keine Angehörigen treffe, dann habe ich einen friedvollen Ort kennengelernt.

In kurzer Entfernung vom Gartenzaun bleibe ich stehen. Ein Hund hat angeschlagen. Aus einem der Beete richtet sich eine Frau auf. Sie hat dichtes, graues, lockiges Haar. Sie neigt zur Fülle. Sie schaut zu mir herüber.

Mir steht der Atem still. Die Frau bin ich. Doch, so ist es: Ich sehe mich selber dort drüben zwischen den Blütenstauden stehen und zu mir herüberschauen. Wir stehen und starren uns an, die Frau und ich. Irgendwann einmal beginnen wir zu gehen. Wie Aufziehpuppen bewegen wir uns langsam aufeinander zu. Am Gartenzaun hält die Frau noch einmal inne. Dann beginnt sie zu laufen. Läuft mir entgegen, lacht, schüttelt im Laufen den Kopf, steht erst unmittelbar vor mir wieder still.

«Hallo!» ruft sie. «Hallo, Schwester! Denn das bist du doch, ganz offensichtlich. Endlich, endlich! Was haben wir auf dich gewartet, Mutter und ich! Niemand wollte uns sagen, wo du lebst, wer dich adoptiert hat, auch als du längst erwachsen warst nicht. Absolute Schweigepflicht nennen sie das auf den Ämtern. Aber jetzt bist du da! Ich bin Irmelin. Und du?»

«Francesca», sage ich mit rauher Stimme. «Aber du musst Geduld haben mit mir, ich... Ich weiss nichts, nur den Namen meiner Mutter und diese Adresse hier. Mehr hat man mir nicht gesagt.»

«Ach, du!» ruft Irmelin. «Nicht einmal das weisst du, dass du eine Zwillingsschwester hast?»

Ich schaue die Frau vor mir genau an. Sie hat meine Augen, meine Nase und meine Stirn. Sie lacht mein Lachen, bekommt mein Doppelkinn, meine Falten und die Ringe unter den Augen. Sie hat leicht abstehende Ohren, die sie unter dem krausen Haar verbirgt, genau wie ich. Ich schaue in meine Augen und spüre ein nie gekanntes Glücksgefühl. Wie eine prickelnde, kühle Kugel rollt es mein Rückgrat hinauf und hinunter. Ja, so körperlich fühlt sich das an. Ich schüttle mich ein wenig, und dann stimme ich in Irmelins Lachen ein. Sicher, das Glück flimmert auf und vergeht, wie jedes Glück. Aber ich weiss, dass es wiederkommen wird, oft, so lange ich lebe.

Irmelin fasst nach meinen Händen. Ich bin sprachlos. Atemlos bin ich. Fassungslos.

«Komm ins Haus!» schlägt Irmelin vor. «Oder willst du den Garten ansehen oder den Hof oder das Land – oder was?»

Sie lässt meine Hände los und schüttelt sich, genau wie ich vorher.

«Wo sollen wir bloss anfangen, Francesca? Wo sollen wir anfangen nach vierundfünfzig Jahren?»

Sie schaut mich an mit weit offenen Augen, in denen die Tränen stehen. Ich habe das Bedürfnis, sie in die Arme zu nehmen, fühle aber gleichzeitig eine Hemmung, die mir sagt, dass das noch zu früh wäre. Also berühre ich bloss sanft ihren Arm.

«Komm, Irmelin, tun wir vorläufig so, als ob ich eine Bekannte wäre, die zu Besuch kommt. Machst du Kaffee?»

Irmelin geht neben mir auf das Haus zu. Zuerst begrüssen wir Sämi, den Hund, dann laufen uns zwei Kinder entgegen. Sie dürften ungefähr acht und elf Jahre alt sein. Das Mädchen hält im Laufen inne und packt den Bruder am Arm.

«Au verbrannt!» ruft sie. «Da kommt Tante Irmi gleich doppelt!»

Der Bub reagiert noch deutlicher: «Spinnt ihr?» fragt er.

Vielleicht glaubt er, wir spielten Fasnacht oder sonst eine Maskerade.

«Nein», erklärt Irmelin, «im Gegenteil. Das ist Tante Francesca, meine Zwillingsschwester, von der wir euch erzählt haben. Und das», sagt sie zu mir, «das sind Sabina und Leo, die Kinder meines Bruders, unseres Bruders Peder.»

«Sind wir noch mehr?» erkundige ich mich.

«Oh ja!» lacht Irmelin. «Fünf ausser uns. Aber die fünf sind bloss Halbgeschwister. Sie haben dieselbe Mutter wie wir, aber einen anderen Vater. Das soll dir Mutter morgen selber erzählen. Ich bin sicher, dass sie das selber tun möchte.»

«Morgen?» frage ich. «Ist sie heute nicht da?»

«Leider nein. Sie ist drüben im Engadin, hat einen Kurs. Aber morgen nachmittag kommt sie zurück.»

«Einen Kurs?» frage ich erstaunt. «Ja, mag sie das noch, Kurse besuchen?»

Irmelin lacht. «Besuchen, sagst du? Sie gibt einen Kurs! Ich sehe schon, du bist auf ein einfältiges altes Muttchen eingestellt. Oh, Francesca, ich warne dich!»

«Was für einen Kurs gibt sie denn?» dränge ich. «Hühnerzucht oder Kochen oder so etwas?»

Wieder lacht Irmelin hell auf. Ich höre mich selber lachen. So tönt das slso, wenn ich vergnügt bin, ausgelassen. Das ist es, was meine Eltern jeweils zu missbilligendem Tadel veranlasst hat.

«Sie gibt Kurse über Frauenliteratur», erklärt Irmelin. «Sie hat Literatur studiert, musst du wissen. Auch ich bin hier nicht nur angelernte Handlangerin, wie du vielleicht annimmst. Ich bin Lehrerin, bin es immer noch ab und zu. Mache Stellvertretungen.»

Zu meinem Erstaunen gehen wir am Haus vorbei. Erst jetzt entdecke ich hinter einer Baumgruppe das Dach eines zweiten Hauses. Es ist ein neueres, zweistöckiges Wohnhaus.

«Wir wohnen da drüben», erklärt Irmelin und zeigt auf das Gebäude zwischen den Bäumen. «Das vordere Haus, das alte Haus, wie wir sagen, bewohnt Mutter mit unserem Bruder Peder und seiner Familie. Im hinteren oder neuen Haus lebt ausser Haco und mir noch unsere Schwester Rena, auch mit Familie.»

«Ein ganzer Clan!» staune ich. «Und ich musste als Einzelkind aufwachsen!»

Ich dränge einen Schwall von Bitterkeit zurück, der mich zu überwältigen droht. Wie gern hätte ich eine grosse Familie gehabt! Nur zu denken, dass sie da war die ganze Zeit hindurch, vierundfünfzig Jahre lang – und man hat sie mir absichtlich, systematisch und radikal ferngehalten. Pietro und ich wollten dann eine grosse Familie gründen, drei oder vier Kinder haben, mindestens. Wir sind kinderlos geblieben. Pietro hat die Adoption von Kindern in Betracht gezogen. Ich war dagegen. Jetzt weiss ich, weshalb.

Irmelin führt mich in eine helle, einfache Parterrewohnung.

«Hier bin ich zuhause», sagt sie. «Zusammen mit Haco, meinem Mann.»

«Habt ihr Kinder?» frage ich.

«Leider nein.»

«Wir auch nicht, Pietro und ich.»

«Oh Francesca!» ruft Irmelin betroffen. «So wird das nun weitergehen mit uns beiden. Wir sind eineiig, weisst du. Mutter sagt es, und man sieht es auf den ersten Blick.»

Den Kaffee trinken wir auf dem Sitzplatz vor dem Haus. Es ist ein warmer Tag.

«Haco hat eine Schreinerei im Dorf», erzählt Irmelin. «Was macht dein Mann?»

«Er ist Psychologe. Er hat mit vierzig Jahren noch umgesattelt. Vorher war er Lehrer wie du.»

«Und wo wohnt ihr?»

«In Bern. Seit vielen Jahren.»

«Was machst du?» möchte Irmelin wissen, hält dann aber inne. «Verzeih, ich frage zuviel. Mit der Zeit lernen wir uns immer besser kennen, auch ohne dass wir uns in der ersten Stunde schon Löcher in den Bauch fragen.»

«Ich bin Rechtsanwältin», beantworte ich aber doch noch ihre Frage. «Und weisst du, neugierig bin ich natürlich schon auf dich, auf dein Leben. Erzähl doch einmal ein Stück weit, ja?»

«Wo soll ich bloss beginnen?» fragt Irmelin.

«Am besten von vorn. Bist du bei der Mutter aufgewachsen? Hat sie nur mich zur Adoption freigegeben?»

«Nein», erzählt Irmelin. «Auch ich bin bei Adoptiveltern aufgewachsen. Auch ich war ein Einzelkind. Auch ich habe mich nach einer grossen Familie gesehnt, nach einem richtigen Clan. Ich war ein einsames Kind. Oft kam ich mir so vor, wie wenn ich nicht vollständig wäre. Etwas fehlte mir. Meine Adoptiveltern waren schon ziemlich alt. Sie waren fürsorglich und sehr lieb. Ich kann mich nicht beklagen. Ich habe von Anfang an gewusst, dass ich ein Adoptivkind bin. Ich habe auch gewusst, dass ich irgendwo auf der Welt eine Zwillingsschwester habe. Als ich achtzehn war, wollte ich meine leiblichen Eltern und wenn möglich auch meine Zwillingsschwester kennenlernen. Niemand hinderte mich daran, im Gegenteil. Meine Adoptiveltern halfen mir bei meinen Bemühungen.

So kam ich eines Tages auf den Hof Sot Muglin – und blieb. Ich bin eines der wenigen Adoptivkinder, die später zur leiblichen Mutter zurückgekehrt sind. Ich behielt eine gute Beziehung zu meinen Adoptiveltern. Wir besuchten uns oft. Aber leben wollte ich hier, leben musste ich hier.»

«Was sagte deine, unsere Mutter dazu?»

«Das soll sie dir selber erzählen. Das ist ihre Geschichte.»

Im Lauf des Abends lerne ich weitere Familienmitglieder kennen: Meinen Halbbruder Peder und seine Frau Anita, meine Halbschwester Rena und ihre drei Kinder.

Augusta Gadient kommt am folgenden Nachmittag auf den Hof zurück. Irmelin und ich erwarten sie im Garten. Wir sehen ihr entgegen, wie sie den Fussweg heraufsteigt, langsam, aber leicht und elegant. Sie hat weisses Haar, locker zu einem Knoten aufgesteckt, sie ist gross und schlank, nur in den Schultern ein wenig gebeugt – ein Tribut an das Alter, nehme ich an. Wahrscheinlich ging sie in jungen Jahren kerzengerade und stolz.

Ich bin unruhig und stehe auf. Irmelin bleibt sitzen. Ich stehe neben meiner Schwester, nah, hautnah, so, als ob sie mir helfen könnte. Helfen? Brauche in denn Hilfe in dieser Situation? Ich sehe eine Frau auf mich zukommen, eine schöne, grosse Frau von sechzig, vielleicht fünfundsechzig Jahren. Diese Frau ist meine Mutter. Aber ich bin doch vierundfünfzig! Die Frau muss älter sein, als sie aussieht. Sie sieht anders aus, ganz anders als Irmelin und ich.

Augusta Gadient kommt näher an den Zaun heran als ich gestern. Aber am Zaun bleibt auch sie stehen. Auch sie starrt unbeweglich zu uns herüber. Sie streicht mit der Hand, mit dem Arm über die Augen. Dann schreit sie auf und rennt durch das Tor.

«Kinder!» ruft sie, «meine Kinder! Jetzt seid ihr beide da!»

Einen Schritt vor mir bleibt sie stehen. Mit ernsten Augen schaut sie mich an.

«Ich bin deine leibliche Mutter», sagt sie. «Das ist kein leichter Augenblick für dich, ich weiss. Wahrscheinlich bist du voller Fragen, voller Anklagen, voller Bitterkeit sogar. Ich kann das verstehen. Ich bin bereit, dir Red und Antwort zu bieten. Du bist gekommen. Spät, aber freiwillig bist du gekommen. Das ist das Wesentliche.»

«Ich bin Francesca», sage ich und gebe meiner Mutter die Hand.

Mehr kann ich in diesem Augenblick nicht sagen, nicht tun. Ich setze mich wieder hin und überlasse Irmelin das Reden. Getreu ihrer Ansicht, dass jedes über sich selber erzählen soll, berichtet sie nur von sich, von ihrer Überraschung, ihrer Freude über meine Ankunft.

«Francesca ist gestern gekommen. Wir haben schon einen Tag und eine halbe Nacht lang geredet.»

Irmelin und die Mutter gehen ins Haus, bringen Tee und Gebäck in den Garten, reden, lachen, staunen. Ich bin immer noch stumm.

«Wir haben auf dich gewartet, Francesca», berichtet die Mutter, «jahrelang, jahrzehntelang. Vergebens. Aber die Hoffnung haben wir nie aufgegeben.»

Der unausgesprochene Vorwurf, den ich zu hören meine aus ihren Worten, gibt mir die Stimme zurück.

«Vor ungefähr drei Monaten», sage ich, «habe ich erfahren, dass ich nicht das Kind meiner vermeintlichen Eltern bin. Oder anders ausgedrückt: dass ich ein Adoptivkind bin.»

Irmelin weiss das natürlich schon. Aber die Mutter starrt mir entsetzt ins Gesicht.

«Das gibt es doch nicht!» stöhnt sie. «Warum? Warum haben deine Eltern dich nicht aufgeklärt? Warum ist die Wahrheit nicht auf Schleichwegen zu dir gelangt? Es gibt doch immer eine undichte Stelle!»

Nun erzähle ich der Mutter von meiner Adoptivfamilie, den Casanovas, von ihrem Stolz, ihrer Unfähigkeit, einen Mangel zuzugeben.

Ich erzähle ihr von meiner Übergabe in Istanbul, von unserem Leben in Rom, von meiner Ehe mit Pietro, von unserer Übersiedelung nach Bern. Ich erzähle ihr vom Tod der Eltern Casanova im letzten Jahr und von der undichten Stelle: meiner Kusine Arta in Zürich.

Gegen Abend wandere ich mit meiner Mutter zum Staubecken hinauf. Bis hierher erstreckt sich das Land der Familie Gadient.

«Ich bin eine Gadient», sagt die Mutter, und du auch. Ich bin zwar sechsunddreissig Jahre lang mit Beat Führer verheiratet gewesen. Aber ich bin eine Gadient geblieben. Beat ist der Vater deiner fünf Halbgeschwister. Vor acht Jahren ist er gestorben. Der Hof gehört mir. Mein Grossvater hat ihn gebaut. Irmelin und Haco haben vor ein paar Jahren das zweite Wohnhaus errichten lassen. Daraufhin hat sich auch deine Halbschwester Rena entschlossen, mit ihrer Familie in Bramün zu leben.»

Augusta Gadient bleibt stehen und schaut mich an.

«Wirst auch du hier leben? Wirst auch du heimkommen, Francesca?»

«Ich... Das weiss ich nicht. Für immer kaum. Es ist viel zu früh für mich, auch nur daran zu denken. Pietro ist in Rom geboren und aufgewachsen. Er wird nicht in Sot Muglin leben wollen. Das ist undenkbar.»

«Aha», stellt die Mutter fest, «du passt dich also an.»

Sie seufzt. «Das hast du von Alfonsi, dem weichherzigen Kerl. Der entschied immer so, wie die anderen es wollten.»

Jetzt wehre ich mich: «Das stimmt nicht für mich. Ich frage zuerst nach meinen eigenen Bedürfnissen und Grenzen. Vor dem endgültigen Entscheid beziehe ich jedoch die Anliegen der Mitbetroffenen in meine Überlegungen ein.»

«Bravo!» ruft meine Mutter. «Ich sehe mich doch noch durchschimmern!»

«Wer ist der Alfonsi?» frage ich im Weitergehen.

«Dein Vater natürlich!» lacht sie.

Wir wandern auf der anderen Seite des Baches wieder gegen den Hof zurück. Wir sitzen dann noch auf den warmen Steinen am Wasser.

«Auf dem Hof hat man keine Ruhe», erklärt die Mutter. «Und ich will jetzt eine Weile allein sein mit dir.»

Wir schweigen.

Schliesslich beginnt Augusta Gadient zu erzählen: «Ich war siebzehn, als ich dich und Irmelin zur Welt brachte. Ich war im sechsten Monat schwanger, als ich zugeben musste, vor mir selber und vor der Umwelt, dass ich ein Kind erwartete. Damals hatte man noch nicht die Methoden wie heute, eine Zwillingsgeburt vorauszusagen. Mein Vater schlug vor, das Kind zur Adoption freizugeben. Er hatte keine Möglichkeit, es zu sich zu nehmen. Er lebte allein. Ich hatte keine Beziehung zu dem Kind, das ich erwartete. Ich war zu jung. Ich wollte es nicht haben. Also war ich mit dem Adoptionsvorschlag einverstanden. Der Alfonsi, gleich alt wie ich, wurde in ein Internat gesteckt. Ich fuhr ins Welschland, wie das damals in solchen Fällen üblich war. Dort brachte ich das Kind zur Welt – es waren aber zwei! Das Ehepaar, das mein Kind adoptieren wollte, fühlte sich nicht fähig, zwei Kinder aufzunehmen. So suchte man in aller Eile einen Platz für das zweite Kind – für dich – und fand ihn auch. Die Fortsetzung kennst du. Ich vernahm gar nichts davon, wohin meine Kinder gegeben wurden, wollte es damals auch nicht wissen.»

Die Mutter holt Atem. Sie seufzt. Ein kurzes, trockenes Schluchzen schüttelt sie. Dann fährt sie fort:

«Achtzehn Jahre später – ich hatte inzwischen die Matura nachgeholt und Literatur studiert, ich hatte Beat Führer geheiratet und mit ihm zusammen den Hof Sot Muglin übernommen, ich hatte Erica und Peder und Rena geboren – achtzehn Jahre später also stand Irmelin eines Nachmittags in der Einfahrt zur Scheune, eine Sporttasche über der Schulter und sagte:

'Hallo, Mutter!'

Im Gegensatz zu dir hatte sie kluge und grosszügige Adoptiveltern gefunden, die ihr im Alter von achtzehn Jahren die Freiheit zugestanden zu leben, wo es ihr behagte. Irmelin entschied sich für Sot Muglin.»

Wieder schweigt die Mutter. Auch ich rede nicht. Ich spüre, dass sie noch etwas sagen will.

«Meine Güte», sagt sie mit belegter Stimme, «war ich betroffen, als ich sie dort stehen sah: Ein wenig pummelig, mit dichtem, lockigem, braunem Haar und schaute mich mit den Samtaugen des Alfonsi an... Ich hab geheult wie eine Dauerbrause, aber Irmelin hat mich gestreichelt und gesagt: «Das macht doch nichts, Mutter, ich bin ja jetzt da!»

Daraufhin habe ich die ganze verdrängte Geschichte endlich aufgearbeitet, nach achtzehn Jahren, mit Hilfe einer Psychologin und mit Irmelins Hilfe auch. Ich habe auch dich gesucht, habe eine Beziehung zu dir aufgebaut, innerlich, und habe auf dich gewartet. In den ersten Jahren haben wir dich fast täglich erwartet, Irmelin und ich. Dann nahm die Hoffnung ab.

'Sie könnte gestorben sein', sagte ich zu Irmelin. 'Niemand würde mir das mitteilen. Auch der Tod fällt unter die amtliche Schweigepflicht.'

'Sie lebt', behauptete Irmelin. 'Ich spüre das. Ich bin ihre Zwillingsschwester.'»

Ich sitze auf dem Stein am Bach. Ich rupfe Gras aus links und rechts vom Stein. Immer noch sage ich nichts.

«Danke», presse ich schliesslich hervor, «danke, dass du mir das alles erzählt hast. Ich werde morgen nach Bern zurückfahren und dort eine Weile zu leben und zu arbeiten versuchen wie immer. Mit der Zeit werde ich dann wissen, inwiefern die Begegnung mit dir und Irmelin mein Leben verändert.»

«Du solltest hierherkommen und hier leben, zusammen mit deinem Mann», sagt die Mutter. «Platz ist genug vorhanden.»

Ich schüttle den Kopf. «Vorläufig sicher nicht. Ich habe es dir schon gesagt.»

In der Nacht kommt Irmelin in mein Zimmer herüber.

«Schläfst du?»

«Nein.»

Sie sitzt auf meinem Bett. Ich stütze mich auf den Ellbogen auf.

«Eine verrückte Situation», sagt sie. «Wir kennen uns drei Tage und immer. Bis jetzt hatte ich Haco und die Familie und den Hof. Jetzt bist du mir der nächste Mensch. Näher als die Mutter. Kein Wunder, denn du bist ein Teil von mir. Du bist noch einmal ich. Ich weiss jetzt, warum ich mich oft so unfertig fühlte, so wackelig wie ein Stuhl mit drei Beinen. Ach, ich rede unverständliches Zeug. Kannst du mir ein Stück weit folgen?»

Ich nicke. «Wenn ich zu reden begänne, würde ich genau dasselbe sagen. Deine Sätze würde ich sagen, Irmelin. Da war immer diese Unbehaustheit, diese Heimatlosigkeit. Seit ich weiss, dass ich adoptiert wurde, führte ich sie auf diesen Umstand zurück. Seit ich dich dort unten vor dem Garten stehen sah, weiss ich, dass das nicht der Hauptgrund war. Ich fühlte mich heimatlos und unvollständig, weil ich von dir getrennt war, von dir, mit der ich das Leben begonnen habe, in derselben Sekunde, auf engstem Raum – und dann waren wir vierundfünfzig Jahre lang getrennt, amputiert. Wie haben wir das bloss geschafft?»

Irmelin schweigt.

«Zwei Gefühle toben in mir», fährt sie nach einer Weile fort. Sie lacht. «Ja, sie toben geradezu. Glück zuerst, Euphorie, meine Zwillingsschwester gefunden zu haben, nie mehr allein zu sein, nie mehr unverstanden zu sein, solange du lebst. Und Angst tobt dahinter, Angst, dass die Umstände dich hindern könnten, wieder nach Sot Muglin zu kommen. Angst auch, dass du sterben könntest.»

«Ja», bestätige ich, «die helle und die dunkle Seite der Liebe – eine klassische Situation. Wir müssen leben damit. Wir haben keine Wahl. Was meine Wiederkehr nach Sot Muglin betrifft – natürlich werden wir uns wiedersehen, uns aussprechen, zusammen sein. Das ist für uns beide so notwendig wie die Luft zum Atmen. Was ich noch nicht weiss, ist, wie und wo und wie oft wir das verwirklichen können, wieviel mir an Sot Muglin liegt, an diesem Weltend-Hof, wie Pietro ihn genannt hat. Um das herauszufinden, brauche ich Zeit und Distanz.»

«Sie sei dir schweren Herzens gewährt», seufzt meine Schwester.

Am folgenden Morgen gehe ich allein vom Hof fort. Ich bitte Irmelin und die Mutter, mich nicht zu begleiten. Am Rand der grossen Lichtung, dort, wo der Weg um den Pfeiler der Brücke herum zum Bach hinunter führt, bleibe ich stehen und schaue zurück. Ein Sommergewitter ist im Anzug. Dunkle Wolken hängen tief im Himmel, berühren fast das Dach des Hofes. Eine schwüle Stille lastet über den Wiesen.

Schwarz ist der Rahmen, mit dem der Wald das Bild zusammenhält. Nur der Weg, das schmale Natursträsschen, das die Zufahrt zum Hof bildet, sticht hell aus der Düsterkeit heraus. In verlockendem Schwung zieht es sich durch die Wiesen. Ein unvermuteter Sonnenstrahl trifft kurz seinen Bogen drüben am Waldrand. Dann rollt der Donner. Ich schliesse einen Augenblick lang die Augen, wie um das Bild zu bewahren, und eile dann dem Dorf zu.

Im Grunde habe ich gewusst, dass von Pietros Seite keine Schwierigkeiten zu erwarten sind. Pietro hat Interesse und Verständnis für neue Situationen. Er liebt Herausforderungen und sucht mit Fantasie und praktischem Sinn nach Lösungen, nach Verwirklichungen, die beiden oder allen Seiten ein Stück weit gerecht werden. Er ist mir eine Hilfe beim Suchen nach dem der Situation angemessenen Weg.

«Du kannst eine Weile auf dem Hof Sot Muglin leben», schlägt er vor. «Dabei findest du heraus, ob und wie sehr du dahin gehörst. Wir können aber auch eine Wohnung mieten in Bramün, ein kleines, gemütliches Refugium, in dem wir Ferien und Wochenenden verbringen. Von da aus kannst du deine Familie besuchen, so oft du Lust hast dazu.»

«Vorläufig mochte ich keines von beidem», sage ich. «Ich brauche Zeit, Zeit, um den Zwischenraum zu leben zwischen meinen beiden Existenzen, den Zwischenraum zwischen den Casanovas und den Gadients.»

«Richtig», meint Pietro. «Und doch solltest du auch dein Nachholbedürfnis ernst nehmen. Du hast deine leibliche Mutter vierundfünfzig Jahre lang nicht gekannt. Wer weiss, wie lange du sie noch kennenlernen kannst?»

«Mutter? Oh ja, Mutter ist eine Persönlichkeit. Sie ist es gewohnt zu dominieren. Sie will, dass ich, dass wir auf den Hof kommen und dort leben. Sie sieht das zu einfach. Irmelin hat da mehr Verständnis, mehr Feingefühl. Und Irmelin ist es auch, die mein Leben verändert, nicht Mutter. Irmelin ist ich, ich bin Irmelin. Es gibt mich zweimal. Ich tüftle hier in meinem Stadtbüro einen verzwickten Rechtsfall aus, während ich gleichzeitig auf den Wiesen von Sot Muglin das duftende Heu verzette.»

Einige Tage später bin ich noch einmal auf dem Friedhof.

«Schade», sage ich zu den Adoptiveltern, «schade, dass ihr nicht mehr Selbstvertrauen gehabt habt! Ihr hättet euch verstanden mit den Gadients aus Bramün. Mit Augusta Gadient hättet ihr euch verstanden, und der Weltend-Hof hätte euch gefallen. Doch, das glaube ich. Ihr habt nicht nur mich betrogen, ihr habt auch euch selber ärmer gemacht. Aber sei's nun so. Ich versuche, meinen Groll abzulegen und euch zu verstehen – mit einem umfassenderen Verständnis als dem für die enge, persönliche Verletztheit.»

Im folgenden Winter erfährt die Geschichte um das Aufspüren meiner Herkunft ein seltsames kleines Nachspiel. An einem Samstag im Januar begleitet mich meine Kusine Arta nach Bramün. Sie möchte endlich meine Mutter, meine Schwester und den Weltend-Hof kennenlernen.

Der Zug fährt im Bahnhof von Bramün ein. Auf dem Perron stehen meine Mutter und Irmelin.

«Du!» ruft Arta, «da draussen steht eine Frau, die ich kenne! Eine tolle Frau, bei der ich mehrmals Kurse nahm im Rahmen des Erwachsenenbildungsforums, dem ich angehöre. Gadient hiess sie... Gadient! Natürlich! Oh, ich blindes Huhn!»

Sie schlägt sich mit der Hand vor die Stirn.

«Augusta Gadient», wiederholt Arta, während wir über den Perron auf die beiden zugehen, «und neben ihr steht meine Kusine Francesca – oder ihr Ebenbild!»

Ich umarme die Mutter und Irmelin. Arta schüttelt beiden die Hand. Sie lacht.

«Arta Bickel!» ruft meine Mutter. «Sie sind Francescas Kusine? Wie schön!»

Sie geht mit Arta voraus. Irmelin und ich folgen.

«Nein», höre ich Arta sagen, «eben nicht! Ich habe es erst vorhin begriffen, als der Zug in den Bahnhof einfuhr und ich Sie auf dem Perron stehen sah. Aber wie hätte ich ahnen sollen, dass die kluge, schöne Augusta Gadient, diese eindrückliche Persönlichkeit, von der ich immer dachte, dass sie in Zürich zu Hause sei, Francescas Mutter vom Weltend-Hof ist?»

Ein schwarzer Tag

Die Tür der Aula geht auf, und eine schwarzhaarige Frau erscheint, die Geige unter dem Arm, den Bogen lose in der Hand, einen sieghaften Ausdruck im Gesicht. Sogleich ist sie umringt von einem Schwarm von Gratulantinnen und Gratulanten. Sie wird umarmt, geküsst, bejubelt, wird mit Blumen überhäuft. Mit herablassendem Lächeln nimmt sie die Ovationen entgegen. Sie scheint niemanden persönlich wahrzunehmen. Jetzt schüttelt sie die Hände, die Arme ab, wirft die Blumensträusse achtlos auf einen Tisch. Sie bewegt sich in meine Richtung, den Tross ihrer Verehrerschaft dicht hinter sich.

Nun steht sie neben mir. Sie hält kurz inne, misst mich mit einem seltsamen Blick aus stechend grünen Augen. Sie zuckt kaum merklich die Schultern und wirft den Kopf mit dem glänzenden schwarzen Haar in den Nacken. Ohne ein Wort zu sagen, geht sie weiter.

Auch ich sage nichts. Ich kenne die Frau nicht. Sie ist mir unsympathisch. Was für eine hochmütige Art! Sie hat soeben das Konzertdiplom bestanden, sicher. Darauf darf sie stolz sein. Warum aber hat sie kein Wort zu mir gesagt, kein kleines, aufmunterndes Wort, da sie doch den Geigenkasten unter meinem Arm gesehen hat, weiss, dass ich jetzt an der Reihe bin, vor der Tür warte, durch die die Prüflinge hereingebeten werden? Oder die andere Möglichkeit: Warum hat sie mich nicht einfach übersehen? Nichts leichter als das in dem Gedränge von Menschen, nichts verständlicher als das im Glücksrausch nach der bestandenen Prüfung.

Plötzlich habe ich Angst. Ich fühle, wie meine Knie zu zittern beginnen, mein Puls schneller schlägt, und wie mir der Schweiss ausbricht. Hat die schwarze Frau mit ihrem verächtlichen Blick das fertig gebracht? Aber ich fühlte mich doch sicher. Ich bin fleissig gewesen, meine Lehrer haben mich gelobt. Ich beherrsche mein Programm technisch und musikalisch. Ich brauche keine Noten. Ich spiele alles auswendig. Mit dem Pianisten, der mich begleitet, bin ich gut eingespielt. Warum habe ich auf einmal Angst?

Zwei Männer treten durch die Nebentür, vor der ich stehe und warte. Sie beachten mich nicht.

«Unerhört!» schmunzelt der eine.

Der andere nickt beeindruckt. «Bestnoten durchwegs. Das hat es seit vielen Jahren nicht mehr gegeben!»

Ich höre das, und ich weiss: Das kann mein Pech sein! Durch das Meisterspiel der schwarzen Schönen sind die Erwartungen der Experten in die Höhe geschnellt. Werde ich ihnen noch genügen können?

In letzter Minute beschliesse ich, die Chaconne von Bach, ein Werk für Solovioline, am Anfang zu spielen. Sie ist mein Meisterstück. Sie wird mir Sicherheit geben für das weitere Programm.

Und doch legt sich meine Unruhe nicht. Ich habe Lampenfieber. Ich habe Angst. Ich schwitze. Mein Puls rast. Die Finger zittern, die Hände, die Beine. Ich atme flach und hastig.

In dieser Verfassung stehe ich dann auf dem Podest in der Aula. Die Expertin und die beiden Experten sitzen unten in den Zuhörerreihen. Auch mein Lehrer hat dort Platz genommen. Nur Joachim, der mich am Klavier begleitet, sitzt schon am Flügel neben mir. Ich flüstere ihm zu, dass ich die Chaconne am Anfang spielen werde.

Mein Lehrer schaut zu mir empor und nickt. Ich hebe die Geige unter das Kinn, rücke sie zurecht. Ich bringe den Bogen in die richtige Position und beginne zu spielen. Die Töne klingen unentschlossen und nicht ganz rein. Meine Hände zittern. In meinen Ohren dröhnt das Blut. Mein Herz hämmert im Hals, im Kopf. Automatisch bewegen sich die Finger der linken Hand, automatisch führt die Rechte den Bogen.

Schlecht und recht bringe ich den ersten Teil über die Runde. Dieser Vortrag hat nichts von einem Meisterspiel an sich. Dessen bin ich mir bewusst.

Ich setze zum zweiten Teil an, hebe den Bogen – aber da ist nichts, da ist nichts mehr: keine Erinnerung, kein Wissen, kein Gehör, kein Gefühl, kein Rhythmus, nicht einmal Automation. Ich weiss nicht, was Noten sind, was Töne sind, was eine Melodie ist, was ein Takt. Ich habe keine Ahnung, was ich mit dem komischen Ding unter meinem Kinn anfangen soll. Ich lasse den Bogen und die Geige sinken.

«Ich kann nicht...» stottere ich, «ich weiss nicht...»

Mein Lehrer steht auf, kommt auf die Bühne, sagt etwas zu mir. Ich verstehe ihn nicht. Ich lege die Geige in das Futteral und drehe mich um. Ich gehe aus dem Saal. Ich höre Rufe hinter mir. Ich gehe durch die Gänge der Musikakademie, gehe durch das Hauptportal, gelange ins Freie. Joachim folgt mir.

«Laura!» ruft er, «Laura, bitte, komm zurück! Nimm deine Noten hervor und beginn noch einmal zu spielen! Man gibt dir die Chance. Bitte, Laura! So warte doch! Wo willst du hin?»

Ich gehe weiter, ich gehe immer weiter, durch die Gartenwege gehe ich, über den Rasen gehe ich, mit blinden Augen, mit leerem Kopf. Joachim geht jetzt neben mir. Er packt mich am Arm. Ich schlüttle ihn ab und beschleunige meinen Schritt. Er bleibt stehen.

«Ich muss zurückgehen», ruft er. «Ich versuche, dich irgendwie zu entschuldigen:»

Und dann schreit er auf hinter mir: «Laura! Stopp! Halt an! Wo gehst du hin? Die Mauer! Bist du wahn...»

Der Aufprall ist entsetzlich. Ich falle auf die Knie, auf die Ellenbogen, auf die Hände, zuletzt noch auf die Stirn. Ich falle auf Asphalt. Ich habe nicht an die Mauer gedacht. Bin einfach über den Rasen gegangen, immer geradeaus, und bin über die Mauer auf das Trottoir hinuntergestürzt.

Der Aufprall ist entsetzlich. Keine gnädige Schockreaktion dämpft den grässlichen Schmerz. Ich öffne den Mund, ich will schreien. Ich kann weder schreien noch atmen. Ich ersticke. Ich sterbe. Einen flüchtigen Augenblick lang sehe ich ein hochmütiges Gesicht vor mir, tiefschwarzes Haar, giftgrüne Augen. Das hat sie mir angetan! Endlich kommt die Erlösung: Ich verliere das Bewusstsein.

Ich wache auf, wo man in solchen Situationen aufzuwachen pflegt: auf der Notfallstation des Zentrumsspitals. Zuerst erkenne ich die Decke: weiss gestrichen. Dann die Lampe: hell, aber nicht blendend. Eine Frau und ein Mann in Weiss legen einen Verband an um mein Knie. Meine Arme und Hände sind bereits verbunden. Langsam kehren die Schmerzen zurück, im Kopf, an Ellenbogen, Händen und Knien. Die Schmerzen sind jetzt erträglich.

Der Mann kommt zu mir herauf, zu meinem Kopf.

«Geht's?» fragt er.

«Ja», flüstere ich heiser.

«Ich habe Ihnen ein Schmerzmittel gespritzt. Es sollte rasch wirken.»

Als ich fertig verbunden bin, bringt mir eine Schwester Tee und eine heisse Bouillon. Ich fühle mich sterbensmüde. Ich schlafe ein.

Am Nachmittag rufe ich meine Schwester an.

«Marionna», sage ich, «heute ist mein schwarzer Tag. Eine schwarze Frau hat mich mit ihrem Bann belegt, ich bin durch die Meisterprüfung gefallen und über eine Mauer hinuntergestürzt. Ich liege auf der Notfallstation des Spitals. Man entlässt mich heute abend unter der Bedingung, dass ich nicht allein zu Hause bin.»

«Natürlich komme ich», erklärt Marionna spontan. «Ich richte einen Imbiss her für Herbert, packe ein paar Sachen zusammen und setze mich ins Auto. Gegen sechs Uhr bin ich im Spital und hole dich ab. Reden können wir dann, wenn wir zusammen sind, ja? Kopf hoch bis dahin, Laura!»

Um sechs Uhr ist meine Schwester noch nicht da, auch um halb sieben Uhr nicht. Ich beschliesse, mit einem Taxi heimzufahren. Marionna wird bald eintreffen. Vielleicht sucht sie mich bereits zu Hause, andernfalls wird man ihr im Spital Bescheid geben.

Das Taxi fährt in die Quartierstrasse ein, an der ich wohne. Etwas weiter vorne, neben meinem Haus, einem kleinen Wohnblock, steht ein Polizeiauto. Eine Gruppe Leute drängt sich vor der Tür, unter ihnen zwei Polizisten. Meine Fähigkeit, Schrecken und Angst zu empfinden, ist heute schon so stark beansprucht worden, dass ich bloss noch den Kopf schüttle.

«Halten Sie hinter dem Polizeiauto!» bitte ich den Chauffeur. «Bei mir scheint etwas los zu sein.»

«Bei Ihnen war ja schon etwas los», brummt er und mustert meine verbundenen Arme und Hände, das Pflaster an meinem Kopf. Die Knieverbände kann er nicht sehen, sie sind unter dem Rock versteckt.

Als ich aussteige, hastet mir die alte Dame entgegen, die unter mir wohnt.

«Oh Frau Färber!» ruft sie. «Hat er Sie angegriffen?»

Mühsam bewege ich die schmerzenden Beine vorwärts.

«Ich bin von einer Mauer heruntergefallen», erkläre ich. «Wer soll mich angegriffen haben?»

«Der Einbrecher»» jammert sie.

Einer der Polizisten versperrt mir den Weg. «Es darf niemand ins Haus», bestimmt er.

«Aber ich wohne doch da!»

«Sind Sie Laura Färber?»

Ich nicke.

«Kommen Sie mit!» bittet er. «In Ihre Wohnung ist eingebrochen worden. Es ist in sämtliche Wohnungen eingebrochen worden, nur in die der alten Dame nicht. Sie ist die Einzige, die zuhause war. Wir sind dabei, Bestandesaufnahmen zu machen.»

Er schaut mich genauer an. «Sie hatten einen Unfall?»

«Ich bin von einer Mauer hinuntergestürzt.»

Er lächelt. «Heute scheint nicht Ihr Glückstag zu sein.»

Sein Lächeln lässt mich weiterreden: «Zudem habe ich die Prüfung verpasst. Geige. Konzertdiplom.»

Wir stehen unter meiner Wohnungstür. Die Unordnung ist unbeschreiblich. Kästen, Buffet, Schubladen stehen offen. Meine Habseligkeiten liegen durcheinander am Boden. Zerbrochenes Geschirr liegt dazwischen. Der Spiegel ist eingeschlagen. Vasen, Kerzenständer, Lampen und Bilder sind kaputt. Das sind nicht nur Einbrecher, das sind Vandalen gewesen.

«Und das am hellichten Tag!» sagt der Polizist. «Es ist in allen Wohnungen dasselbe Bild. Können Sie nachsehen, ob Geld und Wertgegenstände abhanden gekommen sind?»

Ich nicke. Die Sprache habe ich noch nicht wiedergefunden. Ich gehe in die Küche: dasselbe Bild der Verwüstung! Die Schränke stehen offen, die Küchentücher liegen verstreut am Boden. Das Geld, das ich darunter versteckt hatte, ist fort.

«Wieviel war es?» fragt der Polizist.

«Ungefähr sechshundert Franken», antworte ich.

Die paar Schmucksachen, die ich im Schlafzimmer aufbewahrt habe, sind noch da.

«Überall dasselbe», bemerkt der Polizist noch einmal. «Die Einbrecher hatten es auf Bargeld abgesehen. Etwas anderes haben sie nicht mitgenommen.»

Er macht Notizen, schaut sich nochmals in beiden Zimmern um.

«Der Schreiner und der Schlosser sind unterwegs. Sie werden noch heute abend sämtliche Türen wieder in Ordnung bringen.»

Er richtet einen der beiden Sessel auf.

«Da! Sitzen Sie! Sie sehen bleich und mitgenommen aus.»

Wieder schaut er auf das Chaos im Raum.

«Kommen Sie zurecht damit? Mit Ihren Händen? Oder brauchen Sie Hilfe?»

«Ich bekomme Hilfe», behaupte ich. «Meine Schwester ist unterwegs.»

Der Polizist legt einige Bücher vom Sofa ins Gestell zurück, befreit auch das Tischchen von Scherben und Büchern. Er legt einen Weg frei in die Küche.

«Wenn Sie nicht im Dienst wären, würde ich Sie zu einer Tasse Kaffee einladen», sage ich. «Vorausgesetzt, dass die Kaffeemaschine noch intakt ist.»

Er lacht und verschwindet in der Küche.

«Sie funktioniert!» ruft er. «Bleiben Sie sitzen! Da der Einbrecher so freundlich war, alles herauszunehmen, habe ich auch die Kaffeedose gefunden. Ich mache Kaffee. Darf ich meinen Kollegen auch einladen dazu?»

So sitzen wir schliesslich um das Tischchen im Wohnzimmer, die beiden Polizisten, die Nachbarn von nebenan und ich. Trotz des Chaos rings um mich, beginne ich mich zu entspannen. Die Polizisten lachen und scherzen. Sie versuchen, uns aufzuheitern. Und es gelingt ihnen auch. Wahrscheinlich ist das die gemütlichste Stunde dieses schwarzen Tages.

Die Gemütlichkeit würde andauern, wenn da nicht plötzlich die Katze wäre. Ein Schatten streift das Fenster. Ich schaue hinüber: Da sitzt sie! Sie ist schwarz und späht in meine Stube – mit giftgrünen Augen!

«Geh weg!» schreie ich. «Hau ab!»

Ich zittere vor Wut und vor Angst.

Einer der Polizisten steht auf und tritt ans Fenster. «Ist das nicht Ihre Katze?»

«Meine? Oh nein, nur das nicht! Jagen Sie sie fort, bitte, augenblicklich!»

Er öffnet das Fenster und streichelt die Mieze. «Und jetzt troll dich, ja? Du machst die Dame nervös. Sie hat etwas gegen schwarze Katzen.»

«Ja, habe ich!» bestätige ich grimmig.

Nachdem die Polizisten und die Nachbarn gegangen sind, warte ich auf Marionna. Ab und zu versuche ich, etwas in die Hände zu nehmen, an seinen Platz zurückzustellen. Immer wieder muss ich mich hinsetzen. Das Blut pocht schmerzhaft in meinen Händen.

Als endlich das Telefon läutet, weiss ich, dass es Marionna ist. Marionna schluchzt in den Hörer. Sie kann kaum reden.

«Oh Laura, Laura! Ich… ich hab einen Unfall gebaut. Habe keine Ahnung, wie das zuging. Ich bin in ein anderes Auto hineingerast, von… von hinten. Beide Autos sind total kaputt.»

Ich wische Scherben vom nächsten Stuhl und setze mich hin. Zwei-, dreimal hole ich tief Luft. Dieser Tag hat es in sich. Er bricht sämtliche ähnlichen Rekorde in meinem Leben.

«Bist du verletzt?» frage ich. «Wurden andere Leute verletzt?»

«Niemand, nein. Glücklicherweise nein.»

«Wo bist du, Marionna?»
«In einem Restaurant in Walenstadt. Ich erreiche Herb nirgends. Oh, was wird er sagen!»
«Fahr mit dem nächsten Zug zurück nach Zürich zu Herb! Erzähl ihm alles! Er kann das verkraften, glaube mir! Meinetwegen mach dir keine Sorgen! Ich komme hier allein zurecht.»
«Ja,» verspricht Marionna. «Ich werde zurückfahren, sobald die Polizei mich gehen lässt.»
Ich lege den Hörer ab und schaue mich um. Da ist sie wieder! Sie sitzt vor dem Fenster und starrt herein – tiefschwarz, glänzend, mit runden, stechend grünen Augen.
«Oh, hau ab!» stöhne ich.
Ich habe nicht einmal die Kraft, sie zu verjagen. Ich schwanke zum Sofa hinüber, lasse mich fallen. Ich starre die Katze an, und sie starrt zurück.
So trifft uns Joachim, als er etwas später zu Besuch kommt. Ungehindert spaziert er zur immer noch offenen Tür herein, meinen Geigenkasten unter dem Arm, meine Notenmappe in der Hand.
«Was um Gottes Willen geht hier vor?» fragt er. «Unten sind vier Männer damit beschäftigt, Türen einzuhängen, Schlösser zu reparieren und Türbalken zu flicken. Und hier herrschen Chaos und Zerstörung. Wer war hier am Werk? Orkan, Erdbeben oder eine Vandalenbande?»
«Letzteres», antworte ich erschöpft. «Lehn die Tür an, bitte, damit nicht jedermann hereinschauen kann! Komm, setz dich zu mir! Dich schickt der Himmel!»
Ich schenke meinem Kollegen ein müdes Lächeln. Er legt mir den Geigenkasten auf die Knie. Ich schiebe ihn weg, mit spitzen Fingern, angewidert, will nichts mit ihm zu tun haben, so, wie wenn er etwas besonders Ekliges wäre.
Joachim beobachtet mich und schüttelt den Kopf.
«Dir geht's nicht gut», stellt er fest.

Jetzt brause ich auf: «Ginge es dir etwa gut, wenn du dein Examen verpatzt hättest, über eine Mauer abgestürzt wärst, Einbrecher deine Wohnung verwüstet hätten und deine Schwester, die dir zu Hilfe kommen wollte, einen Autounfall verursacht hätte? Und das an einem Dienstag, nicht an einem Freitag!»

Joachim nickt bedächtig. «Für einen einzigen Tag reicht es aus, ja.»

«Sie ist schuld», sage ich düster und weise mit dem Kopf zum Fenster hinüber. Die schwarze Katze sitzt immer noch auf dem äusseren Fensterbrett. Sie schaut mich missbilligend an, schüttelt den Kopf und gähnt.

Joachim lacht. «Bist du abergläubisch, Laura?»

«Erst seit heute vormittag.»

«Sass die Katze da auch schon vor dem Fenster?»

Ich schüttle den Kopf.

«Ich stand vor der Tür zur Aula, vor der, durch die man hineingeht, und auf einmal kam sie aus der anderen Tür, aus der, durch die man hinausgeht. Schwarzhaarig war sie, grünäugig und hatte einen überheblichen Ausdruck im Gesicht. Sie kam direkt auf mich zu, sagte kein Wort, mass mich von oben bis unten mit einem verächtlichen Blick – und ging weiter, gefolgt von einem Schwarm von Verehrern. Mit diesem Blick hat sie mich verhext. Jedenfalls nahm das Unheil dort seinen Anfang. Ich wurde nervös – und verpatzte alles.»

Joachim schweigt.

«Ich habe mich erkundigt», erzählt er dann. «Du wirst noch einmal zum Examen zugelassen. In einigen Wochen. Dann wird es klappen. Garantiert. Wir üben, bis uns die Ohren rauschen, nicht?»

Ich achte nicht auf seine Worte. Ich frage: «Hast du eine Ahnung, wer das war, diese perfide schwarze Schönheit mit den grünen Augen?»

«Das war sicher Tucumara», antwortet er. «Deine Beschreibung passt auf sie. Aber du kennst sie doch! Jedermann kennt sie. Sie ist nicht zu übersehen. Sie ist jetzt immerhin ein paar Wochen bei uns.»

Ich schüttle den Kopf. «Die hab ich noch nie gesehen. Aber ich war in letzter Zeit auch kaum mehr im Konservatorium. Ich war am Üben, fast Tag und Nacht. Ich übte im Musikzimmer des Schulhauses, wie du weisst. Du warst ja oft genug mit dabei. Was will sie hier, diese Tuttilara, oder wie sie heisst?»

Joachim lacht. «Tucumara heisst sie und kommt aus Argentinien. Ihr Professor, ein alter Herr, hat hier bei uns am Konservatorium sein Musikstudium begonnen. Es war sein Wunsch, seiner letzten – und wie er sagt besten – Schülerin an dem Ort das Konzertdiplom zu überreichen, an dem seine Laufbahn begonnen hatte. Im übrigen hast du recht: Tucumara ist eingebildet, arrogant, hat keine Umgangsformen. Zwar zieht ein Schwarm von Verehrern hinter ihr her, aber kaum einer möchte sie auf die Dauer haben. Mit Tucumara zeigt man sich, aber man wählt sie nicht als seine Partnerin, weder beim Musizieren, noch im Privatleben.»

«Tucumara», wiederhole ich angewidert, «wenn ich den Namen nur schon höre! Wie kann man bloss so heissen?»

Wieder lacht Joachim. «Wahrscheinlich begreifen die Leute in Argentinien nicht, wie man Lisbeth heissen kann oder Joachim. Laura ist schon eher verständlich.»

«Siehst du», triumphiere ich, «es gibt Namen, die auf der ganzen Welt verstanden werden.»

Joachim zaubert aus seinem Rucksack allerlei kalte Köstlichkeiten hervor. Sogar eine Flasche Wein kommt zum Vorschein.

«Ich ahnte nicht, dass ich auch einen Tisch mitbringen müsste und eine Tür», witzelt er, während er den Esstisch abräumt.

«Im Küchenkasten hat es intaktes Geschirr», sage ich. «Nachdem die Einbrecher das Geld gefunden hatten, sind sie offensichtlich abgehauen – jedenfalls haben sie den Geschirrschrank in Ruhe gelassen.»

«Geld?» fragt Joachim.

Ich nicke.

«Viel?»

«Sechshundert Franken. Weisst du, was das bedeutet für eine arme Musikstudentin?»

Joachim nickt: «Hungern. Glücklicherweise hast du mich. Ich habe dir Food angeschleppt. Man kann das wiederholen.»

Er deckt den Tisch, richtet alles appetitlich her. Erst jetzt spüre ich, wie hungrig ich bin. Ich humple zum Tisch hinüber, setze mich mit dem Rücken zum Fenster.

«Ich gebe der Katze auch einen Bissen», erklärt Joachim.

«Untersteh dich! So kommt sie immer wieder. Eines Tages will sie hier wohnen.»

«Warum nicht?» fragt er. «Es ist eine hübsche Katze, und du hättest Gesellschaft.»

«Aber doch nicht diese Katze! Sicher nicht eine Katze, die aussieht wie diese Tuculara!»

«Tucumara», wiederholt er geduldig.

«Tuculara», behaupte ich eigensinnig. «Gib du ihr meinetwegen ein Stück Salsiz! Ich taufe die Katze Tuculara.»

«Wann kannst du wieder spielen?» fragt Joachim. «Mit deinen Händen?»

«Ich werde nie mehr spielen», erkläre ich wütend, «nie mehr!»

Joachim legt seine Hand über meine Finger. «Aber Laura!»

Ich ziehe meine Hand weg.

«Was dir heute vormittag geschah, ist gar nicht so aussergewöhnlich», fährt er fort. «Der Professor hat es gesagt. Ich bin ihm begegnet, kurz nachdem ich dich ins Spital gebracht hatte. Du musst die Noten mitnehmen, wenn du wieder antrittst. Das gibt keinen Abzug, hat er gesagt, solange du nicht ängstlich an den Noten kleben bleibst.»

«Gib dir keine Mühe!» wehre ich ab. «Ich spiele nie mehr. Ich suche mir irgend einen Job. Soviel wie als Musikstudentin verdiene ich allemal noch.»

Im Lauf der nächsten Tage klingen die Schmerzen ab. Ich suche Arbeit. Schliesslich habe ich die Wahl zwischen einem Kiosk und einem Café, also Verkäuferin oder Serviererin. Noch bin ich unentschlossen.

Joachim kommt jeden Abend. Er bringt das Essen mit und hilft mir, meine Wohnung wieder instand zu stellen.

Die schwarze Katze sitzt jeden Tag vor dem Fenster. Joachim gibt ihr einen Bissen von unserem Nachtmahl. Ich drehe ihr den Rücken zu.

«Du mit deiner Tuculara!» sage ich.

Joachim lacht.

Eine Woche später kommt er nicht zum Nachtessen, ruft aber gegen acht Uhr an. Er ist in Eile.

«Du, ich hatte es vergessen gestern: Heute abend ist das Jubiläumskonzert der Musikakademie. Ich musste noch üben – bis jetzt. Komm doch auch! Wenn du im Zuhörerraum sitzest, fühle ich mich sicher. Tust du mir das zuliebe, Laura?»

«Du überrumpelst mich. Aber ich will sehen, ob ich es noch schaffe.»

In Eile ziehe ich die schwarze Hose an. Eine weisse Bluse trage ich bereits. Ich fahre mit dem Kamm durch die Haare, schlüpfe in Jacke und Schuhe und sause aus der Wohnung. Ich sitze aufs Velo und trample los. Als ich beim Konzertsaal eintreffe, hat das Konzert schon begonnen. Joachim wartet im Foyer auf mich.

«Oh Laura!» sagt er und legt den Arm um mich. «Komm, ich schmuggle dich hinein. Ich habe dir einen Platz frei gehalten gleich neben der Tür.»

Er schiebt mich in den abgedunkelten Saal. Ich schlüpfe auf den freien Sitz gleich am Anfang der nächstgelegenen Reihe.

Joachims Auftritt ist einer der ersten Programmpunkte. Er spielt Mozart, zusammen mit einer Flötistin. Er spielt sehr gut. Ich konnte mich glücklich schätzen, einen so hervorragenden Pianisten als Begleiter zu haben. Aber eben, jetzt ist alles verpatzt, vorbei.

Der nächste Programmpunkt heisst «Gastspiel», sonst nichts. Kein Komponist ist angegeben, kein Werk, keine Ausführenden. Erwartungsvoll schaue ich auf die Bühne. Es geschieht nichts. Die Bühne bleibt leer. Es werden auch keine Instrumente, Stühle oder Notenpulte bereitgestellt. Die Spannung wächst. Dann geht ein Raunen durch die Zuhörerreihen, Applaus wird laut, schwillt an, begleitet von staunenden Ausrufen.

Auf der Bühne steht Tucumara. Ihr schulterfreies Kleid ist schwarz wie ihr langes, glattes Haar. Sie ist eine Schönheit, eine fremdländische Schönheit ist sie, eine schwarze, geschmeidige Katze, eine Wildkatze aus Argentinien ist sie.

Ich werde nicht hierbleiben und ihr zuhören. Das tue ich mir nicht an. Als sie die Geige unter das Kinn legt und den Bogen hebt, stehe ich auf. Schon die ersten Takte ihres Spiels lassen mich inne halten in meiner Bewegung. Sie spielt meine Chaconne! Dieses gemeine Biest zeigt mir, wie man die Chaconne von Bach spielt, wenn man sie spielen kann! Langsam setze ich mich wieder hin. Ich bin zu sehr Musikerin, als dass ich mich diesem Spiel entziehen könnte. Tucumara spielt die Chaconne von Bach wie einen argentinischen Volkstanz. Wie eine Zamba oder einen Carnavalito spielt sie sie. Die Musik ist so mitreissend, dass ich den Atem anhalte. Alle Leute im Saal halten den Atem an – so kommt es mir vor. Gleichzeitig wiegt der Rhythmus durch die Reihen, zuckt in den Füssen, hämmert im Blut – dieser wildfremde und doch tief vertraute Urrhythmus alter, unverdorbener Völker – und Tucumara verwebt ihn in unvergleichlicher Weise mit dem kultivierten, durchgeistigten Barock von Johann Sebastian Bach. Zudem spielt sie die Geige mit einer Reinheit und einer Präzision, wie ich dieses Instrument nie zuvor habe spielen hören. Sie beherrscht die schrillen und die spitzen Töne genau so brillant wie die singenden und die weichen Töne. Sie spielt auf einem herrlichen Instrument: Auf einer schlanken, eher kleinen, fast schwarzen Geige von mattem Glanz – es würde mich nicht wundern, wenn das eine Stradivarius wäre! Und wenn ich sie auch nach wie vor nicht leiden mag, diese Tucumara, diese hochmütige schwarze Schöne aus Argentinien, so muss ich ihr doch attestieren, dass sie eine erstklassige Musikerin ist.

Unter dem schlagartig einsetzenden, tosenden Applaus, unter dem Getrampel der Füsse, unter den «Bis! Bis!»- Rufen: «Noch einmal! Noch einmal!» verlasse ich den Saal. Ich finde Joachim im Vorbereitungszimmer der Musiker. Ich gratuliere ihm zu seinem Spiel, setze mich neben ihn.

Er ist aufgeregt: «Hast du gehört, Laura? Hast du sie spielen gehört, diese Tucu...»

In diesem Augenblick tritt sie ins Zimmer, beide Arme voller Blumen.

Ich stehe auf. «Ja, ja», sage ich laut, «ein gerissenes Biest ist sie, diese Tuculara! Eine grosse musikalische Karriere wird sie machen, da hast du recht, Joachim. Ihre menschliche Karriere aber hat sie bereits verpatzt!»

Ohne eine Reaktion von irgend jemandem abzuwarten, inszeniere ich meinen Abgang, kurz, knapp und eindeutig, die hinter mir zukrachende Tür setzt den Schlusspunkt.

Das erste, was ich zu Hause wahrnehme, sind die grünen Augen von Tuculara hinter der Fensterscheibe. Ich öffne den Fensterflügel, mache eine kleine Verbeugung:

«Bitte, meine Dame, kommen Sie herein!»

Vorsichtig beschnuppert die Katze den Fensterrahmen, dann das innere Fensterbrett, äugt und wittert in die Stube, nimmt dann einen Satz und landet auf dem Sofa, das unter dem Fenster steht. Auch das Sofa und die Kissen werden beschnuppert, dann lässt sich die Katze nieder. Sie sitzt gerade aufgerichtet, den Schwanz um die Pfoten gelegt, und schaut mich an.

«Tuculara», sage ich zu ihr, «willkommen! Mach es dir bequem!»

Ich gehe zum Schrank, nehme den Geigenkasten hervor, öffne ihn und hebe die Geige heraus, beginne, die einzelnen Saiten aufeinander abzustimmen. Noch einmal trifft sich mein Blick mit demjenigen der Katze. Sie hat sich jetzt niedergelegt, in der Ecke des Sofas, den Rücken an ein Kissen geschmiegt. Sie lässt mich nicht aus den Augen.

«Schon gut, Tuculara», sage ich. «Ich weiss, du misstraust mir noch. Das wird sich legen mit der Zeit. Ich spiele dir jetzt etwas vor.»

Nein, ich spiele die Chaconne von Bach nicht wie Tucumara, nicht auf Argentinisch, nicht wie eine Zamba oder einen Carnavalito. Ich spiele sie wie Laura, spiele sie in der zögernden, ein wenig schwerlebigen Art, die mir eigen ist – spiele sie als meinen Klagegesang, als meine Siegesmelodie, als meinen Tanz, als mein Lied.